“十二五”国家重点图书出版规划项目

河北省国民经济和社会发展“十二五”规划项目

燕赵文库

[光绪]畿辅通志

第一册

[清]李鸿章 修/黄彭年 纂
崔广社等 点校

燕赵文库编辑出版委员会
河北大学出版社

图书在版编目（CIP）数据

［光绪］畿辅通志．第一册 /（清）李鸿章修；（清）黄彭年纂；崔广社等点校．— 保定：河北大学出版社，2017.5

（燕赵文库）

ISBN 978-7-5666-1008-9

Ⅰ．①光… Ⅱ．①李… ②黄… ③崔… Ⅲ．①河北省－地方志－清代 Ⅳ．① K292.2

中国版本图书馆 CIP 数据核字（2016）第 076673 号

丛 书 名　燕赵文库
丛书编者　燕赵文库编辑出版委员会
书　　名　［光绪］畿辅通志・第一册
作　　者　［清］李鸿章　修　黄彭年　纂
点　　校　崔广社 等

责任编辑　翟永兴
美术编辑　赵　谦
封面设计　李　欣
责任印制　靳云飞

出版发行　河北大学出版社（保定市莲池区七一东路2666号）
排　　版　保定市万方数据处理有限公司
印　　刷　河北新华第一印刷有限责任公司
开　　本　787毫米 × 1092毫米　1/16
印　　张　31
字　　数　460 000
版　　次　2017年5月第1版　2017年5月第1次印刷
印　　数　1–1 400
书　　号　ISBN 978-7-5666-1008-9
定　　价　145.00元

《燕赵文库》编辑出版领导小组

顾　　问	赵克志
组　　长	田向利　艾文礼
副 组 长	徐建培
成　　员	王国发　杨永山　李　璞　王　凤　刘教民　张妹芝 李晓明　耿树伟　郭金平　解晓勇　杜金卿
办公室主任	李晓明（兼）
副 主 任	王　智　赵存进

《燕赵文库》编辑出版委员会

主　　任	吕传赞
第一副主任	赵世居　龚焕文
副 主 任	周振国　李晓明　王　智　苑书义　李保平　张晨光
秘 书 长	周振国（兼）
副秘书长	李保平（兼）　王　智（兼 常务）
委　　员	（以姓氏笔画为序） 马千海　王小梅　王长华　王宏斌　邓子平　刘金凯 刘　浏　孙宝存　孙录印　孙继民　李远杰　李剑霞 李振纲　杨久信　杨倩描　宋士青　张　平　张建军 张采鑫　张基春　陈山榜　陈　玉　陈旭霞　陈晓丽 周大明　赵存进　姜锡东　秦进才　袁学骏　耿金龙 顾玉青　栾保群　康香阁　韩立森　惠吉兴
办公室工作人员	刘　浏　盖伯真　魏　轩

方志档案卷主编　崔广社　李远杰　宋士青

本册主点校 崔广社

本册副点校 刘二苓 袁苗萌 张 岚

本册参加者 马秀娟 马 娜 王子柱 王 俊 王振伟 石 芳 付 伟 孙丽芳 刘二苓 李会敏 张 岚 张彩云 赵江燕 杨 雷 贺前会 姚会杰 袁苗萌 崔广社 崔丽娟 韩翠霞 窦玉丹 潘艳蕊

出版说明

一、燕赵大地，历史悠久，人杰地灵，孕育了一批又一批名人大家。燕赵文化，源远流长，博大精深，是中华民族优秀文化的重要脉系。中共河北省委、河北省人民政府决定编纂出版《燕赵文库》大型丛书，对于保存燕赵文化元素、挖掘其当代价值、构建传承体系、推动当代经济社会发展，都具有重要的意义。

二、本着“整理、传承、研究”和“存史、资政、育人”的宗旨，《燕赵文库》选取具有较高历史价值和深远影响，在思想文化发展史上占有一定地位，并具有借鉴作用的前人著述，以及现当代学者研究河北文化的著述，分为《文献编》和《研究编》两部分。

《文献编》选收现今河北区域，或历史上属于燕赵地域，或长期客居燕赵且著述内容多反映河北文化的名人佳作。时限自古代至民国，按历史时期分为5卷，另有方志档案卷。预计收440余种，490余册。

《研究编》选收现当代学者研究燕赵文化各领域的著述。研究时限自古代至1949年，按研究的内容分为历史、人物、文物、风物、艺术、综合等6卷。预计收260余种，210余册。

为保存和查阅之便，两编各自按卷次编号，以罗马数字和阿拉伯数字分别标明卷次和册次。

三、《燕赵文库》除个别影印的图书外，一律采用简化字横排加新式标点的方式出版。简化字的使用，以2013年6月15日经国务院同意，由教育部、国家语言文字工作委员会组织制定并予以公布的《通用规范汉字表》为准。标点符号的使用，以2011年经国务院同意，由国家语言文字工作委员会、新闻出版总署修订并重新予以公布的《标点符号用法》为准。

四、为保证数字使用的规范和统一，《燕赵文库》的《文献编》一律使用汉字数字。《研究编》中的现当代人的著述，其文字、标点、格式等均按现行出版有关规定使用和处理。

五、凡《燕赵文库》所收图书，均由校勘者、研究者撰写前言一篇。《文献编》的前言主要介绍该书作者生平、版本、内容及其学术价值等；《研究编》的前言主要介绍该书的研究视角、基本观点及在学术界的影响等。

《燕赵文库》编辑出版委员会

李鸿章（1823～1901），清末洋务派和淮军首领。字少荃，安徽合肥人。道光进士。1870 年继曾国藩任直隶总督兼北洋大臣，至 1895 年督直达 25 年之久。从 19 世纪 60 年代起创办近代军事工业，先后举办江南制造局、轮船招商局、津榆铁路、上海机器织布局等洋务事业。利用海关税收购买军火和军舰，建立北洋海军。1900 年 6 月复调直隶总督，次年病逝任上。谥文忠。在督直期间，上疏奏请重修《畿辅通志》，并聘请史志学者黄彭年为总纂。

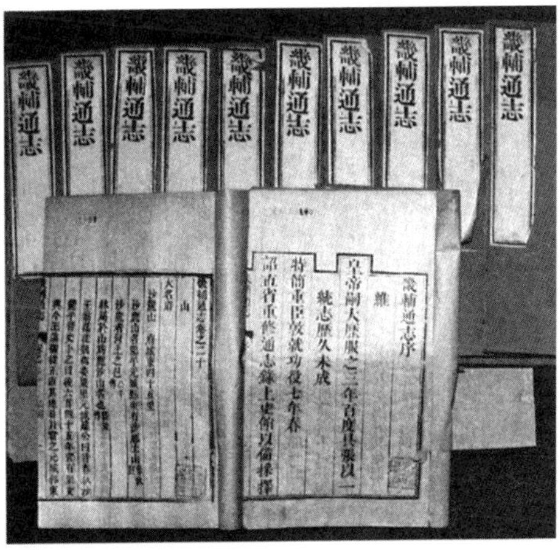

［光绪］《畿辅通志》300 卷，首 1 卷，逾 1000 万字。李鸿章修，黄彭年纂。该志始修于同治十年（1871），光绪十年（1884）开刻，光绪十二年（1886）告竣行世。历时 16 年之久，耗银近 12 万两。全书用纪、表、略、录、传体例，详细记述了自然地理、官商农工、艺文军事诸方面的历史沿革及现状。该志史学价值极高，其中仅列传、杂传就有 105 卷，收录了众多直隶历代人物。史学家及方志学家认为，该志内容丰富，材料精确翔实，体例合理，是全国最负盛名的省志之一。

黄彭年（1823～1890），字子寿，号陶楼、更生等。出生仕宦人家。贵州贵筑（今贵阳）人。道光二十七年（1847）进士。改翰林院庶吉士，散馆授编修。咸丰九年（1859）应邀任莲池书院院长。同治元年（1862）后，在陕西主讲关中书院数年。同治十年（1871）应直隶总督李鸿章之聘，主持编纂《畿辅通志》。光绪四年至八年（1878～1882）春，再次主讲莲池书院。光绪八年开始官宦生涯，为一代名宦、学者和教育家。著有《东三省边防考略》《金沙江考略》《陶楼文钞》《二十一史提要》等。

重印畿辅通志序

中华民国二十三年十月蓬莱于学忠序

于学忠（1890～1964），字孝侯，山东蓬莱人。国民政府高级爱国将领，1928年后曾任河北省政府主席。新中国成立后，任河北省人民政府委员、国防委员会委员等职。上图为中华民国二十三年（1934），商务印书馆重印《畿辅通志》时，于学忠所作的序言。

前 言

《畿辅通志》传世本有三种，分别为康熙初修本、雍正重修本和光绪三修本。康熙初修本，四十六卷，由直隶巡抚于成龙、格尔古德监修，翰林院侍讲郭棻任总纂，康熙十九年（1680）书成，三年后刊行。《四库全书总目提要》评价是志说：“仅数月而书成，讨论未为详确。”雍正重修本，一百二十卷，由直隶总督唐执玉、刘于义、李卫先后监修，原任辰州府同知田易等在保定莲花池设局编纂，历时六年，于雍正十三年（1735）刊行。《四库全书总目提要》说，是志“订讹补阙，较旧志颇为完善”。光绪三修本，三百卷，首一卷，由直隶总督李鸿章任总裁，莲池书院主讲黄彭年等编纂，光绪十年（1884）书成刊行。后人于学忠说，康雍二志，“一失之略，一失之陋”，光绪志“刊行以后，颇负时望，为畿辅有志以来之所仅见，即在各省通志中亦且推为巨擘也”。

光绪《畿辅通志》最先由保定莲池书院刊行，之后经宣统二年（1910）北洋官报局石印流布，再次于民国二十三年（1934）上海商务印书馆据石印本影印出版。五十年内而印发三次，足见其价值。此次整理出版，即以上海商务印书馆影印本为底本。

李鸿章（1823～1901），字少荃，谥文忠，安徽合肥人。道光二十七年（1847）进士，晚清重臣，官东宫三师、文华殿大学士、北洋通商大臣、直隶总督。著有《李文忠公全集》。同光之际，他延聘保定莲池书院主讲黄彭年编修《畿辅通志》。黄彭年（1824～1890），字子寿，号陶楼，晚号更生，贵州贵筑县（今贵阳市）人。道光二十五年（1845）进士，授编修，官至布政使。掌教关中书院、保定莲池书院多年。著有《三省边防考略》《金沙江考略》《陶楼文钞》等。黄彭年以史家的睿智与胆识，排除同事张裕钊、吴汝纶等的异议，完成了光绪《畿辅通志》这部皇皇巨著。张裕钊等以文章家的志趣指责其“失纂述之体”“篇不成文，无异档册”，而黄彭年则以史学家的视域更加强调“事有来源，语有出处”。张裕钊、吴汝纶是著名的古文家，黄彭年则是学有专长的史志学家，各持己见，亦在情理之中。是书采用地方史编纂体例，视地方志为列国史，立纪、表、略（志）、传、录等大类，下设细目，即帝王用纪、琐细之事用表、人物用传、纪事用略、宦绩用录，识余、叙传附后。具体分卷是：卷一至卷十五为帝制纪，包括诏谕、宸章、京师、陵寝、行宫；卷十六至卷四十五为表，包括府厅州县沿革、封建、职官、选举；卷四十六至卷一百八十二为略，包括舆地、河渠、海防、经政、前事、艺文、金石、古迹；卷一百八十三至卷一百九十二为宦绩录；卷一百九十三至卷二百八十六为列传；卷二百八十七至卷二百九十七为杂传；卷二百九十八至卷二百九十九为识余；卷三百为叙传。这种目以类归的编写方法，统属得当，层次分明，符合读者的查检习惯，便于阅读。

光绪《畿辅通志》在编纂上至少有三个方面的特点。第一，采纳章学诚方志要立“三家之学”的观点，仿纪传正史的纪、图、表、略、列传而作志，仿律令典例而作掌故，仿《文选》《文苑》而作文征。第二，艺文略在继承经史子集分类法的基础上，增设直隶方志一目。此细目依次著录直隶统部及府厅州县各志书目，方便考查。第三，全书援引大量文献，均注明出处，尤其是实录原文，可圈可点。如诏谕记载：“康熙五十九年六月谕大学士马齐等：朕闻保安、怀来等处地震，宜速遣大臣前往赈济。若俟部中启奏，便致迟延。著派副都御使杨柱、屠沂，令伊等作速自京城出居庸关，前往延庆州、保安、怀来、沙城等处查阅，一面奏闻施恩，并探取蔚州、广昌、浑源州等处信息。如被灾果重，著一并施恩。派直隶守道李维钧酌量带地方官几员，自彼处前往。其派包衣官一员，将内库银带三万两之处，朕于阿哥处另下谕旨。”此文不仅记载了康熙五十九年（1720）六月保安、怀来等地发生地震灾害的历史事件，而且为我们提供了清代政府应对自然灾害的可靠资料。其存史、证史的功能和作用显而易见。

上海商务印书馆1934年出版的光绪《畿辅通志》影印本，意在普及，但其采用三十二开本，分上下两栏，繁体竖排，蝇头小字，阅读不便。此次整理，则改为简化字横排。由于是书部头较大，文体多样，为照顾呈现方式，便于使用，在原书脱衍、舛误之处采用加圆括号的形式校正；对原书“己巳已”“州洲”“勃渤”等经常混用的情况，依语意径改；原书中新词、旧词一同使用，如“蒙混”与“朦混”、“预备”与“豫备”、“卢沟桥”与“芦沟桥”等，今一并保留；对原书中人名、地名、器物名等，除易引起歧义者外，均不加按；原书中表述易引起歧义之处，如“因特免山东四十三四两年额赋”中“四十三四”指康熙四十三年和康熙四十四年等，首次出现时加按，嗣后不再赘按。另外，卷首中的部分目录与正文中不符，为尊重该书原貌，不做改动。原书第八册为《畿辅通志》索引。此索引依照王云五四角号码检字法排列，仅对影印本使用，故此次不做整理。

由于点校者水平所限，书中错误难免，敬请读者批评指正。

崔广社

2016 年 12 月 26 日

重印《畿辅通志》序（初版序言）

河北曩称直隶，于古本为唐尧发祥之邦。成周以降，齐晋交错于前，燕赵中山称雄于后。右控太行，背负边塞。渤澥襟抱于东陲，九河纵横于腹地。其山川之壮丽，文物之殷赈，于历史地理均占重要之位置。清代区域跨有蒙疆，北平首都在元明清三朝控驭八荒，为时且六百余年。此邦地志固当弁冕诸行省，为用世者所必读矣。顾元明无书，间纪都城或宫阙，寥寥数纸，殊不足以当宏著之目。清康熙初始有《畿辅通志》之作，雍正初又尝赓续之。然一失之略，一失之陋，读者憾焉。同光之际，李文忠督直隶最久，特延黄子寿先生总其成，复广罗当时名宿重事修辑，十年成书，艺林称盛。刊行以后，颇负时望，为畿辅有志以来之所仅见，即在各省通志中亦且推为巨擘也。其时持异议者，惟张廉卿、吴至甫两先生，以此与黄先生大相龃龉。张先生至不安其莲池书院之位，以去传其说者。大旨谓失纂述之体，贻市簿之讥，篇不成文，无异档册。洎民国初，乃有贾孝廉佩卿颇用张吴之说，别创体例，辑撰《直隶通志》，篇自成文，翔实渊雅，为通志中之孤行别调。卒以刊资难筹，谑者至以不刊之作呼之。窃谓贾书既猝难行世，而黄志采摭资料寔为详备，且当金瓯无缺之时，化外诸州视欧阳忞、乐史诸书托之想像者尤自不同。以康雍二志较之，厥功尤为匪细，文质两家自古异趣，辞达而已矣，何必文家之足贵乎？是书原板久毁，陈小石制军总制北洋时尝影印之，今影印本亦不多觏矣。商务印书馆重印各省通志，首及黄辑畿辅一志，以饷好学之士，而乞序于余。余姑即所闻于士林者覆述之，俾读斯志者知所折衷焉。

中华民国二十三年十月蓬莱于学忠序。

分 册 总 目

目　　录

卷 首

奏 章

协办大学士直隶总督一等肃毅伯臣李鸿章谨奏，为设局重修《畿辅通志》仰祈圣鉴事。窃维，为政之端，必稽方策，惟民所止，首重邦畿。《周官》邦国之志，小史掌之，以别于外史所掌四方之志。诚以近畿之地，治化宜先，故尤重其事也。溯查《畿辅通志》成于雍正年间，迄今百四十年，圣圣相承，典章明备。凡水道之迁改，舆地之并分，以及裁置官员、增减兵制、国家因时损益，既事例之烦兴，士庶仰沐甄陶，亦人文之日盛，自应及时纂录，垂示将来。又旧志之中，体裁未备，如：陵寝应当专纪，而附入京师；河渠须考源流，而琐记枝节；艺文不详书目，仅列诗文；释道本属异端，竟跻人物。若斯之类，踳驳殊多。至于河工、漕运、兵事、海防皆属大纲，略而不纪，阙者应补，讹者须订，历年既久，文献难征，若非详慎考求，无以信今传后。臣自去年履任，遇有兴除政务，检寻老年卷宗，辄多霉坏，稽之旧志，则纪述疏略，亦不足以备考查。思欲重修，因遇水灾，未遑暇及。今幸仰蒙圣训，办理赈抚，渐次就绪，与司道等筹议于保定省城，设立总局，延请翰林院编修黄彭年总司其事。遴派朴学员、绅襄同纂校，移檄郡县，颁发采访条款，分门别类，加意搜罗。凡官书所记，案牍尚在，以及故老传闻、私家纪述，采访不厌其详，遍择必极其慎，务使巨纲细目秩然有条，酌古准今，堪资法式，庶几官司从政得所取裁。首善之区，益光圣治，以仰副我皇上体国经野之至意至志。局章程需用经费，由臣督饬司道随时筹办。所有设局重修《畿辅通志》，缘由理合，恭折具奏，伏乞皇上圣鉴，谨奏。

同治十年十二月二十日奉旨：知道了，钦此。

进　　表

太子太傅、文华殿大学士兵部尚书、都察院右都御使、直隶总督、钦差北洋大臣、一等肃毅伯臣李鸿章为纂修《畿辅通志》告成敬呈御览事。伏以瑶图纂祚，八纮遵同轨之休；金策觋灵，亿姓仰敷文之范。至仁如天之量，梡被无疆；肇域表海之规，幅员有截。范围不过，道德一而风俗同；黻冕所兴，隆上都而观万国。惟修志有裨于掌故，斯采风必肇自皇畿。臣诚惶诚恐稽首顿首上言：窃惟《礼》著职方，幽冀居其维首；《诗》登乐府，周召列于简端。畿辅密迩乎京师，直隶特沿为省会。核诸分野，星躔本丽天街；画以郊圻，日至恰符晷影。奠基则丕丕敬受，正位辨方；成赋以上上居先，尊王序贡。福地奥区之凑，曰止曰时；仙宸帝所之遗，是廓是极。坐堂皇而俯庭户，盖将于是权舆；左冯翊而右扶风，尚未逮斯控制。我国家庞禧孔固，郅治丕承。水旱间见于尧年，经画特详于禹迹。天颜有喜，蠲租叠、溥纶音；帝绰无私，振济必先甸服。煌煌銮辂，球图邀洒翰之荣；郁郁桥山，霜露展明禋之典。罢巡方之供奉，俭德长昭；授治水之机宜，嘉名用锡。是彝是训，宜居邦志编次之先；有要有伦，敢循拜手飏言之例。夫沿革，势也，揆势因以察来；建置，宜也，度宜可以观往。举凡郡邑所由经纬，涂径所由会通，政务所由设施，人物所由系属，浩乎博矣，恒必由之。是以礼时为大，则藩卫存名；举能其官，则股肱就列。影缨担爵，文武兼资；撷芷升兰，贤能并进。鞮胥九译，望卢白而知归；吴稻千艘，经登莱而利运。绮交绣错，涿易则昔属冲途；麕集凫趋，津门则今成重镇。练水军于勃澥，比金戈铁马之交驰；添电线于神都，正候月占风之环集。街衢洞达中外，融畛域之分；沽淀洄漩疏濬，志浅深之别。苟相维于封略，皆宜著之简编。体例则博综兼赅，形势则宅中图大。若其事惟前鉴，人以代兴，述作铭钟，馨香望岳。毓圣钟贤之里，龙藏老氏之碑。积篑为山，抱遗编而究终始；爱人及树，歌勿翦而表去思。兼以俗美化行，男贞女顺。忠义之气，壮防卫而奠四维；淑慎有仪，昭节孝而明一志。片善均当节取，凡物皆有可观。别类分门，易水、河间之方术；奇闻琐记，常山、钜鹿之列真。惟据事以直书，期信今而传后。臣起家侍从，历任封疆，当整军经武之余、参稽少暇，揣论道经邦之谊，编纂曾诣是用。荟萃前闻，招延宿学，例太冲之作赋，何止十年；储涑水之长编，几盈两屋，缀辑刊成钜帙，积二百余卷之多；论定衷诸圣言，实亿万斯年之庆。钦惟皇帝陛下，缉熙典学，富寿膺畴。上承训政之周详，奉徽音而衷对；远念肇基之奠定，法祖武以弥崇。如臣愚昧之衷，何益高深之量。只以典常攸寄，备六官小史之藏。册府取资，补旧志无稽之阙。纪提纲而挈领，表邪上而旁行，略该括而为言，录昭功而本实。开方图准，胜摹裴秀之山川；考典书成，兼寓龙门之劝戒。议大议小，事间取于增多；传信传疑，词惟恐其不备。人谋佥协，溯经始于重光；天道一周，幸蒇功于柔兆。都都邑邑，朗若列眉；本本元元，用俟来哲。集众思而广益，必考信而有征。惟《九共》为舆地之书，逸篇不具；三辅有黄图之作，故事仅存；元和刊十道图经，简篇犹尠；吴郡侈方隅纪载，堂牖未窥。细检全书，或操一得。撮其凡要，弥殚望阙之寅忱；上在史宬，愿赐回容于乙览。臣无任瞻天仰圣激切屏营之至，谨奉表恭进以闻。

《畿辅通志》纂修职名

总裁

太子太傅、文华殿大学士、兵部尚书、都察院右都御史、直隶总督、北洋钦差大臣、一等肃毅伯　臣　李鸿章

原任太子少保、兵部尚书、都察院右都御史、两广总督署直隶总督　臣　张树声

总纂

陕西等处提刑按察使司按察使、前翰林院编修　臣　黄彭年

监修

原任河南巡抚、前直隶布政使司布政使　臣　钱鼎铭

直隶等处承宣布政使司布政使　臣　孙观

升任山东巡抚、前直隶布政使司布政使　臣　周恒祺

升任山东巡抚、前直隶布政使司布政使　臣　任道镕

升任漕运总督、前直隶布政使司布政使　臣　崧骏

升任湖北巡抚、前直隶布政使司布政使　臣　奎斌

直隶等处承宣布政使司布政使　臣　松椿

原任广西布政使、前直隶按察使司按察使　臣　范梁

原任直隶等处提刑按察使司按察使　臣　丁寿昌

升任山西布政使、前直隶按察使司按察使　臣　方大湜

升任山西巡抚、前直隶按察使司按察使　臣　刚毅

直隶等处提刑按察使司按察使　臣　陶模

前署直隶按察使司按察使清河道　臣　陈鼐

升任陕西巡抚、前任直隶清河道　臣　叶伯英

原任顺天府府尹、前署直隶按察使永定河道　臣　李朝仪

原任浙江按察使、前署直隶按察使大顺广道　臣　刘盛藻

前署直隶清河道　臣　任信成
前任直隶清河道　臣　史克宽
署直隶按察使司按察使分巡清河道　臣　刘树堂
署直隶清河道　臣　刘汝翼
分巡直隶天津河间等处兵备道　臣　胡燏棻
直隶候补道　臣　何崧泰
直隶候补道　臣　沈能虎

协修
原任热河都统、前直隶保定府知府　臣　恩福
升任广东督粮道、前直隶保定府知府　臣　李培祜
原任直隶保定府知府　臣　马绳武
署直隶保定府知府　臣　谭宝琦
原任大顺广道、前直隶保定府知府　臣　恭钧
直隶保定府知府　臣　朱靖旬
原任深州直隶州知州、前清苑县知县　臣　李逢源
原任天津府河防同知、前清苑县知县　臣　陈锡麒
易州直隶州知州、前清苑县知县　臣　邹振岳
直隶候补知府、前清苑县知县　臣　萧世本
前署清苑县知县　臣　朱绍穀
原任安平县代理清苑县知县　臣　丁文浚
原任清苑县知县　臣　何庚生
张家口抚民同知、前署清苑县知县　臣　褚瑨
清苑县知县　臣　朱乃恭

提调
原任直隶河间府知府　臣　陈崇砥
前直隶候补知府　臣　陈元禄
前署直隶顺德府知府　臣　濮庆孙

直隶候补知府　臣　吴焕采

分纂

原任山东陵县知县　臣　崔迺翚

前署直隶蔚州知州　臣　蒋曰豫

前任易州直隶州知州　臣　赵烈文

江苏候补同知、前翰林院庶吉士　臣　陈寿昌

故城县知县　臣　丁绍基

户部主事　臣　王树枏

栾城县拔贡　臣　张豫垲

完县知县　臣　劳乃宣

广平县知县　臣　吴寿坤

翰林院编修　臣　胡景桂

襄纂

分巡川南永宁等处地方道、前工部郎中　臣　沈守廉

浙江候补县丞　臣　杨葆光

宁津县举人　臣　吴浔源

盐山县贡生　臣　刘湝炡

浙江贡生　臣　沈丙墀

陕西宜川县知县、前翰林院庶吉士　臣　樊增祥

浙江进士　臣　褚成亮

江西候补知县　臣　刘树敏

户部主事　臣　袁昶

定兴县举人　臣　鹿学尊

江苏贡生　臣　周同榖

江苏贡生　臣　方恮

任丘县知县　臣　林穗

香河县知县　臣　周锦心

江苏贡生　臣　赵实
直隶即用知县　臣　成明郁
分发云南知县　臣　张铨
安州拔贡　臣　陈文煜
前直隶候补知县　臣　王铭勋

分校
河南大挑知县　臣　赵书田
国子监博士　臣　骆云衢
前直隶北河候补县丞　臣　赵璧
前直隶长芦候补盐大使　臣　周开阳
清苑县举人　臣　刘玺珍
贵州举人　臣　周祜
永年县举人　臣　孟庆荣

绘图
直隶候补典史　臣　戴清
遵化州举人　臣　董守鲁
候选府经历　臣　郭云丰
清苑县贡生　臣　吴光莹

收掌
山东利津县知县、前直隶钜（按：今写作“巨”字，下同）鹿县知县　臣　盛赞熙
吴桥县典史　臣　施崇礼
北河候补县丞　臣　何芳稌

顺天府采访
前内阁中书　臣　李如松
湖南永顺府知府、前翰林院编修　臣　张曾扬

《畿辅通志》凡例

一　志书之体，至周应合《景定建康志》分图、表、志、传为四篇，而体裁始备。《江南志》及《续河南志》之分十志，《四川志》之分十二志，《湖北志》之分十六志，皆师其意，以纲统目。惟谢中丞启昆修《广西通志》分典、表、略、录、传五篇，为确守《建康志》之例，阮文达公修《广东通志》遂遵用之。今仿其式，稍加变通，用纪、表、略、录、传为之统类。

一　陆君弼《江都志》易图为纪，意在附合史裁，于义尚矣。然仅纪郡县因革，尊以鸿名，其失也僭。《两广志》易纪为典，究竟诗文之属各有体裁，不尽沿《尚书》之式也。旧志恭列"诏谕"冠首，次"宸章"，次"京师"。今以"陵寝""行宫"另列专门次之，统名曰《帝制纪》，冠冕全书，允符史家尊王之义。且地近京畿，体制亦与外服不同也。

一　道光二十六年奉文裁撤行宫，盖示天下不复巡幸之意，先帝俭德之至也。今谨遵奉，惟纪谒陵及热河诸行宫，其已裁者概不详载。至东、西两陵道段，则附记之，俾趋事者有所考焉。

一　志书谓之图经，以图为重，凡表与略皆有须图以明之者，故分见各统类，不复专设。旧志列各府直隶州总图，与各省志同。惟《广东志》每州县一图，今仿之，附《舆地略》。至水道分见各州县图中，已至详悉，故不另图。

一　府厅州县沿革，今改为表。《广西志》《续湖南志》博考史志及专家之书，附表后，以明表中称引所据，今仿之。

一　"封建"，今改为表，依旧志只载实封。

一　"职官"，今改为表，仿《汉书·百官公卿表》式，先详官制，后叙官名，悉按官秩分列，依旧志至府、厅、直隶州止；其已裁各缺官员，统为一表，免致淆混。

一　"选举"，今改为表，旧志只列进士、举人，今增制科荐辟。先详选举之制，后叙人名。乡、会试书年，下系干支，不直以干支名科，存古人科目之义。

一　正史不当以天文作志，《史通》论之详矣。一方志乘，何事侈陈。今推测晷度，并仿《广西志》节录正史天文于《舆地略》中，用《汉书·地理志》例也。星野有图，无裨实用，今并略之。

一　两广志“关隘”别为专门，今入《舆地略》，次“山川”之后。

一　《汉书》地理之外，复纪沟洫，犹《禹贡》之述导水也。直隶政治有关民生休戚者，莫如水利。旧志“河渠”多列水名，难于一贯。今设《河渠略》，拟以大水为经，所汇各小河泉涧为纬，小水源委，双行附注，并考水利往事及国朝水利营田成案，附记堤闸、津梁之属，条理分明，取便观览。

一　“海防”本入“经政”，然因时立制，应设《海防略》专门，附“通商事宜”，次《河渠略》后。“海图”旁及山东、奉天，皆北洋也。

一　各省志“风俗”一门，往往杂采郡邑志乘，重复淆杂。今用士、农、工、商、冠、昏、丧、祭，附以岁时，分类编次。“物产”“方言”，亦参考古今，力祛俚俗，以归雅纯。

一　“建置”“经政”，为志乘之大端，历来纂志者皆分别书之。然如“建置”纪学校、仓廒，“经政”复纪学制、积储之类，每嫌重复，且难检查。其实建置亦政也，今统归《经政略》中。如田赋、户口、禄饷、盐法、榷税、漕运、鼓铸、积贮、赈恤，户政也，则以仓廒附“积储”，钱局附“鼓铸”，诸善局及经费皆附“赈恤”之下。祀典、学校，礼政也，则以坛庙、礼器、乐章附“祀典”，学田、书院、义学及经费附“学校”之下。驿站、铺司之属，皆兵政也，则附“兵制”之下。城池、公署，工政也，次之各以类从，庶几有条不紊。至铨选为吏政，应居“经政”之首，然通行条例，无烦备陈，直隶专条，寥寥无几，故于刑律均各为一卷，附“经政”之末。

一　旗租差徭，为直隶大政，然差徭繁碎，本非典例，不得不略。旗租有章程可纪，附“田赋”之后。

一　营制分域与州县不同，今依《广东志》例，于“兵志”中别辑疆里四至、练军章程，附“驻防”之后。

一　旧志“古迹”载古城，今分别有关沿革者，载其大略，其余悉归

“古迹”，庶免繁复。

一 《福建志》据正史而祛淫祀，《续河南志》凡乡曲所建玉皇、真武等庙皆不书，《灵寿县志》不载释道寺观，皆义正词严，确可宗法。惟间有名区胜迹不可遽废者，附如“古迹”。

一 前事杂见“经政”各门，如水旱之灾见“恤政”之类，不复重出。可纪者兵事为多。今纂述前代，惟据《通鉴》《续通鉴》，间参正史。其杂家小说，概不采录。国朝武事，亦惟纪其大者。

一 “艺文”只载书目，不载诗文，史例也。今于经、史、子、集四目外，增“方志”一类，凡直隶统部及府厅州县志书，无论是否畿辅人所撰，皆编存其目，取便考查。书目较多，故不列入“史部”。至诗文有关事实者，采注各条之下；无关事实者，虽有佳章，不录。

一 志列名宦，即史列循史之义。然史传原始要终，著为定论，地志则政迹偏端，无妨节录。至名宦之称，一方俎豆，定自朝廷，非志乘所敢私许。今从两广志，名为《宦绩录》。

一 宦绩人物，存者不录。列女节孝，生存既已请旌者，不在此例。

一 “列传”人物分时代之中，以府州为次，不分细目，以省繁琐。各省驻防，可官本省，是八旗本不以方域限，故应入《八旗通志》者，不敢入方志中，体制然也。

一 《四川志》仿《五代史·杂传》之例，立“杂传”一门，今仿之，附“列传”之后。方伎如医士、书画、篆刻之类，皆入《杂传》。其仙释、巧伎则归“识余”。

一 志书之体，善善从长，然如国初人物有国史义列入《贰臣传》者，则未便收入“列传”，遵诏旨也。至前代人物准此例推，其事迹有关、不容尽泯者，列入“杂传”。

一 “列女”仅称某氏，有类案牍，今称某人女、某人妻某氏、某人母某氏，书其父与夫及子之名，无名称姓，如《后汉书》称鲍宣妻之类，庶不致犯《史通·称谓篇》所讥。

一 旧志删除《杂传》一门，谓不经之事，未能征信，故弗采著也。然有故老传闻，不可尽删，或习俗沿讹，须为辨正，而又无可附丽者，为“识余”，附之卷末。但异闻猥琐，亦应删削，以免繁芜。

一 旧志中多杜撰，今惩其弊，每条皆注所采书名。至采取专书，人所共见者，则不复注。

《畿辅通志》目录

卷 一

帝制纪一

诏谕一

顺治元年登极诏曰：我国家受天眷佑，肇造东土，烈祖迈图鸿绪，皇考弥廓前猷，遂举旧邦，诞膺新命。迨朕嗣服，虽在冲龄，缔念绍庭，永绥厥位。顷缘贼氛游炽，极祸明朝，是用托重亲贤，救民涂炭，乃方驰金鼓，旋奏澄清。既解倒悬，非富天下，而王公列辟文武群臣暨军民耆老合词劝进，恳切再三，乃于本年十月初一日祗告天地宗庙社稷，即皇帝位，仍建有天下之号曰大清，定鼎燕京，纪元顺治。缅维峻命不易，创业尤难，况当改革之初，更属变通之会。爰乃酌古准今，揆天时人事之宜，庶几吏习民安，彰祖功宗德之大。

顺治三年上谕：朕惟太祖、太宗创业东方，民淳法简，大辟之外，惟有鞭笞。朕仰荷天庥，抚临中夏，人民既众，情伪多端，每遇奏谳，轻重出入颇烦。拟议律例未定，有司无所禀承。爰敕法司官广集廷议，详释明律，参以国制，增损剂量，期于平允。书成奏进，朕再三覆阅，仍命内院诸臣校订妥确，乃允刊布，名曰《大清律集解附例》。尔内外有司官吏敬此成宪，勿得任意低昂，务使百官万民畏名义而重犯法，冀几刑措之风，以昭我祖宗好生之德。子孙臣民其世世守之。

顺治十年闰六月谕内三院曰：考之《洪范》作肃为时雨之征，天人感应，理本不爽。朕朝夕乾惕，冀迓时和。乃兹者霪雨匝月，岁事堪忧，都城内外，积水成渠，房舍颓坏，薪桂米珠，小民艰于居食，深可轸念。揆厥由来，皆朕不德所致。朕当一意修省，祗惧天威。尔大小臣工，俱宜各尽职业，共图消弭。京城内外该部确察被灾户口，据实奏闻。在外凡有水灾地方，督抚察明被灾分数，具奏请恤，以昭朕轸恤穷黎实意。

顺治十一年二月谕户部曰：四海苍生，皆朕赤子，饥寒转徙，深切痌瘝。前各督抚疏奏灾荒等处，已经查照分数，酌量蠲免。各府、州、县、卫、所等官，务在实力奉行，不得混征，徒饱贪腹。极荒地方，非蠲免所能救者，该督抚速行查奏，另加恩恤。至于畿辅重地，房屋田土多经圈占，加以去年水荒特甚，尤为困苦。朕夙夜焦思，寝食弗宁，亟宜拯救，庶望生全。但荒政未修，仓廪无备，若非颁发内帑，何以济此急需？兹特发库贮银十六万两，圣母皇太后发宫中节省银四万两，朕又发御前节省银四万两，遣满汉大臣分赴八府地方赈济，督同府、州、县、卫、所各官，量口给散，务使饥民均沾实惠。

顺治十二年谕礼部：朕维帝王敷治，文教是先，臣子致君，经术为本。自明末扰乱，日寻干戈，学问之道，阙焉未讲。今天下渐定，朕将兴文教，崇经术，以开太平。尔部即传谕直省学臣，训督士子，凡理学、道德、经济、典故诸书，务要研求淹贯，博古通今。明体则为真儒，达用则为良吏，果有此等实学，朕必不次简拔，重加任用。又念先贤之训，仕优则学，仍传谕内外大小各官，政事之暇，亦须留心学问。俾德业日修，识见益广，佐朕右文之治。特谕。

顺治十二年八月谕工部曰：畿辅之地，乃天下根本，必加意安养，使民生乐业，方能自近及远，渐致太平。前尔部会户、礼、兵三部，覆奏修筑运河决口，议将直隶八府州县节年所欠各部寺钱粮，速行催解，以济修河急用。朕念畿内地方人民艰苦，房地屡经圈拨，水旱连岁相仍，既缺养赡之资，俱有身家之累，而历年积欠一旦并征，其何以堪？殊非加惠近畿，笃厚根本之意。朕心深为不忍。尔部仍会同各部，将修筑决口应另用何项钱粮，悉心筹画，确议速奏。其直隶八府州县，顺治八年至十一年未完钱粮实欠在民者，悉与蠲免。

顺治十三年八月谕户部曰：顺天府属系京畿根本重地，年来水旱频仍，小民失业，生计萧条，较他处为独苦。今岁复霪雨飞蝗相继为灾，已蒙皇太后发帑赈济。朕因念被灾穷黎，救死不赡，若以国赋亟需，责之照旧输纳，转徙沟壑，势必难免，恐非所以仰宣皇太后特施拯恤之德意。尔部速将顺天府属各州县灾伤分数察勘明白，分别重轻，酌量蠲免，以昭嘉惠元元至意。

顺治十四年十二月谕户部曰：皇太后圣体违和，今已大豫。朕心深为欣慰。八旗及畿辅人民应加恩赉，以洽欢心。兹发内帑银十万两，一半给八旗兵丁，一半遣官赈济畿辅贫民。尔部即遵谕行。

顺治十六年十一月谕工部：前代陵寝，神灵所栖，理应严为守护。朕巡幸畿辅，道经昌平，见明朝诸陵殿宇墙垣倾圮已甚，近陵树木多被砍伐。向来守护未周，殊不合理。尔部即将残毁诸处尽行修葺，现存树木永禁樵采，添设陵户，令其小心看守，责令昌平道官不时严加巡察。尔部仍酌量每年或一次或二次差官察阅，勿致疏虞。特谕。

顺治十七年谕修明庄烈愍帝陵：朕惟膺图承祚，统绍百王，而创法宏模，情殷胜国。历观史册兴亡之际，考其治乱得失之由，佥以政荒，遂干天谴。邦国既隳，士民罔怀。惟有明庄烈愍皇帝，实治理之宏图，惜赞襄之莫逮，以致寇氛犯阙，宗庙为墟，追念丧师，匪因失德。朕每念及此，未尝不恻焉伤心也。顷者两幸昌平，周视明代陵隧，躬亲盥奠，俯仰徘徊，以彼诸陵规制，咸壮丽相因，独愍帝之陵荒凉卑隘，典物未昭。原彼当年孜孜求治，宵旰不遑，只以有君无臣，薄海鼎沸，洎乎国步倾危，身殉社稷。揆诸正终之例，岂同亡国之君。朕于凭吊之余，抚往兴悲，不禁流涕。因欲缮治陵寝，丹垭几楹，慰灵爽于九原（按：当作“泉”字），彰异数于奕禩。乃核少府金钱，悉小民正供，倘增工徒之费，殊乖赋式之经。然终不忍听其阙略，用是布告方州，开导忱悃，交相输助，聿新砻甃，以肃松楸。

康熙八年六月谕户部：朕缵承祖宗丕基，乂安天下，抚育群生，满汉军民，原无异视，务俾各得其所，乃惬朕心。比年以来，复将民间房地圈给旗下，以致生民失业，衣食无资，流离困苦已极，深为可悯。以后圈占民间房地，著永行停止。其今年所圈房地，俱著退还民间。尔部即速通行晓谕，昭朕加惠生民至意。至于旗下无地，亦难资生，应否将古北等口边外空闲之地拨给耕种，著议政王、贝勒、大臣会同确议具奏。特谕。

康熙十年十二月谕兵部并督捕衙门：直隶重地，理宜肃清。迩来盗贼繁多，大为民害。地方官怠玩，不能力行禁戢，以致劫掠时闻。真盗捕获者少，良民株累甚多。皆因防汛官员止于降罚，带罪缉拿，其间有失事最多不能尽职者，仍令留任，愈致贻误。今盗贼应作何禁戢严拿，及以盗案降罚几次者作何处分，尔部再行定议具奏。至京城内外盗贼棍徒肆行无忌，作何责成官役严行缉拿，亦著一并议奏。特谕。

康熙十四年九月谕礼部：往代帝王陵寝所在，地方理宜守护，以妥神灵。朕近行幸汤泉，道经昌平，见明朝诸陵殿宇虽存，户牖损坏，附近树木亦被摧残。朕心深为悯恻。尔部即严加申饬守陵人户，令其小心护防，仍责令该地方官不时稽察，勿致仍前怠玩，以副朕优礼前代之意。特谕。

康熙十七年十一月谕内阁学士噶尔图屯泰曰：遵化州所属有附近汤泉之娄子山、袁各庄、启新庄、梁家庄、石家庄。此五庄供办徭役，其一年地丁钱粮，俱令蠲免。如今岁已经征收，准于来岁蠲免。至鲇鱼关城内外居民七十一家，免其一年正供外，仍每户赐银二两。尔等从户部支取，亲阅分给。所蠲钱粮，令州官即遍谕娄子山等庄及鲇鱼关居民，务使均沾实惠。

康熙十八年七月谕户部、工部：朕御极以来，孜孜求治，期于上合天心，下安黎庶，夙夜兢惕，不敢怠荒。乃于本月二十八日巳时，地忽大震。皆因朕躬不德，政治未协，大小臣工弗能恪共职业，以致阴阳不和，灾异示儆。深思愆咎，怵息靡宁。兹当力图修省，以迓天庥。念京城内外军民房屋多有倾倒，无力修葺，恐致失业。压伤人口，五城御史不能逐户细察，止听属员开报，于朕加恩轸恤之处不得均沾实惠。著另遣满汉御史，详加稽察。其穷苦兵丁出征在外，房屋毁坏，妻子露处，无力修葺，朕心更为悯念。该部即行令八旗都统、副都统、参领亲行详察，毋致遗漏。

康熙十八年八月谕户部：通州、三河等处遇地震压死者，甚为可悯。户、工二部会同将旗下及民人房屋并寺庙被压之人速察明数目，遣司官四员前往验视，动支帑银带往。有主收殓者，给予银两；无人承认者，著所遣司官同地方官设法埋瘗。

康熙十九年二月谕户部：朕闻宣府等处岁值大祲，吾民乏食，鬻卖妻子，以自求活。夫人孰不爱其家室哉？至欲延一朝夕之命，割其所亲，憯恻莫甚焉。其遣尔部郎中明格礼驰驿速往，会同地方官赈济，急拯艰厄，以纾朕怀。

康熙十九年四月谕户部：前差尔部侍郎萨穆哈赈济直隶饥民，至春麦收成之时停止。今闻春麦已枯，秋成难定。其间灾重地方，麦既无望，饥民何以聊生？仍著萨穆哈等前往赈济，直接秋收，勿令灾黎有失生理。

康熙二十年三月，上奉太皇太后幸遵化温泉，谕内大臣等曰：今当田禾发生之候，必须遵路而行，安营时，令于道途村庄沿途荒野处驻扎，出入毋践田禾。见遣户部司官随后稽察，遇有驻扎处或出入之时蹂躏田禾者，严行议处。回銮时，仍从原路行，朕将亲察之。

康熙二十年四月，上驻跸三屯营西南，命学士禧佛往谕遵化州知州郑乔生曰：鲇鱼池周围地亩，不许蹂践。虽屡经严谕，未必无碍田禾。著知州亲行细察所伤地亩若干，应纳钱粮若干，俟回銮日转奏。

康熙二十年五月谕户部：比年以来，宣府、大同叠罹饥馑，而边外蒙古亦复凶荒，故发宣、大存贮米石尽用赈济。朕思边境粮储，所关最要，古称九年六年之蓄，盖合侯甸藩畿通为之计，岂仅谓公廪之充盈已也。养人足食，道贵变通，可发京仓米二十万石，前运宣、大备用。其运送米石，用就近地方驿站车夫，不致靡费。尔部核议具奏。

康熙二十年九月谕户部：顷者朕巡行近畿，至霸州地方，见其田亩洼下，多遭水患。小民生计无资，何以供纳正赋？其该州见在被淹田地，应征本年钱粮，著察明酌量蠲免，以示朕勤恤民隐至意。尔部即遵谕行。特谕。

康熙二十年十一月谕大学士等曰：朕顷驻固安、任丘，闻户部官员将各州县均派草豆，甚为扰民。工部向民间私借柴炭，亦多扰民。俱宜严禁。又闻部院各官借称预备差遣，无故传集穷民跟随苦累，俱宜严禁。每次巡幸，骚扰百姓者，多系部院各官。可传谕严饬，以后毋得再蹈前辙。

康熙二十一年二月谕直隶巡抚格尔古德曰：凡为官者，承贪吏之后，名誉甚易，承良吏之后，名誉甚难。金世德、于成龙居官有声，尔继其后，得名必迟。尔毋欲速以求名，速则恐致扰民。直隶旗下庄头与民杂处，朕闻所在凶恶，庄头自以旗下，倚恃其主，甚为民害。尔莅任后加意严查，务期惩创，即管皇庄者，亦毋宽宥。

康熙二十一年七月谕吏部：图治首在安民，劝善莫先惩恶。必咨询廉访，责有专官，而后民隐得以上闻，奸顽为之敛戢。近闻直省各地方多有绅衿势要、土棍豪强及旗下凶恶人员并庄头等，纵恶恣行，武断乡曲。有司畏威而不敢问，大吏徇隐而不能纠，非特遣大臣巡察，难以祛除积弊。直隶为畿辅重地，尤当首先澄清。今应遣大臣一员前往，会同该抚巡历地方，有势要、豪强、旗人、庄头大为民害者，廉访真实恶迹，指名题参，重加惩处，以警奸徒，用安良善，副朕移易风俗、爱养民生至意。应遣大臣，尔部即开列具奏。特谕。

康熙二十二年四月，工部题修孝陵五空桥甬道，估计工价银两，上曰：

陵寝关系重大，前监修各官，草率修理，因致损坏。今若以节省之故，估价短少，钱粮不敷，将旧存砖石充用，恐不坚固。宁使价值宽余，务令永远坚固。著重修陵寝堂司官详勘议奏。

康熙二十三年三月谕户部： 民为邦本，必年谷顺成，家给人足，乃惬朕抚育群生之意。比者巡行近畿，见闾阎生计，仅支日用，乃米价渐贵，民食维艰。又闻河南地方年岁荒歉，所在苦饥，小民无以资生，恐致流离失所。朕心深切轸念。直隶应作何平粜及劝谕捐输，河南应行缓征，并鼓励捐输、设法赈济等项事宜，著九卿、詹事、科道会同确议具奏。特谕。

康熙二十三年十二月谕都察院满汉堂官、五城御史曰： 京畿重地，理宜肃清。近闻盗窃公行，居民不得安静。且盗贼各有窝主，马匹、器械昼则藏匿其家，夜则出而为盗，大约多在坟圈荒僻之处，为其窟穴。即如向所拿货开人窑诱卖人口者，必有藏匿处所。盗无窝主，何以能行？其令五城严缉，务在必获正法，则盗源自绝矣。

康熙二十四年四月谕户部： 朕抚御方夏，爱养黎元，早作夜思，勤求治理，闾阎疾苦，无时不深轸念。欲使民生乐业，比屋丰盈，惟当已责蠲租，万姓得沾实惠。直隶地方频遇旱灾，小民匮乏，宜加恩恤。顺、永、保、河等处圈占地方，应征康熙二十一年地丁钱粮，已经诏行蠲免。所有直隶八府，康熙二十三年未完地丁钱粮，尽与豁除。其顺、永、保、河未经圈占地方，及真、顺、广、大等处，康熙二十四年应征地丁各项正赋，俱著免三分之一。尔部速行该地方官通行晓谕，务使人人得被膏泽，以副朕勤恤民隐至意。如有不肖有司，借端朦混，私行重征者，或经参奏，或被告发，定行从重治罪。尔部即遵谕行。特谕。

康熙二十四年四月上谕大学士等曰： 民间自开垦田亩，若圈与旗人，恐致病民，自后永不许圈。如旗下有当拨给者，其以户部见存余田给之。

康熙二十四年九月谕大学士：朕近观牌楼原基甚深，若将街衢掘至原基，两旁房屋皆在浮土之上，难以久存，而于观瞻亦不相称，且所掘之土运于何处也？至浚治护城河，若积土城下，遇雨水流入河内，旋至淤塞。在凿河掘基需用帑金尚属小事，但虑兴作无益。应何法挑掘，何方贮土，尔等会同八旗都统、副都统、该部及各部院大臣、步军统领详阅街衢议奏。

康熙二十四年十一月谕户部：朕惟自古帝王，统一寰区，懋先德化，必子惠黎元，勤求民瘼，俾干止宁成，家给人足，而后世跻雍熙，治登上理。朕御极以来，宵旰图治，未敢即安，念切民依，思培邦本。虽编氓渐得遂生，而闾阎正资惠养。欲使群生乐利，比户丰盈，惟频行减赋蠲租，庶万姓得沾实惠。前此用兵以来，河南、湖北两省人民，转输供亿，劳费繁多。特沛仁恩，以昭轸恤。所有康熙二十五年应征地丁各项钱粮，著与蠲免一半。其康熙二十四年未完地丁钱粮，亦著尽与豁除。又直隶献县、河间县、河间卫，江南宿迁县、兴化县、邳州、高邮州、盐城县，山东郯城县、鱼台县地方，今年重罹水灾，小民艰苦，亦应加恩轸恤。所有康熙二十四年下半年、二十五年上半年地丁各项钱粮，俱与豁免。尔部速行该地方官通行晓谕，务使人人均被恩膏，以副朕爱育苍生至意。如有不肖有司官役借端朦混，及私行重征者，该督抚指名题参，从重治罪。如该督抚徇隐不行纠举，或经参奏，或被告发，定行一并从重治罪。尔部即遵谕行。特谕。

康熙二十五年三月谕直隶巡抚于成龙曰：直隶旗下各庄人户不守法度，尔须执法严治，不得瞻徇顾忌。朕留心民瘼，外事无不周知。即如工部所用车辆，系发价现雇，今俱派取州县，如此积弊，不止一端。尔到任逐一查明奏闻。尔固宜正己率属，廉洁爱民，亦宜宽以济猛，勿过刻也。且居官不善，纵或漏网，亦将祸及子孙。尔须有始有终，实心任事，从国计民生起见，尽力为之。

康熙二十五年九月谕户部：自古帝王抚驭九有，轸念民依，凡鞠谋生养，为计甚周，犹以赐复蠲租为布德行仁之要务。朕嘉与海内元元，共图乐利，弛征减赋，时廑于怀。惟频涣恩施，俾万姓得沾实惠。念直隶畿辅重地，天下根本，宽租之诏屡沛。往年但顺、永、保、河，较之畿南诸府，差役倍多，供亿尤剧，应加轸恤。又湖广、湖南、福建、四川、贵州地方，昔年为贼窃踞，民遭苦累。今虽获有宁宇，更宜培养，以厚民生，应一体蠲免，用昭恺泽。直隶顺、永、保、河四府，及四川、贵州两省，所有康熙二十六年应征地丁各项钱粮，俱著蠲免；二十五年未完钱粮，亦著悉与豁除。湖广湖南、福建两省，所有康熙二十六年下半年、二十七年上半年地丁各项钱粮及二十五年未完钱粮，亦与尽行豁免。尔部速行该地方通行晓谕，务使人民均被恩膏，以副朕爱育苍生至意。如有不肖有司官役，借端朦混，及私行重征者，该督抚指名题参，从重治罪。如该督抚徇隐不行纠举，或经参奏，或被告发，定行一并从重治罪。尔部即遵谕行。特谕。

康熙二十五年十二月谕户部：朕惟自古帝王，抚驭寰区，勤宣德意，必轸恤民隐，加惠闾阎，俾黎元乐业，比户丰盈，而后化协时雍，治登隆理。朕念切民依，鞠谋生养，欲使群生乐利，干止宁成，惟频行减赋蠲租，庶万姓得沾实惠。前念直隶畿辅重地，王化所宜先，大沛恩膏，用培邦本。而顺、永、保、河四府地方人民，较之畿南，差役倍多烦苦。故将康熙二十六年地丁各项钱粮，同湖南、福建、四川、贵州四省钱粮，尽与豁免。比虑兵饷或有不敷，真、顺、广、大四府地方未经一体蠲免。今闻此四府人民间有艰苦，朕心深为轸念，宜速施渥泽，均示仁恩，著将此四府康熙二十六年地丁各项钱粮尽行蠲免。尔部速行地方官通行晓谕，务使人民均沾实惠，以副朕爱育苍生至意。如有不肖有司官役借端朦混，私行重征者，该抚指名题参，从重治罪。如该抚徇隐不行纠举，或经参奏，或被告发，定行一并从重治罪。尔部即遵谕行。特谕。

康熙二十八年七月谕户部：今岁天气亢旸，雨泽鲜少，畿辅地方虽不时间有得雨，然或甘澍未敷，或播种已后，收获失望，穷民阅历冬春，难保必无艰食。用是朕衷预为轸念加殷。亟著尔部贤能司官，会同该抚于州县等处，遍行亲历，详加察勘。其有果系被灾者，作何赡救，使不罹患害，著一并确议具奏。

康熙二十八年九月谕大学士等曰：小民生计，最多苦辛。今人动称耕九余三，谈何容易！农家终岁勤动，幸遇有秋，而谷价又贱，欲办八口衣食与来岁耕种之资，犹恐不足，安得宽然有余？一遇歉岁，不免颠连困苦矣！惟富饶业户，陈陈相因，贱买贵卖，每获厚利。然赖有富户居积，犹得散粜民间，以济荒歉。若使尽为灾黎，其何以堪！自古帝王生长深宫，少知稼穑艰难与民生疾苦。朕轸念民艰，时常巡省，周咨博访，悉知穷檐困踣之状，实可哀怜。直隶被灾地方，本年未征钱粮及康熙二十九年春夏二季钱粮，俱应蠲免。著候谕旨行。

康熙二十八年九月谕户部：朕勤求治理，笃念民依，欲使妇子干宁，用是频蠲租赋。至于时值荒歉，倍切焦思，赈赡之恩，尤宜亟沛。今岁畿辅亢旸为虐，播种愆期，年谷不登，小民艰食。旱灾情形，朕所亲见，夙夜殷劳，轸念已久。顾此茕茕之民，糊口尚不能给，若更责以输赋，必致流移失业。直隶被灾州县卫所，所有本年地丁各项钱粮，除已征在官外，其余未经征收及康熙二十九年上半年钱粮尽行蠲免。尔部速行该抚通行晓谕，务使均沾实惠，以副朕拯恤穷黎至意。如民人仍致流散，或不肖官役朦混侵蚀及仍行私征者，将该抚一并严加处分。尔部即遵谕行。特谕。

康熙二十八年九月谕户部：今岁畿内亢旸，田亩鲜获，朕所深悉，被灾人民已加恩蠲赈。八旗田庄俱在畿辅近地，同属灾伤。满洲、蒙古、汉军甲兵，皆须养马，原资禾稼以供饲秣，今谷既不登，刍豆必致踊贵。虽给有月饷银米，可以赡育家口，贫乏兵丁，经营草料，恐滋困累。朕殊用轸念。著详察实系穷兵无力养马者，开列名数送部，自本年十月起至来年秋成时止，其马匹所需钱粮，应加给赐，以昭朕一体爱恤兵民之意。作何恩给，尔部确议具奏。特谕。

康熙二十八年十一月谕大学士：今岁京师附近地方遇旱，谷用勿登，小民资生无计。虽钱粮俱已蠲免，加恩赈赉，给以帑金，而求籴米粟，亦觉维艰，依然无食，困于生计。朕念之每为悯然也。顷朕躬诣山陵，所过之地，咨问民间疾苦，阅视被灾情形，不仅艰难于米粟而已也。虽燔爇之薪藁，亦无之饥寒交迫，曷以为生。若不及时善加赈恤，必致流离失所，朕日夜焦劳不安于怀。今兹适遇饥馑，公家庄田及诸王以下大臣庶官殷实人等庄田积聚粮谷，可酌量助给；又直隶乡绅富民有积谷者，并令助给散赈。其散给帑金，务令实给小民以为薪樵之用，如此似于饥民方有裨益。汝等与九卿、詹事、科道官，会同详议以闻。

康熙二十九年正月谕户部：朕抚御区宇，夙夜孜孜，惟期厚民之生，使渐登殷阜。重念食为民天，必盖藏素裕，而后水旱无虞。曾经特颁谕旨，著各地方大吏督率有司，晓谕小民，务令多积米粮，庶俾俯仰有资，凶荒可备，已经通行。其各省遍设常平及义仓、社仓，劝谕捐输米谷，亦有旨允行。后复有旨，常平等仓积谷关系最为紧要，现今某省实心奉行，某省奉行不力，著再行各该督抚确察具奏。朕于积贮一事，申饬不啻再三。藉令所在官司能具体朕心，实有储蓄，何至如直隶地方偶罹旱灾，辄为补苴之术？嗣后直省总督、巡抚及司道府州县官员，务宜确遵屡次谕旨，切实举行，俾家有余粮，仓庾充牣，以副朕爱养生民至意。如有仍前玩愒，苟图塞责，漫无积贮者，将该管官员及总督、巡抚一并从重治罪。尔部即遵谕通行。特谕。

康熙二十九年正月谕户部：朕惟阜民之道，端在重农，必东作功勤，然后西成有赖。畿辅地方去岁遭罹荒歉，已经蠲免钱粮，特发帑金兼支仓粟赈济。虽小民糊口有资，其子粒牛具恐多匮乏。今时届首春，田功肇始，若弗经营措给，将误俶载之期，播种不齐，仓箱何望！直隶被灾州县卫所穷民，有不能自备牛种等项者，该督抚率有司劝谕捐输，及时分行助给，务令田畴遍得耕易，毋致稍有荒芜。八旗官兵皆倚屯庄收获，用以资生。若有被灾贫乏、耕作无力者，该都统等通行各该佐领酌量佽助牛种，所有庄田勿致播种后时，以副朕敦本劝农爱养兵民至意。尔部即遵谕行。特谕。

康熙二十九年正月谕吏部：用人之权，关系最为重大。于成龙破坏定例，将曾经超擢历年未久如许官员保题，尔部不以为非，但称无庸议，殊属不合。且既云直隶好官甚多，今并不能拯救饥民，频多流散，如此则平日才能所办何事？武廷适等升转著停止，令其在任久远效力。

康熙二十九年二月谕内阁、九卿、詹事、科道：昨岁畿辅荒歉，朕虑民食维艰，或至流离道路，既蠲除其田租矣，复特发帑金三十万两，并动支常平仓粟，令该抚遍行赈贷，盖期灾黎得所，毋使离散也。今闻通衢相近之民虽已获沾恩泽，而僻壤穷檐，究不能以自存，至于越乡去土者甚众。夫小民流移若此，则司牧大吏所赈救者安在耶？前所发三十万帑金，未审如何散给，所在人民有无转徙？应遣部院大臣往加详察。至于四方流民，率多就食京师。今年五城粥厂，虽经倍给银米，宽为其期，但恐饥氓渐集，无以遍赡，罔克均沾实惠。宜增设粥厂，择各部满汉贤能司官俾亲赈焉。尔等其会议以闻。

康熙二十九年六月谕内务府：玉泉山河水所关甚巨，西山一带碧云、香山、卧佛寺等山之水，俱归此河。从前此河由青龙桥北汇入清河，后因欲引此水入京城，将高处挑浚，河之两旁复加谨防固，以分水势。今值霪雨之际，水势漫溢，堤岸冲决数处。尔等速将闸板启放，使河水畅流，一面令工部将冲决之处速行堵筑。

康熙三十年五月谕大学士等曰：蔡元所奏未谙事宜。帝王治天下，自有本原，不专恃险阻。秦筑长城以来，汉、唐、宋亦常修理，其时岂无边患？明末我太祖统大兵长驱直入，诸路瓦解，皆莫敢当。可见守国之道，惟在修德安民。民心悦服，则邦本得而边境自固，所谓众志成城者是也。如古北、喜峰口一带，朕皆巡阅，概多损坏。今欲修之，兴工劳役，岂能无害百姓？且长城延袤数千里，养兵几何，方能分守？蔡元见未及此，其言甚属无益。谕九卿知之。

康熙三十年六月谕内阁、户部：差年壮司官一员，令驰驿至直隶巡抚处，详悉询问畿辅所属地方雨泽曾否沾足，蝗蝻较前何如，还奏。

康熙三十年九月谕户部：朕顷巡行边外，入喜峰口，见有民间田亩为蝗蝻所伤。又闻榛子镇及丰润等处地方，被蝗灾者亦所在间有。秋成失望，则粮食维艰。朕心深切轸念。倘及今不为区画储蓄，恐至来岁不免饥馑之虞。著行该抚亲历直隶被灾各州县，通加察勘，悉心筹画，应作何积贮，该抚详议具奏。其被灾各地方，明岁钱粮仍照例催科，小民必致苦累。著俟该抚察报分数到日，将康熙三十一年春、夏二季应征钱粮，缓至秋季征收，用称朕体恤民生、休息爱养至意。尔部即遵谕行。特谕。

康熙三十年十月谕内阁：闻畿辅谷价翔贵，遣户部笔帖式一员，往谕直隶巡抚，令其于所属地方以蒸酒糜米谷者，其加意严禁之。

康熙三十一年正月谕大学士：去岁陕西西安等处年谷不收，罔有积贮，以至闾阎困苦至极，已遣使赈济之矣。直隶所辖地方素有储蓄，或州县稍有不登，即以所贮米谷从均赡给，是以民生获济良多。今年丰歉尚未可知，陕西省府州县现存米谷之数，应行察明，先时预备。至各省府州县皆令积贮米谷数千石，则裨益黎庶者大矣。可下各该督抚等，令各府州县积贮米谷，其所积谷数，当逐一缮册，详报户部。著九卿、詹事、科道等会议以闻。

康熙三十二年十一月谕大学士等曰：今岁畿辅地方歉收，米价腾贵。通仓每月发米万石，比时价少减粜卖。其粜时止许贫民零籴数斗，富贾不得多籴转贩，始于民生大有裨益。又蒸造烧酒，多费米谷。今当米谷减少之时，著户部速移咨该抚，将顺、永、保、河四府属蒸造烧酒严行禁止。

康熙三十二年十一月谕户部：朕念切民生，时廑宵旰，或在宫禁之中，或经巡省之地，务以编氓疾苦备悉咨询。其从各省来京陛见官员，及往来奉使人等，亦无不以该省雨泽曾否应时，田亩有无收获，并闾阎资生情形，一一体访。比年以来，因国家经费尚充，遂将各省地丁额赋及旧欠钱粮节次蠲免，即从前未经停征之漕粮，亦逐年免征，总欲使海隅苍生，培固元气，庶臻于家给人足之风。今岁畿辅地方虽禾稼未能稔收，初意小民糊口之需，犹足资给，未必生计遂致艰难。顷者展谒山陵，沿途察访民隐，见今岁雨水过溢，田亩被淹没者甚多，谷耗不登，米价翔贵。又闻顺天、河间、保定、永平四府所属皆然。目前米价既贵，将来春夏之际，时值益昂，小民必艰粒食，此朕目所亲睹。若来岁钱粮仍然征收，朕心实有未忍。顺天、河间、保定、永平四府，康熙三十三年应征地丁银米，著通行蠲免。所有历年旧欠，悉与豁除。行文该抚晓谕各属，务令人沾实惠，以副朕子育黎元至意。尔部即遵谕行。特谕。

康熙三十三年二月谕内阁：据户部所察霸州等十州、县，存贮米五万七千五百余石、谷八百石，天津卫存贮米一万石、谷四万四千一百余石。此米谷现在仓与否？足以赈给与否？若足用，则以余米平价粜与百姓可行与否？山东漕粮截留数万石，平价粜卖，则谷价不腾，于民大有裨益。今挽至何州县平价以粜，应截留米若干万石？即遣户部司官一员至巡抚郭世隆处，令其逐一迅速详议，付彼赍奏。

康熙三十三年二月谕直隶巡抚郭世隆等曰：霸州等被水灾地方所积米谷，除散赈外，余著减价发粜。其沿河一带景州等各州县卫所，著将山东卫所每处截留二千石，亦发粜以平米价。著户部行文该抚，责成州县实心奉行，务俾小民均沾实惠。朕不时遣人稽察，如小民有不沾实惠，将该管官一并从重治罪，断不宽宥。

康熙三十三年七月谕大学士等曰：密云县田禾失收，今年雨水甚大。著速行文仓场侍郎，将通州仓所贮粟米，以一万石运至密云县，五千石运至顺义县，乘水方盛，速行运到，令其收贮。

康熙三十三年九月谕内阁：今岁雨水，通州以南新筑之堤完固无恙，惟东北旧堤冲决数处，此皆有关于民田，迅速坚固修筑为切要也。侍郎常书向曾遣阅视，今仍令常书往详看奏闻，侍卫亦令一二人偕往。

康熙三十三年九月谕户部：朕惟黎元率育，全恃农桑，每遇岁时丰穰，比屋皆能自赡。倘一经旱涝，粒食无资，即有俯仰不给之虞。非相时缓急而先事图维，则补助之恩难以遍沛。顷巡历边外，道经密云等处地方，见田亩歉收，米谷价贵，闾阎匮乏，衣食不充。目前既已艰难，来岁何所倚赖？宜豫为筹画，用俾资生。著遣部院堂上官二员，会同直隶巡抚，亲诣年岁不登之各州县，详察明白，应作何区处赒济，确议具奏。其八旗披甲当差及孤寡无依、年老有疾、中伤退闲人等，有实系贫窭、窘于谋生者，著各该都统详察姓名报部，应作何恩恤，尔部议奏。著即遵谕行。特谕。

康熙三十三年十一月谕大学士等曰：朕思直隶米价腾贵，小民艰苦，若仅照数给发，诚恐无益。著将此米一半散给百姓，一半照目前米价折银，给与贫民。所余之米，著视时价酌减，令民贱买。如此则百姓既得银两，而籴米又易，庶小民均沾实惠。其安州等十一州县，康熙三十四年地丁钱粮，尽行蠲免。

康熙三十四年正月谕内阁：去岁于直隶、山东、河南、山西、陕西、江南诸省下诏捕蝗。诸郡国尽皆捕灭，蝗不为灾，农田大获。惟凤阳一郡，未能尽捕。去岁雨水连绵，今岁春时若或稍旱，蝗所遗种，至复发生，遂成灾沴，以困吾民，未可知也。凡事必豫防而备之，斯克有济。其下户部速敕直隶、山东、河南、山西、陕西、江南诸巡抚，准前制亟宜耕耨田亩，令土瘗蝗种，毋致成患。若或田亩有不能尽耕者，蝗始发生，即力为扑灭，毋使滋蔓为灾。

康熙三十四年二月谕内阁：通州道路曾禁行车，令于两旁行。今两旁圮坏，来往维艰，可弛其禁，令于道中行车。又京师大街之中，亦令车行毋禁。

康熙三十四年四月，户部题天津开河工程行文附近州县派夫定限挑浚，

上曰：若行文各州县定限派夫，必至苦累民间。著停止行文，即发与雇价，令天津等处雇民挑浚。如此则公事既得告成，而穷民亦可资以度日矣。

康熙三十四年八月，上驻跸密云县，谕大学士等曰：去岁朕见此处高粱结实者少，粃者多，米价腾贵，高粱一斗几三百钱。故将通仓米，令运一万石至此处，五千石至顺义县，减时价发粜，米价稍平，一斗百钱，民以不困。北地寒冷，米谷多至失收。今河水方盛，著将通仓米运至密云、顺义各一万石，令贮仓备用。

康熙三十四年九月谕户部：直隶顺天、保定、河间、永平四府所属地方，今岁水潦伤稼，三农歉收。朕巡幸所至，遍加咨访，闻高阜之产尚有秋成，而卑下之田被潦者多，计所收获，不能相敌。虽经勘灾颁赈，不致仳离失所，而须办钱粮，若仍行征取，则民力匮乏，难以输将。朕心深切不忍，著将四府康熙三十五年地丁银米全与蠲免，用示宽恤。其霸州、雄县、香河、宝坻四处，皆有水道，可以转输。每处著发米一万石，各差司官一员赍往，照彼地时价减值发粜，以资民食。著行文该抚通行晓谕，俾均沾实惠，副朕轸念灾黎至意。尔部即遵谕行。特谕。

康熙三十五年六月谕大学士伊桑阿曰：朕进独石口，见今年麦禾俱盛，朕衷欣悦。念小民皆倚田禾度日，如大兵陆续归时，或致践踏，或偷盗喂马，又何恃以糊口？今将独石口至怀来县交侍郎多奇，自怀来至京城交侍郎马尔汗，及随行部院官率地方官沿途巡察。如有践踏田禾、偷取喂马者，立拿参奏。如有纵徇，朕闻之必以军法从事，决不姑恕。

康熙三十五年七月谕大学士：此次军兴，宣化府、大同府饲马修路，百姓劳苦至矣。尔等识之，俟十月间启奏，以蠲来岁田租。

康熙三十五年七月谕户部：朕亲征时，闻宣化府牧养三旗驼马所需草豆甚急，皆先派龙门、赤城、蔚州百姓供用，后给价值。恐小民不能如数支领，著该抚委地方贤能官查明，照价估给，务令小民得沾实惠，以副朕抚恤至意。此地百姓供应军需，修治道途，劳苦可悯，俟冬闲当免其来年之赋。

康熙三十五年九月谕户部：宣化府钱粮，前已屡经蠲免。但比年以来，所属各州县牧养军前需用马匹，又大兵络绎往来，各有支给经费，而供亿甚繁，殊劳民力。朕巡幸经临，深切轸念。著将康熙三十六年宣化府属地丁银米全与蠲豁，仍行文该抚通行晓谕，俾民间均沾实惠，以副朕宽恤黎元至意。尔部即遵谕行。特谕。

康熙三十五年十二月谕大学士：去岁霸州等处州县，曾运通州之米与被灾百姓，减价平粜，闾阎甚为得济。今年水灾更甚，应如去岁运米于各州县平粜。可敕直隶巡抚沈朝聘，何州何县当运米若干，与民懋迁之处，其作速详察，即缮满字折子具奏，毋缓俟开印时也。

康熙三十七年二月谕内阁：前户部曾经保举司官二员，于被水灾沿河之保定、霸州、固安、文安、大城、永清、开州、新安等州县，截留山东、河南漕粮，每处运致一万石，以备积贮，米价腾贵时平价粜卖。敕户部速议具奏。

康熙三十七年二月谕内阁：霸州、新安等处，此数年来，水发时，浑河之水与保定府南之河水常有泛涨，旗下及民人庄田皆被淹没。详询其故，盖因保定府南之河水与浑河之水汇流于一处，势不能容，以致汛滥。此二河道，著左都御史于成龙往；保定府南河，著原任总督王新命往。作何修治令其水自分流，详看绘图议奏。今值农事方兴，不可用百姓之力。遣旗下丁壮，备器械，给以银米，令其修筑。伊等往时，部院衙门司官、笔帖式酌量奏请带往，于十日之内即令启行。

康熙三十七年二月谕直隶巡抚于成龙曰：朕经行水灾地方，见百姓以水藻为食。朕曾尝之。百姓艰苦，朕时在念，是以命尔于雨水之前速行浚河筑堤，使田亩得耕、百姓生计得遂也。

康熙三十七年三月谕直隶巡抚于成龙、原任河道总督王新命曰：清河发源大（按：当作“太”字）行山脉，会漳河、子牙河、滹沱河、易水诸流，其势虽盛，但坚筑堤岸以遏之，即岁潦亦可无虞。又漳河支流经大城县入子牙河，其势湍悍，数年以来，文安、大城诸处屡遭水患，皆此河之故也。尔等宜详悉查勘。至浑河发自马邑，其源甚微，每遇大水之年，则横流泛滥，致淹民田。详审其故，盖由浑河淤沙既多，或遇春时水乏，保定以下居民又引河水灌田，沙砾壅垫，河身积高，霪雨水发，则避高就卑，水势弥漫，遂致田土冲没。尔等惟挑浚淤沙，河之两岸掘五六尺深阔，令水得畅流，当不至于涨溢矣。尔等须详视具奏，筑堤浚河。工竣，设立河夫，委官监视，及时预为挑浚；遇旱岁，力去淤沙，庶无水患矣。

康熙三十七年五月，上巡视武清县堤岸，众民跪奏云：耍儿渡地方自蒙皇上修筑，迄今永无水患，此地堤岸，正当水势冲射，请于堤岸之外另筑一堤。

上谕曰：此堤岸之外若另筑一堤，尔等田亩岂不多致占废？**众民云：**非一家田亩，即稍入堤内，于小民亦无大损。倘河水一决，其患更甚。

上谕曰：转盼间雨潦将届，今岁不及修筑，暂立木桩坚护堤岸，另开小河，以杀水势，今岁田亩可以无虞。俟明春雨水前，另筑重堤，尔等田庐俱得安固矣。

康熙三十八年二月谕直隶巡抚李光地等曰：漳河与滹沱河故道原各自入海，今南水合流，所以其势汜滥。尔等往视，如漳河故道可寻，即可开通，引入运河。如虑运河难容，即于运道之东别挑一河，使之赴海。其可否修浚情形，尔等阅后再奏。

康熙三十八年十月，上巡视永定河堤，至芦沟桥以南，谕原任河道总督王新命等曰：此河性本无定，溜急易淤沙，既淤则河身垫高，必致浅隘，因此泛滥横决，沿河州县居民常罹其灾。今欲治之，务使河身深而且狭，束水使流，借其奔注迅下之势，则河底自然刷深，顺道安流，不致汜滥。今朕遍观两岸，将紧要应修处逐一详审。尔等务期次第修筑，遵谕而行。

康熙三十八年十月，上阅北蔡村、夏庄村、南蔡村等处，谕原任河道总督王新命等曰：于此三处从上流作挑水坝，不必过长，长则大溜为其所逼。对岸淤处，略加挑浚，水即泻入直流矣。著明春兴工。

又谕曰：官不清则为民害，水不清亦不利于民，天下之浊者皆如此也。不清之官，朕有法以正之，不清之水，朕有策以治之。

康熙三十八年十月，上至郭家务村南大堤，以豹尾枪立表于冰上，亲用仪器测验，谕原任河道总督王新命等曰：测验此处河内淤垫较堤外略高，是以冰冻直至堤边。以此观之，下流出口之处，其淤高必甚于此。如此壅滞，安能畅流？此等堤工卑矮可虞，若不预行修筑，明春水发，难以堵御。必自今冬下埽，加帮增高，不可取近堤之土，若取土成沟，水流沟内，有伤堤根。著取近河土用之，即运土稍远，亦无不可也。

康熙三十八年十月谕直隶巡抚李光地、原任河道总督王新命等曰：今永定河自郭家务以下壅淤已高出七八尺，若掘毕方浚河身，不但多需工力，必致岁岁壅淤。南堤之南，地最洼下，若随其洼下浚治，于掘出之土即行钉桩，筑堤坚固，则修理最易。抑且北堤三层，于河更属有益。尔等修理时，可将河口修窄，渐次放宽，于两边筑堤使高大，则水势迅急，沙自不能停住矣。若遇村庄近处，宜详视妥当，委屈远移，或砌之以石，与村居无碍，始行修理。俟新修河工告竣，朕亲临视，开放河水。

康熙三十九年二月谕大学士等曰：朕往阅永定河，见河工诸员并无知晓，因朕指示周详，河工诸臣方悟而大悦。总之，经任河务者勤而且廉，即克底绩。此河告竣，则黄河亦可仿此修之。朕御小舟入郎城等淀淤浅之处遍视之，则河之当移柳岔也益无疑矣。郎城之河全被沙淤垫高，至来年可耕为田。而欲于此处出水，直强之耳。水口所关重大，若非亲临目击，可轻断乎？至治河大臣，畏缩不前，反再三陈奏以为不可行者，今复何辞！

又谕曰：郎城之遥堤甚有用，清水浑水俱以此当之。新河开毕，著即修筑南北两岸遥堤。完工之后，交地方官各自分守。稍有损坏处，用民夫补修。著传谕直隶巡抚李光地，朕将于四月来临，不时遣人察视，尔等敬慎无忽。

康熙三十九年三月谕大学士等曰：修筑永定河，夫役云集，人多则需米，谷价必致腾贵。遣户部贤能司官二员，截山东、河南漕米二万石，留于信安、柳岔二处，会同地方官照前稍减时价平粜。至附近信安修河诸处屯庄米石亦令粜卖，有益于民。令内务府总管查明具奏。

康熙三十九年四月，上巡视永定河堤，谕大学士等曰：朕前者到此，曾指示挑浚河湾，令其下桩。今日观河水已涸，乘此水涸之时，易于成功。其径直挑浚处，须令宽阔，即以所挑之土培筑堤岸，甚为有益。见无雨水，二十日可以告竣。目今东作方兴，夫役难于骤雇，八旗并包衣属下，每佐领派护军、骁骑校各二名，步军共一千，令其挑浚。凡人员废官有愿浚河效力者，亦令前往。

康熙三十九年四月，上巡视永定河工，驻跸宝坻县城内，谕大臣等曰：方今青苗在野，扈从大臣、侍卫、护军、执事并行装人等，在途须约束人众，遵路而行，毋得蹂躏田禾。朕还仍由此路。倘田禾被践，朕必责问大臣及管辖人员。

康熙三十九年七月谕户部：国家要务，莫如贵粟重民。朕宵旰图治，念切民生，惟期年谷顺成，积贮饶裕，于以修养黎元，咸登乐利。今闻直隶各省雨泽以时，秋成大熟。当此丰收之时，正当以饥馑为念，诚恐岁稔谷贱，小民罔知爱惜，粒米狼戾，以致家无储蓄，一遇岁歉，遂至仳离。著该督抚严饬地方有司，劝谕民间撙节烦费，加意积贮。务使盖藏有余，闾阎充裕，以副朕重农敦本、爱养元元至意。尔部即遵谕行。特谕。

康熙三十九年九月谕大学士等曰：水田之利，朕所洞悉，已交李光地见令引水耕种。水利一兴，田苗不忧旱涝，岁必有秋，其利无穷，但不可太骤耳。今若竟定一例，诸处克期齐举，该部复行催查，则事必至于难行矣。亦惟兴作之后，百姓知其有益，自然鼓舞，各相效法，于是因地制宜，设法行之，事必有成。今观此处亦不必开池，惟如宁夏水田开浚沟渠，潦则撤田中之水，自渠出之；旱则放渠之水，引入田中，灾荒总可无虞矣。

康熙四十年二月谕直隶巡抚：朕历年省耕畿甸，咨访民隐，屡行蠲赈，加惠黎元。近见霸州、大城、文安，地居洼下，被水最甚，虽遇丰年，民犹艰食。其三州、县节年积逋，及本年应征地丁正项，尔即将应蠲钱粮细加察明豁免。所免数目仍行题报，务使真正穷民咸沾实惠。如有势豪土棍，包揽侵冒，不肖有司，听胥吏作弊，指富作贫，假捏灾伤，以致泽不下究，尔据实题参，期于民困获苏，以副朕爱养轸恤之意。特谕。

康熙四十年四月，上巡阅竹络坝河道，谕直隶巡抚李光地等曰：莽牛河出水之口，亦宜下埽防之。隆冬冰结之时，莽牛河口著照常开泄，清水流于冰下，则水为冰所逼，向下冲刷，河底自然愈深。

又阅新修石堤，谕曰：朕修此石堤，特欲其坚而更坚之意，如此则河水断不复归旧河，此地黎民亦可安枕矣。

又阅竹络坝迤东河道大湾，谕曰：此地正当顶冲，甚为危险。见今此处续修石堤，尚未兴工，著速取南方运来杉木，即下排桩及埽，坚固修筑。

又谕曰：观新挑河道，水流既直，出柳岔口亦顺，河岸较前甚高，而河亦深，此皆被莽牛河水冲刷之故。阅其地势，南岸最为要紧，故将应行坚修诸处详行指示，尔等勿谓其已成而遂忽之。

康熙四十一年二月，上驻跸真定府，谕大学士等曰：此城十余里外，有原任大学士梁清标墓。凡朕巡幸所及，遇已故大臣墓，俱遣大臣致奠。尔等其往奠之。

康熙四十二年二月谕永定河分司：朕观黄河险要地方，应下挑水埽坝。现今永定河，朕亲指示挑水等工，俱有裨益。尔遵照朕指示式样，前往烟墩、九里冈、龙窝三处，筑挑水坝数座，试看有无裨益？虽被冲坏无妨。完工之日，令该地方官尽心防守。如有蛰陷，不时修葺。可将此旨传与总河张鹏翮，速派贤员，令其多备物料夫匠，于朕回銮之前完工。需用钱粮，与尔无涉，不可经手，工完将用过钱粮记明具奏。如遇桃汛水发，即行停止。

康熙四十二年三月恩诏：朕为天下生民主，宵旰勤劳，励精图治，凡国家之休戚，闾阎之乐利，晷刻之间，无不注意于此。天下之大，兆民之众，朕谁欺！欺天乎！至今四十余载，亲历饥馑者不知其几，南北用兵者不知其几，人心向背者不知其几，天变地震者不知其几，自责凉德，不能抚育，履冰临渊，兢业是守。仰赖上天眷佑，祖宗厚德，幸生创业未久之际，方免坠失。今海寓升平，年岁稍和，生民俱已乐业，迩来诸王大小臣工士庶因朕五旬，舆情肫切，屡请加上尊号。朕坚意固辞，不允所请。盖朕不以名誉称扬为尚，惟以海内富庶为心，是以屡蠲赋役，频省刑罚，总欲使老安少怀，风俗淳厚，渐几于康乂隆平之治。近因淮黄告成，乃东南要务，再授方略，望有善后。朕不辞劳瘁，亲往阅视，见畿辅、山左、江浙等省，耆老人民，俱中心爱戴，虽童稚亦咸欢欣瞻仰，是知民心皆一，用是益深轸念，视切如伤。所以星夜回銮，兹特大沛宏恩，普施遐迩，庶几民生咸登寿域，和协遍满环区，所有应行事例开列于后。於戏！安民则惠，益宏逮下之恩，御众以宽，聿溥好生之德。布告天下，咸使闻知。

康熙四十三年十月谕户部：今岁直隶地方雨旸应候，禾稼有秋，各郡民生，皆获安恒业。惟是去岁山东被灾之民，自冬月以迄春夏，流离转徙，入顺天、河间境内者甚多。于时设厂煮糜，所在赈救，因而米价至今未减。诚恐近畿一路，闾井小民，绌于生计，是宜加恩宽恤，用宏休养。顺天、河间二府属康熙四十四年应征地丁银米，著通行蠲免。该巡抚即饬府州县官张示遍谕，务俾穷乡僻壤均沾实惠，以副朝廷优轸畿辅黎氓至意。尔部即遵谕行。特谕。

康熙四十三年十月谕内务府郎中齐苏勒曰：耍儿渡、东旺、西旺等处运河两边，向来皆沙，其堤工系沙土筑成，故不坚固。且又敌数处山水，兼之海潮一日二次倒灌，所以逼回运河之水，不及流行，常涨满盈出于堤者，因不能容受之故。朕前阅杨村相近，有旧河形迹一道，即于此间建减水石坝以分水势，甚为有益。此处近海，疏通甚易，所分之水，不可使通百灵港、宝坻县、香河县。此三处地势低洼，难以抵敌。至建造减水坝，须口宽四五十丈，以石铺之，使尾长而斜，坚固修筑。若水长不至四尺，不能越减水坝。可将见存旧河形迹挑宽十丈，将土即筑两边之堤。尔会同直隶巡抚李光地前往验看丈量具奏。

康熙四十三年十月谕大学士等曰：曩日耍儿渡等处堤岸常被冲决，是以朕亲临遍视，见杨村原有一引河，去海尚近，即欲疏此引河，建滚水坝，水长开闸，使河水入海。因需饷浩繁，又恐无益，故不轻举。朕今遣李光地等往估，欲仍开此引河。大都天津海潮至时，一股向王庆坨，一股向杨村逆流，故河水长时即相触旁流，以致堤岸冲决。今将杨村旧引河挑浚建坝，自必有益。再子牙河广福楼亦有引河。昔开引河时，文安、大城百姓谓开引河于彼有益，而青县等处百姓则称开引河于彼不便，互相争论，皆集河干，各控其情。及朕谕以挑此引河不独便于文安、大城，而青县亦自无虞，民始各退。后果两处皆便矣。

康熙四十三年十月，上巡幸畿内，临阅齐苏勒等所勘薛家庄拟筑减水坝之处，谕大学士等曰：此处迎溜顶冲，若筑减水石坝，遇水涨时，石坝虽不妨，而两边土坝可虞。如水涨过四尺，由减水坝流出，视其流高几寸，可算知一昼夜水泄几分。如能流泄水之三分，则大有济矣。此处河势，南岸露出矶嘴，北边暗被冲刷，今已近北岸矣。朕向巡幸西塞之外，见黄河一遍露出矶嘴，则一边必然冲刷。水性原如此，朕故知之。此处断不可筑减水坝也。因问之土民，皆云三十年前河原近南岸，众皆惊服。

康熙四十三年十月，上阅视筐儿港堤工，谕齐苏勒等曰：昨日踏勘之处，迎溜顶冲，彼处若筑减水坝，甚为可虞。倘水发时，冲刷其东，则所筑减水坝反在河中，徒费人工矣。其杨村以南，河岸离堤虽远，而相其地势，亦难修筑。此筐儿港近处有矶嘴，与河堤相去不远，且河路又直通旧河，取道甚顺，况东边原因修筑坚固，屡经大水，并无妨碍，此处修筑减水坝甚好。朕制木桩式样与之。减水坝两边雁翅，须令加高与堤平。其外边流水之处，尽用石铺，预凿两路柱眼其上，则搭桥以便行人。筑减水坝时，须令其尾长，如此则下注之水，可无妨碍。若欲保减水坝之水溜，当于东边酌量修筑数处挑水坝，以分顶冲水势，俟后再定。至新挑河两边筑堤，则两边田地之水为堤所阻，不能流出，或恐不利于田地。若使通于新挑河及分，减大河之水，令入漯河淀湖内，则水集而满，必致泛溢，恐民田地淹没。可将湖边丈量，圈筑小堤，使水不致漫流，以保护田地。修筑大河两边堤工，附近居民俱请加高。朕看此堤加筑大有裨益，可将此堤先修。俟工部堂官到日，尔会同前来，将旧堤加高之处丈量估算，需用钱粮几何，具题之日，再将修筑减水坝之处定夺。

康熙四十四年十一月谕户部：朕宵旰勤民，廑思爱养，惟务简征宽赋，以期实惠黎元。间有州县，水旱不登，即诏所司亟议蠲赈。其直隶各省每岁应输额赋，有以次递蠲者，有频蠲数年者，有将带征积欠暂令停征者。凡以蠲除额赋，专为小民乐业遂生，一岁以内，足不践长吏之庭，耳不闻追呼之扰，庶几修养日久，驯致家给户足，而民咸得所也。曩年楚省钱粮，虽屡行豁免，今已历数载，未经特蠲。应将该省额赋全免一年，以示朕加恩优渥之至意。湖北、湖南康熙四十五年除漕粮漕项外，其余地丁银米，一概免征。旧欠未完者，并停输纳。尔部移文该督抚，令各饬属员，张示遍谕，穷乡僻壤，咸使周知。倘不肖官吏于额征之外，巧立名色，别有科派，私图肥己者，察出定治重罪。尔部即遵谕行。特谕。

康熙四十五年三月，大学士等议覆直隶巡抚赵宏燮疏请开垦水田应准行，上曰：此处水田不比江南，与宁夏泽州等处水田约略相似，大都俱恃开沟以引河水。今直隶河道处处俱通，若开通三河县河，亦可直抵蓟州。昔开护城河甚有利益，今朕又欲挑浚清河。此河一开，于右翼人众亦大有利益矣。

康熙四十五年三月谕大学士马齐、席哈纳、张玉书、陈廷敬：卫所改为州县，断断不可。前于成龙为直隶巡抚，即欲以卫所改为州县，朕不允所请。后郭世隆又以此条奏，九卿议从其言，因而准行，至今百姓犹以为苦。近者如此，况远者乎？御史陈勋所奏，著不准行。

康熙四十五年五月谕户部：朕宵旰图维，勤求民隐，每欲敷蠲贷之恩，以为闾阎留有余之力。直隶、山东地方，四十二年偶遇灾沴，因特免山东四十三四（按：康熙四十三年和康熙四十四年）两年额赋，并四十一年以前积欠钱粮。直隶则顺天、河间两府四十四年额赋亦俱豁免。今虽屡年收获，民气渐舒，而所有宿逋，尚应输纳。朕念黎元方有起色，办赋犹艰，一时新旧并征，势难兼应。宜更加宽恤，以宏休养。直隶自康熙四十一年至四十三年各府属未完民欠银八万二千七百两有奇，粮五千七百石有奇，山东省康熙四十二年各府属未完民欠银一百六十九万一千七百两有奇，粮五千九百石有奇，或见在征取，或分年带征，俱著通行蠲免，俾小民悉除逋负之累。倘应征旧欠有见完纳在官者，即准抵本年正赋。谕旨到日，各该抚速行所属有司，遍示晓谕。有不肖官吏朦混征收，不与开除明白者，该抚即时参劾，严加治罪。尔部即遵谕行。特谕。

康熙四十五年五月谕大学士等曰：前日直隶巡抚赵宏燮折奏，河间数州、县历年拖欠钱粮，请分年带征。朕已批发，令其具题。至直隶各省历年拖欠钱粮总数，著交户部查明速奏。内有民困无征者，酌量豁免。

康熙四十五年十月谕户部：朕子育黎元，日求所以休养利济之道。念惟赐租减赋，实有裨益于民生。直隶各省钱粮次第全蠲一年者，业经数举。独是历岁逋负，积累加增，旧税新征，势难兼办。纵使少宽民力，分年带输，而督令续完，仍多拮据。朕眷怀及此，深切轸恤。是用蠲逋已责，大沛恩膏，俾闾阎获免追呼，官吏亦不罹参罚。直隶、山东积欠钱粮，今年俱已蠲免。其山西、陕西、甘肃、江苏、安徽、浙江、江西、湖北、湖南、福建、广东各省，自康熙四十三年以前未完地丁银二百一十二万二千七百两有奇，粮十万五千七百石有奇，著按数通行豁免。或旧欠已完在官，而见年钱粮未完足者，亦准扣抵。谕旨到日，各该抚立行所属，张示遍谕。有不肖有司以完作欠，朦混销算，及开除不清者，该督抚即时题参，严加治罪。尔部即遵谕行。特谕。

康熙四十六年六月谕起居注：今年朕于二月二十八日抵扬州，彼时麦已秀矣。至四月二十日回銮，则正在刈麦之时。南方麦秀虽早于北方，而仍与北方同熟，至于谷价果品大略皆然。江南梅花正月即放，至五月始实。朕取至畅春园种之，见其三月花放，亦于五月结实。花放于两月之前，而同至五月结实，此皆水土之故也。南方之物，开花吐穗虽早，而成实迟，而食之则难消。北方之物，开花吐穗虽迟，而成实速，故食之则易消。皆土性冷暖、自然不可强者。试于塞外种稻，其地高寒，难以收获。种别项之谷，则无如塞外丰茂者，江南不及京都，京都不及塞外。朕以此等土性，向张玉书、李光地言之，彼皆心服，谓朕所见极是。朕巡行各省，所见诸物，无不留心详察，故知之甚明确也。

康熙四十九年十月谕户部：朕恭膺天眷，祇承列祖鸿庥，统御万方，子育兆庶，厪怀至治，宵旰靡宁。幸际海宇同风，边隅向化，遐迩中外帖然衽席之安者，是皆仰荷天地祖宗福佑之所致也。方朕八龄践祚之初，太皇太后问朕何欲，朕对臣无他欲，惟愿天下治安，生民乐业，共享太平之福而已。迄今五十年矣，拳拳此心，未尝一日少释。每思民为邦本，勤恤为先，政在养民，蠲租为急。数十年以来，除水旱灾伤例应豁免外，其直省钱粮次第通蠲一年者屡经举行，更有一年蠲及数省，一省连蠲数年者。前后蠲除之数，据户部奏称，通共会计已逾万万。朕一无所顾惜，百姓足，君孰与不足？朝廷恩泽，不施及于百姓，将安施乎？朕每岁供御所需，概从俭约，各项奏销浮冒亦渐次清厘，外无师旅饷馈之烦，内无工役兴作之费，因以历年节捐之储蓄，为频岁涣解之恩膏。朕之蠲免屡行，而无国计不足之虑，亦恃此经画之有素也。比来省方时迈，已历七省，南北人民风俗及日用生计，靡不周知。而民生所以未尽殷阜者，良由承平既久，户口日蕃，地不加增，产不加益，食用不给，理有必然。朕洞瞩此隐，时深轸念，爰不靳敷仁，用苏民力。明年为康熙五十年，思再沛大恩，以及吾民。原欲将天下钱粮一概蠲免，因众大臣集议，恐各处需用兵饷拨解之际，兵民驿递，益致烦苦，细加筹画，悉以奏闻。故自明年始，于三年以内，通免一周，俾远近均沾德泽。直隶、奉天、浙江、福建、广东、广西、四川、云南、贵州各巡抚及府尹所属，除漕项钱粮外，康熙五十年应征地亩银共七百二十二万六千一百两有奇，应征人丁银共一百一十五万一千两有奇，俱著察明全免。并历年旧欠共一百一十八万五千四百两有奇，亦俱著免征。其五十一年、五十二年应蠲省分，至期候旨行。民间旧欠既经豁免，嗣后每年额征钱粮，务如数全完。倘完不及额，或别有亏空，托称民欠，则负国甚矣。即责令督抚以下官员偿补，仍从重治罪。夫地方大吏以及监司守令，皆与吾民谊均休戚者也，诚克体朕孳孳保赤之怀，实心爱养，力杜侵牟朘削，则闾阎咸得衣食滋殖，无有失所，而为官吏者，亦身名俱泰，岂非升平乐利之盛事欤？尔部移文各督抚，谕旨到日，即刊刻颁布，遍示穷檐，令咸知悉。特谕。

康熙五十年十月谕户部：朕诞膺大统，抚育寰区，夙夜孜孜，不自暇逸，凡以为民也，勤图利济，休养安全，即无水旱之虞，时布宽仁之政，蠲租除赋，务使遐方率土，无不均沾。或值雨旸偶愆，出帑发粟，多方赈恤，其有益于吾民者，靡弗备举而亟行之。朕殷恳周详之至意，前四十九年所颁谕旨，申晰甚明。原欲将五十年天下钱粮通行蠲免，以诸臣集议，恐需用兵饷，拨解之际，兵民驿递，益致烦苦，故自五十年为始，三年之内，全免一周。除将直隶、奉天等九直省康熙五十年地丁钱粮一概蠲免，及历年旧欠钱粮一并免征外，山西、河南、陕西、甘肃、湖北、湖南各抚属，除漕项外，五十一年应征地亩银共八百四十万四千两有奇，人丁银共一百二十万八千一百两有奇，著察明全免。并历年旧欠共五十四万一千三百两有奇，亦俱著免征。其五十二年应蠲省分，至期候旨行。民间旧欠既经豁免，嗣后每年额征钱粮，务如数全完。倘完不及额，或有亏空，托称民欠，即责令督抚以下官员偿补，仍从重治罪。该督抚须实心力行，期副朕拳拳爱民之意。如有指称事故，侵欺科派，事发之日，必严行究治。谕旨到日，遍示城郭乡村，深山穷谷，咸使知悉。尔部即遵谕行。特谕。

康熙五十年十一月谕内阁：任丘、文安地势低洼，素系积水之区，朕所深悉。因地势处两大河之间，区处无策，故令将苑家口之南数百里堤岸保固，自滹沱等河至子牙河之北数百里堤岸亦加保固。或任丘、文安值雨水连绵，所积之水高于河水，则将堤开放，引水入河。其河水高时，听其自落，此理之所必然也。至异常水患，非但两河之间不可逆料，即高阜之地岂遂可恃？今值无事之时，毁拆民间田庐坟墓，挑浚河道，建筑堤闸，以疲民力，虚费钱粮，是断然不可者。又奏称宣府白沟诸河之水汇于茅儿湾，经保定县达于苑家口等语。附近宣化府之河，山西大同、左卫、马邑等处甚多，俱系沙流，会于蔚州之桑干，遂成浑河、永定河。其所称诸水，不知从何处越过永定河、六里河、涞水、易州数重河道，而突至保定县耶？况永定河身俱系沙土，其通塞在于俄顷，若必欲清理本源，挑浚河道，即竭尽直隶民力，亦断不能也。樊绍祚不谙河务地势，冒昧生事，混乱具奏不合，其申饬之。

康熙五十一年二月谕大学士、九卿：朕览各省督抚奏编，审人丁数目，并未将加增之数尽行开报。今海宇承平已久，户口日繁，若按现在人丁加征钱粮，实有不可。人丁虽增，地亩并未加广，应令直省督抚将现今钱粮册内有名丁数，勿增勿减，永为定额。其自后所生人丁，不必征收钱粮。编审时止将增出实数察明，另造清册题报。朕凡巡幸地方，所至询问，一户或有五六丁，止一人交纳钱粮，或有九丁、十丁，亦止二三人交纳钱粮。诘以余丁何事，咸云蒙皇上宏恩，并无差徭，共享安乐，优游闲居而已。此朕之访闻甚晰者。前云南、贵州、广西、四川等省遭叛逆之变，地方残坏，田亩抛荒，不堪见闻。自平定以来，人民渐增，开垦无遗，或沙石堆积难以耕种者，亦间有之，而山谷崎岖之地，已无弃土，尽皆种之矣。由此观之，民之生齿实繁。朕故欲知人丁之实数，不在加征钱粮也。今国帑充裕，屡岁蠲免，辄至千万，而国用所需，并无遗误不足之虞。故将直省现今征收钱粮册内有名人丁永为定数，嗣后所生人丁免其加增钱粮，但将实数另造清册具报，岂特有益于民，亦一盛事也。直省督抚及有司官编审人丁时，不将所生实数开报者，特恐加征钱粮，是以隐匿不据实奏闻。岂知朕并不为加赋，止欲知其实数耳。嗣后督抚等倘不奏明实数，朕于就近直隶地方，遣人逐户挨查，即可得实。

此时伊等亦复何词耶？此事毋庸速议，俟典试诸臣出闱后，尔等会同详加确议具奏。

康熙五十一年十月谕户部：朕宵旰孜孜，勤求民瘼，永惟惠下实政，无如除赋蠲租。除每岁直省报闻偶有水旱灾伤，照轻重分数豁免正供，仍加赈恤外，将天下地丁钱粮，自康熙五十年为始，三年之内全免一周，使率土黎庶，普被恩膏。除将直隶、奉天、浙江、福建、广东、广西、四川、云南、贵州及山西、河南、陕西、甘肃、湖北、湖南各直省康熙五十年、五十一年地丁钱粮，一概蠲免，历年旧欠钱粮一并免征外，所有江宁、安徽、山东、江西四省，除漕项外，康熙五十二年应征地亩银共八百八十二万九千六百四十四两有奇，人丁银共一百三万五千三百二十五两有奇，俱著察明全免。其历年旧欠银二百四十八万三千八百八十二两有奇，亦并著免征。计三年之内，总免过天下地亩人丁新征旧欠共银三千二百六万四千六百九十七两有奇。各该督抚务须实心奉行，体朕轸念民生至意。如有侵欺隐匿，使惠不及民，借端科派者，督抚严行察参。督抚失察，事发之日，亦严加究治。谕旨到日，立即遍示城郭乡村，咸使知悉。尔部即遵谕行。特谕。

康熙五十一年十月谕直隶巡抚赵宏燮：直隶督抚每奏报年谷收成，朕必批令豫筹积贮，以备小有灾荒，即行赈济，谕旨甚明。井陉小县，村落无几，偶遇小灾，便闻人民不得安堵。如果能遵前旨，于丰年豫为贮积，人民何至艰食不安其居？此皆因地方官奉行不实，全无储蓄所致。嗣后地方官须遵朕前旨，实心奉行，务期有济民生。特谕。

康熙五十四年二月谕直隶巡抚赵宏燮：朕尝读《无逸》篇，留心稼穑久矣。去岁腊前瑞雪盈尺，时届阳节，细雨连绵，舆情怡悦，早得布种矣。所虑者，起发太盛，则收获之际，恐有二疸之虞。尔等遍示民间，时值耘耕，即令苗稀疏，预防风霾。朕以民生为念，劝农为本，已有所知，不得不示。特谕。

康熙五十四年二月谕直隶巡抚赵宏燮： 朕每年春间行幸水淀，近见民生虽不能家给人足，比之往时，似觉差胜。但村庄之中，诵读尚少。朕思移风易俗，莫过读书，非此无可上进。况畿辅之地，乃王化所先，宜于穷乡僻野，皆立义学，延师教读，以勉励孝弟，可望成人矣。尔即遍示庄村，皆知朕崇文好学之深意。特谕。

康熙五十四年十月谕户部： 朕早夜孜孜，轸怀民瘼，四方水旱，时勤咨询，惟恐闾阎之盖藏未裕，一遇俭岁，收获失望，穷黎即无以资生也。直隶顺天、保定、河间、永平、宣化五府所属地方，今岁雨水过溢，田亩被淹者甚多。谷耗不登，民艰粒食。现今缓征赈借，虽惠泽频施，而来春应办钱粮，若仍行征取，则民力匮乏，输将难继。著将五府州、县康熙五十五年地丁银八十五万五千八百两零，粮米豆谷一十一万五千五百石零，草九万四千九百束零，俱通行蠲免。尔部行文该督，遍饬所属，实心奉行，俾穷乡僻壤，均沾朝廷德意。倘有不肖官吏私征侵蚀者，察出定行从重治罪。尔部即遵谕行。特谕。

康熙五十五年闰三月谕大学士等曰： 直隶巡抚赵宏燮，因顺天、永平两府所属地方米价腾贵，民多乏食，奏请借帑银，差官贵买贱卖，再借庄头积贮之米，减价粜卖。朕思治天下之道，以养民为本，当此太平之际，而使民乏食，可乎？从前如福建、广东远处，偶遇灾荒，犹海运赈济，况京师畿辅之地乎？去年顺天、永平、保定、河间、宣化五府，因雨水过多，米谷歉收，已将钱粮尽行蠲免，积贮之米，减价粜卖。见今闾阎积贮无多，若又以银买谷，则米价益加腾贵。今京仓、通仓之米甚多，将仓内所贮之陈米发二十万石，遣堂司官运至各处地方，不论旗民，确查赈济，穷民始得均沾实惠。且直隶北四府地方，有水路可通，即由旱路运去，亦不甚远，不过在人区画而已。至于运米脚价，以米给之亦可。煮粥之柴，以米易之亦可。近京之地，减价粜卖，今又发陈米赈济，则小民断无乏食之虞矣。

又谕曰： 朕闻今年直隶南四府地方麦苗甚好，但麦收时，亦止有地之人得食而已。未种麦之人，何由而得？朕意此番赈济，须至九月，民方不致乏食。每岁五城煮粥施济，至三月即止。今尚未停止，于民大有裨益。古之人君，居深宫之中，不知民间疾苦者甚多。朕巡行各处，曾目击之，故知之甚确。又于直隶各省年谷丰歉，时加访问，地方大吏所以不敢隐瞒。朕凡事但求实济，不务虚名。即如积贮之事，闻之似善，行之甚难。从前连岁丰收，朕曾谕地方官，令民间节省积贮，但穷民一年所得，糊口之外，别有费用，何得余剩？至于社仓一事，李光地任直隶巡抚时，曾以此为有益，卒不能行。今太平已久，生齿日繁，而田土未增，且士商僧道等不耕而食者甚多。或有言开垦者，不知内地实无闲地。今在口外种地度日者甚多。朕意养民之道，亦在相地区处而已。陕西临洮、巩昌等地方虽不可耕种，若于有水草之地，效蒙古牧养，则民尽可度日。而百姓但狃于种地，不能行此。昔年去山东赈济人员曾云，或有人在牛旁，不知取乳而食，坐以待毙。此皆不习之故耳。尔等将赵宏燮所奏之事，会同九卿确议具奏。

康熙五十五年闰三月谕户部：朕惟民为邦本，必年谷顺成，家给人足，乃惬朕抚育元元之意。自御极五十余年，宵旰孜孜，无论遐方近地，编民疾苦，必备悉咨询。设有水旱，蠲赈频颁，务讲求实惠，沾被群生，盖不徒事轸恤之虚文也。直属顺、永、保、河、宣五府，去岁雨水过溢，谷耗不登，因全蠲额赋，发米减粜。今巡抚赵宏燮以目下正当青黄不接之时，顺、永二府米价腾贵，疏请借道库银六万两，委员赴乏米州县贵买贱卖。朕思闾阎盖藏未裕，本地出米无几，以银易米，恐米价反致翔涌。现今京、通二仓，积米甚多，不如将旧米分发二十万石于各州县，赈济乏食穷黎。官无转售之劳，民获现在之米，于地方大有裨益。且畿辅地近京师，挽运亦易。著大学士等会同九卿速行详议具奏。特谕。

康熙五十五年四月谕：闻热河米价甚贵，每石至一两七钱。扈从人等，复行齐集采买，则米价愈加腾贵。官兵每月既得钱粮，若复给口粮，未免重复。但以所给钱粮买米，又恐不敷。著将热河之仓及唐三营仓所贮之米发出，设立一厂，每石定价银一两，卖与随驾官兵。令各该管之人查视，不许多买，自无转卖之弊，而于官兵亦大有裨益矣。

康熙五十五年五月，上驻跸热河，谕扈从诸臣曰：今岁米价甚昂，顷曾降旨，将八月收放之米，令即支给。目前雨水之时，应于未雨之先，即将此米给与众人，始为有益。今年四月前甚旱，既雨之后，又恐多雨。都统、副都统、参领等于此等处未必能实心筹画。倘雨过多，道路泥泞，车辆难行，势必至米粮潮湿抛弃，于军民全无实惠。著将此旨传示八旗都统等。

康熙五十五年五月谕大学士等曰：京畿地方，至今雨未沾足。朕心不胜焦劳。自密云至口外，田禾甚佳；及问各处来人，俱云雨水尚有不足之处。念京城人民辐辏，就食者多。且太平日久，人口滋生，多至数倍。以此平素间谆谆以此事面谕诸大臣。今值暵旱之际，若再不亟为筹画，朝廷之上所理者何事乎？阅此次报内米价又长，八旗官兵粮米定例于八月内支放，今若候至八月，米价必愈加腾贵。著于五月初十日起即行支放。至京城米石，若仍行减粜，甚为有益。著再发米三万石，交与原派卖米官员，减价粜卖。尔等转谕户部。

康熙五十五年十月谕大学士、九卿：设立社仓，止一年可行，若年久，便不能行。朕甚留意此事。李光地为巡抚时曾试行之，因难行，至今尚未具奏。张伯行谓知府谢赐履称，永平府属州县从前俱有社仓，今年春间乏食，将仓粮借出，民甚赖之。既然如此，永平府所属地方民人缘何流往盛京？幸将军抚恤，乃得给与口粮养赡耳。今年直督赵宏燮具题，常平仓米石及庄头等粮米俱已用完，请借银买米赈济。朕发通仓米二十万石，遣大臣官员分路赈济。今张伯行及知府谢赐履既称设立社仓于民大有裨益，著交张伯行、谢赐履二人于永平府属地方举行五年，如果有益，再于各处举行。尔等会同九卿询问张伯行议奏。

康熙五十五年十二月谕户部：朕御极以来，念切民生，时勤宵旰，凡巡历所至，必以编氓疾苦备悉咨询。盖欲比户之盖藏恒裕，三时之水旱无虞，斯民气和乐，聿成丰亨豫大之休也。顷者朕巡幸口外，经过三河等州县暨永平府交界地方，见今岁秋成丰稔，米价称平。惟是去年雨水过溢，田亩间被淹没，朕深加轸惜，蠲赋平粜，转漕分赈贫民，使不致失所。今者虽复有秋，然仅足支一岁之用，恐来年之输将尚多难继，是必再沛恩膏，始可大培民力。著将顺天、永平两府所属大兴、宛平、通州、三河、密云、蓟州、遵化、顺义、怀柔、昌平、宝坻、平谷、丰润、玉田、良乡、涿州、武清、永清、香河、霸州、大城、文安、固安、东安、房山、保定、延庆、梁城、卢龙、迁安、乐亭、滦州、抚宁、昌黎、山海等州县卫所，康熙五十六年地丁银二十六万四千三百三十六两零，米豆高粮二万一千六百四十六石零，草九万四千九百五十束零，俱通行蠲免。所有历年积欠银九万三百九十六两零，米豆高粮一万六千二百七十五石零，草八万四千四百七十束零，亦并与豁除。尔部行文该督，严饬所属，实心奉行，俾遐村穷谷，均沾德意。倘有不肖有司借端朦混，私行征收者，察出定行从重治罪。尔部即遵谕行。特谕。

康熙五十六年四月谕大学士、九卿：仓内米石甚多，著分运直隶各府、州、县存贮预备，于民甚有裨益。每府或贮万石，每州、县或贮数千石，附近通州河道者交与仓场，总督等运送其余府、州、县所运米石，速行文直隶总督，派地方官乘未雨之先挽运。值此青黄不接之时，于各府、州、县平粜，亦大有益于百姓。其江南、浙江如有应行截留漕粮，将截留若干之处，尔等一并速议具奏。

康熙五十六年十一月谕户部：朕抚驭寰宇五十余年，夜寐夙兴，为小民勤求生遂。凡率土远近，皆期共享乐利，聿成家给人足之休，未尝一日不廑诸怀也。数十年以来，各省正赋，屡经全免，历年积久，亦已蠲征。偶有雨泽愆期，或发仓廪散给，或截漕粮赈救，不惜数万万金钱米谷，频沛恩施。诚念穷檐之艰，虑其至于颠连失所耳。近者民力虽已稍纾，然念分年带征银两，若不格外优宽，则小民一岁所获，分纳二年之赋，以其赢余养赡室家，断难充足。朕每怀及此，轸恻良深。宜更加殊恩，通行豁免。今将直隶、安徽、江苏、浙江、江西、湖广、西安、甘肃等八处带征地丁屯卫银二百三十九万八千三百八十两有奇，概免征收。其漕项虽例不准免，亦著破格施恩，将安徽、江苏所属带征漕项银四十九万五千一百九十余两，米、麦、豆一十四万六千六百一十余石内，免征各半。尔部即行文该督抚，严饬所属，实心奉行，遍加晓谕，俾民间无征催之累，均沾实惠，用称朕抚恤群黎至意。倘有不肖有司借端朦混，私行征收者，该督抚严察参处。如该督抚失察，一并从重处分。尔部即遵谕行。

康熙五十八年五月谕户部：朕幸热河一路，麦苗盈野，收成颇佳。但麦熟之岁，往往雨水早而且多。朕留心稼穑，历年最久，所见如此。尔部即速传直隶、河南、山左、山右、口外地方，速将已收之麦晾干，入屯收贮，以免潮湿坏烂，则今年所收，足用二年矣。

康熙五十九年六月谕大学士马齐等：朕闻保安、怀来等处地震，宜速遣大臣前往赈济。若俟部中启奏，便致迟延。著派副都御史杨柱、屠沂，令伊等作速自京城出居庸关，前往延庆州、保安、怀来、沙城等处查阅，一面奏闻施恩，并探取蔚州、广昌、浑源州等处信息。如被灾果重，著一并施恩。派直隶守道李维钧酌量带地方官几员，自彼处前往。其派包衣官一员，将内库银带三万两之处，朕于阿哥处另下谕旨。

康熙五十九年七月谕副都御史杨柱等曰：保安等处地震，尔等前往散赈，毋得爱惜银两。有不足用，即以奏闻，务使百姓均沾实惠。不可速回，俟民情安定，再行回奏。其保安等处本年钱粮及次年钱粮，俱著蠲免。

康熙五十九年九月谕：各旗分设仓贮米，原以备水旱赈济之用。前苏尼特、阿霸垓等旗分荒旱之年，朕曾令发帑赈济。其翁牛特等所属之人，朕视之均系一体。该王贝勒等以此奏请，极合朕心，著即照所请行。如尚有不敷之处，仍著再行陈奏。

康熙六十年四月谕户部尚书孙渣齐：朕览京城所报米价，殊属腾贵，将京、通仓米石交与侍郎张伯行，比时价减五分粜卖。内务府庄头所交谷石，现在州、县收贮，亦派满汉贤能司官，照此粜卖。正值谷价腾贵之时，恐有偷盗仓内米石者，著提督等不时缉拿，照此速行。

康熙六十年九月谕大学士、九卿等曰：直隶总督赵宏燮奏，河南黄、沁冲决堤岸，水势泛滥至长垣等处。朕即遣官查视所决地方。据奏河南武陟县黄、沁之水冲决堤岸，由长垣流入山东张秋镇。又据山东巡抚李树德奏，河水泛溢，自直隶开州流入山东张秋镇，由盐河入海，以致运河堤决，漕船阻滞，其冲决堤岸，见在修筑。朕思此冲决之处，只可略加修防，使漕船无阻。如竟行堵塞，水无归泄之地，他处又必冲决，断乎不可！开州系古黄河故道，今黄、沁泛溢，由开州至山东地方，已成河道矣。将来堵塞完工，不使沁水入黄，直引至山东，或有裨益，亦未可定。朕留心河务，各处黄河渡口，俱曾亲历。适遣往看河之官所呈图样，及李树德所进河图，朕俱详览，知之最明。尔等缮写谕旨，发往张鹏翮处，伊所审事毕，著即会同总漕施世纶，至张秋镇等处详行查勘料理，使漕船往返不致迟误。如张鹏翮已回，即于接旨之处作速前往。至修筑决河，甚属紧要，朕自京中另遣专官，著总河赵世显将熟练河务官员工役派出，并将修筑物料多行备办，速发往河南冲决地方。

康熙六十年六月谕大学士等曰：朕因黄、沁二水泛溢，漫及长垣等县，曾谕尔等以堵塞之后，不使沁水入黄，引入山东漕河，于运道民生大有裨益。尔等可将此河图发与九卿共阅，即著定议具奏。将来引沁入运之后，遇水大时，流至天津，恐河身不能容纳，必令于盐河泄其水势，方可无虞。直隶、山东、河南被水之民，应行赈济。著该督抚各行查奏。

康熙六十年九月谕大学士马齐等：朕每留心河务，各处水源，及去来之路，朕皆知之。直隶、山东、河南地方，朕皆亲历详视，洞悉于衷，故指示绘画此图。直隶总督赵宏燮奏称，黄、沁河岸冲决泛溢，漫及长垣等县。召扈从大臣，谕亦堵筑之后，不使沁水入黄，引入山东漕河，于运道民生大有裨益。又山东巡抚李树德奏称，泛溢之水，自直隶开州流入山东张秋镇等处，冲决堤岸，西堤被冲之处，现在堵筑。朕令张鹏翮、施世纶前往山东查勘冲决堤岸，略为修防，但使漕船往来不致阻滞而已；若竟行堵塞，水无归泄之地，他处必又被冲决矣。此谕旨内已将引沁入运有益之处一并谕及。朕今询九卿，谕旨内只及黄河冲决，并未言及引沁水入山东运河。今览九卿折奏堵塞黄河、引沁入运，所议深合朕心，并无异处。尔等将此图看毕，发与九卿，即令定议具奏。将来引沁入运之后，遇水大时，流至天津，恐河身不能容纳，必令于盐河泄其水势方好。直隶、山东、河南应赈济被水之民，除该督抚自行查奏外，至堵筑黄河冲决，引沁水入山东运河之处，朕另遣大臣。

康熙六十一年四月谕户部：赵宏爕奏，将收贮真定、顺德各州县四万石米平粜，其余州、县有米贵之处，亦将仓米平粜十分之三，俱俟秋收后买补还项等语。去年各州、县收贮庄头等所受米石，部内曾遣司官会同地方官粜卖，其粜米银两至今尚未交完。据此各州、县收贮仓粮俱无实在。平日积贮，原为备荒而设，今值青黄不接之时，固应平粜。但地方官亏空仓粮，不过粜卖数石，即借此掩饰伊等亏空。究竟仓粮既亏，百姓从何籴买，于民生并无益处也。现今存仓米谷数果全有，即照该督所请粜卖。倘朕遣大臣查看时，州、县并无米谷，黎庶不得籴买，将州、县官即行正法，该管上司从重治罪。

康熙六十一年九月谕大学士等曰：秦家厂堤工，杨宗义、牛钮不能堵筑，马营口所出之水，想又如去年流至直隶长垣县等处。著行文直隶总督赵宏爕，查看民间房屋地亩，有被水淹者，加意抚绥，毋致失所。此水泛溢必由张秋流入运河，于漕船亦有关系。著山东巡抚李树德，亲身前往监看，料理修治，若水势甚大，可引入盐河疏泄，使漕船可过，毋致有误。

卷 二

帝制纪二

诏谕二

康熙六十一年十二月谕户部：皇考御极六十余年，泽周兆姓，恩洽人心。凡巡幸所经州县，小民无不除道清尘，趋事恐后。古北口一路，为我皇考每年行幸之地，农工商贾，皆得瞻仰天颜，亲承膏泽。今闻皇考宾天，民心不知如何悲痛。此路百姓历年出力，实勘怜悯。今将宛平、顺义、怀柔、密云、平谷五县，昌平一州，雍正元年应征正项钱粮一万四千三百八十两零，尽行蠲免。又陵寝一路，此时正当修道之际，亦宜轸恤。今将大兴、三河二县，通州、蓟州、遵化州三州，雍正元年应征正项钱粮一万三千三百七十六两零，亦尽行蠲免。尔部行文该抚，遍饬所蠲州、县，实心奉行，务令小民均沾实惠。倘有不肖有司私行征收，泽不下究，事觉定行重处。尔部即遵谕行。

雍正元年正月，署直隶巡抚赵之垣题请领卖通仓变色米石，户部议覆准行奉上谕：此案系朕亲率尔等办理之事。皇考因直隶各州、县内有米谷短少之处将通仓变色米石粜卖，于民有益，并非勒令每处著落粜卖若干。不但水次遥远之州、县，虽近水次之地，若于民无益，亦不勒令粜卖。今赵之垣不能领会皇考原降谕旨之意，以二百里以内附近水次之州、县，派定数目粜卖具奏，如此不但无益，且又多此一事。户部即照赵之垣所议准行，甚谬！此案无庸另批，著晓谕赵之垣，将此项变色米石，于米谷短少之州、县领去粜卖。若于民有益，即行领卖。若领运繁难，无有益处，即行停止。如民间有因米谷短少，情愿赴通籴买此项米石自行运回者，亦听其买去。

雍正元年正月谕署直隶巡抚赵之垣、河南巡抚杨宗义：朝廷设官置吏，原以养民。遇有灾荒，即多方抚恤，方不负委任之重。今据山东巡抚黄炳奏称，直隶、河南邻境小民，资生无策，间有携家就近觅食者。朕览奏恻然。当此春初，农事方兴，若任其流离，则小民何所依归？著即遴选贤员，招辑复业，核实赈济，务令得所，勿失农事，以副朕惠养元元之至意。

雍正元年正月谕九卿： 朕受皇考付托之重，抚育群黎，夙夜孜孜，惟恐闾阎失所。昨山东巡抚黄炳奏称，东、兖二属上年二麦失收，小民未免困苦，直隶、河南邻境之民有携家觅食者，朕即饬谕直隶、河南巡抚，加意抚绥，招辑复业。但两省巡抚并未奏闻。朕恐其视为泛常，奉行不力，尔等可会同确议，或特遣大臣，或交与该抚，作何赈济安辑之法，务使穷黎得沾实惠。又前岁河南黄水溃决，泛溢于直隶地方。比年以来，两省近水居民耕种无资，衣食匮乏，均应加恩抚恤。尔等一并议奏。

雍正元年二月谕户部： 治天下要道，莫过安民。朕缵承大统以来，轸念苍生，痌瘝时切。直隶、山东、河南，连年歉收，朕特降谕旨缓征，遣官赈济。每岁京师五城设立粥厂，自十月初一日起至三月二十日止，交五城御史煮粥赈饥。今尚在青黄不接之时，著展期一月，煮粥散赈，至四月二十日止。但就食之民来京者多，每日各增加银米一倍，务使得沾实惠，以副朕悯念穷民至意。

雍正元年五月谕直隶巡抚李维钧： 据奏直隶亏空，请计州县官岁入所余积累填补。州县官令少从容，不虑窘乏，方可责其尽心抚字；少有余赀，亦可自为地方兴利之举，何可勒令为他人补苴亏缺耶？

雍正元年五月谕礼部： 近日天时颇旱，皇考先年履降谕旨，云大丧之后，必有旱年。太皇太后、世祖章皇帝、皇太后皇后之事，俱曾经过。朕当此之际，尝恐惧于怀而未置也。三月十二日，雨虽沾足，朕曾两三次以儆惕之意，晓谕众人。三月以来，多风不雨，遂觉旱干。再直隶、山东、山西、河南地方，连年雨水不调，田禾歉收。朕虽遣大臣官员赈救，当此旱时，民必皇皇，朕心甚以为虑。朕在宫中久已尽心虔诚祈祷，尔部亦虔诚祈祷，诸大臣各敬谨斋戒。

雍正元年五月谕大学士等：山西平定州等处，山多田少，粒食恒艰，小民向赖陶冶器具，输运直省，易米以供朝夕。近闻直隶州县，因米贵禁粜，此方百姓何以仰给？昔春秋时，诸侯各君其国，尚申遏籴之禁。今天下一家，海内之民，皆吾赤子，自宜缓急共济。现今陕西督臣运米万石赈救山西，甚惬朕意。岂有坐视邻封乏食，反行遏籴之理？自今凡邻封郡邑偶遇荒歉，即相拯恤，毋得各分疆界，漠不相关。其所当禁者，富户规利贩米，动盈千万，又沿海数省运米出洋，玩法网利，该督抚提镇当严查禁止。至肩负小民贸易度日，悉从自便可也。著直隶巡抚晓谕邻近平定州等处州县，不得禁粜，以副朕一视同仁之意。并谕直省各督抚知之。

雍正元年六月谕直隶巡抚李维钧：畿甸之内，旗民杂处，向日所在旗人暴横，小民受累，地方官虽知之，莫敢谁何。朕所稔悉。尔当奋勉整饬，不必避忌旗汉冰炭之形迹，不可畏惧王公勋戚之评论，即皇庄内有扰害地方者，毋得姑容，皆密奏以闻。

雍正元年六月谕户部：各仓监督，向有年限，满汉一同更换，立法最善。前任若有未清，后任岂肯接受？所以稽钱粮之出入，而除亏空之弊端也。惟通州坐粮厅储有通济库，每年动用轻赍等项，司其出入，关系钱粮数十万两。而坐粮厅一差并无年限，或满员升转则更满员，或汉员升转则更汉员。满汉参差更换，彼此牵制回护，势难彻底澄清。况在任日久，倘有亏欠，必至积累增多，更难清理。尔部可将通济库钱粮逐一确查，务期明晰。其坐粮厅一差，嗣后或限二年，或限三年，满汉一同更换，庶接受之际，不至含糊，而弊端亦自此清厘。尔部即确议具奏。

雍正元年六月谕：朕去年亲阅京、通各仓，虽有积贮，但京师人民聚集，食指浩繁，米粮关系重大，储备不可不多。查有漕各省，惟湖广、江西产米最广。近年盛京年岁丰收，米价亦贱。此三处酌量动正项钱粮，采买数十万石，雇募民船，运送来京，大有裨益。著怡亲王、隆科多会同确查，作何采买运送之处，详议具奏。

雍正元年七月谕礼部：国家祀典，必贵洁诚。先农坛每岁展祀，为亲耕耤田之所，最宜清肃。旧制，围墙内有地一千七百亩，以二百亩给坛户种植五谷蔬菜，以供祭祀，余一千五百亩每年交租银三百两，以备修理。闻康熙四十年间，内务府拨给园头耕种，粢盛蔬菜无所从出，惟向市井采买，殊非洁净精诚之意。今著园头清还地亩，仍给太常寺坛户耕种，以供祭祀之需。余地一千五百亩，著将内外围墙查明丈尺，每种地十亩，估计令其修墙若干，务期加谨葺护，毋致倾坏。每年将满、汉太常寺少卿派出一员，不时稽察，庶坛壝清洁，祀事更加虔谨矣。

雍正元年七月谕仓场侍郎：粮运关系国储，必须遄行无阻，始得及早抵通。自杨村至通州河道，多有淤浅，粮船起剥，每至耽延，以至回空冻阻，并误新漕。著该督严饬坐粮厅，查看河道。有淤浅处，作速挑浚深通，毋使阻滞。并知会天津总兵官，用心催赶。且天津一带地方，向有贩卖私盐等弊。粮船不许停泊，火速趱行，直抵通州。至抵通后，速行起卸交仓，毋得需索抑勒，苦累军丁。朕去年亲自阅仓，知漕粮过坝，一昼夜可五万袋，可见交卸甚易。尔等加意督催，务使空船早得回南，新漕亦可无误。漕运一事，朕亲身阅历，纤悉洞知。尔等倘不尽心料理，或因勒索致有迟延，责无所诿。

雍正元年十月谕直隶巡抚李维钧：冬令之雪，消蝗润麦，洵称瑞应。我君臣惟互相勖勉，以恭迓天庥，不因瑞雪及时，遂尔逸豫怠忽。则一诚上格，自必永承彼苍之垂佑耳。

雍正元年十月谕兵部：驿站关系重大，经朕屡加严谕，然其间积弊难以尽诘，有在官之累，有在民之累。如直隶、山西等省，差徭更为浩繁，虽驿马足数，亦供应不敷。乃内而兵部，外而驿道，于给发马匹时，官吏通情受贿，往往所给浮于勘合之数。且行李辎重，皆令驿卒乘马背负，多至八九人不等。所到州县，以见马换马，向有旧例，不敢诘问。至督抚提镇差使经过之处，更唯命是从。嗣后照勘合之外，有敢多给一夫一马者，许前途州县即据实揭报都察院，以听纠参。如甲县容情不揭，而被乙县揭报者，并甲县一并治罪。其督抚提镇骚扰驿递者，皆照此例，庶少苏在官之累。至若河南、山东诸省，离京稍远，谓耳目易欺，每驿额设马匹不过十存三四，其草料工食等项，仍照旧开销，且逐年详报倒毙，侵蚀补买之价。差使一至，则照里科派，将民间耕种牲口强遣当差，令其自备物料，跟随守候，种种累民，尤属不法。即著该地方督抚，将所有驿站逐一彻底清查，缺额者勒限补买。至派借民间牲口，尤当勒石永禁。违者即从重治罪。

雍正元年十月谕内务府：直隶省州县，亦可与尔衙门文移往来。如庄头人等有在州县地方生事者，著该州县官员竟行呈报尔衙门。尔等查问训饬，若不悛改，即行斥革。著行文直隶巡抚，凡有皇庄州县地方通行晓谕，至各庄头交粮时，须逐一查问，将生事之人严加训饬。不肯悛改者，即行斥革。

雍正二年二月谕直省督抚：朕惟四民，以士为首，农次之，工、商其下也。汉有力田孝弟之科，而市井子孙不得仕宦，重农抑末之意，庶为近古。今士子读书砥行，学成用世，国家荣之以爵禄；而农民勤劳作苦，手胼足胝，以供租赋，养父母，育妻子，其敦庞淳朴之行，岂惟工、贾不逮，亦非不肖士人之所能及。虽宠荣非其所慕，而奖赏要当有加。其令州县有司，择老农之勤劳俭朴，身无过举者，岁举一人，给以八品顶带荣身，以示鼓励。

雍正二年闰四月谕直隶总督、巡抚：社仓之设，原以备荒歉不时之需，用意良厚。然往往行之不善，致滋烦扰，官民俱受其累。朕意以为奉行之道，宜缓不宜急，宜劝谕百姓听其自为之，而不当以官法绳之也。近闻各省渐行社仓之法，贮蓄于丰年，取资于俭岁，俾民食有赖，而荒歉无忧。朕心甚为嘉悦。但因地制宜，须从民便，是在有司善为倡导于前，留心稽核于后，使地方有社仓之益，而无社仓之害。此则尔督抚所当加意体察者也。又闻民间输纳钱粮，自封投柜，亦属便民之法。但偶有短少之处，令其添补，每至多方需索，其数浮于所少之外，理应将原银发还，仍于原封内照数补足交纳，庶可免多索之弊。此虽细事，督抚大吏亦不可不留心体察，严饬有司，以除民累。

雍正二年闰四月谕顺天府府尹：京师广宁门外，向有普济堂，凡老疾无依之人，每栖息于此。司其事者乐善不倦，殊为可嘉。圣祖仁皇帝曾赐额立碑，以旌好义。尔等均有地方之责，宜时加奖劝以鼓舞之。但年力尚壮及游手好闲之人，不得借名混入其中，以长浮惰而生事端。又闻广渠门内有育婴堂一区，凡孩稚之不能养育者，收留于此；数十年来，成立者颇众。夫养少存孤，载于《月令》，与扶衰恤老同一善举，为世俗之所难。朕心嘉悦，特颁匾额，并赐白金。尔等其宣示朕怀，并倡率资助，使之益加鼓励。再行文各省督抚，转饬有司，劝募好善之人，于通都大邑人烟稠集之处，若可以照京师例推而行之，其于字弱恤孤之道似有裨益，而凡人怵惕恻隐之心，亦可感发而兴起也。

雍正二年闰四月谕漕运总督及直隶、山东、河南巡抚：各省旗丁运粮进京，沿途水次，理应奉公守法。乃数年前，浙江、湖广粮船因怀挟私忿，彼此争斗，持戈放箭，杀伤者多，逞其凶顽，肆行无忌。又闻前岁之冬，粮船守冻在山东地方，竟行抢夺，扰害居民；去岁回空，又闻强取百姓衣物。此等皆大干法纪，嗣后总漕若不严加约束，禁止妄行，仍然宽纵，直隶、山东、河南巡抚即著转饬沿河官弁，不时稽察。倘犯法为非，即分别轻重，按律治罪，不得稍有徇纵推诿，以长刁风。若有如从前争斗伤人及抢夺扰民之事，该督抚即行奏闻请旨，于彼地方立刻正法，决不宽贷。可预行晓谕各省运丁知之。

雍正二年十月谕户部：直隶九府，今秋岁登大有，惟霸州、东安、大城、武清、玉田、宝坻、梁城七州县所，地亩稍被水伤。朕即谕巡抚李维钧将仓粮发赈，令李维钧奏请，将七州县所被水村庄本年钱粮，缓至雍正三年麦收后带征。但念此小民生全初遂，若将今岁钱粮归于明岁带征，则新旧之赋输纳于一年之内，物力维艰，势难兼顾。夫百姓虽登乐利，犹资惠养有方。尔部行文该抚，著将霸州等七州县所被水村庄，虽未成灾，今年应征钱粮内，或应有蠲免之处，详查定议具题，务纾民力，以副朕轸念黎元之至意。

雍正三年六月谕内阁：直隶大名府属之滑县、浚县、内黄县，为河南漕运所经，地虽接壤，而属则隔省，闻多有呼应不灵之处，以致河南粮艘年年迟误。粮运乃河南专责，且大名府所属计一州十县，彰德府所属只一州六县，卫辉府所属只六县，若以滑、浚、内黄三县，分隶彰德、卫辉，则多寡既均，而于运道得专责成，亦有裨益。著九卿速议具奏。

雍正三年七月谕直隶总督，山东、河南巡抚：今岁夏秋以来，直隶、山东、河南三省雨水过多，小民谋生无术者有之。朕心甚为悯恻。兹秋成将届，忧念弥深，该督抚可速委能员，实心详察。其有生计萧条，升斗无资，以及田地被淹、房庐倒塌者，即一面赈恤，一面具奏，务使穷幽极僻之区，亦不至一夫失所。至所遣官吏，或有草率将事，及隐匿不闻，甚至捏报赈给，侵渔朦混，使泽不下究者，察出将该管官一并从重治罪，断不姑恕。尔督抚等尤宜实心诚求，竭力料理，如恤子孙，如办家事，勿视为具文，以副朕宵旰忧劳之至意。

雍正三年七年［按：当作“月”字］谕直隶总督李维钧：闻近京各处地方，桥梁道路多被潦水淹没，行旅维艰，诸物腾贵。朕心甚为轸念。尔可转饬各地方官，悉心筹画。其大路中积水之处作何疏泄，洼圮之处作何修垫？通州一路可交与副将赛都、通永道高矿，古北口一路可交与总兵何祥书及该管州县官，宣化府一路可交与总兵许国桂及该管州县官，至近京一带可交与大兴、宛平、良乡、涿州等州县，俱速令其相度地势，设法修理，使行旅之人通行无阻，不可借端差派，以便民之政反致累民。

雍正三年七月谕：旧岁直隶总督李维钧奏称，畿辅地方每有蝗蝻之害，土人虔祷于刘猛将军之庙，则蝗不为灾。朕念切痌瘝，凡事之有益于民生者，皆欲推广行之。且御灾捍患之神，载在祀典，即《大田》之诗亦云“去其螟螣，及其蟊贼，无害我田稚。田祖有神，秉畀炎火”。是蝗蝻之害，古人亦未尝不借神力以为之驱除也。曾以此密谕数省督抚留意，以为备蝗之一端。今两江总督查弼纳奏称，江南地方有为刘猛将军立庙之处，则无蝗蝻之害，其未曾立庙之处，则不能无蝗。此乃查弼纳偏狭之见，讥讽朕惑于鬼神，专恃祈祷以为消弭灾祲之方也。其他督抚亦多有设法祈雨祈晴之奏者。夫天人之理，感应不爽，凡水旱蝗蝻之灾，或朝廷有失政，则天示此以警之；或一方之大吏不能公正宣猷，或郡县守令不能循良敷化；又或一郡一邑之中，风俗浇漓，人心险伪，以致阴阳沴戾，灾祲存臻，所谓人事失于下，则天道变于上也。故朕一闻各直省雨旸愆期，必深自修省，思改阙失，朝夕乾惕，必诚必敬，冀以挽回天意。尔等封疆大吏暨司牧之官，以及居民人等，亦当恐惧修省，交相诫勉，改愆悔过，崇实去伪。夫人事既尽，自然感召天和，灾祲可消，丰穰可致，此桑林之祷所以捷于影响也。盖惟以恐惧修省、诚敬感格为本，至于祈祷鬼神，不过借以达诚心耳。若专事祈祷以为消弭灾祲之方，而置恐惧修省，诚敬感格于不事，是未免浚流而舍其源，执末而遗其本矣，亦安有济乎？况上天好生，栽培倾覆原因物之自召。而愚民无知，每遇水旱，不知反躬省咎，更尔多生怨憾，罪愆重增。此乖戾之气上干天和，以致频遭降罚。荒歉连年，多由于此也。朕实有见于天人感应之至理，而断不惑于鬼神巫祷之俗习，故不惜反覆明晰言之。内外臣工黎庶，其共体朕意。

雍正三年八月谕户部侍郎蒋廷锡、内务府总管来保：今年六、七月间，京师雨水较多。闻京城八仓内颇有积水，支领甲米车辆来往甚艰。其城外万安仓附近城墙，城上泻水，流下仓内，道路亦复泥泞。如何令各仓积水通泄，不致停滞？低洼处作何修垫，俾收放粮米之地高燥洁净，既便于车辆行走，亦不致粮米狼藉？又各仓廒底，或应铺垫石灰，或应支架平板，尔等到各仓详悉查看具奏。

雍正三年八月谕：今年夏秋，直隶地方雨水过多，恐秋禾歉收，穷民乏食，已降谕旨令该地方官详查赈济。朕早夜思维，深切轸念。若于赈济之外，有城工应修理者，修理数处，俾穷民佣工借以养赡，更为有益。著于六部中选择司官六员，编检、庶常内选择四员，御史内选择二员，中书内选择一员，俱在汉官中选其为人老实、谨慎可用者，带来引见。朕再指示修理城工地方，令其前往。再者连岁口外收成颇好，朕曾降旨进口粜卖米粮不得禁止。近闻各口官弁于米粮进口之时，每借稽查为名，多方勒索，以致阻滞。著兵部行文各口，毋得仍蹈前辙，使米粮不得通行。

雍正三年八月谕：前于天津盖造仓廒，原备截留漕米，是以朕谕托时等，将湖北、湖南之米截留二十万石，存贮天津。托时因奏，天津仓廒地势卑湿，廒底须铺垫干草，以隔潮气。昨牛钮奏称，垫草亦不免浥烂。如此则截留漕米无益，前所降谕旨截留之米，可仍令抵通归仓。当时盖造仓廒，原系李维钧及地方官员经手，乃不相度高燥之地，草率营建。著托时前往天津，会同莽鹄立、柯乔年详审地形，或另择高阜之处，或将旧基培垫，交与李维钧，亲同当时经手之员赔补修造，即著莽鹄立、柯乔年监督工程。至于直隶州县仓谷，李维钧曾奏亏空无多，今岁秋收即可全补无缺。今蔡珽奏称，清苑仓谷并无颗粒。清苑为保定附郭之县，仓谷尚亏空如此，则他处可知。李维钧前此所奏不实，著大学士会同刑部问明具奏。又蔡珽奏称，目下省城米价腾贵，今令臬司浦文焯，携带脚价，亲至天津，将截留漕米，星速运三万石，以二万石直至省城平粜，以一万石量留沿途被水之处，以救眉急等语。畿辅之地，百姓艰食，朕心深为轸念。著托时到天津将漕米拨三万石，交与浦文焯，作速运去。今岁近京一带，雨水较多，恐此米尚不敷用，再令陈守创将通仓变色米六成以上者，拨十万石，交与余甸、蔡起俊，动用脚价，运至天津，或平粜，或赈济。应运何处，听蔡珽调度。余甸、蔡起俊悉听蔡珽指挥，协助赈恤。朕念直隶地方低洼之处，众水积而不泄，以致但有水之害，而无水之利。疏浚之道，不可不讲，已谕朱轼、张灿经理此事。闻陕西潼商道王全臣在陕挑浚秦渠，熟习水利。其在军前历年亦著劳绩。而年羹尧、绰奇屡次参奏，若非朕保全之，伊早罹重罪矣。可著王全臣来京，其潼商道员缺，著松茂道孟以恂调补。凡王全臣军前之事，俱交与孟以恂料理，王全臣即著来京，不必俟孟以恂交代清楚。朕另降旨与孟以恂，其松茂道员缺，著岳钟琪拣选题补。

雍正三年九月谕大学士等：前因天津仓廒潮湿，不能收贮米石，故停止截留。今据蔡珽奏称，天津仓廒虽不能贮米，可分发各州、县存贮以备赈济，请仍截留二十万石等语。户部作速派贤能满、汉司官各一员，前往天津，会同仓场总督托时，将河南小米截留二十万石。一面行文蔡珽，令其酌量应贮米之州、县拨派官员，于天津地方领运，收贮备赈。前李维钧奏请赈济一月，朕思赈济原不可拘定日期，昨降旨修理城工，春暖之时小民可借以糊口。但恐三冬未能接济，可行文蔡珽，再赈济三个月，务令小民得所。现今遣增寿等前往奉天，采买米石，运至天津。可即行文伊等，于米石之外，采买高粱或一万石，或七八万石，一并运至天津，于赈济大有裨益。尔等即遵谕行。

雍正三年九月谕顺天府府尹张令璜：据奏耤田叠产瑞谷，顺天绅衿耆庶，吁请撰文立碑，以昭盛德，以示来兹等语。耤田嘉谷，虽有九穗之瑞，但今岁畿辅地方被水，小民乏食。朕方修省之不暇，所请撰文立碑勒石不必行。

雍正三年十月谕：五城煮赈，旧例自十月初一日起，至次年三月二十日止，每城每日发米二石，柴薪银一两。今岁直隶各州县截留漕米二十三万石，仍复运送通仓米十万石，令散赈平粜。但恐各处来京就食之民尚多，每城日给米二石或不敷用，著每日各增米二石，柴薪银亦倍之。各该巡城御史亲率司坊官散给，都察院堂官不时稽查，务使穷民得沾实惠，以副朕爱养轸恤之至意。

雍正三年十一月谕大学士等：今年直隶州县被水，小民乏食。朕轸念殷切，除截留漕米发给常平仓谷外，又将通仓米六成以上者，著托时、陈守创亲交余甸、蔡起俊，运赴天津，分散赈粜于被水之州县。今朕访得所发之米朽烂不堪，现有米样二种在此，尔等共看。其高者不过三四成，低者全属灰土。朕赈恤灾黎，宵旰忧劳，无时或释。乃托时等全不仰体朕心，将此无用之米，运给各处。有名无实，小民何所资藉！且托时、陈守创等，皆由小臣拨至卿贰，不知感激朕恩，为朕爱养百姓，殊为可恶！此次姑从宽免，容其改过自新。嗣后若再不实心办事，定严加治罪。此已运成色米十万石，著赏给各处穷民。再另发六成以上米十万石，令托时、陈守创、余甸、蔡起俊自备脚价，运往天津。再今岁秋季所发官俸兵粮，米色俱不好，嗣后若再如此，亦必从重治罪。康熙五十五年曾发通仓米五万石，分贮各州县备用，历年已久，闻俱陈腐，甚为有司之累，著从宽豁免。莽鹄立奏称，直隶按察司浦文焯修仓推诿。朕曾询问蔡珽，据奏现有赈济事务留浦文焯料理，今赈济已有头绪，浦文焯著解任修仓，若办理得好，朕尚有任用之处，倘仍前怠忽，必加重处。

雍正三年十一月谕：满洲兵丁，于技勇武艺俱已精练，惟向来未习水师。今欲于天津地方设立水师营，分拨八旗满洲，前往驻防操演，似属有益。其应于何处驻札，设立几营，派兵若干，用船若干，并如何制造船只，如何演习兵丁之处，可会同拉锡、朱轼、张廷玉、蒋廷锡详议具奏。

雍正三年十二月谕大学士等：今岁直隶地方被水，小民乏食。朕轸念惟殷，已截漕发粟，多方赈恤。但恐停赈之后，正值东作之时，农民谋食无策。著再加赈一月如从前所发之米不足赈粜，著署总督蔡珽确查奏请，增发米石，以副朕爱养黎元之意。

雍正三年十二月谕：直隶地方，向来旱涝无备，皆因水患未除、水利未兴所致。朕宵旰轸念，莫释于怀，特命怡亲王及大学士朱轼前往查勘。今据查明绘图陈奏，所议甚为明晰，且于一月之内冲寒往返，而能历勘周详，区画悉当，以从来未有之工程，照此措置，似乎可收实效，具见为国计民生尽心经画，甚属可嘉。著九卿速议具奏。至于工程应用人员，若交于九卿拣选，恐有掣肘，即令怡亲王及朱轼拣选请旨。其从前差往修城修堤之员，俱著于水利工程处一同办理。

雍正四年二月谕：去年近京地方，雨水稍多，收成歉薄，穷民乏食。朕心轸念，蠲免钱粮，发通仓米粮四五十万石，交与钦差及地方官，遍行赈济。又念失业之民觅食来京者多，故于五城饭厂两次加添米石，又于五门增设饭厂五处，俾穷民得以养给。但目前虽逐日散赈，究非长策。春气渐暖，正宜播种，此等穷民不得早还故土，必致有误春耕。应如何设法资送，或由陆路，或由水路，俾得各回原籍，复其本业，大学士会同都统拉锡、步军统领阿齐图，并都察院堂官及五城御史详议具奏。

雍正四年二月谕：直隶近京地方，去岁被水歉收，朕心轸念，已叠沛恩膏，毋使失所。其觅食来京者，又复增给米石，添设饭厂，俾穷民得以养给。近因东作方兴，正令大臣等酌议设法，资送贫民回籍，不使有误春耕。乃畿辅觅食之民，前来京师者日众，是必传闻京师加恩赈济，是以无知愚民希冀非分之望，反舍其耕种之本业，则大负朕绥辑穷黎之盛心矣。况本地既已散赈，若实系穷民，则已入本县册籍，何以又远赴京师？其中不无假冒。可即传谕顺天府大兴、宛平二县及近京地方文武官员，将续来之民晓谕拦阻。目今春气和暖，其有田可耕者，则当乘时播种，其无田可耕者，则各处皆有工程，或修堤岸，或开水利，正需人力，以兴土功。伊等回籍，就近佣工度日，不致离弃乡井，转徙外方，实为谋生善策。可严切谕令伊等知之。并将此行文直隶总督。

雍正四年二月谕：据直隶总督蔡珽奏称，从前将通仓之米运至保定粜卖以济民食，今已粜完，顷值青黄不接之时，民间籴米艰难，恳请再赐给发等语。著即行文仓场侍郎，将七成以上之米，速发二万五千石，照前运至天津，交与蔡珽，运往保定。

雍正四年二月谕户部：去秋北方多雨，直隶所属七十四州县被水歉收，朕心深为轸恤，叠沛恩泽，加惠穷黎，已将七十四州县被灾田亩之钱粮照例蠲免，其于应征额赋，又复停征在案。朕思一省之中，既有七十余州县收成歉薄，则必有向邻封隔县谋生觅食之人。当此青黄不接之时，闾阎岂能充裕？

若仍照旧征收钱粮，民力输将，未免竭蹶。用是特颁谕旨，施恩于常格之外，将雍正四年通省应征额赋一体停其征收，俾民力宽舒，各得用功于南亩，以副朕勤恤民隐之至意。尔部即遵谕行。

雍正四年三月谕九卿：汉人为外官者，俱回避本省。朕思汉军之在直隶，亦当如汉人之回避本省也。直隶去京城甚近，汉军中亲戚朋友散处直隶州县，且伊等庄田地土，亦多分隶其地，保无请托牵制、徇私报怨之弊乎？嗣后应照汉人回避本省之例，停其在直隶居官，令于别省各缺铨用。著九卿速议具奏。

雍正四年三月谕：去岁畿南被水，深轸朕怀。虽截漕发粟，赈粜频施，然犹恐小民甫经灾沴之后，无力供输。是以又特降谕旨，将雍正四年钱粮通省俱令缓征。夫今年钱粮尚且缓征，则从前未完之项，岂有转行急征之理？今闻地方官竟有仍追比前欠者，漠视民瘼，莫此为甚，深负朕忧念斯民之至意。著传旨直隶总督，速饬各地方官，凡一切旧欠钱粮，一概缓征。其所有兵饷工料各项需用之处，俱动藩库银两拨给，不得短少扣克。如地方官仍有私征等弊，一经查出，定行从重治罪。

雍正四年四月谕九卿：怡亲王陈奏畿辅西南水利情形，并绘图进呈。朕披览甚为明晰，著交与九卿会议具奏。怡亲王等于去冬今春奉命查勘水利情形，前后往返三月余，而于直隶地方东、西、南三面，数千里之广，俱身历其地，不惮烦劳。凡巨川细流，莫不穷源竟委，相度周详。且因地制宜，准今酌古，曲尽筹画，以期有益于民生。公忠为国，实心办理，甚属可嘉！何国宗等同事多人，前往查看运河，将及半年之久，所清不过数河。而小丹河一节，何国宗与田文镜各持意见，彼此参差，不肯虚心商酌，以济公事；今又仍持两议，争论具奏，较之怡亲王何如？众人自有公论也。

雍正四年四月谕：去岁畿南被水，朕轸念民生，除截漕赈济，种种加恩外，又特命怡亲王等亲身前往查勘地理情形，以除水患，以兴水利。今一切工程事务，虽有分发效力人员，但地非素经，人非素辖，恐有呼应不灵之处。必得本处地方官，公同实心协办，始克有济。且事权必欲专一，方可奏功。凡直隶地方文武官，于水利事务，务须与分发效力人员秉公和衷协助。如有漠视推诿及阻挠者，俱著怡亲王题参。有实力奉公者，亦著怡亲王保题。

雍正四年五月谕：闻京城近日米价腾贵，虽因天气连阴，然一时骤长，恐有奸人囤积射利，借此扰乱情弊。著都察院转饬五城，晓谕各行户，不得过高价值，勒索小民。倘有囤积遏籴，不遵劝谕者，该城御史密行访察，从重治罪。将京仓好米发五万石，分给五城，每城领米一万石，照例立厂，委员平粜，其价值著九卿定义具奏。此所粜米石，俟市价平减，即行停止。其存剩之米，即存储该城，将来若市价一贵，即将此米平粜，以济穷民。若此米用完，仍需平粜，著都察院再行奏请。

雍正四年六月谕大学士、九卿、翰、詹、科、道：朕自即位以来，思念皇考付托之重，惟恐天下之人有一夫一妇不获其所。自朝至夜，殚心竭虑，晷刻靡宁，无非欲休养民生，澄清吏治，使中外永享升平之福，以仰慰我圣祖仁皇帝在天之灵。即如前岁雨泽偶愆，去岁畿辅被潦，朕在宫中虔祷上天，叩首至于伤肿。中夜屡起，瞻望云色，以卜晴雨。祈祷之时，尝终日饮膳不御，不止于减膳而已。此皆朕默尽其心，不肯令人知之。在朕心以为敬天勤民，励精图治之意，至直至切，可以自尽，无少愧歉于中。故凡下诏求言之事，未曾举行。今夏二麦登场之时，适值连雨，目前雨虽暂晴，尚未开霁。朕为小民深切轸念。且奸民郭允进私贴谣歌，有“军民怨新主”之语。朕心因此反躬自省，不能无疑，或用人行政之间在朕已实尽其心，而众人观论尚有以为未当之处，亦未可知。总之千万人心中，有一二人或有异议，朕心即欲省察而权衡之。尔内阁、九卿、翰、詹、科、道等官，皆朕简用之员，职在劻勷，谊同休戚。若朕身有过，可直言无隐，政治得失，亦即各抒己见，据实陈奏，朕必嘉纳。勿视为具文，勿有所瞻顾，苟且塞责，重负朕真切清问之至意。

雍正四年七月谕： 据鄂尔奇、缪沅奏称，直隶借粜仓谷，弊端种种，无非地方官巧为掩饰亏空之计。向来直隶仓谷亏缺甚多，朕知之甚悉。各官惟恐败露，故设计弥缝，详情借粜。李绂为其所欺，遂代为题请，且未经奉旨，即先为散给；及派员往查，又转停止。览鄂尔奇等所奏，各官情弊显然。凡此等州、县官员若仍留原任，将来假公济私，挪新掩旧，必至刻剥小民，亏欠正项，而地方仓廒始终不得清楚。可将巧称仓谷出借各官悉行解任，著吏部将投供到部候补、候选之州、县官，俱带来引见，朕亲自选定人数。其鄂尔奇等已经到过之正定、顺德、大名、广平、保定五府所属赞皇等二十一州、县，著即将拣选人员掣签发往。鄂尔奇等未到之永平、宣化、顺天三府所属之二十一州、县，俟伊等到彼，查出有出借仓粮者，即咨吏部令签掣人员前往代之。以上各州、县借出之谷，俱著解任之官员自行催还。以一年为限，限内全完者，仍准即行另补；若先期速完者，随到随即另补；若逾期不还者，治以挪移亏空之罪。如此办理，则亏空之员不得复居现任，挟制小民，挪移出纳，而接任之员交代井然，又无前后不清之项。若果系借欠在民，按数催还，其原官仍可另补，于公私均有裨益。李绂既不能稽查属员之巧饰亏空，转为伊等欺朦，具题代请，又不候旨，即令各属擅自给发，甚属不合，著严饬行。又鄂尔奇等奏称，阜平、赞皇等处违例将谷借给兵丁。向来有无借给兵丁之例，著九卿察明具奏。闻直隶各处仓廒久未修理，倾圮者多，此皆地方官漫不经心，李维钧不实心任事之故。著李绂严饬各属设法速行修整。

雍正四年七月谕直隶总督李绂： 昌黎县知县李士著，现因私借仓谷，解任清还借项，今以老病乞休，显有亏空谷石情弊。著将李士著留住昌黎，交与新令，俟伊将借动之谷清还，申请该督报部后，准其回籍。直隶解任之四十二州县知州、知县等官，俱照此例留住原地方清楚仓谷。

雍正四年八月谕： 从来直隶、江南两省，盗案多于别省。雍正二年三年间，李维钧为直隶总督，节制提镇，遵朕谕旨，严拿盗贼，故直隶盗案因而甚少。自去冬以至今春，盗案复多。若云因去秋水潦歉收所致，何以彼时正当被灾乏食之际，不闻盗贼肆行偷窃，至今春夏二麦丰收，小民反为此犯法之事。是必有为首积盗，纠合匪类，巧于漏网。各州县被窃之处虽多，而奸猾之盗首不过数人，窝藏之巢穴亦不过数处而已。畿辅之地，为四方观瞻，岂可听宵小潜藏，任有司之疏忽？昨朕特降谕旨，从雍正五年为始，凡直隶盗案，仍照旧例不分首从皆斩，不准宽贷。盖除盗安民，乃国家政事之要，应加惩创。李绂职司表率，安可莫不经心？可速饬属员，严加缉捕，务令得其根柢，以清盗源。若仍前疏忽，定将李绂治以重罪。并谕直隶提镇等官，各饬属员，稽查防汛，以靖地方，毋得疏纵，自干罪戾。在京步军统领衙门及巡捕营弁、五城御史及司坊官员，各宜尽心访缉，以副诘奸弭盗之职。

雍正四年八月谕吏部、户部：直隶地方，旗民杂处，猾吏舞文，太监戚属散处州、县，兼皇庄、王公等庄屯全在其间，地方官往往掣肘。今直隶亏空仓粮四十二州、县，特行拣选人员命往，令其清理仓库，整饬地方。但直隶书吏积弊，凡新官到任，一切文卷悉行藏匿。州县官因限期严迫，急而求之，方始取出，由是堕其术中，以后事件皆任其把持，为害甚大。州、县官能钩致其隐而重置之法者，不可多得。痼弊相仍，朕知之甚悉，已谕令总督李绂严查。但流弊既久，命往各官彻底清查必需时日，一切案件势难依限完结，恐有迟延之虞。著将直隶各州、县现在咨部案件，一年之内，暂行宽限，庶各员得以从容厘剔，积弊可除。再直隶州、县太监之父兄弟侄，在地方不无生事，本人亦未必尽知。可令该州、县大事照例详报总督具题，小事径报内务府，内务府传该太监晓谕，令其自行约束。如仍不悛改，内务府即酌量惩治。内务府大粮庄头并诸王大臣庄头，如有生事梗法之处，大者仍申报总督具题，细微事件属内务府者申报内务府惩治，其余庄头人等申报都察院，转行各管官员惩治，不必奏闻。

雍正四年十月谕大学士、九卿等：直隶地方，旗民杂处，往往以强凌弱，势力相加，谨朴良民，常被欺压。因而相习于强悍之风，不知悛改，而风俗不能臻于淳厚。朕励精图治，欲四海之广，道德一而风俗同。况辇毂之下，首善之区，尤当整饬化导，以为万邦之式。今欲将满、汉、汉军御史各差二员，令其巡查八府地方。凡旗下告退之官员，及在屯之庄头，内监之族戚，与在籍之乡绅衿监，倘有不安本分，凌虐良民，不畏官吏，恣行暴悍者，或即行惩治，或具本参奏。其地方命盗案件，亦听其查访，有应在本地方归结者，即会同地方有司秉公归结，有应奏闻者，即行奏闻。务使豪强敛迹，良善安居，以副朕移风易俗之至意。其如何遣官分巡之处，尔等定议具奏。

雍正四年十二月谕五城官员军民人等：制钱乃日用之所必需，务使充足流通，始便民间之用。国家开局，年年鼓铸，而京师钱文不见加增，外省地方亦未流布。是必有销毁制钱，制造器皿，以致钱文短少，钱价日昂，其中情弊显然。朕念切民生，屡降谕旨，而钱价仍未平减，是以禁用黄铜器皿，凡民间所有，俱给价令其交官，以资鼓铸。此朕悉心筹画，至再至三，专为民间资生便用起见，并非朕有需用铜斤之处，而广收民间之铜器于内府也。似此有益于民间之事，尔等当即踊跃急公，欣然交纳，使钱文赢余，日用赡足，尚何待于上官稽查催迫耶？况铜器交官，皆如数领受价值，又何乐而不为耶？且民间器皿非必定需黄铜制造，其在有力之家，则白铜、红铜皆非难得之物，而无力之家，如木盆磁器价廉工省，亦未尝不适于用，非若钱文为人人所万不可缺者。朕为尔等日用之计，如此筹画，尔等自为日用之计，更当鼓舞奉行，何必迁延观望，令公私俱无所裨益乎？与其藏匿于家，将来限满三年，犯禁获罪，何如彼此相劝，早为交纳，既得价值，而又受钱价减省之利益乎？朕悯尔等愚昧无知，再颁此旨，遵行晓谕，其咸体朕意。

雍正五年二月谕：修举水利，种植树木等事，原为利济民生，必须详谕劝导，令其鼓舞从事，方有裨益，不得绳之以法。若地方官员因关系考成，督课严急，则小民转受其扰矣。著直隶学臣转饬教职各官，切加晓谕，不时劝课，使小民踊跃兴作。若地方官怠忽，不加劝导，或有逼勒过严者，著学臣稽察奏报。三路巡察御史亦著善为劝导，悉心稽察。如地方官有奉行不善之处，即行据实奏闻。

雍正五年闰三月谕：保定府举人苏庭条奏内称，直隶带征钱粮，州、县并催，以菜色初起之民，当三春绝乏之日，办理实难，请俟二麦登场，三秋纳稼之后，酌年岁丰歉，以定带征多寡之数等语。直隶地方，前岁被水歉收，朕念切痌瘝，焦劳倍切，至颁发仓储七十万石，以为赈粜之需。又兴修各处城垣、水利工程，约费帑金数十万两，俾小民佣工以糊其口。抚恤之政，无所不周，查赈之员，络绎于道，所以为畿辅百姓谋安全者，已尽心力矣。幸荷上天鉴佑，上年二麦大收，秋成亦属丰稔，远近黎庶，共乐安居，无不感朕恩泽。至于带征钱粮，乃国家惟正之供，朕何敢市私恩以邀誉？今既格外施仁，宽期于从前，而补偿于今日，小民淳朴者多，断不忍于受恩之余，又存拖欠国课之想。假使民力果有不足，该地方大吏有司，自然体朕爱养元元之心，暂缓催科之令，必不至迫急滋扰也。苏庭既系举人，乃读书明理者，尤当感戴朕恩，以完课急公劝导百姓。今乃倡议缓征，希冀侥幸，以惑人心，并言“小民菜色初起”。夫“菜色初起”四字，或可用之于雍正三年秋成被水之后，奉旨赈恤之时，而苏庭用之于雍正四年秋成丰稔之后，尚得谓之公论乎？直隶绅衿包纳钱粮，积弊种种，众所共知。苏庭必系此等之人，故为此奏，以自便其私。著将苏庭革去举人，发与总督宜兆熊、刘师恕，将苏庭向日居乡为人，一并查明具奏。

雍正五年闰三月谕：三农仰资雨泽，所重尤在春时。今年三月间，直隶地方雨旸不一。朕念切民依，时时体访。昨闰三月十一日，京师及近畿之地俱得雨泽，而蓟州咫尺间仅有微雨，不能沾足。朕向来屡降谕旨，凡水旱灾祲之故，或因朝廷政事阙失，或因该省大吏及该郡邑有司有乖职守，各致愆尤，或因本地风俗偷薄，人情浇漓。此数者皆足以上干天和，致使阴阳违序。古人言此最为详备，而朕研究天人感应之理，确然知其不爽。是以往复谆谆训谕中外，期于共相儆勉，修人事以格天心，此念无一刻或忘也。今春畿辅远近雨泽不均，朕再四思维，不得其故。昨见保定府举人苏庭条奏，请将本年带征钱粮缓其征收，而又故为迫切愁苦之词，加以“菜色”字样，欲以耸动朕听，即此可知小民之心无时餍足。当收成偶歉之时，蒙朕多方拯恤，比岁缓征，而小民皆相习视为固然。迨及岁以丰熟，全不念租赋乃惟正之供，输将乃分内之事，仍思迁延侥幸，遂其私心，转觉纳科完粮为意外之事，相对辗转，志气不舒，遂致上干天和，甘雨不能应时而降，此亦理势之必然者也。况自私自利之念蒙蔽于中，而非理非分之望扰攘于怀，既忘朝廷抚绥保护之深恩，又忘上天锡福惠民之大德。人情如此，尚得谓之风淳俗厚，而可邀上天之眷佑乎？夫钱粮出于地亩，凡应完国课者，皆系有产业之家，并非无力穷民可比。岂有上年丰收之时，全不筹及于今年国课之理？假若民力果属艰难，该地方大吏有司自然体朕宵旰勤民之至意，暂缓催科，断不忍过于迫急，竭民力而违朕旨意也。朕因小民习染既久，私欲难除，不识君民一体之情，不知天人感召之理，致干上苍谴责，垂慈示儆。朕心深用悯恻，切加训饬。果能遵朕谕旨，安分守法，循理奉公，则俯仰宽舒，心志畅适。古人云和气致祥，将见五风十雨，大有频书，断不忧水旱灾祲之为累。若宵小无知，以为朕因催科，降此谕旨，则不但不知朕教养之深恩，抑且昧天人感应之理矣。著直隶总督督率有司，体恤民隐，教养兼施，将朕此旨通行出示晓谕，务使远乡僻壤之民咸令详悉知之。

雍正五年四月谕户部：国家设立宝源、宝泉二局，鼓铸制钱，原期充足流通，以便民用。乃鼓铸日增，而钱文不见其多，钱价不见其平，必有奸伪之徒销毁制钱，造作器皿，以贾利害民者。向经九卿会议，凡黄铜器皿，除乐器、镜面、戥盘外，其余不准使用，悉令交官，给与价值。朕令先试行于直隶及各处省城，无非欲杜毁钱之弊而清其源也。乃立法甚明，而玩法者尚众，昨步军统领阿齐图，现于崇文门外拿获销毁制钱之人。近在辇毂，尚有此辈，则乡邑偏僻之地可知矣。此弊不除，钱文何以得充？著直隶总督严饬各地方官密行缉拿。如有疏纵，将该地方官照溺职例革职。至于铜器交官给价，先试行于直隶及各处省城，其余各府、州、县地方一时难于通行，故尚准其使用。然既准其使用，又复任其打造货卖，则将来仍滋弊端，于事无益。著该督抚通行禁饬，嗣后各处铺户人等，不得制造黄铜新器，违者照例治罪。

雍正五年四月，吏部等衙门议覆东光县知县郑三才条奏上各款奉谕：郑三才身任东光县知县，其所奏必有确知灼见，伊既称泊河通判兼辖数县，一身难于巡查，差役又滋需索等语，部议交与该督抚严行查禁。督抚所辖地方辽阔，此等细事，恐难周知，或应添设官员分任其事，或应交与巡察御史稽查之处，著直隶总督等定议具奏。又郑三才奏称东光县地棍绅衿，把持包揽，挟制官府，拖累平民，弊端种种，自必实有其人。著直隶总督等严行约束，该巡察御史亦令稽查，以儆刁风。

雍正五年四月谕营田水利官员等：朕以畿辅之地水患未除，水利未兴，宵旰焦劳，修建大功，欲登民生于安阜。尔等官员皆情愿效力，经朕引见命往者，自当仰体朕心，朝夕黾勉，方为称职，将来朕自加恩。今闻在工人员，多有因循怠忽，不肯实心出力者。揣尔等之意，以为信任怡亲王、大学士朱轼，而尔等在怡亲王、朱轼荫庇之下，可以免于过愆，遂耽逸偷安，苟且塞责。或有见从前议叙人员，效力未久，俱得邀恩，遂各存侥幸之念，而无诚实办事之心。此等意见愚昧已极。朕只信任怡亲王、朱轼，而怡亲王、朱轼所用之人，朕岂皆深信而宥其过愆乎？况怡亲王、朱轼公忠体国，若尔等不肯尽力工程，怡亲王、朱轼亦岂肯徇情而稍为容隐乎？为此特行晓谕，嗣后尔等可痛加悛改，勉力急公。倘仍前怠玩，迟误公事，必从重治罪。若系已经议叙之员，先勤而后怠，其罪更不可逭。再怡亲王、朱轼不能亲身到工，凡督率在工人员，稽察勤惰，分别优劣，实系段如蕙、张璨之专责。段如蕙为人柔善，张璨涉于浮夸，不能整饬，甚负朕擢用委任之意。亦著改除旧习。倘瞻顾情面，苟且姑容，朕严加议处之时，悔之不及矣。

雍正五年四月谕八旗大臣、内务府总管：直隶州县缉拿逃盗，每每踪迹察访至内府庄头之家。而庄头等护庇，不令捕役进家搜捕，以致直隶逃人盗案不能绝迹。此皆由内府庄头藏匿之故。再八旗在屯居住人等，多系不思上进、怠惰浮薄之辈。在屯闲居，不守法度，竟有窝藏逃盗，欺凌百姓，好事妄为者。此等内府庄头，并在屯与民人杂处之旗人，若不严加约束，必致妄生事端。八旗都统、内务府总管等行文直隶总督及巡察御史，嗣后内府庄头及乡居旗人家中有窝藏逃盗者，地方官差役搜捕，有抗拒者，即将窝家一并拿究。再或有不守本分，酗酒生事妄为者，该地方官即行详报总督。若系旗人，由总督移咨该旗。系内府庄头，移咨内务府。该旗及内务府将应行办理者，即行办理，应行拿送者，即行拿送。其总督移咨事件，每月汇题一次，以备朕之询问。其移咨尔等事件若有迟延以致违误者，将尔等治罪。若地方官徇隐不行详报总督，或已详报总督而总督不行移咨各该管处者，被巡察御史查出题参，将不行详报之州、县及不行移咨之总督一并严加议处。巡察御史徇隐不行查参，或别案发觉，或经朕访闻，亦必重治其罪。如此立法，则内府庄头及居乡旗人各知警戒，畏法守分，而直隶地方窝藏逃盗之弊可清，于乡居旗人亦大有裨益矣。

雍正五年六月谕：仓场米石，乃国家第一要务，关系最为重大。试思此项米石，民间输纳何等辛苦！官员征解何等烦劳！且粮艘运送京师何等烦难！一颗一粒，皆当爱惜，不忍轻忽。朕为此一事，宵旰焦劳，时时切加训饬，至再至三。且曾降旨令修理仓廒等项，不惜多费帑金，务期完固。此臣民所共知者。托时、陈守创身为仓场侍郎，自当仰体朕心，悉心料理，使仓廒坚固，天庾充盈，不致霉烂，乃为称职。昨朕特遣大臣等前往查看，则见京、通各处仓廒，屋瓦渗漏，墙壁损坏者，十居八九，所储米石，渐至潮湿霉烂。夫以如珠如玉之米粮，而视为泥沙之弃掷，忍心害理，莫此为甚！若不严行稽察，无以儆怠忽而清弊端。在京十仓，每仓或都统，或副都统，各派一员，御史中不论满汉，每仓各派一员，专任稽察之责。其米石出入支放奏销事件不必经管，仍属仓场侍郎管理。其房屋渗漏，墙垣损坏，与仓内铺垫，及匪类偷窃一切情弊，俱交与派出之都统、副都统、御史稽察。遇有查出之处，即行知仓场侍郎。若仓场侍郎等不即办理妥协，敢致迟延，著派出都统、副都统、御史奏闻。倘有应行查出之处不行查出，则将缺少米石应赔之项，著落仓场监管等官与派出之都统、副都统、御史分赔。其通州三仓即照此例，交与通永道、通州副将稽察。其失察分赔之处，亦照依京仓施行。

雍正五年六月谕：据怡亲王奏称，玉田县之还乡河，堤岸冲决，附近之田禾庐舍，有被淹伤损之处。朕心深为轸念，著散秩大臣常明，率同御史勒音特、钱兆沆二人前往，悉心查勘，并带帑金二万两，速行赈济。若有动用仓谷之处，将本县仓谷即行动用，务使小民得所，不致流离。再被水地亩，本年应纳之钱粮，著即缓征。朕本欲加恩，将本年钱粮全免，但恐此时有已经完纳者，著将被水之地明年钱粮蠲免一年。该地方有司加意抚绥，以副朕爱养穷民之至意。

雍正五年六月谕：仓场米石，乃国计民命所关，颗粒皆当珍惜，必廒座坚完，无损坏渗漏之处，米粟方不至于霉烂。国家政务，莫重于此。朕宵旰勤劳，时切厪念，百计经营布置。即如廒底之板及四围之墙，尚不惜数十万帑金创造修整，则身任仓场之责者，自当加意慎重，以仰副朕怀。仓廒上盖修理乃极易之事，况伊等屡次奏过，不时动茶果银两修理。朕意必然完固，岂有廒座损漏至此而竟置若罔闻！托时、陈守创身任仓场，全不实心料理，以至各仓廒座损坏渗漏处凡九百二十九座，米粟竟有霉烂者。负朕委任深恩，实出意料之外。况托时、陈守创常常进见，亦并无一语奏闻，甚为溺职。著将托时、陈守创及各仓满汉监督尽行革职解任。至御史殷式训专司查仓之责，乃敢扶同徇隐，亦著革职解任。凡各廒座损坏渗漏之处，俱著动支正项钱粮修理。若仍交与旧任各员，必致苟且塞责，虚费钱粮，不能实在完整。著钦差都统、御史、通永道等，同新任仓场侍郎、监督官员，实心料理，务期修理完固。仍著托时、陈守创、殷式训及解任之旧监督，一同看视。每仓修理动支钱粮若干，即著本仓监督与托时、陈守创、殷式训分赔补项。其有霉烂米石，亦著伊等照数分赔。其旧任监督，著议政王大臣会同大学士详加讯问，如有本仓廒座全无渗漏者，仍留原任，将新补监督撤回。如从前曾将渗漏之处详报仓场者，著将情由声明奏闻。至各仓监督应赔之项，如照数全完，准与开复。凡事当积玩相沿之时，非大加改易，不能整顿。吏部侍郎岳尔岱、顺天府府尹刘于义，著补授仓场侍郎。其各仓监督员缺，著各部院速即挑选人员引见。顺天府府尹事务，著申大成暂行署理。

雍正五年七月谕直省总督、巡抚等：自雍正二年以来，朕躬耕耤田，而耤田之中每岁必产嘉谷。上年自双穗至于九穗，今岁则自双穗至于十三穗，在廷诸臣及京都耆庶皆惊讶以为奇。朕之宣示于众者，并非矜诩夸张以为祥瑞，盖实有见于天人感召之理，捷于影响，而朕敬天之心至诚至切，愿与内外大小臣工共勉之也。稼穑为天地之宝，民命攸关。我圣祖仁皇帝临御六十余年，无刻不以重农力穑为先务。仰观天时，俯察地利，辨土性而课人功，咨雨旸而防旱涝，绸缪区画，旰食宵衣。偶遇雨泽愆期，圣心忧劳之切，侍侧臣子皆惶悚不宁，所以为万世谋粒食者至矣尽矣。朕朝夕瞻仰者四十余年，今缵承大统，竭诚效法，念切民依，每念虔祀先农，躬耕帝耤。仰蒙上天眷佑，叠锡嘉禾，信而可征，纤毫不爽。是以特颁谕旨，令各省守土官共举耕耤之礼，为万方百姓祈祷秋成。今见各省督抚奏报前来，处处风雨均调，春麦秋禾，并登丰稔，虽边远荒僻之地，亦庆有秋。惟直隶、湖广、安徽数州县近水最低之处，常年被涝者略有浸注，亦不为灾，是今岁可称大有年矣。朕感上帝之垂慈，庆下民之受福，而推求其故，良由今年各省初耕耤田，各该有司自然小心敬慎，斋祓虔诚，是以感格上苍，而获此盈宁之锡。倘从此益加敬谨，不懈初心，则岁岁屡丰，可以预必。尔督抚等可通行晓谕所属官民，当懔帝鉴之匪遥，勿视耕耤为故事，永矢严恪，以迓天和。天下臣民受福，斯朕之福也。思之慎之，毋忽朕言！

雍正五年九月，营田水利府参奏定州知州程恂等违误工程奉上谕：朕为直隶地方兴修田亩水利，以厚民生，特令王大臣等经理其事。该地方有司自应休戚相关视同一体。畿辅密迩京师，朕时加访问，如保定府知府李正茂，前在知县任内时，正值大水之际，伊防护堤工，殚心竭力，实为尽职之贤员，朕已加恩擢用。其有阻挠公事，及玩忽工程者，于国法断难宽贷。此所参程恂、骆为香，俱著革职，在营田水利工程效力行走。程恂荒废未开之田亩，著仍交与程恂营治。倘明年再有迟误，定行从重治罪。徐国瑞因见堤工危险，遂推诿规避，将地方之事视为膜外，著交部察议具奏。又据钦差大臣常明奏称，宝坻县最系低洼之地，平时易于被水，知县吴檠实心办事，将上年特发帑金新修之堤岸加意保护，昼夜巡视，是以堤岸完固，而地方不受水患，甚属可嘉。著将吴檠升授山西大同府知府。常明又称玉田县知县魏德茂，专务虚名，而诸事怠玩，防守工程亦甚废弛。魏德茂著革职。

雍正五年十一月谕：前据怡亲王、大学士朱轼奏称，直隶水田稻谷丰收，民间多不惯食稻米，请发银采买米石，使得卖米价银，以买小米高粱，于百姓甚属有益。此特为民食计，非为仓储计也。近闻州县中竟有逼勒小民强卖稻米者。此等不肖官吏生事扰民，将朕爱民德政奉行不善，反为扰民之事，较之一切贪劣之员，尤为可恶！该督等漫无察觉，所司何事？此皆庸碌州县，假手不肖贱役书吏，任其颠倒之所致。著令确查，严参治罪。倘该督等徇情隐庇，不行查参，将该督等一并严加议处。著将朕旨传谕通省，务令百姓人人知之。

雍正五年十一月谕刑部：朕曾降谕旨，自雍正五年正月初一日为始，直隶盗案事发，仍照旧例，不分首从皆斩。直隶盗案多由各省匪类聚集土盗，著行文各省督抚出示遍行晓谕，使皆知所畏惧。所颁谕旨甚明。今年直隶现有缉获之案，尔部即讯明该犯，若地方官已经晓谕，该犯何以愍不畏死尚敢行劫，若地方官未经晓谕即行文，该督何以不遵奉谕旨，遍行晓谕！将缘由查明咨部，尔部具题时，缮折夹入本内具奏。

雍正五年十一月谕：前仓场侍郎岳尔岱、刘于义奏称，通仓收储米石甚多，若将旗下兵丁在京应领之米，派四旗在通仓支领冬月一季，而以次年应运京仓之米收入通仓，则通仓新陈之米可以更换收贮，即以省出运送京仓之脚价给于兵丁，以为赴通搬运之路费，足以敷用，于公私皆便等语。朕因此奏应行发与办理旗下事务王大臣及该部仓场议奏。据王大臣等会议准行具奏，朕以所议尚未妥协，目前正值冬季支放甲米之时，为时甚近，著仍于京仓支放。此事创行之始，著再行详细妥议，俟明年举行，将此面谕廷臣。乃今日正黄旗副都统舒楞额奏称，前日奉旨，将旗下甲米仍在京仓支领，而旗下之人皆归功于臣之密奏，侍卫查鲁向臣侄面询，参领闵成烈等又向臣称赞。此乃关系旨意之事，伊等辄敢捏造谣言，以无为有，强加于臣，大干法纪，请将闵成烈等四人与臣一并审究，从重治罪等语。舒楞额并未陈奏旗下领米之事，而外间人等不知何所闻见而造此谣言。夫以不在通仓领米，感激舒楞额之陈奏，则必以在通仓领米怨望岳尔岱等可知矣。朕日以正人心、端风俗为训诫，盖以向来人心不正，风俗不端，莫甚于怀挟私意，造作流言。如朝廷行一便民之政，则群然揣度，以为出于某人之陈奏。若遇无耻之人，喜获美誉，亦公然自认而不辞。又如朝廷擢用一人，则私相揣度，以为由于某人之荐举，而平日与其人相亲厚者，又从而附会之；朝廷处分一人，则私相揣度，以为由于某人之谗谮，而平日与其人有嫌隙者，又从而附会之；朝廷赏人之善，而众人不以为有善之当赏，但妄议其得赏之由；朝廷罚人之过，而众人不以为有过之当罚，但妄议其受罚之故。此倡彼和，散步流传。巧猾之徒，借以擅作威福者在其中。宵小之辈借以报复恩怨者，亦在其中。而大奸大诈之流，借以扰乱国政，蛊惑人心者，亦在其中！恶习如此，竟使朝廷不能兴革一事，赏罚一人，而谨慎自守之臣工，畏避嫌疑，将至不敢陈奏一语。此风岂可长乎？我圣祖仁皇帝临御六十余年，功德之盛，超越千古。朕在藩邸四十余年，何事不曾阅历，而即位以来，夙夜孜孜，勤求治理，诸事皆已练习。然则皇考与朕于用人行政之间，虽有采访舆论之时，而斟酌权衡，自有一定之见，岂但以人言为可否？何以皇考时此辈宵小，妄为议论，相习成风，数年以来，朕屡加训饬，至再至三，而恶习蔽痼如此之深，仍不能悛改耶？从来满洲风俗最好，从不争论财物。本朝定鼎之初，兵丁每月给银一两，并无米石，而众心皆相安以为常。后蒙皇考天恩，加增至一两倍之多，且数十年来皇考与朕格外施恩于旗人者不可枚举。今以国恩赏给之粮石，令其在通支领一季，而犹恐车价艰难，复将公项银两给与本人，助其搬运，亦可谓体恤之至矣。而乃辄生怨望之心，造作全无影响之语。似此争多较少之恶习，希冀无厌之贪心，实向来满洲之所未见者。此等卑污之习，皆始自包衣下贱奴才。况且领米到手，并不存储以为饔飧之计，往往贱价粜卖，转眼又复啼饥。种种弊端，人所共知共见。朕为天下主，又岂能以国家一定之经费，曲市私恩，以博无知小人之称颂乎？满洲渐失旧风，总由该管大臣官员等苟且因循，不能导化，以致日渐浇薄，全失当年淳朴节俭之意。至于造作流言之风，尤可痛恨。舒楞额据实奏参，甚属可嘉。著交部议叙。朕年来训诲旗人者，至详且备，今尚有玩梗之人，敢于造作流言，惑人心志，不可不即行根究。著庄亲王、顺承郡王、马尔赛、马兰泰、拉欣、查弼纳、德明，将查鲁、闵承烈等革职拿问，会同严审，务将造作此语之人实在情由究出具奏。

雍正五年十一月，营田水利府参奏御史王瓒等玩误玉田县还乡河堤工奉

上谕：凡堤工事务，承修官与地方有司均有责任，定例昭然。嗣后直隶河道工程著河员与地方官协同承修防护，务期保固无虞。如限内有冲决之处，著落河员与地方官照例赔修。倘再敢怠玩推诿，著一并革职，照南河河员李世彦、孙国瑜之例，枷号工所，仍令赔修，以为忽视工程之戒。

雍正五年十二月谕：蔚县广昌连界之案，朕前令直隶、山西督抚详议具奏，何以至今尚未奏闻？凡两省交界州县归并之处，甚于地方有益，如蔚州蔚县介在直属保安、西宁之间，自应俱隶宣化府。而蔚县之广昌巡检，则宜归大同府之广昌县管辖，庶两省边界可画一清楚。为督抚者，不得各持私意，辗转因循，著速议具奏。

雍正五年十二月谕：据宜兆熊等奏称，东光县盗犯战二忙等四人，乘夜越狱。向来重犯越狱之事甚多，既有关于国体，且此等凶恶之徒逃出，更有害于良民。从前大盗孔林、魏二等越狱，经朕切加申饬，将督抚地方官严定考成，伊等始知儆惕，将各犯缉获。今各处越狱之风尚未止息，与其惩治于事后，何如防范于事先。或因城垣不完，或因囹圄不固，或因巡逻人少，稽察不密。必各处有疏忽之处，犯人始得乘间潜逃，无所忌惮。著各省督抚、按察司，各就所见，应如何料理可免重犯疏纵之处，令各具本陈奏。著九卿斟酌定例施行。数年以来，朕因盗案屡降谕旨，且令畿辅有司严行缉捕，以靖地方而安良善。东光县近在京畿，辄敢疏纵若此，著将知县革职。此越狱之盗，照例勒限缉拿，如逾限不获，将总督上司等官一并严加议处。

雍正六年正月谕：君臣上下之间，必至诚相接，始不愧堂廉一体之谊。朕待内外大小臣工推心置腹，事事至诚，从无一毫虚假。而为臣者，尚忍以伪妄欺诈之意待朕，实可寒心，其罪诚不可道！宜兆熊乃旗下平常无能之人，因其尚忠厚谨慎，荷蒙圣祖仁皇帝深恩，用至福建将军。伊在任亦并无出力报效之处，及朕即位以来，伊亦不过平常供职。前因直隶总督员缺，一时不得其人，故令伊署理印务，畀以畿辅节制之重任。教导训诲，至再至三，勉其不及，宥其过愆，然则朕之恩尚可负乎？刘师恕向来过失多端，今年屡经败露。朕见其人尚谨慎小心，且年力精壮，深有悔过迁善之念，是以降旨宽宥，格外加恩，令其协办直隶总督事务，以观其后效。然则朕之恩尚可负乎？张适系年羹尧案内获罪之人，中外所知，且又有亏欠钱粮各案，法难宽贷。朕念伊祖张玉书在圣祖仁皇帝时效力多年，而伊之过犯，大约由于年羹尧之挟制，不能自主，于是赦其过愆，复其官爵，谆切训谕，冀成其人。伊亦感激愧悔，奏称情愿竭力报效。朕是以用为直隶布政使，然则朕之恩尚可负乎？魏定国由知州擢用知府，朕初见时，伊假作醇谨之状。朕谓其为人诚实可用，又经傅敏、法海极力保荐，是以用为直隶按察使。伊上年来京陛见，朕察其心术，知为沽名邀誉之流，并非诚实无伪者，曾屡向在廷大臣言之。魏定国由微末之员，于数年之内，擢至大僚，且因伊服官效力，朕推恩及于其父，逾格优待，然则朕之恩尚可负乎？曾逢圣实系市井光棍，由钻营而至知府，甚属狡诈。前者被参亏空之时，朕料其历任畿辅多年，自尚有作弊贪赃之款项，令该督藩臬等晓谕该地方，若果有被屈受害之人，准其据实控告审理，以惩贪墨。昨闻有老秀才呈告曾逢圣当日居官劣款，而张适将此秀才严刑夹讯，旋即毙命，谎称在监病故，且坐此人以平素积恶之名，不思辩冤。既奉谕旨，诬告自有国法，即此秀才果有应得之罪，亦当审实奏闻，按律置之于法，方足以服众人之心。岂有讼狱未定，曾逢圣之案未结，而将首告之人遽以三木毕其性命之理？此不过有意袒护曾逢圣，惟恐控告者多，故先杀一人以箝众人之口。似此惨酷之行，世所罕见。宜兆熊、刘师恕身为总督，若罔闻知，负朕任用之恩，甘蹈徇隐之咎，尚得谓之事君以诚，无欺无隐者乎？魏定国专司一省刑名，乃一任张适之恣意妄行，全不置问。及朕面加诘责，则将颠倒是非、草菅人命之数案，全推于张适，而置己身于事外。似此奸险巧诈之存心，朕深恶之。若然则直隶之设立臬司衙门者何为？朕之简用魏定国者又何取乎？观此则魏定国之居心行事，乃沽取虚誉之辈，而傅敏、法海循庇袒护，科甲妄行保荐，其情状显然矣。诸臣试自思之，朕以至诚待诸臣至于如此，而诸臣以欺诈待朕至于如此，朕安得不为之寒心？而诸臣清夜自思，亦忍为之乎？若不随其败露，严加惩治，此风不息。张适、魏定国俱著解任。著傅敏、史贻直前往保定，将曾逢圣各案及夹毙秀才情由，一一秉公严审，务将实情悉行究出，不得丝毫徇隐。傅敏既误荐魏定国于前，倘审理此案稍有疏忽瞻顾之处，经朕察出，定行重治其罪。直隶布政使员缺，著将山东按察使杨绍补授。直隶按察使员缺，著将两淮盐运使张灿补授。山东布政使岳浚将山东钱粮一一料理清楚奏闻，毫不瞻顾，甚属可嘉。朕欲清查山西钱粮，著将岳浚调补山西布政使，将高成龄解任。江苏布政使张坦麟，为人谨慎，办事亦明白，但器局稍觉褊浅。闻伊在任与巡抚陈时夏不甚相合，此二人皆非怀挟私刑彼此矛盾者，其中必有一是一非。抚藩既有不协之意，若仍令共事，于地方无益。著将张坦麟调补山东布政使，其江苏布政使员缺，著将江苏粮道赵向奎补授。

雍正六年正月，巡察御史杨保等参奏天津旗兵喧闹公堂奉上谕：天津新设营兵，岂容在地方生事，此风断不可长。著内大臣侯陈泰、刑部尚书德明，前往天津，将一干人犯严加审讯，务将实情究出，分别定拟具奏。都统公鄂齐来京时，亦当委员管束兵丁，何以疏纵至此？著将鄂齐及该管官员俱交与陈泰、德明严察议奏。

雍正六年正月谕：雍正二年，朕即谕李维钧云，闻得直隶沧州地方有偷铸私钱之匪类，应严行查拿。李维钧回奏已经严查，该地方并无私铸，保奏甚力。今步军统领阿齐图奏称，本月内准内务府咨称番役因公事前往沧州，拿获私铸之回纥刘七等，移送前来。随差千总姜进禄，带领番役，前往沧州将私铸之伙党悉行拿获，并获铸钱器皿等语。观此则沧州奸民私铸之弊由来已久，而地方大吏漫无觉察，今始败露。阿齐图差官将匪类伙党俱即捕获，不使漏网，甚属可嘉。著将阿齐图及所差官弁交部议叙，番役著加赏赉。其私铸一干人犯，交刑部严审，定拟具奏。夫私铸钱文，大干法纪。且私铸不息，则钱法不能画一，而销毁制钱等弊，皆由此而生，何以便民间之用？此事大有关系。畿辅近地，尚有此等奸民，则各省远方，难保必无此弊。著通行晓谕，再严加申饬，倘直隶督抚中如有似此疏纵，不肯实力查拿者，朕留心访察，密差京员缉捕。若一经察出，必将该督抚照溺职例处分。

雍正六年三月，署直隶总督宜兆熊等题参良乡县知县冉裕棐惩责旗人乌

云珠奉上谕： 旗、民均属一体，地方官审理事务，只当论理之曲直，分别赏罚，不当分别旗、民。此本内奏称将旗人遽行杖责，亦属违例等语。朕不知向来有旗人不准地方官杖责之例，著该部查明具奏。知县冉裕棐系奉行之员，本无过失，该督将伊参奏解任，甚属不合。著将本掷还。乌云珠撞轿情由，及杖责时曾否自供履历之处，著该督审明具奏。

雍正六年三月谕： 朕不知向来有旗人不准地方官杖责之例，故令该部查明奏闻。今据该部查奏，因思当年定例自有深意，且遵行日久，自应照旧。但例内开载，官员擅责旗人者降一级调用。昨良乡县知县冉裕棐擅责乌云珠一案，即按定例，亦不至于解任质审。而宜兆熊、刘师恕将该县特参前来，并请解任质审，甚属不合。宜兆熊、刘师恕所参直隶官员，往往过于苛刻，似此类者甚多。封疆大臣不为国家爱护人才，辄将可用之员，因细故微瑕而致于摈弃，岂不可惜！著严饬行。

雍正六年六月谕： 向来之例，斩绞等犯，非常赦所不原者，其父母年至七十，家无次丁，始将应否留养之处，开明罪犯情由，请旨定夺。此乃法外之仁也。然亦必本犯之罪有可原，其父母之情有可悯，然后准其留养。从前鹤六斤之案，其父母年未七十，而李绂违例两请，法司议覆时即照李绂两请具奏。朕以被殴之人系抽风身死，情罪尚轻，姑从宽典，准其留养，并非著为定例也。今宜兆熊等将柳文保殴死柳满福之案，援引鹤六斤之案，两请具题。该部理应严行驳诘，按律定拟，方为平允。今德明、黄国材等，仍照宜兆熊等两请议覆。伊等之意，不过欲自沽宽大之虚名，而不顾国家之宪典。殊不知将实在有罪之人枉法纵释，并不受囹圄之拘禁，使死者含冤，生者抱痛，积孽亦已深矣，而欲以此徼福于冥冥之中，有此天理乎？且定例，父母七十，方行两请，是合例之人，尚须酌其情罪之轻重，而后从宽。今若又开未及七十留养之例，将来各省效尤，凡父母现存之人，皆可援以为请，而斗殴杀伤拟抵者无几矣。凶暴之徒必至肆行无忌，何以示惩？甚为人心风俗之患。司刑宪者，亦曾思及此乎？若情罪可轻，该督抚即当据实陈奏，朕自揆情度理，开恩宽宥，何得强引留养，以开枉法之端？此案刑部既照宜兆熊等所奏两请具题，朕亦不能定，著刑部自行定议具奏。

雍正六年七月谕：凡兴修河渠、田亩等事，朕意本欲惠养斯民，为地方永赖之利，然使差往人员等奉行不善，则转为闾阎之扰。从前屡降谕旨甚明。前闻直隶工员内，有因营治稻田，拔去民间已种豇豆之事，因谕令怡亲王确查。今据怡亲王等查得，候选主簿梁文中，在蓟州地方营治水田，逼迫民人路中惠等，将现种豇豆拔去毁坏是实，具折参奏。梁文中不行晓谕于事先，乃将已成之禾稼逼令抛弃，违理妄行，不遵谕旨，显欲阻挠政事，非无心错误可比，甚属可恶！该巡察御史苗寿、陶正中何以不行查参？梁文中所犯既实，不必交与该督再审，著革去职衔，即于工所枷号示众，候旨发落。其所毁坏豇豆，著于梁文中名下照数追出价值，赔还本人。并将此通行晓谕在工人员知之。

雍正六年七月，内务府总管常明奏销芦沟桥盖造官房钱两奉上谕：此朕体恤应试举子之意，俾其有旅次居宿之安，而无盘查行李之扰。但恐各省举子，未必知有新设顿宿之处。著礼部行文各该督抚通行出示晓谕，并令崇文门每年查税官员实心奉行，严饬巡察人役等，毋得借端稽留，额外苛索。

雍正六年九月谕：京城添设仓廒，收贮米石，甚属紧要。前交与工部会员仓场衙门，相度高阜之处兴工修盖，已逾数月，未经议覆，工部是何意见？著吏部侍郎普泰、署户部侍郎常德寿，会同工部，作速相度地方，乘此天气晴明，路途干燥，采运物料，修盖仓廒，以便来年收贮米石。

雍正六年十月谕户部：直隶为首善之地，今岁春麦秋禾，俱登丰稔，民人乐业，朕心深慰。但地方历年带征之钱粮，若令闾阎之间新旧并纳，虽逢丰稔之岁，而民力未必宽然有余。因思历年带征之项，乃顽户之所拖欠也；明年额征之项，乃众民之所输将也。若欲使小民共被恩泽，惟有将明年之赋预行蠲免，则比户可以均沾。查直隶额征地丁等项二百四十三万余两，本地支销俸工及兵饷、驿站等项应给银二百零三万两，其应起运者计四十一万七千八百九十两。著将雍正七年额征钱粮内，蠲免四十一万七千八百九十两。尔部可确查分数，行文该督通行所属州县，一体敬谨遵奉，以副朕爱养黎元、加惠畿辅之至意。倘官吏等私自多征，朦混中饱，或地棍等包揽侵蚀，作弊藏奸，又或有司奉行不善，使百姓不得均沾实惠，经朕访闻，必重治其罪，并将总督司道等严加处分。

雍正六年十一月谕：据直隶总督何世璂、刘师恕奏称：正定府平山县知县徐士俊，呈称本年十一月初八日，有山西崞县民张其级，带本银一百五十二两五钱往获鹿县贩卖布匹，路经平邑途间，全银遗失，幸平邑农官郭之兰之子郭见忠拾获，闻张其级失银，遂同本县生员杜永召等问明银数，悉行归还，不昧毫厘，不受酬谢。据乡约邻佑多人佥称郭见忠不取遗金，众口如一，理合缮摺奏闻，旌典出自特恩等语。夫见利思义，为人情之所难，而秉懿好德，实人性之所共。朕日以兴仁讲让，训导万方，务期薄海内外，革薄从忠，还淳返朴，以成升平之治。乃年来齐民中不拾遗金者，有京师之草夫六十一，豫省之翟世有、陈怀金，又有直隶平山县之郭见忠。可见质实之民，性皆良善，彼此观感兴起，率教从风。遂觉崇廉尚义之举，史册所称者，今则一时屡见。虽佥邪匪类，盗窃诈伪之风，未尝尽息，而良民顺则，实风俗渐厚之明征。朕心深为嘉悦。郭见忠著与八品顶带，赏银五十两以表扬之。

雍正六年十二月谕：近来直隶盗风渐觉少息，而所报盗案多在永平。朕密访其故，闻得永平盗风不息者，皆地方官之酿成。如本年六月初九日，前署卢龙县知县卫步青衙署被盗，将伊幕官误认县令，绑缚拷逼，劫去财物。而该署令止以窃贼具报。同夜又有贼人入永山协副将署内，值副将胡杰寝于外堂，知觉防备，贼始飏去。而该副将亦未报查。又闻得十一月初八日，山海关有何字号当铺被盗，亦系多人白昼强劫，而官役兵弁置若罔闻。似此则该提督所司者何职？而巡察御史所访察者又何事？著该总督、提督、巡察御史明白回奏。

雍正六年十二月谕：仓储关系天庾，最为紧要。从前仓务废弛，弊窦丛生，不可枚举。朕不得不严加整顿。凡所以清查亏空治罪分赔者，总欲令嗣后众人知所儆戒也。今仓场各官俱已奉法，积弊渐清，人情咸知警惕矣。此项亏折余米，因六十一年监督等未曾出结，是以责令六十年之监督分赔。但从前亏折历年已久，其为何年何人之亏空，实难确指。今大学士、九卿等所议，据事而未推情，其中未免有冤抑之处，朕意以为未当。兹特沛恩膏，将此项摊赔米石概行蠲免，并免其究问。内有已经赔补者，其急公守法之心甚为可嘉。今亏欠者皆施恩豁免，而从前赔补者以急公而未得蒙恩，于情理未当，著查伊等所赔米价银两，照数给还，并将伊等交部分别议叙，以示奖励。夫刑以弼教，明罚敕法，原期臣工之循理去私，裨益政事。今因仓务整饬，将所议从前数十万亏折米石悉行豁免，诸臣亦可以知朕心矣。其共勉之。

雍正七年二月谕：蓟州城系新修，微有颓坏之处，及时修理，甚属易事。若视为膜外，任意迟延，日久益堕，必致繁费。其城垣坍塌之处，著该州即行修补。该州知州系新任之员，此事尚与伊无干。嗣后该州遇有升转离任等事，将城垣有无颓坏，与接任官交代；若交代不明，即著落前任官修补。将此旨传谕伊等，再传谕内阁，凡直省有新修城垣，皆照此例行。

雍正七年二月谕：农事为国家首务，督率贵有专司。前有人条奏，请于各省设立农官，以司劝课，或设巡农御史，令其巡行郡邑，劝勖农人，及时力作，亦足敦本业而防游惰等语。朕思各省耕作之情形不同，未可一例通行。现今畿辅之地营种水田以来，收获甚多，行之已有成效。设立巡农御史之事，当先行于直隶省，每年特差御史一员，于二月田功初起之时，巡历州县，查察农民之勤惰，地亩之修废，以定州县之考成。其有因循推诿，以致荒废农田者，即行参处。该御史亦勤加劝课，督令耕耘。九、十月间，稼穑纳场之后，回京覆旨。至明年二月，照例另派一员前往。其该御史出巡一应供给马车，俱照现今巡察御史之例，按日给发。务使农业兴修，田功毕举，游手之人咸归南亩，以副朕重农务本之至意。

雍正七年二月谕户部：钱为国宝，固贵流通以利民，然必权衡轻重，使得其平，方能便民用而无囤积私销之弊。近闻马兰峪地方，奉天、直隶数府钱价过贱，民间贸易，物价必致亏损，且恐奸弊从此而生。著该督及奉天府府尹严饬地方官，通行晓谕，嗣后钱价，每银一两，止许换大制钱一千文。并著该部行文各省督抚，转饬各地方，每银一两，所换制钱不得过一千文，俾民用便利而国宝流通，以为经久平准之定则。

雍正七年三月谕内阁：自古帝王皆有功德于民，虽世代久远，而敬礼崇奉之心不当弛懈。其陵寝所在，尤当加意防卫，勿使亵慢。至于往圣先贤、名臣忠烈，其祠宇茔墓亦当恭敬守护，以伸仰止之忱。著各省督抚转饬各属，将境内所有古昔陵寝祠墓，勤加巡视，防护稽查，务令严肃洁净，以展诚恪。若有应行修葺之处，著动用本省存公银两，委员料理。朕见历代帝王皆有保护古昔陵寝之敕谕，而究无奉行之实。朕于雍正元年恩诏内，即以修葺历代帝王陵寝通行申饬，亦恐有司相沿积习，视为泛常，嗣后著每年于岁底，令该地方官将防护无误之处结报督抚，该督抚造册转报工部，汇齐奏闻。倘所报不实，一经发觉，定将该督抚及地方官分别议处。明太祖陵在江宁，昔我圣祖仁皇帝屡次南巡，皆亲临祭奠，礼数加隆。著江南总督转饬有司，加意防护。其明代十二陵之在昌平州者，自本朝定鼎以来，即设立太监陵户，给以地亩，令其虔修禋祀，禁止樵采。圣祖仁皇帝屡颁谕旨，严行申饬。著该督转饬昌平州知州、昌平营参将，差委人员，时加巡视，务令地境之内清净整齐。倘陵户或有不敷，即著该督酌量增添。其南北二处陵寝防护无误之处，亦该督抚等于每年岁底册报工部汇奏。

雍正七年三月谕内阁：尝思岁时雨旸之各地不同者，其故或由于朝廷政事有所缺失，或地方官吏乖其职守，或民间习俗浇漓，人心伪薄，皆足上干天和，致成灾祲。此理数之必然，纤毫不爽者。数年以来，朕已谕之详矣。上年直隶通省地方收成丰稔，惟宣化、怀来、保安三州县独愆雨泽，朕心即疑地方官民恐有招致之由。秋间口北道王棠来京，朕令进见，曾经谕及。今据王棠折奏：宣化、怀来、保安等处，去年夏秋亢旱，今春他处皆得瑞雪，而此地独少。二月间臣因公出境，勘得鸡鸣驿、新保安之间有古惠民渠一道，灌田数百余顷，旗民互讼，历三十余年未曾结案。臣详勘渠道，先剖曲直，继将上年所奏上谕再四宣布，劝使回心。一时旗民人等顶颂皇仁，即时感悟，分渠共溉，永息争端。果于三月初一、二等日连降瑞雪，平地尺余，春耕有赖，万民称庆等语。王棠此奏不过敷陈其事，而实乃天人感应之至理。盖人之所以为心，即天之所以为心，倘一方之中彼此猜嫌，构争起讼，人怀不平之气，斯天地之气亦湮塞于一方，不能和畅宽舒，有不雨旸失序者乎？古圣有言："万方有罪，罪在朕躬。朕躬有罪，无以万方。"今朕此言，非为人君宽解，而推卸其责于臣民也。君民上下，原为一体。尝见直省督抚官员等，每遇年岁丰登，辄曰此皇上之洪福。此语朕从不受。朕无自私之福，以天下人之福为福。若吏治澄清，民风淳厚，以致时和年丰，天下人各受其福，即朕之福也。若官吏坏法营私，黎庶嚣凌成习，以致召为灾异，此皆用人不得其当，化导未尽其方，天下不能共受其福，即朕之歉于福也。人君原无可诿之责，而臣民自有各尽之道。朕以实心实政乾惕于上，天下臣民果能黾勉修省，同归于善，以感召于下，则太和之气流行于宇宙间，灾沴何自而生，雨雪因时而将，人歌乐利，百室盈宁，以同受上天之慈惠，岂不美欤？著各省督抚通行所属，咸使闻知。

雍正七年五月谕：闻近来遵化等州县，采买供应陵上官兵米石，竟有吏胥串通兵丁当差人等，折银代米，私相授受，每石或六七钱、八九钱不等，使吏胥利于侵克。而不肖兵丁但取现银入手，便于花费，及至五、六月之间米贵之时，艰于籴买，往往困乏。该管官亦并不留心稽察，严行申饬，甚非加恩于供奉陵寝官兵之至意也。嗣后著该督严饬州、县官，将本色米石按名支给。三陵总管亦不时稽察，有复蹈前辙，折银代米者，即行题参，将授受之人从重议处。

雍正七年六月谕刑部：前因直隶盗案往往多于他省，是以降旨，令将直隶盗案仍照归例，不分首从皆斩。后因定例伊始，乡僻愚民未必人人尽知，若一概置之重辟，于心实为不忍。是以将直隶盗案，亦暂照各省盗案分别斩决、发遣二项归结。原冀愚顽之辈感恩畏法，迁善改恶，共为良善之民也。

乃年来直隶盗案虽似略减，而仍复不少，且有所得赃物甚微，非积盗行劫数次之人，而甘心罹于重法者。朕推原其故，必系地方有司未将从前首从皆斩之谕旨，恺切详明，通行晓谕，是以伊等罔知儆惧，复蹈前辙。用是再颁此旨，著直隶总督遍行宣谕：自庚戌年为始，直隶境内再有为盗劫之事者，定照首从皆斩之旧例行。如地方官仍疏忽从事，不明白遍行晓谕，将来事发，一并严加治罪。

雍正七年闰七月谕：训练营伍之道，必技艺精熟，方有济于实用。闻直隶地方营汛中枪手演习时，止放空枪，从未装入铅子打把一次。似此则信手高低，漫无准则，何由纯熟而成必中之技？直隶几处如此，则通省可知；直隶一省如此，则外省可知。嗣后著通行直省督抚、提镇等转饬所属，于练习火器之时，用铅子打把，演熟准头，则火器皆成利用，于营伍实有裨益。

雍正七年闰七月谕：恭查陵寝祭祀需用黍稷果菜，是以设立园头、庄头、给与地亩，俾其种植灌溉，按时供办。康熙三年，圣祖仁皇帝于孝陵设立庄头、园头，共给地四百一十晌。至康熙三十九年，又增给地一百五十三晌。据礼臣查奏，此二项地亩已足供办祭品。朕伏念陵寝祀礼，关系重大，所需时献品物，必承办之人充实丰裕，然后嘉谷珍蔬繁茂鲜洁，庶可展孝思而达诚敬。今欲加增地亩若干，赏给庄头、园头，使之供应饶裕。著三陵总管大臣详悉查议，到日交与该部议奏。

雍正七年闰七月谕：闻直隶地方有寄庄、寄粮之弊，往往地寄此处，粮寄他处，相隔百余里，或数百余里之远。即如宣化府怀安一县，有人地俱在怀安，而寄粮于宣化、万全者，有人地俱在宣化、万全，而寄粮于怀安者，更有现在怀安纳粮，而寄地于顺天府之宝坻、丰润、三河，相隔五百余里者。在征粮者则鞭长莫及，而寄地者则彼此无关，脱漏欺隐之弊，势所不免，地方有司实难稽察催征。朕之所闻如此。著直隶总督详细确查，若果有此等，应作何更正改隶之法，著该督悉心妥议具奏。再直省如有似此寄庄、寄粮者，著该督抚亦详查，酌量定议具奏。

雍正七年八月谕：向来三陵俸工米石，皆系截留漕米支给。自康熙五十年，漕米不敷，经直抚题请，将不敷之米每石给银一两，令遵化、蓟州、丰润三州县采买支放。州、县委之吏胥，遂至吏胥串通兵役，折银代米，私相授受。虽经降旨严禁，恐此弊未能尽除。而州、县之运送本色者，车脚之费不无赔垫。且领银采买，或值米贵之时，一时难以购办，官员兵役未免守候时日。是折银采买于官兵均属未便。著总理三陵事务尚崇廙，将三陵官员、太监、兵役每年需给俸工米石，分晰白米若干、稄米若干、粟米若干，预行造册，咨报户部。户部行知仓场，预行照数截留分储遵化、蓟州、丰润三州县，于庚戌年为始，所有俸工米石均以本色给发。如此则更无不敷之米，陵寝员役不致守候待支，胥吏兵丁可免串通折价之弊，而州县亦无赔垫脚价之累矣。该部即遵谕行。

雍正七年八月谕：近畿各府有八旗庄屯杂处其间，有司难于清查。且八旗罢黜之废员，及不能上进之子弟，与多事不法之家人，往往潜在其中，结交游手好闲之辈，妄行生事，或好勇斗狠，或酗酒赌博，或与百姓争讼告讦，辗转不休，以致风俗日渐浇漓，难以整理。虽有理事同知一员，亦相隔甚远，不过词讼到案，一为判断而已，平时则无稽查约束之功也。朕意欲于旗员及司官内遴选贤能者八员，派往各府有庄屯之地方，专办旗人之事。时加教诲，申明禁约，导其善念，革其邪心。小则分别惩戒，大则据实纠参。其有旗、民互相争讼之事，仍听该管衙门审理。此差往之员，以一年为期，更换一次。果能实心办理，化导有方，一年内所管之处无旗人犯法之案，将该员与以议叙。倘或怠忽废弛，因循瞻顾，或擅作威福，多生事端，著直隶总督与巡察御史即行参奏，从重议处。其如何分晰管理，及如何定例之处，著该部详悉妥议具奏。

雍正七年八月谕：直隶宣化府属挖运一事，前经部议，改征折色，令各州县照拨运之数，每米一石折银一两，解交受运州县，支给兵丁，既免挖运之烦，又省挽输之累。是以降旨允行。但查宣属屯粮，例于九月开征，而兵米例于季首支领。今改征折色，恐百姓输纳不前，兵丁支给有待。著该管官先于藩库将应发银两预行给领，俟各州县征完之日解司还项。至万全县及独石、张家二口，地势稍寒，每至春夏之间，米价不无增长，过往员役口粮及兵丁季米折银一两，恐不敷采买之值。亦著该管官于每年秋成米贱之时，约计需米若干，于藩库领银，预行采买，存储各处仓廒，以备支给。俟各州、县折征完日，解司还项。则百姓既免从前挖运之累，而兵米口粮亦无需待不敷之虑矣。该部即遵谕行。

雍正七年八月谕：京师之大兴、宛平二县知县，常以亏空被参。朕体察其故，二县在辇毂之下，每有一时速办之公事不能迟缓者，只得挪移库银以济用，而支领还项，未免迟延时日。其上司察知库帑有亏，不得不行参劾。此等亏空，实有可原之情。朕体恤臣工，不忍听其因办公而遭罢黜，为之思一备用之道：著大、宛二县各领户部银一万两，永远存储该县，遇有速办之公事，即详明府尹，将此银动支应用，俟支领销算之时，仍复归还原项，于每年岁底报部查核。如此则办公有赖，备用有资。再有亏空国帑，或借名擅动备用之银者，定行重治其罪。

雍正七年九月谕：数年以来，各省民人屡有拾金不取之事。朕以人心风俗渐有归于醇厚之机，深为慰悦，皆加赏赐，以示奖劝。今据直隶巡察御史鄂昌等奏报，文安县居民卢尚义之妻梁氏，拾金不昧，告知伊姑，给还本人，及谢以布匹，姑妇坚辞不受等语。以贫家妇女织席营生，乃能讲让兴廉，一门向善，为人情所难之义举，甚属可嘉！著赏给米十石，布十匹，并令该地方官给与匾额，以旌良淑。

雍正七年九月谕：上年直隶通省收成丰稔，惟宣化府属之宣化、怀来、保安三处交界之地，广约四十里，长约百里，独愆雨泽，颇觉亢旱。今据直隶巡农御史舒喜奏称，京畿一百四十州、县，筑场纳稼，百谷咸登，各府州县之收成，册报八分九分十分不等，老幼悉皆得所，共庆有秋。惟宣化府、西宁、蔚县三处，今年六月、闰七月间，有冰雹之伤，禾稼稍损等语。朕思天人感应之理，纤毫不爽。连年以来，直隶通省雨泽应时，收成丰稔，而宣化府属之数州县地方，两年之内，有亢旱、冰雹之灾，此必地方官民政治有缺，风俗不淳，是以上天显示儆戒，欲其警醒悔悟，翻然悛改于将来也。即此益见上天示爱之心。官斯士者，宜如何之敬谨修省，以免过愆？著遍行晓谕劝导，令所属百姓消亢戾浇漓之风，敦和睦忠厚之行，共为良善，以迓天庥。而此数州、县之绅衿士庶，尤当深感上天垂象示儆之恩，各扪心自问，若有几微匪僻乖戾之念，即猛加省改，并交相劝勉，俾比闾族党兴仁讲义，共成亲逊良善之俗。则以和召和，雨旸时若之应，天必锡之以福矣。

雍正七年十一月谕：各省兵丁于粮糈之外，给以季饷，所以抚养士卒，令得仰事俯育，以为地方捍卫，所关甚重。而棚银一项，于俸饷内扣留储库，为各营买补马匹之用，亦国家恤兵至意也。近闻直隶布政司衙门奸吏，于请领棚银时，每匹扣陋规二两至二两五钱不等。直隶如是，他省大约皆然。夫倒马立有限年，报销复有成额，岂容奸胥舞弊侵扣？嗣后著各督抚及布政司查照定例。按期给发。如有奸吏增减克扣迟延等弊，各该督抚即行拿究，按律重处。倘各督抚失于觉察，布政司不能厘剔弊端，朕一有访闻，定将该督抚等一并严加议处。至兵丁岁底预备春饷，及支放季饷，乃终岁衣食所资。亦闻有不肖饷书，于放饷则需索季规，于借饷则科敛借费。此种奸弊，深可痛恨！著各该督抚一并严查禁革，务须按季给发，不得迟延。著该部通行直省督抚、布政使司，将朕谕旨刊刻晓谕，俾官吏兵弁等咸知之。

雍正七年十二月谕：朕之本意，原欲于孝陵、景陵之旁，卜择将来吉地，而堪舆之人俱以为无可营建之处，后经选择九凤朝阳山吉壤具奏。朕意此地近依孝陵、景陵，与朕初意相合。及精选堪舆之臣工，再加相度，以为规模虽大，而形局未全，穴中之土又带砂石，实不可用。今据怡亲王、总督高其倬等奏称，相度得易州境内泰宁山天平峪万年吉地，实乾坤聚秀之区，为阴阳和会之所，龙穴砂水，无美不收，形势理气，诸吉咸备等语。朕览所奏，其言山脉水法，条理分明，洵为上吉之壤。但于孝陵、景陵相去数百里，朕心不忍。且与古帝王规制典礼，有无未合之处？著大学士、九卿详悉会议具奏。

雍正七年十二月谕： 天津水师营兵丁钱粮，前经部议，每月定为一两五钱。朕近闻得兵丁用度稍有不敷，已降旨加为每月二两。浙江乍浦水师营兵丁亦应一体加恩。其新拔之兵丁等，每月支银一两五钱者，著照天津之例加为二两，于雍正八年正月为始。著该部行文浙江总督，遵谕施行。

雍正八年正月谕内阁： 朕素不言祥瑞，屡降谕旨甚明。上年据散秩大臣尚崇廙奏称，天台山民李万良等呈报，十一月十三日黎明，见山中有一神鸟，高五六尺，毛羽如锦，五色俱备，所立处群鸟环绕、北向飞鸣等语。朕以边地居民所见，事属渺茫，将所奏发还，未曾宣示廷臣。昨据总理石道事务散秩大臣常明、侍郎宗室普泰奏称，石工监督司官田周呈报，正月二十日，在房山县石梯沟山中，见瑞凤集于峰顶，五色俱备，文采灿然，工匠樵牧居民人等约千有余人，莫不共见。又据总兵官管承泽及顺天府府尹孙嘉淦等所奏，亦皆相同。朕亦俱未宣示廷臣，可以知朕心矣。今据署总督唐执玉缮本具奏，朕思古称凤鸟，乃王者之嘉祥，朕抚躬自问，功德凉薄，不足以致凤仪之上瑞，此事又疑而未信也。

雍正八年二月谕曰： 景陵宝城山上首春产瑞芝三本，诸王大臣等奏为朕纯孝之所感乎。朕抚躬自问，生平事我皇考，不敢当纯孝之名，但诚敬之心，数十年如一日。自御极以来，不但一言一事仰体圣心，而后见诸施行。即梦寐之中，一念举发，从无有知其不合圣意而敢存于胸臆者。诸王大臣等称朕以皇考之心为心，此实朕之悃忱。至云朕以皇考之政为政，朕之才力远不逮我皇考，举凡宣猷敷治之间，虽黾勉效法，究不能企及于万一，何能致芝草之嘉祥？诸臣以此归美于朕，朕不居也。实因我皇考之圣德神功，际天蟠地，深仁渥泽，积厚流光。上天特欲显示天下臣民，是以数年之中，三见芝英于陵寝。以今之历霜雪而挺生，当首春而呈瑞，稽诸史册，更属罕闻。朕感上天昭示之洪恩，叨皇考贻谋之景福，庆幸欢欣，不敢不宣布于众庶，使天下后世臣民知上天之眷佑皇考，与皇考之垂裕万年者，即瑞芝一事，明显昭著，信而有征，固如是也。著照所请，宣付史馆。

雍正八年四月谕内阁： 今年三春，京师一带雨泽愆期，朕衷甚为忧虑，斋心默祷。至三月二十五日，得降时雨，似觉沾足，朕心稍慰。昨据署直隶总督唐执玉奏报各属得雨情形，畿辅雨泽尚未周遍。朕悉心殚思，推求体察，朕之用人行政，朝乾夕惕之念，实八年如一日。此朕可以自信仰邀上天垂鉴。即在朝满汉文武大臣等，亦皆勤慎供职，无贪残不法之人，忝窃高爵，以致上干天和者。惟是政务中有清查旗地、宽免积欠二件，乃近来降旨施行之事。查国家定制，旗人地亩不许民人典买，例禁甚严。乃无藉之徒，不遵禁约，彼此私相授受，以致诸弊丛生，奸伪百出，争讼告奸，大为人心风俗之害，实有不得不清查厘正者。朕又念此等积弊沿习多年，按律究治，有所不忍，于是特降谕旨，宽其违禁典买之罪，且命动支内帑，给价归赎。使旗地仍归旗人，不至为民人巧占，民人仍得原价，不至资本子虚，永息争端，革除弊窦。此朕格外之恩也。或者差往清查之人奉行不善，以致民心怨抑，上干天和，靳滋雨泽乎？又如查免积欠之旨，乃今年二月中旬颁发者。自是以后，京师一带风多雨少，有微旱之象。想此等拖欠钱粮之劣员，上亏国帑，下剥民膏，为天理所不容，国法所难宥。或者上天以朕查免之旨，涉于邀誉市恩，而非瘅恶惩贪之道，是以昭垂此象，以示儆乎？近来举行之事，只此二端，而天象如此，朕心不能无疑。著内阁、九卿悉心详议具奏。倘此二事之外有应行陈奏之处，亦著据实具奏，毋得隐讳。

雍正八年四月，户部奏太平峪建立红桩、拨换田房、迁移寺庙一切事宜奉上谕： 风水地内所有民间田亩，按其升粮科则，照应得之价加倍赏给。已经耕种者，俟收成后再令交官。村庄庐舍，悉照房屋间檩加倍先给银两，俟其将迁居之处收拾周备，再令搬移。各村舍所种树木，亦著给与价值。一应寺庙，于风水地红桩之外，照式官为盖造。如该寺庙有香火田地，亦著将新建寺庙附近地亩加倍拨给。至所有坟墓，悉照地之大小从厚赏给地价，俟卜有平稳之地，再令迁移。务使民间从容宽裕，各沾实惠。其应需各项价值，悉于内库支领。

雍正八年四月谕内阁： 据直隶地方文武各官报雨奏折称，今年三月及四月初旬，两次得雨。今于四月二十四日，又得时雨。四野沾足，二麦茂盛，秋谷皆可播种等语。据此则四月以前，竟有未种之田可知矣。夫农事贵乎及时，二月土膏初动，三月即为播种之期，况已得雨两次，何以迟延观望，直待四月下旬方始播种？倘小民怠惰偷安，为民父母者即当开导劝课，使之踊跃趋事于南亩。又或籽种牛力稍有不敷，则当留心体察，设法相助，不使有后时之叹。即以今岁论之，若从前三月得雨之时早先播种，目今又得甘霖，岂不更为优渥？假若霖雨愆期，彷徨观望，则从前之怠惰迟延，岂非小民自误生计，自荒恒产耶？西北寒冷之区，布谷或不宜太早，若畿辅可以早种之地，又当甘雨既零之时，而乃袖手逍遥，以待时雨之再沛，不亦愚昧之甚乎？况直隶地方，春夏之交，常稽雨泽，岂可不及时努力，致虚上天甘澍之赐乎？此皆愚民习于懒惰，而地方有司又不以民事为念，漠然不加董率之故。著该督传朕谕旨，通行申饬，倘再有牧民之官轻视农事，不实心化导，任百姓之悠忽，有误播种之期者，必从重议处。

雍正八年七月谕：据巡察顺天、永平、宣府等给事中海明奏称，宣化府之西宁、蔚州、怀安等处，夏秋缺雨，禾稼歉收。西宁县被灾六分至九分不等，民人艰窘，欲往口外就食。总兵官李如柏则称，应听其出口，不必阻拦。口北道王棠则称，已于近口州县设法留养，不令远去。现今督臣来文令动用平常社仓之谷二千余石以济民食，似不敷用等语。西宁等处歉收情形，该督并未详悉奏闻。今览海明所奏，知该地方官员办理安插之处，俱未妥协。若照例交与该督等，则保定道路迂远，转致稽迟。著派出副都统韩光基、给事中罗凤彩，星速前往西宁等处，悉心查勘，将乏食穷民加意抚绥，无令迁移失所。其作何散赈平粜之处，即会同口北道动用地方仓谷，一面办理一面奏闻。若有应用银两之处，即于张家口同知衙门存库银两动支给发。

雍正八年八月谕户部：前闻直隶地方有被水之州县，朕心轸念，已星遣侍郎牧可登、副都统阿鲁等，分路前往，蠲赈兼施。兹据署督唐执玉奏称，各属被水情形消长不一，有上谕所及之处，而水势消落，可免成灾者，亦有上谕未及之处，而田庐被灾，急须拯恤者。著行文交与牧可登、阿鲁等，照该督所请，悉心查勘，核实通融。其前谕未及之处，有应行赈济者，即交附近差往之大臣官员等速行料理，务令得所，以慰朕拯恤灾黎之至意。

雍正八年八月谕诸王大臣等： 数年以来，遵化州陵寝附近之地，雨旸时若，年谷顺成，今年春月，畿辅微觉亢旱，而遵化等处则雨泽调匀，民人乐业。六月日食之期，陵寝之地方则阴雨不见。本月十九日，京师地震。朕系念山陵，忧劳寤寐，星遣侍卫等驰往看视。今据差回人员及守护陵寝之大臣等奏称，十九日地觉微动，较他处更轻，村舍墙垣悉皆无恙，居民竟有未经知觉者。朕以手加额，五内欢欣，益见我皇考之圣德神功，际天蟠地，受眷祐于上帝，贻福庆于苍生，若此之彰明较著。朕感上帝之慈恩，念皇考之功德，特将近事之显而可见者，晓谕诸大臣、九卿等共知之。

雍正八年十月谕内阁： 向因大兴、宛平二县近在辇毂之下，常有速办之公事，不得不挪移库银以济用，而上司察知，每以亏空题参，至于罢黜治罪，实为可悯。用沛特恩，于大、宛二县各发库银一万两存储该县，倘遇有速办之公事，准其详明府尹动支应用。此朕体恤有司之至意也。近思办理军需之州县，其急切应付之处，不容刻缓。而该州县并无存储备用之项，若擅动公帑，又干严谴，有司实处两难，不可不为筹及。朕意欲于办理军需及事务繁剧之州县，亦仿大、宛之例，酌留帑银以备急切公事之用。其如何举行，俾办公有赖，而弊窦不生，著大学士会同大将军岳钟琪、总督高其倬，悉心定议具奏。

雍正九年四月谕内阁： 朕因直隶州县之被水，不过近河村庄，其他高阜之处，收成丰稔，彼此可以相资，不致艰于谋食，是以未颁加赈之旨。今闻畿南州、县之中，有被水轻重之不同，其被水轻者，民间可以支持，而被水稍重者，即有日食不敷之虑。即如大名府属之长垣、东明、开州等处，皆地势洼下之区，失业之民，甚觉艰窘，恐其他州、县亦有与之相类者。今去麦熟之时尚有月余，应筹接济之道，借以资其耕作。若从京师遣官分查，必致稽迟时日。副都统赵宏济，系上年散赈之员，著驰驿前往保定，会同该督唐执玉、布政使王謩等，查阅上年散赈档案，将其中被水稍重，应行加赈之州、县，一一确查明白；遴选贤员，星速分途前往，会同该地方官，或动仓谷，或动帑银，核实散赈，至麦熟之时停止。倘奉行不力，或有遗漏浮冒等弊，经朕访闻，定将大小官员从重议处。

雍正九年四月谕内阁：闻天津一带，民间渔船专以贩鱼为业，每年谷雨之后，芒种以前，是其捕取之时，亦犹三农之望秋成也。若此时稍有耽误，则有妨一年之生计矣。目今天津运往山东积储米粮，皆雇觅渔舟装载，然亦当听小民之情愿，勿以济山东百姓之储，而妨直隶民生之计。著直隶总督、天津总兵官，速饬办理粮务人员，就近酌量，此时不可强雇渔船，致令失业。此系积储备用之米石，俟过芒种以后运送，亦未为迟。其速将朕谕遍行传知。

雍正九年五月谕兵部：今岁命往陕西西安驻防兵丁，派出直隶张家口营兵一百八十余名。闻各兵家口支领钱粮，而该管武弁等，以各兵应有钱粮俱给与新募之兵支领，无可给发，以致各兵家口三月未曾领饷，日食不敷，四路奔诉。凡兵丁拨派他往者，如马兵一名，原领月饷二两，则以九钱付本兵，为途中盐菜之用，以一两一钱为养赡家口之资。所有兵米，亦仍令其家口支领；若有新募兵丁，则另行给与月饷，并无以本兵钱粮付新募兵丁之事。何以张家口官弁等错误迟延，以致各兵家口糊口无资？著该督、该提镇即速查明，照例给发，并将迟误之处据实参奏。

雍正十年正月谕内阁：京师自冬及春，未得雨雪。畿辅地方及近京各省，虽有奏报得雪者，亦未普遍沾足。因思上年十一月十五日月食，据钦天监观候曾引占书“燕赵旱，禾麦有伤”之语，朕心甚为忧惧。拟于正月祈谷之期，虔祷上帝，以迓天和。后因朕躬偶感风寒，医家奏请避风静摄，是以未曾躬亲祀典，此心愈加乾惕。惟兹数月以来，雨雪未降，显系上天垂象以示儆，甚可畏也。朕虔诚修省，体察政治之缺失，以期仰格天心。大学士、九卿等各宜恪慎斋戒，至诚祈祷，尤当洗心涤虑，殚职奉公，以为敬天祈福之本。京师为四方辐辏之地，民食浩繁，更宜豫为筹画。至于该督抚等各自敬谨修省外，所属地方雨泽之有无，播种之迟早，务期悉心访察，先事图维。倘二麦歉收，必思患预防，勿使黎民有乏食之虞，方不负朕之委任。倘有玩忽隐饰等弊，经朕访闻，必加严谴。内外大臣等领此谕旨，务在实心奉行，不必以空言覆奏。

雍正十年十月景陵瑞芝叠见，请宣付史馆昭示中外奉上谕曰：朕从来不言符瑞，时时训谕天下臣民，屏虚文而务实行。是以数年来，各处奏报庆云嘉谷等事，朕悉降旨训勉，未尝宣示于外以为祥瑞也。惟是今岁秋间，准噶尔贼人侵犯北路，深入我境，我师奋击，大获全胜，歼贼万余。行间军士及边外蒙古，无不额手欢呼，以为从来未有之大捷，非荷上天皇考默佑，何能至此！朕心方深感激，而瑞芝适产于景陵。天人协应，信而有征。仰见上天皇考福国庇民，特赐嘉祥，以昭示天下之臣庶也。朕与诸大臣等同此庆幸欢忭之悃忱。著照所请，宣付史馆。

雍正十一年正月谕内阁：朕躬谒陵寝，见沿途地方安设水缸甚多，或动支钱粮，或派用民力。著查明具奏。地方官职司民牧，当以休养百姓为务，若只以洒道清尘为迎合朕心之举，错谬已甚。銮舆所过，即略有尘土，亦复何碍！伊等于此等处过于用心，转被朕之谴责，何不以此用之于民生吏治，重受朕之嘉奖耶？一并传谕知之。

雍正十一年四月谕刑部：向来直隶盗案往往多于他省。朕以畿辅重地，理宜倍加清肃，乃宵小肆行如此，不得不严加惩创，以示儆戒。是以预先屡次晓谕，然后定例，于雍正八年为始，将盗伙不分首从皆行正法。此朕辟以止辟，不得已之苦心也。近年以来，直隶盗案较前减少，是小人颇知畏法。朕仍可遵奉皇考法外施仁之意，从宽办理矣。著将直隶盗案仿照各省分别法无可贷，情有可原，定拟具奏。倘奸民玩法，日后盗案复多，朕必仍照不分首从皆斩之例行。若各省盗案有加多于平日者，亦照不分首从之例行。著各该督抚、地方有司通行晓谕，务使远乡僻壤之民共知之。

雍正十一年五月谕户部：各省州、县设立社仓，原以便民济用。若遇应行借给之时，该州、县一面申详上司，一面即速举行，方可以济闾阎之缓急。倘其中有假捏虚冒等弊，自难逃督抚之耳目。闻直隶百姓借领社谷，必待该督咨请部示而后准行。往返动经数月，小民悬待孔殷，仍不免重利告贷之苦。嗣后著该督李卫酌量定例，变通办理，咨报存案。

雍正十二年八月谕内阁：从来天人感应之理，捷于影响。朕自临御以来，每遇水旱灾祲，即恐惧儆畏，思政事之缺失，虔加省改，不肯诿其过于臣民。惟是上天之降灾，往往画地分疆，广狭不一。有邻省俱获丰登，而一省独遭荒歉者；亦有通省皆收，而一府一县或一乡一里独罹灾沴者。此岂上天有所厚薄于其间哉？或有（按：当作“由”字）彼地之文武官弁政令乖舛，或由本乡之人庶风俗浇漓，其招致之由，必非无故，不可不敬懔天威，上下各自省畏也。即如雍正六年，直隶通省地方收成丰稔，惟宣化府所属之宣化、怀来、保安三州、县交界之处，广约四十里，长约百里，独愆雨泽，甚觉亢旱。是年冬月，他处皆得瑞雪，而此地独少。此必地方文武官员不能妥协，或无知愚民有干和气之所致。今年六月间，又闻宣化地方苦旱，七月杪，又有被冰雹之处，其大有如拳如鸡子者，田禾多被损伤。朕思冰雹虽北方所时有，而宣化乡村被灾独甚，为近来所罕见。可见上天垂象屡屡示儆于宣化者显然。若彼地官民或视为气数之适然，而不知恐惧战栗，思过省愆，是不知敬天畏天，而为无忌惮之小人矣。其何以感召天和，享百室盈宁之庆乎？著该部将朕此旨通行晓谕宣属文武官员兵民，著人人各自省疚，共戴上天垂象示儆之意，以迓将来时和年丰之福。

雍正十二年十月谕王大臣等：今岁元旦立春，喜遇四寅，仰蒙上天特赐盈尺之瑞雪，朕心感庆，期与臣民共加儆勉。自春及秋，直省地方雨旸时若，除北直、江南近水数县河流有涨溢之处，陕西数县得雨稍迟外，其余则甘霖应候，禾稼丰登，虽不敢遽称大有之年，而各省年谷顺成，大率相类，诚为罕觏。此皆上天、圣祖赐佑国家，虽然昭著者。今当万宝告成之候，西师报捷之时，欣睹瑞芝九本，产于景陵宝城最近之山上。屈指数年以来，三秀之瑞，已经四见，实乃上天恩赐，以表彰我皇考之圣德神功，欲使中外臣民咸知乐利养恬，共享升平之福者，皆我皇考之所留贻，非偶然也。据此则诸王大臣等奏请宣付史馆，昭示中外，于理应行。至谓朕纯孝所感，朕实愧不克当。并晓谕天下臣民共知之。

雍正十二年十二月谕礼部：畿辅为天下首善之地，是以各府、州、县童生入学之数，昔年曾加恩增添，以示鼓励。惟宣化府属之蔚州，从前原隶山西，广平府属之磁州，从前原隶河南，及改归直隶之后，其入学仍照晋、豫原额，未与直隶一体邀恩。又新从山西改归易州管辖之广昌县，入学之数尚不及直隶小县。此两州一县均当酌议加增。每遇乡试之年，宣化府属另立旦字号，与奉天府属夹字号额数相同，各取中三名。今宣郡人材较前渐盛，又添蔚州一属，应举人数加多，查夹字号前已广额两名，则旦字号亦应加增。中式之数，著礼部定议具奏。

雍正十三年闰四月谕内阁：从前赏给各省驻防兵丁生息银两，因兵丁数少之处无大员管领，难于经理，是以未曾议及。今查保定、太原、德州三处，各驻防兵五百四名，热河驻防兵八百名，为数虽少，亦应一体加恩，以资吉凶之用。保定、太原、德州三处，各赏银二千两，热河赏银三千两。保定、热河二处银两交与总督李卫派员管理，太原银两交与巡抚石麟，德州银两交与巡抚岳濬，务令办理妥协，俾兵丁等得沾实惠。

卷　三

帝制纪三

诏谕三

雍正十三年十一月谕：直隶营田乃皇考教稼养民之至意，但事关地方，必须本地方有司实力奉行，始得裨益。朕意将营田观察使撤回，专交地方官管理。其如何派道府大员督率稽查之处，著总督李卫妥议具奏。

乾隆元年五月谕：朕闻宣化府属之怀来县，僻处山边，向有保字号垦荒地七十一顷，征粮八百六十余石。始于前明时，防御边患，募兵戍守，即以近山地土令其耕种，每军士一名，种地五十亩者，准作半年粮六石；种地一顷者，准作一年粮十二石。彼时应募屯军，不过图免本身杂差，遂不计地之多寡荒熟。今历年既久，其间有地荒而粮存者，有地少而粮多者，官民不免赔累之苦。且该县征粮科则，上地每亩征粮五升六合，中地三升六合，独此项地土则每亩征粮至一斗二升，民力尤难输纳。著该督委员确查，将山地不可耕种无所出者共计若干，奏闻豁免。其可以耕种之地，则按照本县科则，分别定议，俾边塞黎民永沾实惠。

乾隆元年九月谕王大臣等：据办理泰陵事务恒亲王宏晊、内大臣户部尚书海望奏称，世宗宪皇帝梓宫安奉泰陵地宫，请照景陵之例安设龙山石，其随入地宫之分位，并万年后应留之分位，相应请旨等语。朕敬将万年应留分位之处，奏请皇太后懿旨。奉皇太后懿旨，世宗宪皇帝梓宫奉安地宫之后，以永远肃静为是。若将来复行开动，揆以尊卑之义，于心实有未安。况有我朝昭西陵、孝东陵成宪可遵，泰陵地宫不必豫留分位。朕伏承懿旨，仰见皇太后坤德恭谨，圣虑周详，自当恪敬遵奉，仿照昭西陵、孝东陵之例，另卜万年吉壤，候朕详酌，再降谕旨。至皇考梓宫奉安地宫时，著照例安设龙山石，其随入地宫之皇妣孝敬宪皇后梓宫，应居左稍后，敦肃皇贵妃金棺，应居右，比孝敬宪皇后梓宫稍后。

乾隆元年十月谕： 朕闻永平府属州县，凡征收钱粮，率皆以钱作粮，每银一两，连扣耗银一钱五分，共折交制钱千一百五十文。见今该处钱价昂贵，民间交纳钱文，比之完纳钱两为费较重。朕思民间完纳钱粮银数在一钱以下者，向例银钱听其并用，原以便民。若数在一钱以上，又值钱价昂贵之时，亦令交钱，转致多费，是便民而适以累民，殊未妥协。著直隶总督饬行各属，民间完纳钱粮在一钱以上者，不必勒令交钱，在一钱以下者，仍照旧例，银钱听其自便。

乾隆二年七月谕曰： 自古致治，以养民为本，而养民之道，必使兴利防患，水旱无虞，方能盖藏充裕，缓急有资。是以川泽陂塘，沟渠堤岸，凡有关于农事，预筹画于平时，斯蓄泄得宜，潦则有疏导之方，旱则资灌溉之利，非可委之天时丰歉之适然，而以临时赈恤为可塞责。朕御极以来，宵旰忧勤，惟小民之依是咨是询。前后谕旨，谆复再三。但化导自在有司，而督率则由大吏。近日直省督抚，惟甘肃巡抚德沛到任后，即以兴水利、裕仓储为请，署西安巡抚崔纪，亦有劝民凿井灌田之奏，尚能留心民食，知本计之所当先。其余能尽心于吏治官方命盗钱粮诸事者，尚不乏人，而于民生衣食本源，未能切实讲求。地方守令亦惟刑名钱粮自顾考成，至以爱养百姓为心，留意于稼穑桑麻，如古循吏所为者，盖不可得。即如直隶，今年夏初少雨，则以熯旱为忧。及连雨数日，尚不甚大，而永定河遂有涨溢之患，决口四十余处，低洼之地多被水淹。虽因山水骤发，然水性就下，其经行之地，自有定所，设预为沟渠以泄之，为塘堰以潴之，自可以分杀水势，不致汇为洪流，冲决漫淹如此之甚。是皆平日不能预先筹画所致也。各该督抚有司，务体朕痌瘝乃身之意，刻刻以民生利赖为先图。一切水旱事宜悉心讲究，应行修举者即行修举，或劝导百姓自为修理。如工程重大，应动用帑项者，即行奏闻，妥协办理。俾旱潦不侵，仓箱有庆，以副朕惠爱黎元至意。

乾隆三年二月谕：直隶宣化府属怀来、保安二州县，采办杨木长柴，供郊坛宗庙焚帛之用，向无开销之例，俱系两县捐赀。继因添用柴薪，分派宣属他县协办，相沿已久。朕思州、县公捐，易启借端科派，贻累小民之弊，不可不防其渐。著从乾隆三年为始，将每岁需用杨木长薪照办解之数，动用正项，造入地丁册内报销；令出产之怀来县承办，以专责成。

乾隆三年五月谕王大臣等：近看李卫办事，甚属粗率，不似以前。昨已降旨训谕。今览奏雨水麦收情形之折，其中错谬之处甚多。如奏称连日忽阴忽雨，见在入土尺许，尚未透足等语，天下岂有得雨尺许而尚未透足之理？明系雨泽短少，而为捏饰之奏。观此则从前所报未至尺许者，竟属全无雨泽矣。又称麦收已毕，市价平减，诚恐麦贱伤农等语。自古谷贱伤农之说，原指屡丰之后而言，然亦非常理。况直隶地方旧岁既属歉收，今年麦秋长短不一。以此日之情形，而为麦贱伤农之说，岂不背谬乎？又伊所开米价单内，保定府稻米每一仓石价银二两六钱至二两七钱五分，称为价中，大名府稻米每一仓石价银一两七钱五分至二两一钱四分，称为价贱，岂有如此米价尚得为中，尚得为贱乎？朕念切民依，固不肯以年岁歉薄委咎于督抚，然亦岂可置之不问！盖督抚身膺民社之职，凡遇雨旸年谷最紧要之事，当倍极周详慎重，庶能上感天和，下纾民困。今陈奏于朕前者尚且如此，则其办理措施岂能妥协？大出朕意料之外！可传旨训饬之。

乾隆三年九月谕：今年畿辅地方，收成有歉薄之处，而口外年谷顺成，颇称丰稔。昨已降旨，准商人出口往来贩运，以资接济。今思京城米价现在不能平减，来春青黄不接之时，恐益加腾贵。著派出户部司员赫赫、那尔善，内务府官员王常保、王慎德，于张家口、古北口二处各二员，携带内库帑银前往，会同地方官，将米豆杂粮等项照时价采买，运送来京，交八旗米局平粜。使都门兵民得资外来之米，以供飧飧，而口外有余之粮，亦不致耗费于烧锅等项无用之地，实属两有裨益。其应赍银两若干，并作何挽运之法，著该部速行详悉，妥议具奏。

乾隆三年九月谕：畿辅地方今岁歉收，米价昂贵，朕深为廑念。向来口外米谷不令进口，留为彼地民食之需。今年口外收成颇丰，而内地不足，自当酌量变通，以资接济。如有出口粜粮及贩运进口者，听其往来，不必禁止。管口官弁但行稽查违禁货物，毋得苛索。如此，则内地民人多得米谷，可无艰食之虞，而口外余粮亦获贸易之利。该部可遵谕速行。

乾隆四年　月谕：户部会同八旗议奏，将公产地价赎回民典旗地等语。我朝定鼎之初，将近京地亩圈给旗人，在当日为八旗生计，有不得不然之势。其时旗人所得地亩，原足以资养赡。嗣因生齿日繁，恒产渐少，又或因事急需，将地亩渐次典与民间为业，阅年久远，辗转相授，已成民产。今欲将从前典出旗地陆续赎回，必须于民全无扰累，办理始为妥协。再此项地亩，官员内尚须扣俸认买，贫乏兵丁食饷有限，无从措价，势必至尽归富户。富户即肯周济亲族，亦岂能多为分给？则赎地一事，恐未必于贫乏旗人有益。可将此旨行文直隶总督妥议。

乾隆十年　月谕：今年直隶宣化府所属，被旱歉收，恐附近州县所贮米石，未必处处充裕，可以分拨济用。来岁青黄不接之时，或致米粮不敷，此时应当计及。著拨通仓米五万石，听该督酌量分发缺米州县，存贮备用。

乾隆十一年　月谕：上年宣化府所属被旱歉收，今春雨泽又复稀少。著将通仓粟米拨运十万石，分发所属州、县，以备拨给。倘今岁秋成丰稔，即将此项补实仓储。其如何陆续挽运，著仓场侍郎会同该督妥议办理。

乾隆十一年　月谕：从前朕巡幸直隶地方，见城垣多有残缺，皆因不能随时堵筑，以致出入践踏，逾越成路。因令大学士等寄谕各督抚，令其督率有司，留心整饬。嗣据巡抚硕色奏请，分别工程一千两以上者，俟以工代赈之年动项兴修；一千两以内者，令该州、县分年修补，除土方小工酌用民力外，其余即于工费项下支修。朕将依折令各督抚阅看，俾其仿照办理，但须善为经纪，勿致累民。而各督抚中，遂有因此奏请开捐土方，并将各官养廉合力捐修者，或经批示，或经议驳，俱未准行。今鄂弥达复奏折内又称，按田起夫，诚恐占田之户，必派之佃田之家，不若暂借税银生息，以备修补等语。此奏甚属错误，全不知朕本意矣。盖城垣为国家保障，其责全在地方官员。其所以酌用民力者，盖因各处城垣偶有坍塌，地方官并不查禁，任民践踏，甚且附近居民竟将城砖窃取，以供私用。是以令于农隙之际，酌用本地方民夫修筑，使民知城垣之设，原以卫民，己身曾用力于其间，则遇有坍塌，自然护惜，不肯任意践踏。且随时修补，亦易为力。此上下相维之义，并非令其按田起夫，竟成赋额之外增一力役之征也。如鄂弥达折内所称者，恐各省督抚亦错会朕旨，或致办理未善，致有累民之处，用是特颁此旨，晓谕各省督抚知之。

乾隆十六年五月谕：方观承奏称，宣化府、州、县目下粮价昂贵，缸户率皆图利私烧，罔知撙节，现饬地方官封禁缸房，暂免缸税等语。开烧耗费粮石，遇价贵之年，量为节制，原属应办之事。至免税封缸，概行饬禁，则恐税虽免而缸终不封，徒使缸户潜自开缸，居奇获利，奸胥猾吏更复乘机需索，以饱囊橐，而于民间食用，市肆粮价，实无裨益。即如康熙年间之禁烟免税，而烟迄今不能禁。天下事有言之近理，而行之了无实际，皆此类也。朕思向来缸户给领牙帖，本属有数可稽。不但粮贵之年，即屡丰大有，亦应明定缸户之数，不令日加，则盖藏日裕矣。其偶遇歉收，于额设缸户每日所烧粮石，亦酌以定数，此外不得任意糜耗。即就成法之中，自可寓稽查撙节之道矣。朕办理庶务，惟求实际，不事虚名，着传谕督臣方观承，此事令其另筹。

乾隆十七年　月谕：巡视通州漕务，向例止差科道一人，专司催督漕运，而仓场事务，则概不与闻。但通仓积弊甚多，现委大臣盘验，著增差科道四人前往巡视漕务。凡收兑新漕，支发仓米，皆著就近稽查。至在京各仓，虽经委有专员，亦著一同留心稽察，务期诸弊肃清，以副委任。

乾隆二十三年　月谕：各省粮船抵通，除交仓全完外，所余食米，俱由坐粮厅衙门给与照票，俟回空时，于天津一带沿途售卖。而通州水次，则例应严禁私粜。盖因通仓为兑米之地，恐夹杂影射，至滋弊端。若漕米均已不致挂欠，其余剩食米，自可听其在通出粜，不必过为苛禁。在各运丁等，即可免领照验票之烦，而通州米石充裕，于京师民食亦属有益。

乾隆二十四年三月谕军机大臣等：向例粮艘抵津，或遇水浅，起剥粮石，需用民船，是以临期酌量将回空货船雇觅，预备剥运。近闻杨村一带，竟有将路过载货船只封禁者。客商货物中途搬卸，以致转运维艰，殊非通商便民之道。现在粮艘抵通，为期尚早，即将来有需剥运，待此等船只抵湾卸货后再行雇觅，亦未为迟。著传谕方观承前往查看，如果有此项情节，该督即行禁止，并将现在办理情形详悉奏闻。再杨村添设巡漕御史二员，本为稽察漕船河道起见，原系本年新设，并非旧例所有。若因此而转滋扰累，殊非设官本意。其果否有裨漕政，并著方观承据实具奏。

乾隆二十四年四月谕：前闻杨村一带，路过客船，悉被封禁，客商货物，中途搬卸，以致转运维艰。该处新设巡漕御史二员，本为稽察漕船河道起见，若因此而滋扰累，殊非设官本意。其杨村驻扎巡漕御史之处著停止。

乾隆二十四年四月谕：京师五城现已拨米平粜，其安河桥之丰益仓，清河之本裕仓，所有现存米石，并著酌量平粜。各派御前侍卫一员，带领驻扎圆明园参将等，会同该仓督妥协办理。庶郊外居民可以就近买食，不必远赴京厂。

乾隆二十四年五月谕军机大臣等：刘纶奏报捕蝗一折内称，遵化州属毗连永平地方，亦间有萌生之处，其地虽非顺天所属，事关农田民食，现饬通永道明琦，协同副将胡大猷，前往查勘等语，未免存畛域之见。刘纶系钦差督捕大员，凡遇有蝗蝻之处，即宜就近前往，董率员弁，尽力搜捕，庶地方有司不敢怠玩从事。永平地方既有蝻孽萌生，自当早为扑灭，以绝根株。著传谕刘纶，现在蓟州一带既可就绪，即速前赴该处，督同该道、府等查勘扑除，务期净尽，以杜他处蔓延。正不得以非顺天所属，遂意分彼此，而自弛其担也。

乾隆二十四年五月谕军机大臣等：京畿雨泽未沛，朕为闾阎生计日夜忧悬，多方筹画。闻景州一带地势潮润，刈麦种禾者尚多，惟雄县、新城暵干为甚。著传问方观承，此二处民间情形果系如何？该督曾否确查，及如何筹画接济？其仓粮如不敷用，现有截留南漕陆续可到，此二县俱可水陆拨运，该督可酌量情形，现在或须减价平粜，得雨之后或系借给籽种，速运接济，一面办理，一面奏闻。

乾隆二十四年闰六月谕：据方观承奏，各属屡次大雨之后，唐河、沙河、白沟、拒马诸水同时并涨，下游悉归淀内，以至大清河尾闾不能宣泄，转由凤河倒漾，阻遏浑流。而宣化上游雨后涨发，溢涌旁溢，南岸四工堤顶漫开数丈，现在驰往确勘等语。入夏以来，直属大雨时行，各河涨发，而山西上游诸路，亦均得透雨，山水下注，永定河堤埝致有漫冲。著派安泰、赫尔景额即速驰驿前往，看视情形，并留赫尔景额在彼，协同该督将漫口克日堵筑，毋致再有侵溢。其水过村庄，现在有无淹浸，及应行加恩抚恤之处，著方观承一面勘明妥办，一面奏闻。该督职司河道，不能先事豫防，著交部照例察议。其疏防之河道各员，俟查参到日，一并交部察议。

乾隆二十四年八月谕军机大臣等：今岁运河水长，德州第七屯等处漫溢，以致毗连直隶之景州一带，道路淤阻。随经询问方观承，相度筹办，为一劳永逸之计。据该督奏称，德州一带运河与直隶接壤，向属下河厅经管。而两岸堤工坐落屯地，系德州卫守备管辖。遇有应行修筑动用民夫，不特河厅不能调拨，即德州知州亦须关移卫备，每致呼应不灵等语。卫所守备，专司押运，既不管理工程，而地方官又以坐落屯地，一切调拨民夫不能应手，辗转牵制，无裨公事。著传谕海明、张师载、阿尔泰等，令其作速查勘，可否将该处浚河筑堤等工责成河厅，会同地方官办理，两岸屯庄民夫听其调拨，以专责成之处，即令详悉妥议具奏。至德州界连直隶，为南北水陆通衢，若一遇水涨，即有淤阻，徒事逐年补苴，殊非经久善策。该处凡一应修筑民埝，疏浚河渠，可以通盘筹画，先事绸缪者，伊等该当留心，实力妥办。有应行会商直督之处，亦即彼此咨商办理，务期于道路河防永远裨益。

乾隆二十四年十一月谕：霸州、固安等十处驻防兵米，向系给发折色。今岁畿辅一带虽属有秋，而米价未免稍昂，明春青黄不接之际，兵丁籴买，不无拮据。著加恩将霸州、固安、良乡、东安、顺义、采育营、玉田、昌平、古北口、遵化州十处，所有本年冬季及二十五年春季驻防兵米折色，每石加银三钱，以示体恤。该部遵谕速行。

乾隆二十四年十一月谕军机大臣等：据方观承奏涿州北门外巨马河石桥工程一折，涿州为畿南通衢，自河流徒越，而旧有石桥转成虚设，自应相度移建。此等工程务须久远坚固，以利行旅，不在撙节经费。今将桥北旧有无名之石道，折（按：当作“拆”字）为添建桥座涵洞之用，通融筹办，自属妥协。但旧桥石道酌留三十丈似觉尚多，可再为拆改，与庙角墙垣相齐足矣。

乾隆二十五年六月谕：郡县之外，复设卫、所，原以所辖多系军籍。然在有漕之地，清军督运，尚有所司，而各卫之无漕政者，本朝定制从无征调诸役，则名虽军而实即民，所理仍皆州县之事。乃充是任者，向例率用武途中不胜营缺之人。以衰庸武弁而膺民社，必多贻误。月选牧令，必经九卿详加验看，至引见时，朕尚核其才品，始行补放。而猥以庸劣武夫，寄同百里，欲望其有益民生，克称吏职，岂可得耶？即如今日方观承所参捕蝗不力之延庆守备褚延章，亦可略见一班（按：当作“斑”字）矣。此等卫缺，莫如量为裁汰，设立州、县以专责成。著吏、兵二部公同详查会议，将各省之无漕政者，逐一分别，或应改隶附近州县，或疆里较广，应另设州、县，一并详悉定议具奏。

乾隆二十五年六月谕曰：各省向有低洼处所，每虑水灾。前年办理河工水利时，经朕特派大臣，会同各督抚悉心相度，疏浚得宜。是以河道俱通，虽水势骤增，而消退甚易。可见事苟善筹，效必旋至，为其事而无其功者，未之有也。然创之于一旦甚难，而隳之于日久则甚易。若不随时捞浚，将来日复一日，势必渐成浅阻。与其修挑于甚淤之后，费大而人劳，何如修挑于未淤之时，事半而功倍？所当随时留心办理，以保前功于不坏者也。各该督抚查淤浅处所，一律挑浚，俾河道长得深通，水势永无泛溢，用副朕乂安民生至意。

乾隆二十六年三月谕军机大臣等：向来交直隶喂养马匹，尚多膘壮。近来膘较前渐减，此或领喂日浅，尚属可原。更闻有领马交马时，并不实领实交，而彼此津贴银两，私相授受。此等弊端，方观承当严密查察，务使杜绝。嗣后如仍有此弊，别经查出，即方观承亦不能辞其咎也。将此传谕知之。

乾隆二十六年九月谕：观音保奏，景州北岸水势汪洋，平地深一、二、三尺至丈余不等，因即前往东省德州四里屯工所查勘，现在漫口尚有十八九丈未经堵闭等语。景州等属，毗连东省，漫水自德州而下，经由三百余里，至天津青县方可泄入运河。如该处漫口一日不闭，则景州之水一日不能消涸。今既据称未堵工程止余十八九丈，施工已易为力，一切堵御事宜，自应星速赶办，无致邻境久淹。著传谕阿尔泰、张师载饬属妥速趱办，约何时可以竣工，速行奏闻，以慰轸念。并谕观音保知之。

乾隆二十六年十月谕：比因直隶应需赈粜米石，已降旨令后至漕艘尾帮及通仓酌拨粮共二十万石，运赴备用。现在各省漕储全数抵通，综计太仓岁入至为充裕，而直属附近被水偏灾之地，当青黄不接之时，更宜从优豫筹贮备，俾地方谷多价减，于民计尤为有裨。著于通仓内再行拨米二十万石，交与直隶总督方观承，会同仓场侍郎等，照前次成例，酌令需米州、县赴通领运，以资接济。

乾隆二十六年十月谕军机大臣等：御史毛永燮奏请严行户冒粜之禁一折，

已照所请速行矣。今秋直隶附近各属，先后截漕四十万石，以资赈粜。第恐地方狡狯行户影射诱买，聚少成多，希图重利。此种弊端，总在有司实力稽查，严拿究治，小民庶得均沾实惠。著传谕方观承，令其饬属悉心查办，不得但委之胥役人等，以致奸牙从中滋弊，有妨善政。

乾隆二十六年十月谕：直隶被水各属收成稍歉，现有应行赈恤之处，著拨部库银五十万两以资分给。但闻银库旧例，凡遇应拨银两，除俸饷外，俱有应扣平余。此在工程等项需用银两，原不必悉照部法支放。若地方遇有灾歉，特发帑银赈恤，惟期闾阎实被恩膏，毋许不肖官吏丝毫扣克，岂可于部库拨给时分两稍有轻减？此次所发五十万两，著该部于部贮元宝内如数发往。嗣后如遇赈恤之项，俱著此行。著为令。

乾隆二十七年四月谕：前因直属办理车辆，地方胥役人等不免从中滋弊，是以降旨，改令大粮庄头拴车备用。今据方观承奏称，恐有以民车冒充官车，串通影射，请定稽查之法，以杜弊端等语。所奏甚是，著照所请行。但地方有必需办车事务，虽不能不雇诸民间，必当严定章程，始有稽核。在庄头固不得包庇民车，冀免差役，而地方官亦不得一任胥役混行拿雇。嗣后著该督随时察核，年终将用过车辆数目汇折具奏。庶民车不致扰累，于官民均有裨益。

乾隆二十七年闰五月谕军机大臣等：方观承奏修通济桥工一事，观其所绘旧桥图样，桥洞离桥面甚远。因思恐遇水长，不能畅流，工程仍无实济，故令三和前往勘度。今阅三和所绘旧桥图，则桥洞离桥面本不甚远，洞门亦不甚窄，即照三和现议加展，其高宽亦不过一二尺之间。乃知方观承前图特未将尺寸较量明晰耳。著传谕该督，可据实在情形悉心酌量。如三和议展新式费工不致甚大，则尚可参酌为之。倘一经拆造，必致工程浩繁，所费倍蓰，不若仍其旧而修筑之。盖前功试用有年，行旅历来称便，原无庸必事更张也。

乾隆二十七年六月谕：直隶自闰五月以来，雨水稍多，看来近京一带低洼地亩不免有积水被灾之处，应需米石拨用，自宜豫为筹备。现在漕船未经抵通，收兑者尚多。著传谕方观承，于尾帮所过之天津北仓以南附近水次各州县，分别酌量情形，约共截留漕粮二十万石，以备将来拨用。并传谕漕运总督、仓场侍郎等知之。

乾隆二十七年八月谕：今年直隶夏雨成涝，滨水洼地，田禾不无淹损，所有积年钱粮带征缓征，各属内今年复被水灾之文安、大城、武清、宝坻、蓟州、天津及霸州、保定、永清、东安、安州、新安、青县、静海、沧州、宁晋、津军厅十七州、县、厅，民力自属拮据。其应征银八万二千四百两零，谷豆高粱五千四百石零，均予豁免，以示优恤。至与灾重州县毗连，本处复被水灾之宁河、固安、盐山、庆云、衡水五县，所有应征银二万一千五百余两，谷豆高粱一百八十余石，亦著一体蠲免。该督其严饬所属实力奉行，务使穷民均沾实惠，毋致吏胥中饱，副朕加惠黎民至意。该部遵谕速行。

乾隆二十七年十月谕：京城为辇毂重地，轮蹄辐辏，并属通衢，修治最关紧要。近来朝阳、广宁等门缮修石道，官民均为便利，惟德胜门外至清河一带地势低洼，一遇大雨时行，遂多泥泞。此时积水虽消，而车马往来尚多未便。现在物价较昂，未必不由于此。著步军统领衙门会同兆惠、舒赫德、和尔精额、倭赫选派贤能司员，详加相度，妥协修治。其余各门距从前修理之时，亦属年久，或有未能平坦，不便行旅之处，并查勘奏明，斟酌办理。多兴土工，亦所以养穷民也。

乾隆二十七年十月谕军机大臣等：范时纪折奏京南霸州、文安等处地势低洼，易致淹浸，请设法疏通，添筑堤埝，改为水田一事。此不过彼以近来一二年间雨水稍多，竟似此等地亩素成积潦之区。殊不知现在情形乃北省所偶遇，设过冬春之交，晴霁日久，便成陆壤。盖物土宜者，南北燥湿，不能不从其性。即如附近昆明湖一带地方，试种禾田，水泉最为便利，而蓄泄旺减不时，灌溉已难遍及。倘将洼地尽令改作秧田，当雨水充足，即可借以潴用，而雨泽一歉，又将何以救旱？从前近京议修水利营田，未尝不再三经画，始终未收实济，可见地利不能强同，亦其明验。但范时纪既有此奏，著将原折一条抄寄方观承阅看。或有可以随宜酌采，于目下疏消之法裨补一二者，该督细心筹议具奏。将此传谕方观承知之。

乾隆二十七年十二月谕曰：方观承奏喀喇河屯地方开挑引河，又山根筑坝厢垫一折。滦河水势既逼山根，则于向南挑浚引河，已可分减其势。若行道稍有纡曲，本不足为累。所有图中酌拟添坝之处，殊为无济实用，可不必行。将此传谕方观承知之。

乾隆二十八年正月谕：上年直属雨水过多，所有被灾稍重之极次贫民，与被灾稍轻之极贫各户，业已加恩展赈，以示惠养。更思被灾稍轻之次贫，及勘不成灾与毗连灾地之贫民，虽不在定例应赈之内，而其中实有不能自存，有类极贫者，当此青黄不接之时，飧飧不继，深堪轸念。著格外加恩，将大兴等二十八州县内之六分灾次贫，及毗连灾地之五分灾贫民，其中酌量极贫户口，一体给赈一个月，以溥渥泽。其余贫民，均著于现在兴修工作之处，准令赴工就食，俾资糊口。该督方观承逐一查明，妥协经理，副朕爱养黎元有加无已至意。该部遵谕速行。

乾隆二十八年二月谕军机大臣等：方观承奏到筹办临漳沙庄水利一折，所称直隶派夫及令道员会办之处尚未允协。漳河下游关系直隶数邑民生利病，其在上游之接豫省者，不过临漳一邑。然地方官果自分畛域，不免以邻为壑，则不惟工程不集，且恐地方易滋事端。若论细民但知为己，其害苟非身受，谁肯踊跃急公？况有司倡为异论，尤易摇惑舆情。仅令两省监司为之督率，恐亦彼此掣肘，于公事究属无裨。已明降谕旨，令该督方观承赴豫，会同叶存仁悉心勘办。其彰德府知府李切、临漳县知县张光熊，如果系有心示惠，阻挠公务，应据实会参交议，以示惩创。叶存仁向谙河务，豫抚又系新任，工程紧要，自可不分彼此，会同该督从长计议，俾水道民生均有裨益。方观承原折即抄寄阅看。将此传谕该督等知之。

乾隆二十八年二月谕： 畿辅一带去年秋霖过多，洼下之区现在设法疏消，以利东作。因思河海为积水委输之尾闾，而地方官或拘于成例，仅将五闸宣泄，不肯推广筹办，多开坝口，以为釜底抽薪善策。著协办大学士公兆惠，即速驰驿前往，带同盐政达色、知府周元理，悉心确勘情形。有应行增开之口，即一面奏闻，一面办理，务期去路疏畅。水消之后，补筑门口，即不无所费，而民利实多，不必稍为瞻顾也。

乾隆二十八年二月谕军机大臣等： 朕祗谒东陵，所过京东地方，见去年被水之区情形，实多竭蹶。悉心为之擘画，已明降谕旨，将成灾极次贫民，及五分灾极次贫户，三月之后，再行加赈一月。其无力不能乘时播种者，并令地方官迅速查明，分别借给籽种。并将勘不成灾于例不应征之处，一体加恩停缓。又恐一切需用不敷，并拨户部库银八十万两以资应用。该督奉到此旨，当速饬各属，实力奉行，务令泽必下究，副朕轸念至意。所过广平、大名等处，该督自已督率筹办，如其中尚有应行酌量加恩之处，并著即速奏明办理，可一并传谕知之。

乾隆二十八年二月谕： 直隶去秋被水低洼地方，近因巡省之次，复叠降恩旨，多借籽种，以资东作。其定例应征不应征极次贫民，均予加展一月，并加拨部库银八十万两济用。更念现在青黄不接之际，米价未能骤平，灾黎即格外得银，犹或艰于籴食。著再加恩，截留河南、山东新运漕粮十五万石，分拨水次附近被灾州县，俾得银米兼赈，闾阎既糊口有资，即市集米价，益就平减。该部遵谕速行。

乾隆二十八年二月谕军机大臣等： 此次恭谒东陵，道经通潞，见途次车运粮石，颇为拮据，询知即系前次奏明采运塔子沟等处米石一项。今据观音保奏称，此次米石原办十二万余石，而此赴通者，才及四万余石。是虽设法催趱，终属力勤费大，恐于贫民不能速济。现已明降谕旨，令于本年山东、河南新漕内，再行截留十五万石，分给附近水次被灾州县，俾得银米兼赈，尤为有济实用。所有口外米石，自可停其趱运，以免周章。可传谕该督等，现在尚未起运之米，固可存留别用，即经起运，亦可酌量于近口之密云、怀来、遵、蓟等州、县，乘便留贮，以为赈济平粜之需。方观承等其即饬属妥协遵办，副朕加惠黎元至意。

乾隆二十八年二月谕：据叶存仁奏，河南各属挑浚河道沟渠，俱一律宽深等语，是豫省水利工程已著有成效。因思直隶连年积水未消，现虽多方宣泄，看来终不如豫省之妥善。从前河南疏浚河工，皆侍郎裘曰修协同办理。此时裘曰修服制将阕，著驰驿来京，督办直隶水道沟渠事务。

乾隆二十八年三月谕：去秋直隶濒水洼下之区，因秋霖积潦，猝难消涸，恐误闾阎东作。屡谕方观承，令其乘时设法疏导，以重农功。该督初奏，一俟春融再行相度经理，继复以海不受水为词。俱于折内批谕，毋得稍事因循，致误地方受累。然犹以方观承身任总督，情形自所熟谙，且当两年秋雨过多，沮洳之壤，未易一蹴施工，兼以办赈殷繁，亦难以分身兼顾。是以御史永安、顾光旭等先后具折条奏，朕尚以伊等身居局外，坐言易而起行难，设令伊等与方观承易地而处，亦未必能克期集事，转不无曲谅该督，俾肩其责者无掣肘之虑，此朕本意也。嗣据该督具奏，文安、大城等处疏浚事宜，筑堤车戽，从事既苦拮据，奏功殊难迅速，即令永安、顾光旭并添派御史二员前往勘办。及至询问接驾诸臣，以天津海口不应专恃五闸宣导，以致停淤不畅。而盐政达色亦仅圆融其辞，以多增数口，想系有益无损为对。朕知此事非特遣大员不足以收实效，因命兆惠驰往相度，将各处沟闸开放宽通。不过数日之间，闸口水落数寸，而内地已涸出二十余里，静海等洼地亦涸出十分之六。是岂海之受水适当兆惠到彼时耶？可见事在人为，前此该督办理迟误之愆，更无由置喙矣。在直属两年被潦成灾较重，为大吏者，经营补苴，倍当竭蹶。朕委任封疆，虽细事必加体恤，从不肯以岁时水旱之偏诿过督抚。则为督抚者，何所顾虑而不为民请命耶？方观承如果不存护短之见，悉心早为筹议具奏，朕或指示规画，或派员佽助，何所不可？顾乃一切模棱，不惜旷时玩事若此，朕安用此督抚为耶？昨有旨，已将方观承交部察议。今细核见在积水消涸情形，非按例察议所能示儆。所有督理之方观承，及布政使观音保，并天津等各属，俱著交部议处，以为玩视民瘼者戒。至天津道那亲阿、霸昌道额尔登布、天津府知府额尔登额，俱专驻该处之方面大员，率属亲民，尤为切近，及早将一切疏泄事宜据实禀请督臣筹办，如言之不听，不但可以直揭部科，即用折据实密奏，朕心深为奖予。况朕于道府召对，期望造就，初不以有司之职待之，中外谁不共晓？那亲阿等以满洲世仆，在部院中尚能晓事，是以擢用外任，俾知实力报效。乃湔染外吏恶习，一味仰承风旨，于地方重务，视同膜外。若不重治其罪，何以示各省道府之戒！那亲阿、额尔登布、额尔登额，俱著革职，发往巴里坤，自备资斧，效力赎罪。夫以直隶近在畿辅，而道府之承顺总督，畏首畏尾，情状若此，又何论于各省乎？嗣后直省监司、郡守等员，不知儆省，有仍蹈此辙者，朕必按此例严处。直属水利，俟裘曰修到日会同通行勘办外，见在天津、文安、大城等属积水减退情形，并各处堤闸工程，仍著兆惠同方观承即速驰往，审度经理，副朕轸念元元至意。

乾隆二十八年三月谕：前因天津、文安等处积水停淤，该地方官不能及时疏泄，致误春耕，是以降旨将天津道那亲阿、霸昌道额尔登布、天津府知府额尔登额一并革职，发往巴里坤效力赎罪，以为玩视民膜（按：当作“瘼”字）者戒。在该员等贻误地方，咎皆自取，但核其致罪之由，微有不同，若不量为区别，转无以儆职守而示创惩。那亲阿驻扎天津，积水情形日所目击，乃竟漠不关心，听其淤遏，实属罪无可逭。额尔登布于所属疏消事宜固多延缓，然尚有查勘灾赈事务，一时或难兼顾；知府额尔登额虽未能早为筹办，但河务究非其专责，并较那亲阿情稍可原。额尔登布、额尔登额俱著加恩发往甘肃，交与总督杨应琚差遣试看。额尔登布以同知委用，额尔登额以知县委用。俾各黾勉自励，以观后效。

乾隆二十八年三月谕：观音保奏，遵化州刁民因借仓粮，率众哄堂，现在分头查拿，俟讯明为首主使及党恶各犯，另行通详律拟一折。上年因直属洼地曾被水潦，降旨加恩抚恤，前后截漕七十万，发帑一百六十万，展赈直至今年四月，而借给籽种，缓征钱粮，且破例遍逮五分灾及不成灾之地。筹画不遗余力，犹恐有奉行不能尽善，屡谕该督等实力董率察勘，俾灾民不致失所。凡属编氓，苟有人心，自当循理安分，顺受恩施。即因灾重事繁，州县官经理偶有未协，亦当赴该管上司声明饬办，岂有藉借粮之名，纠众哄堂，推案挤栅，肆行无忌！且折内所称蜜户庄头家人，皆内府所辖，如此不法横行，宪典安在？为大吏者，遇此等抗官重案，一获要犯，讯明情由，即当一面通谕众人，以岁事不齐，乃间阎气数偶绌，国家如此沛泽频仍，至再至三，若等即有委曲，何难据情控吁；至一经哄堂闹署，即属不逞之尤，渠魁法在必行，胁从并不滋蔓，使小民无不洞悉；一面从权请出王命，将为首数犯立行正法。既可示惩一儆百之义，且凶徒不致稍稽显戮，属为允协。著传谕观音保，星速遵谕妥办。其应治罪者，不得因循延案，应贷者亦不得辗转株连，总在法信知惩，毋庸通详具题，转致有乖事体，亦不必俟方观承审鞫定拟。将此并谕该督知之。

乾隆二十八年四月谕：御史吉梦熊奏劾方观承玩视民瘼，徇纵天津道那亲阿，启闸迟延，不能早筹宣泄一折。此奏，方观承实无从置喙。但前命兆惠等赴勘督办时，已有旨将该督交部议处革职，特因其在直年久，是以从宽留任。则其贻误之愆，不独该督难以自文，即朕亦安肯稍为回护？该御史甫经补缺，即行陈奏，不得谓之无益空言，亦不得谓之事后取巧。至在京科道等员，身膺言责，于封疆大吏不克早拯民艰，况天津近在京畿道路之口，岂竟毫无知觉？乃自去冬以及今春，并不闻有纠弹之举，而必俟朕巡省畴咨，始得克期浚导耶？是因吉梦熊之奏，而寒蝉之诮，益不能为凡任言官者解矣。方观承已经议处，无可再议。折内所奏那亲阿借书吏名色，用轻价承买捐田一节。八旗官员近京置产，原所不禁，但既任本地监司，而图踞所部之业，则于官方大有关系。那亲阿现在尚未起程，著交军机大臣严讯具奏。至所称访闻文安、大城等县，因培筑长堤，该处胥役乡老有四五十里之外逼令平民赴工承办挑培之事，著裘曰修会同方观承即行据实严查奏闻，请旨治罪。

乾隆二十八年五月谕：户部议覆热河道良卿奏请本地商货验票出口，以免重征一折，尚非永远袪弊之道。古北口向未设有税局，只系张家口监督差役巡查。嗣因奸商绕越偷漏者多，前任监督多隆武请于古北口一体查明征税。

经部议覆准行。乃该监督办理不善，以致巡役人等借端滋扰，辄将热河等处本地有税之商货，一概重复征收，将来口外物货必致腾踊，殊非立法稽查之本意。著派安泰带贤能司官一员前往，将滋弊之巡役人等严查惩治，即将税局撤去。其失察之该监督，并著交部议处。嗣后除张家口商货绕越私行者，仍准派役稽查，毋致偷漏外，其余悉照旧日章程办理。如有仍前需索等弊，并交与直隶总督就近查察究处。

乾隆二十八年六月谕：御史朱续经自天津巡漕事竣复命，折奏直隶胥役敛派车船，勒索贿放，方观承不能督率属员，力锄奸蠹等语。已传谕方观承，令其将接到该御史知会后，曾否严查究治之处覆奏矣。地方蠹役，借端派索，原难保其必无。惟在该管官加意稽查，严行惩创，若辈自然敛迹。方观承在直年久，每存息事宁人之见，不免转务姑容，朕亦不能为讳。且前此办理疏消积水事宜，不能及时整顿，经朕察知，特派大臣履勘，业将该督交部严加议处，以示惩儆。方观承屡经训饬，谅当痛自悛改，而言者动以为归过之地。在该督身任封疆，于关系民生事务，并不实力董率，咎固难辞；但直隶通省事务殷繁，又值灾歉之后，措置自不无竭蹶。持论者置身局外，坐言易而起行难，使易地以处，恐其所展布，或未必能如该督之勉力支持也。且该督今岁办理延缓，致有贻误，尚与不恤民瘼、有心朦混者不同。即各省督抚中，似此模棱观望，幸而未致周章者，亦或不少。且过而能改，尚可冀其自新。方观承自知愧悔，湔涤前非，正宜稍假时日，以观后效。倘其因循玩愒，复蹈前辙，断不能逃朕洞鉴，自必明治其罪，又何能屡邀宽典乎？至该御史请设专司河务大臣以资办理之处，尤为非是。直隶曾设立河道总督，亦不过专办永定河防汛工程，此外全省河渠原非所属。至营田水利工程，办理数年，因南北地势异宜，亦未著有成效，是以仍令直隶总督兼司河务。现派尚书阿桂、侍郎裘曰修往来直隶各属，会同地方大员详勘应行修防浚筑事宜，较之设立河员与地方官立异掣肘者，固属有利无弊。即嗣后遇有应修浚之工，随时特派大臣督理察勘，自足收相机集益之效。该御史所奏设立专员之处，拘泥成见，实于河务无裨，著不必行。

乾隆二十八年七月谕军机大臣等：据阿桂等覆奏查办飞蝗一折称，飞蝗在水洼苇荡及淀泊之中，现届白露，是其将尽之候，各处俱已报扑净等语。飞蝗隐匿于淀泊水洼苇荡之中，虽似难以人力胜，但既见有到苇上者，则其留遗蝻种恐复不少，正当及时设法净除为要。裘曰修前此曾以淀中苇荡虑占水面，议思所以划除。而从前吉庆查办蝗蝻，亦曾有焚烧苇荻之事。但此等苇荡，弥望蔓延，亦近淀居民自然之利，未便因搜捕蝗蝻，尽举而弃之。第留此沮洳之地，徒为蝗孽萌生之薮，其遗患于民生者更大，自当权其轻重，筹酌办理。著传谕阿桂等，会同该督等，或此时亟用火燎，或俟刈割后将根株烧尽，毋使再留遗孽，以绝民害。至称有蝗州、县田禾间被损伤，皆按亩借给籽粒，补种莜麦杂粮一节。目下将交白露，秋麦尚早，若各色杂粮此时赶种已迟。折内所云系久经借令补种乎，抑现在办理之事乎？俱著查明速奏。再观音保折称，前赴南皮、宁津、东光、吴桥一带，再为搜查，遇有停落，即亲督捕，如无停落，即行回省等语。所奏亦未明晰。飞蝗停落不在于此，即在于彼，即云群飞远飏，究竟作何归宿？抑别有化生消灭之处？勿得谓祛除出境，遂为毕乃事而弛己责也。将此传谕阿桂等并观音保知之。

乾隆二十八年七月谕军机大臣等：方观承题参石坝被冲，防守疏虞之万全县知县庄有昌议处一本，内称万全县大境门外北岸护城石坝，经该县上年领帑修理；因本年口外山水陡发，新工适当顶冲，致塌倒二十七丈，并冲去石道；经口北道玉神保查勘，实属人力难施，并无工程草率，修筑不坚等语，于事理全未明晰。该县护城石坝，上年动项修筑，原因当顶冲而设，当令永远坚固，以资堵御。若经十余年之久，或致倾颓，尚可谓非工程草率之故。乃于一年以内，即致冲坍，则去年修筑时并未坚固，不问可知。使谓新修堤坝如式完好，终不足以抵御暴涨，则估修此项工程，实为徒劳无益之举。况该道玉神保上岁查勘估修，今于坍塌之后，复称工筑并无草率，其中不无掩饰情弊。直隶吏治之不可信，于此益可概见。著方观承将上年修筑石坝，及现在冲坍实在情形，查明具奏，毋得稍有徇隐，将特派大臣往查矣。将此传谕知之。

乾隆二十九年四月谕军机大臣等：据玛瑺等奏称，热河一带赏厄鲁特牧场，请令交还各该处耕种纳粮，绘图具奏。前据玛瑺等以赏给厄鲁特滋生牲只，皆赏给遣往伊犁之厄鲁特，请将赏给伊等牧场交还耕种纳粮具奏时，朕以此项地亩或在远处，是以命伊等绘图具奏，今阅图皆在行宫近边一带。行宫山南地方，前已降旨，禁止耕种。且此项地亩赏给厄鲁特，皆按地亩数目分给。今厄鲁特兵丁虽已咨送五百名，而玉鲁斯等仍在彼处。伊等牲畜正资牧养，玛瑺、永和乃必欲将此项地亩仍令耕种者，特为伊等下属希图获利怂恿故耳。此断不可行。即伊等牧放用之不尽，亦不可耕种。若不肖之徒，希冀私行耕种者，朕惟玛瑺、永和是问。

乾隆三十年　月谕：昨因蓟运米石，海河挽运维艰，是以停止豫、东二省船运，即征折色。该省漕米现在既已收竣，毋庸复令变价，致涉纷繁。著即存贮水次地方仓内，作为该省常平之用。或直隶间遇米少年分，亦可资其协济。况此项米石为数原属无多，小民踊跃输将，相沿已久。今忽改征折色，民间或有未便。嗣后仍照数收兑本色，留贮备用，既可省临时采买之烦，而将来或有改征豆石之年，即可以此项作抵，更免另为筹画。

乾隆三十年十二月谕：方观承奏筹办城工一折，内称界连驿路之怀安等县土城，现在勘估改建砖城，其余偏僻小邑，仍旧土城黏补修葺，工费较省等语。所奏尚未悉办理城工之本意。前因各省应修城垣，费繁工巨，特发帑银五百万两分拨各省，一律兴修，只期于卫民有益，虽多费亦所不较。况频岁年谷顺成，库藏极为充裕，因思天下之财，止有此数，库中所积者多，则民间所存者少。用是动拨官帑，俾得流通，而城工亦赖以完整。此朕本意也。且国家一应工作物料，皆按值购办，食用亦计日给资，闾阎不但无力役之烦，而无业穷民并得藉力作以糊口，实寓以工赡民之意。是一举而数善咸备，更无庸较量工费，意存节省。至土城改建砖城，虽现在为费略多，其实壮观瞻而资巩固，且省不时修葺之劳，视土城尤为经久，即出于原估五百余万两之外，正亦何妨。朕惟期有益于民，岂计所费之多寡乎？但承办之地方官能实用实销，不致浮开糜帑，则工程自然坚固。而夫役工料等事皆实发价值，丝毫不科派里下，庶于民生实有利赖。前已降旨，令督抚遴委大员，分办经理，以专责成。如各省或有土城应改建砖城者，并著一体确估覆奏。该督抚等务饬督办各员，实心查察。设致不肖有司冒销侵蚀、草率了事，及借端扰累者，若经发觉，则该督抚不得辞重咎。著将此通行传谕知之。

乾隆三十一年五月谕军机大臣等：方观承奏，直隶司库钱粮存贮无几，所有察哈尔等处官兵俸饷，除现在拨贮口北道库外，向后恐不敷支用。请于邻省协拨贮库一折，于体制殊属未协。前以巴尔品奏，各该官兵俸饷请由口北道衙门就近支领。经户部议准，自乾隆丙戌年为始。原以该处库贮有余，自以就近支领较为便易。今该督既称库贮不敷，若转向邻省协拨，未免纡途纷扰。嗣后如该处有项可支，仍著照前议办理，否则仍令赴部关支。将此传谕方观承知之。

乾隆三十一年六月谕军机大臣等：今日方观承题到万全县大境门外石坝，于五月十八日，口外沟水涨发，击碎旧坝根石，并冲坏二十八年新修之石坝及虎皮石埝三处，请将该县庄有昌议处工段勒限赔修一疏。此项工程，经该督于乾隆二十八年三月奏称，该处每逢水发，其势甚猛，所有护城坝工费，用条石坚砌根脚，不足以资捍卫，请改估加料兴修等语。是该处工程业已加帑改筑，自应坚稳巩固，足御顶冲，何以未及三年，复致被水冲坏？所谓捍卫者何在？且坝埝被冲，事关紧要，该督何以不即折奏，仅行照例具题？著传谕方观承据实覆奏。

乾隆三十一年八月谕军机大臣等：据裘曰修等奏，大兴、宛平二县八月粮价各有增长，询之经纪，佥称目下商贩甚多，是以市价稍增；当此连岁丰收，粮食充牣，早晚长落不定，惟有听其自然，价将不禁而自减；若官为示禁，则恐转致居奇等语。京畿连岁丰稔，本年收成又复有八九分，市集价值不应转贵于前。看来大、宛两县向来所报粮价，率皆以多报少，即如夏月户部奏豆价，其明验也。此次或因裘曰修欲核实奏报，是以转觉加增。则此时所报贵价，未必非即从前实价。抑或实有奸商射利，因新粮尚未登场，故尔居奇昂价；或因山东地方岁收稍歉，贩运者多，是以粮价稍长？虽不必官为示禁，致吏胥辈借端滋扰，然亦不可不察其致贵之由。著传谕舒赫德、方观承密行察访，据实奏闻，并著裘曰修将前后粮价虚实情形具折覆奏。

乾隆三十一年九月谕军机大臣等：据方观承覆奏大、宛二县粮价增昂情形折内称，访有河间、天津商民，因与德州、临清一水可通，多在水次收买转贩射利。然于邻省歉地民食有裨，未便概行禁止。惟各处奸牙闻此风声，并非水次，曾无外贩，亦复故昂其价，而附京附省为尤甚等语。粮价随时低昂，虽物情所常有，但此等奸牙囤户，风闻邻省需米，借端昂价，冀以居奇牟利，实属可恶！著传谕舒赫德、方观承等，密速查访，如有似此奸牙积蠹，择其尤甚者，立即查拿严究，惩治一二，以儆驵侩而裕民食。但不可虚张声势，纷纷出示谕禁，徒致滋扰，转于事无裨。并将此谕令知之。

乾隆三十二年三月谕：朕此次巡幸天津，阅视淀河堤闸，按图披览，内有千里长堤之三滩里起，至格淀堤庄儿头止，中间并无堤岸。询之该督，称向来未经办理，每遇淀水长发，地亩民居无不淹浸，殊堪轸念。本日朕阅看子牙河，特命阿里衮分道往勘。据称无堤处所东西约长十余里，其中间有民修堤埝被水冲缺数处，每当雨水过多之年，村民一二千户、地亩千余顷，常被水患。村民见有钦差前往踏勘筑堤，无不欢欣踊跃，佥云从此子子孙孙皆可永远沾恩，且堤内之地亦可尽成膏腴，实于居民有益等语。从前修筑格淀堤，原为捍卫村民。今三滩里至庄儿头十余里独无堤岸，以资保障，村民未免向隅。著交与方观承再行详悉相度，接筑长堤，即核实估计，妥议具奏。

乾隆三十二年三月谕：朕巡幸天津，阅视海河堤淀，以期利赖民生。启銮之前，已降旨将天津府阖属本年应征钱粮蠲免十分之三。兹翠华临莅，小民扶老携幼欢迎道左，爱戴之忱倍切。朕心深为喜悦。著再加恩，将天津府属节年尾欠，及上年勘不成灾缓征银七万三千二百余两，屯谷三千四百余石，又节年因灾出借旧欠，及上年被水出借谷十三万一千一百余石，普行蠲免。俾海滨蔀屋，益庆盈宁，共安乐利，以示省方施惠之意。该部即遵谕行。

乾隆三十二年三月谕：东、西二淀为畿辅汇萃清流之所。迩年潴蓄安恬，宣泄有藉，近淀村庄田土泛溢无虞，而菰蒲鱼蟹之饶，利赖于民生者更大。兹者春巡郊甸，循览河堤，风艇乘流，祥飙助顺，尤足征神贶之昭。宜建专祠，用答灵佑。著该督方观承卜地兴工，特崇庙祀，以示妥神报功之典。

乾隆三十二年三月谕：朕此次临幸天津，该商等趋事办公，颇称踊跃，因念长芦通纲引课每年十月内奏销，正值销售盐菜之时，盐价未及收齐，而奏限已届，商力未能舒展。著将长芦通纲盐课，嗣后改至十一月底奏销，俾得从容完纳，以示体恤。

乾隆三十二年三月谕：朕此次巡行河淀，阅视堤防，今由运河回銮，经临筐儿港，察看减河形势。见坝身出水处高于河底七尺，则遇汛涨时，所减之水下注过猛，易致跌落成坑，排桩不无撼动。自应于石工之外，接筑灰工十五丈，使坦坡渐平，以导其势。至王家务、捷地、兴济三处减河，皆所以宣泄盛涨，保卫堤工，别由一路入海，不使三岔河之水汇积，尤为畿南水利攸关。亦宜一律疏浚流淤，期于深通易达。再子牙河故道，自谷家庄以下至吴家沟一带，河身窄狭，并应普律展宽，用消沥水，以卫民田。所有各处工程，著该督方观承按工核实估计奏闻，动帑兴修，务使疏泄得宜，俾河务民生永资利赖，副朕省方畴咨至意。

乾隆三十二年四月谕军机大臣等：前因阅视河淀情形，见凤河有断流之处，于回銮驻跸南苑时，令查勘上源，疏浚以达河流。今据阿里衮等查奏，团河下游即为凤河，一亩泉下游即归张家湾运河，俱应行开挖深通。已有旨给发帑金，及时修浚矣。但此二河下游，皆系地方官应行经理之事，闻其中亦不无淤浅阻塞。今上游既议修治，而下游若仍听其淤梗，是尾间不能畅达，疏浚水源亦属无益。著传谕方观承，即派委明习妥员，前往查勘，将应行开挖之处及时兴工。务使一律畅流，以资宣泄。仍将勘估情形据实覆奏。

乾隆三十二年闰七月谕军机大臣等：方观承奏永定河水势情形一折，殊未明晰。该处被水田亩，如在堤埝之外，本系民间恒业，即应查明被水轻重，加意抚恤，分别成灾与否，按例办理，而疏防之河工文武各官，亦应查参议处。若所淹止在埝内，则其地当属官地，应留让与水，原非近埝居民所得艺植。何竟据为固有，于一水一麦之外渐种秋禾，且粱糅不已，复尔广植谷豆！平时既与水争利，侵占河滩，今又因其禾稼偶侵，并议缓征，于情理未为允协。且埝内之地，又何得有租而缓征？于朕向旨让地与水之处显已违悖。此等情形折内并未分晰申叙。著传谕方观承，即行据实详细覆奏。

乾隆三十二年十一月谕：方观承题参子牙河通判张垚怠玩误公，复扰累铺民一本，已降旨将该员革职。看来张垚旷官滋事，虽咎由自取，然究其所以，实因本籍之人得为本地河员，以致易滋弊端。则向来河工各官准令原籍人员投效，立法未为尽善。在定例之意，虽为人地相习起见，殊不知地方官回避本省，何尝因籍贯远离，必难资驾轻就熟之效？学养子而后嫁，已为自古所讥。且河道总督及河道等大员隔省简用，于河务自能谙练，又何必独令属员就近服官，不为防微杜渐之计耶？嗣后所有河员不避原籍之例，永行停止。其见在河工本省人员作何对调之处，著各该总河酌量分别咨部另行妥议具奏。

乾隆三十四年三月谕：吏部议处前任直隶按察使裴宗锡误给驿站车马，照例议以降调，并照该督原咨，将自行查出检举之处声明双请，内阁票拟亦用双签，今特依补官日降用一签批发，其故不可不明示中外。直隶臬司管理通省驿站，偶有一二误应之处，原属无心公过。而裴宗锡经朕由府道用至臬司，观其为人颇可造就，尚欲再加迁擢。数年来因其母已年老，相依官署，难于迎养他往，是以久留不调。今丁忧离任。朕之于大小官吏凡遇公过处分，多有留任者，众应知之。今阅此本，则由杨廷璋据按察使呈称，准裴宗锡移咨，此明系周元理到任后查出错误，今裴宗锡补行此文移为周旋僚友之地，而杨廷璋亦附和声明双请，安得谓裴宗锡自行检举耶？外省官官相护，积习最为不堪。朕方欲力为整顿，岂肯令如此朦混乎？此等寻常公错，若据事直叙，在他人尚不至于实降，况裴宗锡为朕所深知，又何必为之顾虑，而令其作此趋避？是裴宗锡之降，实因杨廷璋、周元理等瞻顾使然，所谓爱之适以害之也。今为明白宣谕，使内外臣工知朕批阅章疏，虽细微节目，亦不忽略。即裴宗锡知此获谴之由，亦必心服而感悔也。至周元理委曲叙详，杨廷璋据详咨部，均属非是。俱著交部议处，并将此通谕知之。

乾隆三十四年十二月谕：据杨廷璋奏，淀河神宇告竣，请奉皇太后安舆拈香祝禧一折。天津近依辇毂，朕前此亲临巡视，经理淀河工程，俾得永资乐利。复以神庥昭应，岁稔安澜，敕建淀神祠宇，用答嘉贶。该督既称兹当轮奂维新之候，喜值普天同庆之辰，畿辅舆情，愿切瞻就，自宜俯从所请，于明春掖辇承欢，祝延瞻礼，以慰蒸黎望幸之忱。明年为朕六旬庆节，敬当展谒东陵、西陵。礼成旋跸，正届春和，即敬奉慈舆诹吉前往。该督其饬所属，一切务从俭约，毋事增饰繁文，副朕行庆省方、嘉惠甸民之至意。所有应行事宜，著该衙门照例豫备。

乾隆三十四年十二月谕：此后入官地亩，停止旗员查丈定租。至于旧案，令地方官于一年限内自行详查，酌复原租，由府道藩司转详该督复核咨部之处，尚未妥协。此等入官旗地，历年久远，地方官原定租额，大率不能详核者多。若仍令伊等自行查改，难保无回护徇情、朦混草率诸弊。或仅将不能掩饰者举出更正一二，仍属有名无实。自应特派干员，通行履亩，会勘确核，方为彻底清理之道。著户、刑二部拣选明干满汉司员各四员，其余各部拣选满汉司官各二员，交户部带领引见，候朕简派前往，会同府尹及各该府，秉公核实，悉心查办。

乾隆三十五年正月谕：朕寅承丕绪，抚有万方，申旦求衣，无日不以勤恤民依为念。是以劝农省岁，减赋逭征，不靳多费帑金，蕲闾阎共臻康阜。溯在乾隆十一年丙寅，朕御宇周旬，肇敷闿泽，曾恭依皇祖普免天下钱粮恩例，蠲除直省额征正赋二千八百万两有奇。越在三十一年丙戌，际当必世兴仁，益惟比户饶裕是计，复下诏将应征漕米省分照康熙年例概蠲一次，俾各仓箱盈衍，倍积耕余。迩年以寰宇乂宁，民气和乐，惟上天孚佑我邦家，洊锡康年。朕祗膺昊苍鸿眷，其可不究泽推仁，以与我海内元元答兹嘉贶？我国家席全盛之模，内外经费度支有盈无缺，府库所贮月羡岁增。因思天地止此生财之数，不在上即在下，与其多聚左藏，无宁使毛檐蔀屋自为流通。乃者仰绍列祖贻庥，化成熙洽，为民藏富，欣际斯辰。且今年为朕六十诞辰，明岁恭逢圣母八旬万寿。普天抃祝，庆洽频年，尤从来史册未有。是宜遍沛非常之恩，以协天心而彰国庆。兹因乘春颁令，诞布阳和，著自乾隆三十五年为始，将各省应征钱粮通行蠲免一次。其如何分年递蠲之处，著大学士会同该部即速详议具奏。

乾隆三十五年闰五月谕：裘曰修等奏，在永定河武清、东安连界扑捕蝻孽，忽见飞蝗南来，渐往西北，周元理即带领员役追视其所落之处扑打，自应如此办理。至折内又称窦光鼐带同都司糜大礼前往迤南一带，照飞来方向寻觅，所办甚属错谬。窦光鼐为人拘顿无能，自顾尚且不暇，焉能彻底根查，得其实情？裘曰修平日尚属晓事，如即亲往查勘，当不至为人蒙蔽。今既目击情形，自应迅速赴蝗起处所，查明贻误之地方官，参奏治罪，而留窦光鼐在彼督捕，方合事理。乃竟安坐武清等处，仅听窦光鼐前往一查塞责，全不知实心任事，已属非是。至折内称将来或于隐僻无人之河淀等处查得一语，尤为取巧。其意不过以隐僻河淀寻觅难于周到，隐为玩误劣员豫留地步，此等伎俩岂能于朕前尝试？裘曰修著交部严加议处，仍著即往迤南一带切实根究。倘于起蝗处所讳匿不报州县，复徇庇开脱，裘曰修能任其咎乎？

乾隆三十五年闰五月谕军机大臣等：今日周元理会同西宁等奏到搜捕蝗孽一折，业已随折批示发回。至折内列名处，西宁、达翎阿则称奴才，周元理则称臣，殊觉可笑。臣、仆本属一体，均系奉上之称，字义虽殊，其理则一。满汉臣工自称固有不同，然遇部院章奏，虽满汉大员一例称臣。而满洲督抚奏地方公事亦然。并非以奴才之称为卑而近、称臣为尊而远也。即如满洲大学士，在朕前亦自称奴才，而汉人虽丞簿末秩引见，亦皆称臣，岂丞簿汉员因此遂得谓尊于满大学士乎？朕抚御臣民，并无歧视，而朝廷体统，本自尊严。又岂因臣下之称奴才而尊崇有加、称臣而体制有减乎？朕于此等事从不计较，即汉人中间有于召对时称奴才者，亦并无嘉赏之意。而折奏列衔，则不宜参错，止当论首衔何人，或满或汉，皆可以一称贯之。此次三人会奏之折，西宁名列在前，既称奴才，则达翎阿、周元理自当连名直写，又何事妄生区别于其间耶？若谓周元理不屑随西宁同称，有意立异，是视周元理身分太高，谅彼亦不敢萌此念。但此等节目必拘泥若此，又何其不达事理耶？可笑之至！将此传谕周元理知之。

乾隆三十五年闰五月谕军机大臣等：据杨廷璋奏称，接藩司周元理禀报，武清、东安连界地方，见有飞蝗自南而往西北，现在选委干练人员，分投确查飞蝗来历，协同扑打，并于十五日轻骑亲往，严查督捕一折。此事前据裘曰修等奏至，既派侍卫巴达色等带同三营将备迎往扑捕，饬令裘曰修亲赴淀南一带，查明蝗起处所，将贻误之地方官据实参奏，并传谕该督即行亲往查办。今该督闻报次日，即轻骑前往严查督捕，自能妥速集事。但杨廷璋年逾八旬，精力亦须自爱。现在天气炎热，若触暑自行督捕，或致稍有烦倦，转于公事无裨。该督但当选派妥干员弁，实力扑打，并不时留心查察，毋使稍存遗孽，贻害田禾，固不在仆仆道途，徒劳筋力也。但蝗虫致于鼓翅飞扬，实由该地方官因循玩误所致，其罪难于轻逭。自应查明蝗起处所，该州、县严参重治，以示惩儆。前裘曰修奏内有幽僻无人之河淀等处一语，明系为劣员等豫留开脱地步，有心取巧，已将伊交部严加议处。试思州县各有分界，岂有无人管理之地？即云苇丛河淀，非人迹所常经，而有司当查捕蝗孽时，于此等沮洳处所，即应及早留心搜剔，岂得诿为耳目所难周？且普天之下，尺土寸田，孰非司牧者所当吏治？虽万里以外之新疆，尚各有人统辖其地，安有近畿属邑，转得以“无人”二字为阘茸之员宽其责任乎？杨廷璋务须切实根究，将飞蝗所起之地方官即速查参，毋得稍有姑息。至京师昨晚澍雨滂沛，今巳时以后，雨复酣畅，且云势甚广，畿内应亦普沾。飞蝗经此大雨，自必翅湿堕地，难于腾起，实可资为洗灭之助。正当速趁此时，竭力扑打，施功较易。断不可惮泥泞沾濡，旷时自懈，致晴后复有蔓延。将此传谕杨廷璋，饬属上紧搜捕，歼除净尽，仍将现在办理如何之处，迅速奏闻。并谕令裘曰修、窦光鼐知之。

乾隆三十五年闰五月谕：据杨廷璋查究，飞蝗起处即系武清、安东二县地面，果不出朕所料。折内请将玩视民瘼之知县甄克允、郭麟绂革职拿问，该管各员严加议处等语，已交部严查议奏矣。该县等于蝻孽初萌之时，并不搜寻刨捕，以致蔓延飞散，贻害田禾，罪无可逭，该管上司自有应得处分。至霸昌道王锡命系监司董率大员，乃一味狃于外吏苍猾习气，并不实力督办，殊属有乖职守。王锡命即著革职，所遗霸昌道员缺，著定敏补授。此次飞蝗初起，自武清、东安之间由南而北，旋即南回，散落黄华店一带，其为即系该县等地面所生更无可疑。前经裘曰修等初奏时，朕早已洞悉及此，当即传谕令其确切查究。此等踪迹，在窦光鼐诚不足以知之，至裘曰修岂得亦以不知自诿，乃先将河淀隐僻无人一语预为地方官开脱地步？昨据覆奏，果以并无踪影为辞，其为心存取巧，又安能自行置喙？若窦光鼐之为人，本系拘顿无能，此次查办蝗蝻所奏各折，总无一语清楚，岂能胜府尹之任？窦光鼐著以四品小京官用。所遗顺天府府尹员缺，即著裘曰修降补。其不能严饬属员实力搜捕，所有应得处分，仍著交部严加议处。

乾隆三十五年六月谕军机大臣等：据德成、杨廷璋奏办理永定河北岸漫口情形一折称，本月二十八日亥时，大雨如注，河水陡长，将新下之埽掀撼漂浮；现在水深二丈五尺，钉桩难以稳固，惟有漫口以北之坎尚属坚实，即于该处斜镶软坝，挑溜入河，仍于坐湾顶冲更开河引溜归旧等语。大雨后河水骤长，溜流猛迅，原非人力所能强争。若急于下埽以撄其势转，恐于事无益。但永定河之水，非黄河长源远赴者可比。盛涨既过，即可渐平，自应暂让其汹涌之性，俟一两日后，流缓溜微，即行加紧堵筑，施工自当较易。而现在开挑引河，引溜归旧，最为紧要关节。若引河速成，于筑口合龙尤易于集事。德成务同杨廷璋详度机宜，妥速筹办。至今日进呈之图，仅画漫口一处，于河堤全势未能了然，又未将前次原图同进，更未明晰。著杨廷璋等将该处河岸堤工情形详绘一图呈览。再向来沿河正堤之外，俱筑遥堤，此次漫溢之水，若在遥堤以内，则原系豫留河流荡漾之地，尚属无妨。或已漫开遥堤，仍复折归埝内，所经之处亦属有限。倘溢出遥堤，一往泛滥，则民地田庐必被淹损。杨廷璋即应确查被水之处是否成灾，迅速照例分别抚恤经理，毋使小民稍致失所。仍将实在情形详晰奏闻，毋稍讳饰。至杨廷璋昨岁召见时，曾奏及所办永定河工程，伊到彼即得神力相助，迅速奏功。彼时觉所言略涉自满。从来明神默相，原属理所应有，而河神尤为灵应，果能极尽诚敬，未尝不可感通。若书册流传开云返风之类，辄自诩为正直神自扶持，不过文人任意夸张，殊不足信。杨廷璋设或稍存此念，未必不因此致损招尤。即应深自忏悔，积诚孚感，以期速佑安澜。将此并谕知之，仍著杨廷璋等将日来施工有无成效之处即速具奏。

乾隆三十五年六月谕：前据窦光鼐奏，民人佃种旗地之户，请一体拨夫扑捕蝗蝻一折。因其所奏近理，即批交部照所请行，并谕地方偶遇捕蝗，不独旗佃与民田通力合作，即大粮庄头亦应一体派拨。其直隶向来作何办理，著杨廷璋查明具奏。及派往捕蝗之侍卫索诺木策凌等回京，询其实在情形，据称所到之处，不独旗佃出夫办公，即王公所属旗人亦悉力协捕等语。旋据该督奏覆，自方观承任内设立护田夫一项，不拘旗、民，均令出夫，现仍照旧办理。因节次令窦光鼐明白回奏。而窦光鼐坚执臆见，谓询之三河、顺义两县及东路同知，皆云旗庄并不出夫，即周元理亦有旗庄不肯借用口袋之语，哓哓置辩。因复降旨令杨廷璋将所奏情节再行复查。今窦光鼐到京回奏，则以前此所设护田夫未经奏明，不能一体遵照为辞，其说支离更甚。试问总督旧定章程，通行阖省，顺属官民，岂能独不遵条教？府尹亦岂诿为不知？况窦光鼐所指三河、顺义二县，即系府尹所辖，如有司阳奉阴违，自当随时参劾。即无此例，而府尹奉差捕蝗，亦理应派夫护田。其有佃户人等倚恃旗业声势，不受约束，窦光鼐目击其情，无难询明何人庄业，列名指参。即内如大学士傅恒、尹继善，外如总督杨廷璋，推而上之以至亲王等，皆无可畏忌。窦光鼐若早据实举出，朕必且深为嘉予，并将袒庇庄佃之王大臣严加议处。乃并不能指实一人，而徒硁硁胶执不已，于事何当？其意不过欲借题发挥，逞弄笔墨，妄以强项自命，冀见许于无识之徒。且以总督杨廷璋，即不无瞻顾旗庄，即承旨之军机大臣有旗庄者，亦不免意存袒护，以此曲为解嘲，自文其过，此等伎俩，岂能于朕前尝试乎？因令窦光鼐随军机大臣进见，面为询问。伊自称在三河、顺义，不行指明具奏，实属无能，难以再为支饰。近京旗、民交涉事件，在国家初定鼎时，或有旗人强占民田，及将各项差派专委居民承办者。今阅百数十余年，屡经整饬，政纪肃清，无论旗庄各户不敢不安分守法，即王公大臣亦不敢怙势庇佃，欺压平民，自图诡避差役。而国家法在必行，又岂肯听其纵越礼法，稍为曲徇乎？朕办理庶务，一秉大公至正，中外臣民宜无不共见共知。即此事之是非曲直，适就前后事理为衡断，并未尝豫设成心。而窦光鼐偏谬邀名之隐微，亦不能逃朕洞鉴。特为明白宣示。至窦光鼐回奏折由，俟杨廷璋查奏到日，再降旨将此通谕知之。

乾隆三十五年六月谕军机大臣等：前据窦光鼐奏，各处旗佃应一体出夫捕蝗，已批如所请行。复思扑蝗原以保卫田禾，非特旗佃当协力赴公，即大粮庄头亦不应稍存歧视。未知直隶向来作何办理，恐窦光鼐未能深悉原委，因令杨廷璋查明具奏。今索诺木策凌回京，问及此事，则称蝗蝻长发处所，不但旗佃人等尽力争扑，即王公属下旗人无不协同扑打。并曾面询周元理，亦称他处俱系如此办理等语。看来窦光鼐前奏竟属荒唐，乃伊言之凿凿，果何所见而云然？亦当有所指实，著窦光鼐明白回奏。并著传谕杨廷璋，将见在确情彻底查明，据实覆奏，毋得稍有隐饰瞻徇。

乾隆三十五年七月谕：迈拉逊等查审陆宏、方国秀控告刘永相偷用寄放银两一案。省城银铺与藩司吏胥表里作奸，最为弊薮。今何彪年承领藩库倾换钱粮银两，辄敢私行挪用，虽经事后追还，其情罪甚为可恶。而原办之前任知府夸喀、知县郭玉，并不详报定拟，仅以口禀藩司，颟顸了事，均有应得之罪。郭玉著革职，与已革道员夸喀俱交刑部查审。至观音保身任藩司，既知何彪年侵挪作弊，理应彻底根究。乃于兑收清款之后，遂置此事于不问，亦不据实具奏。藩司例得奏事，若此等关系钱粮要件匿不上闻，则应行专折入告者更有何事？观音保著革职，一并交部质讯。见任清苑县知县田澍接追刘永相等欠项，虽系郭玉任内之事，但监追日久，任其延抗不还，又未将前后欠借缘由逐一声明揭报，殊乖职守。田澍亦著革职。至刘永升，系刘永相之兄，见充该县户书。刘永相若无所恃，何至应追之项延搁经年？其为表里作奸，已无疑义。此等蠹胥恶习，不可不予以重惩。刘永升著改发乌鲁木齐。所有案内各犯，俱著交刑部核拟速奏。该督杨廷璋、布政使周元理，未能早为查出，均难辞咎，著交部严察议奏。其原告陆宏、方国秀，领出官银寄放银号，系向来常有之事，且因其情急控告，始得究出银铺舞弊情形，乃竟拟以枷杖，致令两败俱伤。则将来遇有银号人等借端侵骗，势必顾畏吞声，不敢申诉，其何以扶弱锄奸？所拟殊属非是。朕办理庶狱，一秉至公，务期情罪允协，适视其人之自取，虽一杖之微，亦不肯使之稍有屈抑。将此通谕知之。

乾隆三十五年　月谕：向来内务府所属庄头，各有因地亩薄碱沙压，呈请退交另换者。此等地亩，庄头等久经拨定当差，伊等承充有年，沾被恩惠不少。设或地有肥硗，年有丰歉，即加功垦辟，亦分所当然。乃因有退交之例，动辄借口瘠淤，纷纷呈请，殊属非理。而于农氓垦荒为熟之地，仍得任庄头等换回，夺民之业而坐收其利，于情亦未平允。且伊等恃有此例，或与佃户交好，即退出交官，藉减租数。或觊觎土产，而以所授之田捏报求换。种种情弊，皆所不免。嗣后各庄头所种地亩，概不准其退交。其中果有误差，不能充当庄头，即著内务府大臣查勘确实，另与能承种者承当庄头。

乾隆三十六年正月谕军机大臣等：昨据杨廷璋奏，请拨发帑金供赈。当经降旨，于部库内拨发银二十万两，交该督速为支发矣。因查各省均有存公备用银数十万两不等，而直隶惟封贮军需备用银十六万余两，分贮司道各库，此外并无存公之项可备支用。该省为畿辅要地，赈务亦所时有，乃向来并未另筹存备款项，遇有急需，必仰给于部拨。虽一经奏及，即降旨遄行，而拨解究不免稍需时日，即值办赈紧急，亦未能如期应用。著传谕杨廷璋，即就该省情形通盘筹画，议定应需存公银两若干，奏交户部核议，拨发库帑留贮藩库，永为定例，以备支借之用。

乾隆三十六年二月谕：今日至宝稼营登舟，见所设水营外围席墙，概行幂以黄布，甚属非是。向来巡幸所经水程，营盘外墙率以芦席为之，尽足以蔽内外。惟江、浙两省因苇稀少，代之以布，即与内布城相属，高下亦略相等。今乃于苇席之外，复加布袭，且高逾数仞，俨如大墙，其意何取？布匹为小民被服所需，岂宜妄为耗费？即如武清等县，去夏曾经被潦，因加恩从优赈恤，幸而民无菜色，稍为慰怀。若留此布为贫民襦裤之用，资衣被者不知凡几。顾置有用为无用，使不知者几拟于土木衣文绣，岂朕省方观民之意？司牧之谓何？曾不知体下情、承上德乎？前途有似此者，著即撤去。所有布匹，听民间买用，庶不致成弃物。山东毗连直隶，恐亦闻风效尤。并著速行除撤。至水营内所备坐落数椽，该督之意，为朕披览奏牍，召对臣僚而设，亦甚无谓。且又未豫为奏明，尤属冒昧。朕自辛未南巡以来，川途所莅，每日办理庶务，延见臣工，俱在御舟，诸凡甚为便适，且并未以舟车废事，众所共知。此次允富明安之请，巡幸山东，所重在问民疾苦，嘉惠群黎，实不欲丝毫耗及闾阎物力。犹恐地方大吏踵事增华，屡经谆谕，一切务从俭约，毋事浮靡，不啻三令五申。杨廷璋何竟不知仰体朕意若此？著传旨申饬，并将此通谕知之。

乾隆三十六年二月谕军机大臣等：今日御舟过兴济闸，阅视大概情形，似宜仅用减水石坝，不应更立闸座。该处河道本属深通，当春令水发之时，底水犹然宽裕。以朕所御安福舻而计，船身受水约三尺余，浮送尚属便利，则江广重运粮艘尽足遄行无碍，毋庸更资闸座节蓄。常时既不借其利，而一遇运河涨盛，闸口窄小难容，又有金刚墙挡阻，不能立时宣泄，致易漫溢为虞。若折（按：当作“拆”字）去闸墙，改为减水石坝，使河流随时畅泻，自为因地制宜之道。且闸底见在高出河面约五六尺，若俟涨满平底，方令减杀，其势已迟。或将旧有闸底若低数尺改为滚坝坦坡，以次渐落，并将下游引河及歧口入海处所逐层疏导，俾成建瓴之势，无稍壅滞，则较此特长水三尺，即可随时由坝滚消，无虑积久而溢。而出口水志，比今尚余三尺，并无虑重运之或致胶舟，此工庶不致虚设。昨杨廷璋因去夏雨水过多，运河漫溢，淹浸田庐，而兴济以下更无减水之处，议于天津城西芥园左近添设减水坝一座，以泄盛涨。朕昨亲临相度，尚觉其他距津城太近，不能经久无弊，因谕周元理详悉勘度形势，于上流另择妥善之地，俟朕回銮再行阅定。今思此处若果宣泄得力，其上复有捷地闸，或并照此一律妥办。运河又有此两坝减水畅利，虽遇涨潦，不致全注下游，则杨廷璋所议芥园坝工即不再添，似亦无碍。即如从前南巡时阅视清口情形，因定五坝过水尺寸，令河臣每岁或按水志展折清口，以泄洪湖之涨，自后下河遂无潦患，频年有收，较之前人斤斤于车逻诸坝之节宣，不啻事半功倍，此非釜底抽薪之一明效大验乎？但河务关系重大，朕经行一览，亦未能自信为必属可行。周元理在直隶甚久，河防事宜素皆留心，而杨廷璋亦当折衷以总其成。但恐伊等面承朕旨，或不敢复抒己见，非所以集思广益也。因思裘曰修，向日曾命阅过河工，尚属谙悉河务。著前往沧州一带，会同杨廷璋、周元理将运河上下情形，及引河归宿之处，逐一履勘，悉心筹度，据实详悉妥议具奏。杨廷璋等尚须至山东境上送驾，裘曰修奉到此旨，亦未必如驰驿之迅速，须按程而行，约计杨廷璋等回至沧州，适与相会，尚可从容妥办；不必赴山东行在复命，俟回銮至直隶面候阅定，再为指示。所有御制《兴济闸》及《芥园坝工》二诗，并著抄寄阅看。

乾隆三十六年二月谕：此次恭奉皇太后巡幸山东，由水程来往，用适颐安。总督杨廷璋以通州至杨村一带，向有沙淤，周行稍滞，将天津杨惠庄行宫移建武清县之桐柏村，次日由宝稼营登舟，川途尤为便利。前据该督面奏，以移建非添造可比，不致繁费，且其事属已成，亦遂听之。而有此行宫，可省水营三处，但运料及匠作诸事究不免有费用。著加恩将所省三处水营应销银两，及照数赏给，俾资工值。

乾隆三十六年二月谕：上年夏间天津等处，因雨水过多，被灾较重，业经叠降谕旨，动拨银米，蠲赈频施，黎民幸无失所。第念长芦盐坨同时亦被淹浸，该商等工本不无稍亏，既仍照常纳课，又不能与贫民一体沾恩，未免向隅。今翠华临莅，深悉该处情形，且咨访钱价，较前更为平减，虽去岁增加盐价，现在商力仍觉拮据。著加恩每斤再暂加钱一文，以降旨之日为始，定限一年，仍照旧值行销，俾资充裕，以副朕因灾恤商之意。该部即遵谕行。

乾隆三十六年二月谕：朕恭奉安舆，巡幸山东，连日经行畿辅，童叟欢迎，足征爱戴。因念去岁夏间，天津等处雨水甚多，被灾较重，虽经叠降谕旨，蠲赈频加，所见茅檐景象颇为恬适，第灾歉之余，元气未能骤复，自宜再沛恩施，期臻康阜。所有天津府属乾隆三十三年以前地粮仓谷各民欠，已于上年豁免。著再将沧州、青县、静海、盐山、庆云五州县，三十四年因灾借欠谷三万八千六百余石，及天津县三十四年常借未完谷三千六百九十余石，概行蠲免。至经由之东安、交河、景州、东光四州县，所有未完二十二年至三十四年因灾借欠谷三万八千三百余石，及灾重加赈之宝坻、宁河、永清、霸州、蓟州五州县未完二十五年至三十四年因灾借欠谷一万八千七百余石，亦著全行蠲免。其顺天府属之武清一县被灾尤重，该县向无积欠，未能一体沾恩。前已降旨，将经过各州县蠲免本年地丁十分之三，著加恩将武清一县蠲免十分之五，用均恺泽，俾闾阎共资乐利，以副朕行庆宣恩之至意。该部即遵谕行。

乾隆三十六年四月谕：京师及近畿春膏未渥，入夏以来，得雨亦未深透。现在将届芒种，高下田亩待泽维殷。业经降旨设坛祈祷，因思清理庶狱，亦足致感甘霖，著刑部堂官查明军流以下等罪情节，分别减等发落。其因事牵涉拘质待讯者，亦速行讯明省释。至寻常案件，并著即为完结，均毋庸稽延留滞。该部即遵谕行直隶省，并交杨廷璋一体遵照查办。

乾隆三十六年四月谕：户部奏，据杨廷璋咨大兴等州、县应免钱粮十分之三，武清一县应免钱粮十分之五，请照通县额征之数核计蠲免。部议仍令照向例，查明御道两旁分别里数，不得通行蠲免等语，固属按例议驳。惟是今春巡幸山左，清跸所经，恩膏广沛，所有畿辅节年逋赋概予蠲除，独武清一县并无积欠可免，具见民俗醇良。而该县去岁被灾，又较他处为重，岂宜转令向隅？是以特免十分之五，于恤灾之中兼寓旌淑之意，原与寻常经过地方不同。若照向例，止就御道两旁计里按分，闾阎尚不能普沾渥泽，著加恩将武清县应蠲十分之五，照本年额征数目核计，用示优恤。该督仍董率所属善为经理，务使群黎均叨实惠。

乾隆三十六年六月谕：据王进泰奏古北口地方雨水情形一折，已于折内批示，至城墙当水被冲之处，竟可无庸补筑，止须于所存堵头修砌完整，以备城形，使水得畅流，可无复冲之患。其应行抚恤事宜，现派侍郎桂林先行起程，带内库银一万两，前往该处会同王进泰查勘办理。如被水情形与上年相仿，即照前办理，若较去岁为轻，不妨减半赏给。其应行开仓平粜之事，亦即照去岁办理，以裕兵民口食。王进泰此时不必前来接驾，俟桂林到彼会同查明将作何抚恤之处，一面遵旨出示晓谕，仍行据实奏闻。

乾隆三十六年七月谕军机大臣等：本月初二日，因京城雨势颇大，曾节次降旨，询问杨廷璋河务农田有无妨碍。今日始据该督奏到，所奏既迟，及阅折内所奏之语，竟若澹然无事者，然殊不可解。该督所见定兴以南田禾情形虽属无恙，而定兴以北既经河水涨发，则低洼之田岂能全不被淹？且涿州、良乡既据禀报道路积水，其田禾大概可知。且初二所发廷寄，因芦沟桥水阻羁迟，该督亦可想见向北大小光景，何尚不少为动心乎？至于上游水势既盛，永定河堤岸难保其必无漫溢。该处河防最关紧要，不可视为缓图。该督既经前往，即应在彼留心相度，加意防护，纵使各堤岸巩固无虞，亦俟汛涨稍平，仍回省城办事，不必前来迎驾，即于万寿前再赴热河行在亦不为迟。至于连日云气多自东南而来，其方向正当天津一带。该处地本低洼，略遇大雨，即易致积潦。而南北两运河亦宜防有溃溢，亟须抢护之事，并著查明迅速妥办，仍行据实奏闻。至秋巡差务，朕已派员带领步兵修治道路，并派努三带领虎枪索伦人等搭架蔺沟桥座，并不专藉地方官经理。且据奏派有清河道单功擢查察照料，布政使亦已赴差所，尽可会同督办，无庸该督之兼顾矣。朕从不以巡幸道路等事责备地方官，然就连日所闻，伊等亦太觉懒散，并未若每年之妥协筹办，岂以周元理调去，直隶遂无人乎？将此并谕杨廷璋知之。其永定河及南北两运河堤岸及天津等处，有无被水及水大之州县，田亩是否成灾各情形，仍著即确查据实覆奏。

乾隆三十六年七月谕军机大臣等：杨廷璋覆奏永定河、北运等河水势情形一折，所奏甚不满意，已于折内批示。永定河正当伏秋大汛之时，关系最为紧要，水势消长信息，理应时刻相通。今各工漫口系七月初二日之事，纵因道厅禀报迟延，该督值此雨水较大之时，即应早为查探，上紧护防。乃经屡次传谕切询，尚不星速差员查勘，据实覆奏，仍待河道满保呈报后，始据以入告，何竟不以为事，漠不关心若此？现派侍郎德成前往漫口，会同该督堵筑。该督可即督趱工料人夫，克期修筑完固。其该处漫口情形，较去岁大小若何？堤外漫溢之地田庐有无受伤？成灾与否？并著迅速切实查明，有应抚恤者，照例妥协经理。该督仍遵前旨即赴该处，不必前来接驾。俟河工妥协蒇事，再行奏闻，前赴行在。又北运河每遇夏秋盛涨，易于泛溢。昨因雨势过大，曾传旨询问西宁、达翎阿。今据奏称，初三日夜王家庄西岸水长漫溢，刷开堤工一段，约宽数十丈，河西务甘露寺亦刷开堤工一段，宽数十丈，马头以北至张家湾两岸河水漫散，低地俱有积水等语。而该督尚据通判所禀，谓北运河堤坝各工俱极巩固，全非实在情形。该督前此既未能周知，及经接奉询问之旨，亦应迅速委员勘实覆奏，何率凭通判一禀，遂信以为实乎？所有冲漫堤工，应即专派大员上紧分段堵筑，速令完固。至两岸沮洳之区，连年被潦，武清等县积歉之余，尤深廑念，即应速查明是否成灾，照例分别妥办，务使贫民均沾实惠。又今岁巡幸时，指示兴济、捷地两处工程改闸为坝。闻近来减水甚畅，南运河堤岸皆得无恙，其效验已属显见。因思北运河向来涨发最盛，而宣泄之路较少，其筐儿港减水前岁虽增修葺，而出水之口尚未甚宽，似尚可量为展放。至王家务减水久未修治，未审现在形势若何，及此外或有可酌添坝座分消涨水之处，俾得宣通无阻，实属釜底抽薪善策。著传谕杨廷璋留心体访，俟秋冬潦退时，朕差裘曰修前来，会同杨廷璋亲往相度，详细绘图贴说呈览，候朕另将谕旨。仍先将各河漫口现在作何抢修事宜，及民田被淹是否成灾各情形，迅速覆奏，毋得稍有含糊粉饰，致干咎戾。

乾隆三十六年七月谕：去年潮河暴涨，冲及古北口边墙，致有倾颓。因特发帑金，派和尔精额会同王进泰，鸠工庀役，重加修筑，以复旧观。本年七月初雨后河涨复盛，新修之墙仍然颓塌。兹跸路经临，亲行阅视，见城垣圮处，适当来水之冲，荡击在所不免，原不当与水争地。况自古建立边墙，本为守险控远而设，若我朝德威遐讫，口外耕稷相望，久为内地编氓，即蒙古诸番亦无不隶我臣仆，并非可仅云中外一家，又何借此重门之御，而必与水争地，请事修复，仍被水冲乎？所有经水冲损之墙，著无庸复行补筑，止须就其形式于外层稍加甃葺，因啮址重置炮台，俾存规制而示观瞻。其缺处听水畅流，不致陵击为患，转为经久无弊之策。但此项工程蒇役未及逾年，何以一遇水冲即复溃拆？究系施工不能坚实所致。若按保固成例，理应酌赔。但念工料繁多，非伊等力所能办，著加恩免其赔还。而承办草率之咎，难以轻贷，和尔精额、王进泰俱著交部严加议处。

乾隆三十六年八月谕军机大臣等：前据高晋奏，恳于防汛武场事竣后，赴京恭祝万寿，未允所请。今因永定河连年涨溢，濒河州县低洼地亩节次被淹，动需赈恤，而漫口之处今秋复较去夏倍宽，此盖由河身淤高，堤岸卑薄所致，势不可不设法修治，以杜后患。原拟派裘曰修会同杨廷璋勘办，但杨廷璋于河务本未谙悉，且已年逾八十，精力亦渐不如前，恐不能筹度尽善。即裘曰修虽叠经委勘水利河工，尚系学习办理，所见未必悉中窾要。若仅交彼二人经理，尚未能轻重合宜。朕十月初回銮后即应办庆典等事，又不能亲莅相度指授，深为踌躇。因思高晋于河防一切机宜最为明练，平素又实心任事，确有定识，从不肯稍涉沽名，亦不仅为节省钱粮起见，办此一事，自无出其右者。且如裘曰修查勘工程或估至二十万两，朕亦不能信其必不虚糜。若高晋经办之事，即多至二百万两，朕亦可信其断无浮滥。盖裘曰修尚不免高兴好名，亦不及高晋之老成诚悫，足资倚任也。见在南河防汛之事已竣，吴嗣爵想亦可赴新任。著传谕高晋于奉到此旨后，即将总督印务交萨载暂行兼署，其武闱之事，亦即令萨载办理。至河工应办来年工料诸事，即告之吴嗣爵，令其查核。吴嗣爵为人尚属细心，自可不至贻误。高晋交代后，即起身前赴行在，面请训示，即往永定河一带，会同裘曰修、杨廷璋逐一履勘，将应行缮治事宜详悉通盘筹画，绘图贴说具奏。其北运河亦连年漫溢，并宜筹办减泄豫防之法，亦令高晋等就便一并查办。高晋于查勘河务蒇事，正届圣母大庆之时，即可遂其来朝拜舞之忱。而在廷见无满洲大学士，高晋来此领袖班联，恭与庆典，于礼仪亦为相合。高晋于庆祝后，仍可回两江总督之任。河工经彼勘计，则按其所定章程，临时再派大臣董办，自可臻妥善矣。将此一并传谕知之。

乾隆三十六年九月谕：直隶今秋被水各属，屡经降旨，据实查勘，分别赈恤。其低洼地亩被淹者，自应早令涸出，俾得赶种秋麦，以资口食。兹询杨廷璋，据称已报涸出者计四十五州县，业经借给麦种，现在麦苗俱已出土青葱，惟宛平、文安、大城、保定、永清、东安、武清、霸州、通州、香河、宝坻、宁河、天津、任丘、丰润十五州县，地更低洼者，尚未全涸，已委员协同疏泄。其东安、香河、宝坻、丰润四县，亦续报渐次涸出，仍饬令上紧疏消等语。此等低洼地亩，去岁曾经遇水，今年又复被淹，若积潦不能速消，民业徒成废弃。而滨河之地，多系一禾一麦，如能及时涸出，种麦可望倍丰，于贫民生计甚为有益。但恐地方官不能实心经理，必致玩日妨农，朕心深为廑念。著派袁守侗、德成分往各处督率该州县，即速设法疏消，务令及早涸出，无误布种春麦。尚书裘曰修于近京水利情形较为谙悉，且此被水之处，顺天所属者居多。著派其往来调度董察，总司其事。伊等于奉到谕旨后，不必赴行在请训，即速起程前往。俟各处办有头绪，再行回京覆奏。

乾隆三十七年二月谕：据裘曰修奏，直隶河工雇夫给值需用钱文，请照京城发兑官钱之例，许办工各员一体交银领买等语。著照所请，于平粜麦厂钱文内，准其照大兴、宛平之例，许办理河工各员持印文赴步军统领衙门领买，其钱文出城时仍给票照验，以凭稽核。

乾隆三十七年三月谕：户部奏驳周元理题乾隆三十六年霸州等六十七州县厅被灾，应蠲额征民地粮银，除扣上年被灾补蠲分数外，其灾重各属余剩粮银，不敷核扣本年应蠲之数，请归入下年补蠲，与例不符等语，自属照例办理。第念畿辅濒河州县，连年被水歉收，虽经赈恤频施，俾无失所，其被灾较重各属，应免银两内不敷扣蠲之数，若照成例不准递年补蠲，民力仍不免拮据。著再加恩，将霸州等六十七州县厅上年因灾蠲免钱粮核扣不敷补蠲之数，准其归入本年应征项下补蠲。此朕轸念畿氓，格外施恩之意。该督其转饬所属，悉心经理，务使闾阎均沾实惠。该部即遵谕行。

乾隆三十七年六月谕：裘曰修奏验收永定河工程一折，并陈近水居民与水争地之弊。据称淀泊本所以潴水，乃水退一尺则占耕一尺，既报升科，即呈请筑埝。有司见不及远，以为粮地自当防护，堤埝直括水中，被淹更甚。请饬所司，于一切淀泊，毋许报垦升科，并不得横加堤埝等语。所见甚是。淀泊利在宽深，其旁间有淤地，不过水小时偶然涸出，水至仍当让之于水，方足以畅荡漾而资潴蓄。非若江海沙洲，东坍西涨，听民循例报垦者可比。乃濒水愚民惟贪淤地之肥润，占垦效尤。不知所占之地日益增，则蓄水之区日益减，每遇潦涨，水无所容，甚至漫溢为患。在闾阎获利有限，而于河务关系非轻，其利害大小较然可见。是以屡经降旨饬谕，冀有司实力办理。今裘曰修既有此奏，是地方前此奉行，不过具文塞责。且不独直隶为然也，即江浙之西湖葑地，居民占者亦多。向日虽曾申禁，恐与直隶之玩忽大略相同。而他省濒临河湖地面类此者，谅亦不少。此等占垦升科之地，一望可知，存其已往，杜其将来，无难力为防遏，何漫不经意若此？著通谕各督抚，凡有此等濒水地面，除已垦者姑免追禁外，嗣后务须明切晓谕，毋许复行占耕，违者治罪。若仍不实心经理，一经发觉，惟该督抚是问。

乾隆三十七年八月谕：据周元理奏，永定、北运二河并淀河之千里长堤及天津之格淀堤等处修筑竣工，请亲临阅视，指示机宜，通省士民得遂望幸之忱，倍深踊跃等语。畿甸河工水利关系民生，朕廑念闾阎，勤求至计，屡经巡省，期庆安澜。上年因积潦稍多，特命重臣前往勘画，并大发帑金，详议兴修，俾潴泄咸宜，田庐共资利赖。现在工作方成，仰荷天庥告瑞，秋收丰稔，物阜民和，自当及时酌定章程，用垂久远。且畿南一带群黎生计尤切于怀，正思亲历周咨，觇悉其景象盈宁，以慰连年眷念，允宜曲徇舆情，俯从所请。著于明岁仲春诹吉恭谒泰陵礼成，即顺道临视淀河及永定下口，由水程进莅津门，还阅北运河工，相度畴咨，以答悃忱而筹巩固，副朕轸念畿氓至意。所有应行事宜，著各该衙门照例豫备，并著周元理严饬各属，所过但可略事扫除，毋得稍有增饰繁费。

乾隆三十七年九月谕军机大臣等：工部议覆裘曰修等筹办永定河应行事宜折，内有不甚明晰之处，如所称向例每旱土一方，给挑工募夫银七分，至疏浚中泓，每方给银四分等语。水中捞浚淤泥，较之挑挖旱土，其施工难易迥殊。旱方之价自应较水方为省，何以中泓水土每方止给银四分，而旱土每方转给至七分？至折内称疏浚永定中泓工程，系高斌、方观承奏派附近村民挑挖，每土一方，用夫二名，每名给米一升外，给盐菜钱五文，历年以折银四分银报销，则又似系永定河久定章程，因何遽行议改？现因永定河过汛后，溜缓沙停，设立浚船，令河兵撑驾捞运淤土至两岸，实为事半功倍，则又何须有水方之事？且麦汛至白露，各兵上堤防汛，每船又许添雇民夫办理，非为捞浚水中淤泥，更有何事？是设立浚船令河兵顺溜排荡，使之通流无滞，事属两便，焉得复有需挑挖水方之事？即防汛时添雇人夫，亦不过附近居民，按日受值，自有永定河旧例可循，又何必复照旱方核计？以上情节，俱未允协，著传谕工部堂官，将此情节问明裘曰修，即速逐一分晰声明回奏，到日再降谕旨。

乾隆三十七年九月谕军机大臣等：前因工部议覆永定河事宜折内，旱方水方给值多寡倒置，及添雇民夫复以水方计算种种俱未明晰，是以传谕工部堂官等，令其问之裘曰修，令行详悉覆奏。今工部并未将所询情节逐一确核覆奏，只将裘曰修原请改给银七分之处另行议驳，于事理仍属不求甚解，转以朕前旨询问专为惜费起见，殊属非是。水方施工难于旱方，而旧定价值旱多于水，其故已不得晓。且既用浚船捞浚中泓，所挖之土自必有按船定方之法。第船有大小，如果立定成规，据实核计，每船挖泥若干作为一方，不致隐射捏混，即照七分之例支给，亦复何妨？若不过有名无实，虽四分亦为虚冒。朕意惟在就工核实，并非节省钱粮。昨为畿辅民生筹计安全，不惜数十万帑金缮工保障，岂肯于此小费斤斤致靳？何工部堂官及裘曰修皆未能深喻朕意耶？又裘曰修折内称，每年桑乾水涸，不能用浚船之时，凡有应行挑挖之处，挖至旱土之下，亦有水方等语。此又系原折所无。在裘曰修之意，特举此为水方征验，不知既定章程，即应有一定程式，此项工程如系岁所必需，原款即应列入，何直待问及始复陈出此语？工部堂官复置之不议，将来当如何报销？又何以核其工归实用乎？著再传谕工部堂官，仍将各情节问明裘曰修，另行通盘确核，据实回奏，不许颟顸无实。所有奏到各折，均发还。俟覆奏到日，另降谕旨。

乾隆三十七年九月谕军机大臣等：周元理奏请明春恭奉皇太后安舆巡幸津淀一折，朕尚未奏闻皇太后准行与否，未能即定，周元理且候旨办理，已于折内批示矣。至淀河一带沿岸点缀段落，上次巡幸时，地方官踵事增华，不免过于繁缛。因是年适届朕六十庆辰，次年即恭逢圣母八旬万寿，臣工效祝抒诚，通下情而奉慈欢，于理尚可不禁。若明春阅视河工，由淀河临幸天津，专为民生利病，与适届庆典之年不同，断不可以复滋繁费。即蒙懿旨俞允，风舸经行水乡，风景清嘉，亦足以仰承慈豫，何藉彼靡文虚饰，徒耗物力，而适形鄙俗乎？昨已面谕杨景素，令其转告周元理恪遵朕旨。倘周元理不知仰体朕心，妄有缀设，朕览之非惟不喜，且必加以饬责。周元理慎毋视为文告空言。即各处行宫糊裱一节，明春距上次巡幸不过两年，顶棚窗扇俱系向时所办，断不致于破损，只须视其渗漏处所略加修补，其余切不可一律见新。将一并明晰传谕周元理知之。

乾隆三十八年三月谕：今日阅视淀河内鹰嘴坝及鹿疃两处应添引河工程。其鹿疃引河，据周元理拟挑九百丈，已足资取足之益，自应即如所拟行。至鹰嘴坝曲处，该督止拟开挑引河一百二十七丈，渠西河头仍恐射堤弯处，不能引溜归槽。著向西北展长百十丈，则大堤不致受顶冲，以资保障。河防原以卫民，惟期尽善，即为费较多，亦所不靳。著周元理即照指示机宜，动帑妥协办理。仍饬大员董率稽查，务令工归实济，民资利赖。

乾隆三十八年三月谕：朕于祗谒泰陵礼成后，便道阅视河工，恭奉皇太后安舆巡幸天津，距京师不过数程，较之热河道里尤近，非若巡幸他省可比。如河东总河及山东、河南二省巡抚以壤地相接，就近奏请觐光，原为合理。

即如盐政、织造等呈进备赏之物，亦尚有因。至各省督抚等差人赍折请安，已可不必，乃督抚等竟相率进献方物，甚属无谓。念其远道而来，已费跋涉，难以概行屏却，因量收食物数种，以备随营赉予。但封疆大臣惟当善体朕心，似此非礼之礼，实所不取。嗣后凡朕巡幸近畿，各督抚务恪遵此旨，不得复有进献。将此通谕知之。

乾隆三十八年三月谕：文安大洼，连络四淀，向来积水难消。前此曾命协办大学士公兆惠往勘，设法疏治，水即退涸。三十二年经行阅视，业已遍种春麦，弥望青葱，省视实深欣慰。迨三十五年巡阅所经，又多积水。此次所见，仍复汪洋一片。若久远难以涸出，恐妨民业，致完无田之粮。朕心深为轸念，特命周元理查明水占顷亩钱粮数目，并交军机大臣，将作何筹办之处，会同该督核奏。兹据奏称，此项洼地每遇积水未消时，村民捕鱼为业，水涸后普种稻粱，即成沃壤。是以从前康熙年间甫经题豁钱粮，旋陆续报垦请复。盖小民既资为恒产，不肯轻弃其业，即水占未涸，尚可收鱼虾之利。若将粮额概行豁除，则水涸人思报垦，转无定界，易启争端等语。所奏虽属近理，但念各业户等所有地亩，本借耕艺资生，若积水占田，粮从何出？虽该处赋则本经，水小时尚可佃渔觅利，究不若力田收获之多。倘令照常输将，民力仍不免拮据。自应查明分别酌办，以恤民艰。嗣后著将此洼地视积水之多寡，以定赋则之等差，水大则全行豁除，水小则量为减赋，若水涸耕种有收，仍按额征输。如此则恒业不致有失，而民力并得常舒，俾濒洼黎庶永沐恩膏，共臻安阜，以示观民行庆至意。其如何查核地亩纳粮确数，酌定章程，仍著周元理派委明干大员实力详查，妥议覆奏。

乾隆三十八年三月谕：朕因永定、北运两河工程告蒇，莅省成事，临幸天津。直省士子夹道欢迎，输诚蹈咏，进献诗册者甚多。爰照从前巡幸江浙、山东之例，命题考试，就其文义高下，量加录取。所有列在一等之生员顾堃、李廷敬，贡生闵思毅、陆伯琨，俱著赏给举人。其举人杜兆基，著以内阁中书补用。其列在二等之进士张虎拜，举人张方理、秦樗、邱桂芬、谢肇泂、吴裕德、祝堃，生员陆蓉、邱桂山、刘祖志，贡监生邱人龙、杨炤、李宪乔、赵珍，俱著赏缎二匹，以示省方观风、嘉惠誉髦之至意。

乾隆三十八年五月谕军机大臣等：本月二十日在京所发报，本应于二十一日巳午之间递至热河行在，今于二十三日辰刻始行递到，较常迟隔两日，查系因怀柔、密云一带水发所阻。现值三伏，雨水原所时有，怀柔、密云各处桥梁道路，自应随时查察料理，以利遄行，未便任其阻滞。但该县等职分轻小，其于武职员弁未免呼应不灵。霸昌道驻札昌平，距怀柔不远，该道并无紧要事务必须在署坐办，若令暂驻怀柔，亦与昌平无异。著传旨令盛住即移驻怀柔，并于密云一带往来查察。如遇军报、本报或偶因雨水间阻，怀柔原有绕道可行，密云白河亦有上哨浅处可渡。该道即督率地方员弁，悉心照料妥办，毋致再有延误。嗣后朕夏间驻跸热河，总派霸昌道留驻怀柔一带办理。

乾隆三十八年六月谕军机大臣等：口外自五月二十一、二等日雨后，滦河及潮白等河水俱骤长。连日热河雨觉稍稠，闻滦河水势复大。畿辅一带雨水情形大略相仿，未审永定河今年水势如何，是否不致盛涨，河溜能否循赴中泓，甚为注念。著传谕周元理，即速查明，据实覆奏。至该处设立浚船，以供浚刷淤河之用，春间亲临阅视时，见船舣河中，尚未睹有成效。彼时即曾谕及，如果实力淘浚，使中泓沙不停淤，于河防自不无小补。若徒视为具文，自难冀其得益。添设浚船一事，原出自裘曰修之意。彼身若在，自必加意董办，不虞废弛。今裘曰修已故，恐满保等未必复肯认真董办，徒有浚船之名，而无挑浚之实，则是虚糜工帑制造，岂不可惜！永定河原系周元理专责，而浚船之事周元理亦同会奏，著周元理留心督办，毋任作辍因循，致成虚设。仍将现在办理情形若何，一并覆奏。

乾隆三十八年六月谕：周元理奏，五月二十二日以来，永定河水势虽有增长，大溜直走中泓，迅趋下口，两河堤工稳固一折。览奏稍慰廑念。至所称各处河水旋长旋消，初一日辰刻金门闸过水六尺，巳时即已断流等语，金门闸宣泄永定河盛涨，其情形与南河之毛城铺相似，永定河挟沙而行，与黄河水性亦同。向来毛城铺于过水后即将口门及河流去路随时疏浚，以免淤停，实为利导良法。金门闸自当仿而行之。著传谕周元理督饬河员，于金门闸过水之处即为挑浚，务使积淤尽涤，水道畅行，以资疏泄。嗣后金门闸每遇过水，永远照此办理。仍将永定河水势长落情形随时奏闻。

乾隆四十年七月谕军机大臣等：周元理奏，永定河南北堤岸俱有漫口，现在加紧堵筑情形一折。深为廑念。前据该督奏本月初七、八日雨势，及永定河水陡涨，抢护平稳情形，彼时即虑及初九之雨甚大，两岸堤工是否不致疏虞，迅谕该督即速查奏。今据周元理奏，初八日密雨竟夜，初九夜雨更大，北岸三工于初九丑时漫口二十余丈，南岸头工于初十卯时漫口六十余丈，业已飞调满保，董率员弁，多集兵夫，运料赶筑，仍亲赴该工严催督办，务令克期妥竣等语。看来此次漫口光景，较之乾隆三十五、六年情形稍轻。周元理在直年久，修防事宜尚所谙习，且亲身在工督办，自可易于集事。著传谕询问周元理，现在堵筑漫口，如无庸派人帮办，即著该督上紧克期竣工。若或需人商办，亦即据实奏闻，朕当特派大员前往，会同妥办。又阅进到图说，北岸漫水泄入堤外减河仍达凤河归淀，自可无虞旁溢。南岸漫水，虽由旧河沟一带趋琉璃河，至白沟河入淀，亦可不虞泛溢。但自漫口至归琉璃河处计二十余里，所过村庄未免稍被淹浸，田庐有无伤损？是否或有偏灾？该督即应饬委妥干大员迅往，据实履勘。如有应行抚恤者，一面奏闻，一面办理，务使均沾实惠。其积水处，并著加紧疏消，俾得无误秋麦。至南、北运河雨后情形若何，并切轸念。虽南运河自兴济、捷地改闸为坝，得以畅泄，夏秋盛涨，不致漫溢为虞。而北运河自修葺王家务、筐儿港减坝以来，涨水易消，堤岸连年巩固，但今年七月初七以后雨勤而大，各处沥水必多。且潮、白诸河俱涨，亦归于运，恐诸水并集，势较浩瀚。能否循轨顺下，不致冲突堤工，所关甚为紧要。而天津一带尤属水乡，是否不致成涝，倍切萦怀。并著周元理即速查明，一并据实覆奏。

乾隆四十年八月谕：周元理奏永定河岁抢修等工，请仍循旧例一折。因乾隆三十八年报销疏浚抢修等工银两，工部以所报之数，与尚书裘曰修议定大工章程案内较有浮多，驳令删减。周元理复将历来通融办理缘由据实声明，吁请仍旧。朕阅此案工部之驳固属照例，周元理之请自亦实情。今朕为之准酌折衷，所有此案动用工程银两，仍准其照旧报销，不必复行驳减。惟是永定河抢修疏浚等工，每年定额三万四千两，并准节年通融办理，不逾此数。若示以限制，实听尽数开销，未为允协。夫永定河水势靡常，工程亦因而增减。即如岁修一项，水大之年粘补必多，水小之年费用较省，此理之一定者。又如抢修量工之平险，疏浚视淤之浅深，亦难绳以一律。若如向时所定，笼统发银，不问工之巨细多寡，任其牵匀销算，则与庖人揽办筵席何异？殊非核实办工之道。治河所以卫民，果属紧要工程，于闾阎实有裨益，经费原所不靳。若永定河旧例未妥，以致每年浮耗，久之不但用涉虚糜，且恐工无实济。何如随时确核，实用实销之为愈乎？除业经办过工程，事属已往，毋庸另议外，嗣后应如何删去旧额，核实办理，酌定章程之处，著军机大臣会同周元理悉心妥议具奏。

乾隆四十年十月谕军机大臣等：据户部议覆周元理题报霸州等五十二州县厅被灾赈恤一本，已依议速行，并另降旨将应加摘赈六州县大赈之期，改至闰十月开赈，俾极次灾黎均得早沾渥泽。至本内将喀喇河屯水冲沙压地亩一体列入，未免漫无区别。口外山田宽广，所种庄稼大半皆在高坡。其濒临溪河之地，大率皆瘠薄，遇山水冲压，为数亦属无多，非口内被水村庄可比。本年应办之处，何亦随同九州县一体具题耶？且如乾隆三十五、六等年热河等处被水较重，朕即特发帑金，派大臣前往赈恤，并不待地方官之查核。即此可见口外各厅之不应入于常例题办矣。著传谕周元理，嗣后口外地方田亩有被水冲沙压者，只须照例妥办，毋庸增入赈济案内题达。将此谕令知之。

乾隆四十一年二月谕行在内阁：朕因两金川耆定，恭奉慈辇东巡，修在泮献功之典。首自近畿，覃敷恺泽，胶庠乐育，并宜一体加恩。著将直隶本年入学名数，大学增额五名，中学增额四名，小学增额三名。该学政其悉心校录，甄拔殊尤，副朕嘉惠士林至意。

乾隆四十二年十月谕内阁：现在八旗满洲生齿日繁，若不稍为酌办，伊等生计日蹙。密云县地方密迩畿辅，彼处城邑亦大，尽可建盖兵房，安插兵丁一二千名。一转移间，既于新驻兵丁有益，且京城出有多缺，又可补挑闲散壮丁，于八旗满洲等大有裨益。著军机大臣于八旗满洲兵内挑选二千名，派往密云县驻防。至于管辖此项兵丁，著设副都统一员。其如何建盖兵房，料理起程，并设立官员，以及到彼如何安插之处，著即行妥议具奏。

乾隆四十三年正月谕：前因圣母万寿，特宏锡类之仁，普蠲各直省钱粮，以昭庆惠。朕本拟俟恭祝圣母九旬万寿之年，再溥恩施一次。兹者仙驭升遐，此后更无可推广仁慈之处，现在部库帑项又积至七千余万，著再加恩，自戊戌年为始，普蠲天下钱粮，仍分三年轮免，俾寰宇亿兆人民仍得共被慈恩，永申感慕。而朕终天罔极之忱，虽不能仰副万一，庶几借兹稍展。其如何轮派年分，著户部即速悉心核奏遵行。

乾隆四十三年九月谕内阁：朕此次诣盛京恭谒祖陵，跸路出山海关而行，凭览关城形势，屹然雄镇，明季于此置大员，设重兵拒守，以防我朝。而大军每从沿边诸隘口直入，如践无人之境。可见险固不足恃也。然以当时盛京而论，有此关控扼其中，内外气脉不能贯注，即由他路入边，而彼终得挠我之后。所以天聪三年太宗文皇帝亲统大军征明，近围燕京，仍复释之而去。圣谟深远，未尝不筹虑及此。迨后攻克永平、滦州、遵化，皆留将督兵驻守，或欲借以为夹攻山海关之策，乃代镇之贝勒阿敏，乖张怯懦，竟弃已得之各城而归。太宗愤甚，数其罪而责之，虽贷其死而全亲亲之谊，遂不复躬总六师入边，亦深以山海关中隔为难也。洎乎闯贼陷关，明社遂墟，吴三桂乃开关迎请王师，为之复仇戡乱。于是我睿亲王即率劲旅入关，一战而歼贼众，追逐李自成至京城而遁，克集大勋。恭奉我世祖章皇帝定鼎燕京，统一寰宇，用奠我万世丕基。夫同此山海关也，前则屡图之而不得其机，后则直入焉而无所于阻，盖上天眷佑我国家，诚非意计所能豫及，而所谓在德不在险，于此益见。迄今追思，更不禁感鸿贶而懔景命矣。其自出关后途中所经，城郭则宁远、锦州、广宁等处，山川则松山、杏山、大凌河、萨尔浒、尚闲崖、浑河等处，悉我太祖、太宗艰辛百战之地，历历在目。溯自兴京肇迹，辽沈迁都，业基于勤而谋成于断，皆世世子孙所当深念者。朕自临御以来，每间日恭阅列祖《实录》一册，周而复始，于创业垂统之迹，敬识之弗敢忘。前此癸亥、甲戌，再临陪都，展谒陵寝，所历川原形胜，因见征闻，并为诗篇以纪。而萨尔浒一战，破明四路之兵二十余万，远近承风震詟，尤为缔造鸿规。向曾亲制书事长篇，昭示来许。昨岁全韵诗，于太祖、太宗大烈耿光，咸志述成什，端委毕该，洪纤具备，实足以垂法守，非仅托为吟咏而已。兹戊戌，三莅斯土，境之履者益以习，迹之著者益以析。其或地名今昔传讹，介于疑似显晦间者，复周諏而深考之，乃得晓然于心而无所惑。夫以朕之景仰前型，勤恳若是，必三至乃得晓然于心。凡我子子孙孙绍登大统者，可不体朕志以为志，眷怀辽沈旧疆，再三周历，蕲于祖宗遗绪身亲而目睹哉？至于朕扣谒永陵、福陵、昭陵，每至必泪随声涌，瞻恋不忍去，此非可以强致也。夫太宗为朕之高祖，而自太祖以上至肇庆，虽递推递远，然追溯水源木本，一脉相承，则固甚亲而甚近。且奕祀之升平景运，皆昔日艰难开创之所留贻，永言思之，岂能不痛！理也，亦情也。我后世子孙诚能遵朕此旨，处尊位而常缅前劳，览当年原巘而兴思，拜旧里松楸而感怆，自必懔然于天眷之何以久膺，憬然于先泽之何以善继，知守成之难，兢兢业业，永保勿坠，则我大清累洽重熙之盛，洵可绵延于亿万斯年矣。非然者，或轻视故都而惮于远涉，或偶诣祖陵，视同延揽古迹而漠不动心，是则忘本而泯良。设有其人，即为国家之不幸，实不愿我后嗣之若此也。子若孙可不恪奉朕训，而知儆惧乎？历代事迹湮远，姑不具论，即如胜国，洪武草昧初开，未尝不得之艰苦。而中叶以后，罔念厥祖，若正德之荒淫荡佚，恬不为怪，嘉靖、万历、天启之昏庸逸乐，阿柄下移，以致权臣奸宦相继而擅威福，乱政害民。此数君唯知蒙业而安，于国是懵然罔觉，虽未及身而丧，不数传而驯致灭亡。使有能奋然振兴，追念洪武之旧图，励精求治，未必不可挽回于末造。而宴安酖毒，终于不可救药，自覆厥宗。殷鉴甚近，尤足为炯戒耳。或我子孙尚知遵朕此旨，欲莅陪京，而其时无识之臣工，妄以为人主当端处法宫，综理庶政，不宜轻出关外，此即我朝之乱臣贼子，当律以悖命之罪，诛之毋赦。盖盛京为根本重地，发祥所自，后世不可不躬亲阅历。昔我皇祖曾三举斯典，朕今亦三次矣。如升殿祀神、阅射行赏之类，仍循成例，而于三陵之察红桩，移近居，及葺盛京旧有之坛庙，以致沿途之缮城垣，检核各库诸事，则皆前两巡所未及，而今悉举而行之，益可见临幸之有益矣。十数年后，朕躬若尚如今日之康强，仍当再修上陵之礼，然尚须有恃。嗣后每阅三年，即派皇子二三人恭谒祖陵，每次秋冬间启行。途间既不烦修治桥道之劳，而傔从无多，更可不预安营顿，俾之历览旧京风土，自皆惕然动念，感天佑而仰祖功，无负朕谆切垂训之意，钦承毋忽。将此通谕中外，并录一通交尚书房存记。其三年一次简派皇子之事，届期著军机大臣请旨。

乾隆四十四年二月谕军机大臣等：周元理奏，查办井陉县革生李望春、梁绿野等集众抗官殴差一折，其情节甚为可恶。李望春、梁绿野因挟嫌肇衅，传单敛钱，主使李馥控告县官，已属刁恶。及该府审出实情，饬委典史查拿各犯，梁进文等复敢哄诱典使，拦入空房，纠集村众殴伤差役，尤属目无法纪，不可不严加惩创。著传谕周元理，即将现获各犯严行审讯，务得确情，并将在逃之梁绿野等上紧缉获，从重究拟，并须多办数人，以示炯戒。

乾隆四十四年三月谕：前据周元理奏，井陉县民李馥等敛钱告官，并劣生梁进文等抗官殴差一案，审明分别定拟，随交三法司速议。及覆奏之日，适提督衙门将案内逆犯梁绿野缉获具奏，阅其供词，称系因该县知县短价派买谷石及修桥修庙派钱累民各款，是以赴府控告等语。朕以梁绿野系此案重犯，所供情节或系畏罪反噬，然亦不可不查其虚实。因派侍郎喀宁阿、钱汝诚前往该处查讯明确，如所供悉属诬捏，即将梁绿野同应正法各犯奏闻，在彼办理。嗣复经提督衙门拿获梁二观到案，并非有名要犯，而所供与梁绿野相同。朕始疑该县之短价派钱各款，似非尽由奸民诬捏，而周元理并未将该县派累激变之事据实具奏，显属袒庇劣员，于吏治甚有关系，尤当彻底根究。而其事甚大，非喀宁阿等所能核办，因派福隆安驰往该处，讯明核实具奏。并传谕福隆安，令将谕旨与周元理阅看，先行询问奏闻。兹据福隆安奏，初九日驰抵正定府，提集此案要犯人证，并知县周尚亲，隔别研讯。据李馥等供词核之梁绿野等在京所供情节相符。严讯周尚亲及该县管门家人骆荣并仓书等，虽尚未肯即吐实情，而供词闪烁，罅窦甚多，该县科派情事在所不免等语。看来此案竟系属实，殊堪骇异。奸民聚众抗官，固宜亟行惩治。而该县派累激变，岂宜置之不问？况朕见降谕旨甚明，地方遇有民变之事，其滋事之劣员固不使同时纠劾，致长刁风，亦应查明实在款迹，具折声明，俟本案审结后，另行核办。周元理久任封疆，岂得诿为不知，何竟不遵照办理？及福隆安询问周元理，据称既不将劣员奸民一并办理具奏，追办结奸民案后，又不将该县续行劾参，实属糊涂错谬，更无能置喙等语。而于结案折内称该县并无不合之处，竟未提及，是周元理亦自知袒护劣员，罪无可逭。所办殊出情理之外，非寻常循庇因公者可比，难以复邀宽免。朕实不意周元理竟至于此！今此案现交福隆安等秉公查讯。周元理不便复居总督之任，著即解任听候查办。其直隶总督员缺，著英廉速行前往署理。俟福隆安审明到日，另降谕旨。其承办之臬司、道府等，并著福隆安查明参奏。

乾隆四十四年三月谕军机大臣等：周元理奏查办井陉一案，惟称未将该县周尚亲累民各款切实根究续参，自以为咎无可辞。而于结案折内叙称该县并无不合之语，竟不提及，尤属大谬。周元理于劣员派累激变之处，意存袒循，非但不遵向降谕旨查明另办，且于审拟定罪折内，声叙派员赴井陉县确查各款，该县均无不合等语，直是将该县开脱完事。周元理之罪实在于此。乃此次奏折，仅认不行续参之过，而于称该县并无不合开脱结案之处，隐而不叙，显系避重就轻，巧为支饰。亦思此文过饰非，可用之于朕前乎？可以存此一句疑案即为无过，而朕之处分为过严抱屈乎？至所称梁绿野在刘浩处喊冤一节，虽即饬交清河道等查办，未经详悉奏明，实属糊涂错谬等语，亦属取巧。盖周元理明知刘浩止图自了，其余概置不问，料其必不入告，是以匿不具奏，希图消弭耳。若金辉或英廉在彼，向其喊冤，自必据实上闻，周元理亦不敢不奏矣。此等伎俩岂能逃朕洞鉴，尚敢以遁词巧饰乎？实属可笑！岂朕之办事，周元理尚竟不知乎？著传谕严行申饬。昨已降旨将周元理解任，俟福隆安等审明到日，另降谕旨。将此传谕知之。

乾隆四十四年三月谕：昨据福隆安等奏，查讯井陉县民聚众抗官，所控知县周尚亲科派款迹在所不免，必须彻底根究，已降旨将周元理解任听候查办。今复据福隆安等奏，讯据该县管门家人骆荣供称，上年八月采买仓谷三千石，官价原系九钱三分，彼时将银换钱给发，适钱铺短钱，该县按照六钱银数给发钱文，其余三钱三分，若百姓无话即不找给。今年正月间，闻金柱等庄有人要告，随集本县各庄乡保找发银三钱三分，其二十八庄俱经领去，惟金柱等四庄不肯补领，即赴府呈控。质之该县周尚亲，亦不能辩，其为先侵后吐，已属显然。尚须逐案质证明确，方可定拟结案等语。是该县周尚亲侵扣谷价一款，业经审实。所侵数至盈千，且满怨激变，其罪已难轻逭。著福隆安等即将各款审明，一并从重定拟具奏。至周元理于所属知县中有此等派累劣员，经县民控告，并不切实查办，遵朕向降谕旨，另折奏明，于惩治奸民后续将该县劾究，且于审拟结案折内，声叙查明该县均无不合，显系有心开脱，冀以虚词了事，实出情理之外，不意周元理竟至于此！及传旨询问周元理，其覆奏之折仅认不行续参之过，而于称该县并无不合之语匿不提及，尤属避重就轻，巧为支饰。盖周元理亦自知袒护劣员，应获重谴，故尔文过饰非。此等伎俩，岂能施之于朕前乎？可以存此一句疑案即为无过，而朕之处分为过严抱屈乎？周元理在直多年，由县令洊擢总督。其平日偏徇属员诸事，弥缝之习，痼弊已久，但尚未败露，朕亦不肯逆亿。即各督抚于所属各员曲为护庇，皆不能免，而未经发觉，朕并不肯以苛为察，以刻为明，多方究诘。即或遇有袒徇属员之案，其事涉因公者，无不从宽留任。即如高晋一人，革职注册至十余案之多，其明证也。若周元理于科派激变之劣员置之不问，且称其并无不合，显为开脱，其于政体官方所系甚大，非寻常徇庇可比。此而不加整饬，何以服民心而肃法纪？周元理简任总督以来，办理诸事颇为尽心，朕方且怜之，即派福隆安前往查办，曾经面谕，不愿周元理之果有此事。今既审明属实，不能因周元理之小节足取，复示姑容。朕综理庶务，一秉大公至正，功罪轻重，惟视人之自取。此事若复姑息，非所以示公允。且恐各省效尤，吏治尚可问乎？周元理本应革职，发往军台效力，姑念其年老，著革职，仍加恩赏给三品衔，在正定隆兴寺同刘浩管理庙工，效力赎罪。其司、道、府等官应行议罪议处，著福隆安等于审结此案时一并参奏，再降谕旨。并将此通谕中外知之。

乾隆四十四年三月谕：据福隆安查奏，井陉县民聚集一百余人，于二月十三日午后赴正定府刘浩寓所，控告该县科派各款，刘浩并未出见，惟向知府告称，我系办理工程之人，未便多管此等事件。知府出告，众人于三更时分方各散去，随将此事询之刘浩，亦无可置辩等语。刘浩系钦差大员，于地方寻常事件自不应干预，若遇此等聚众控官之事，虽不受其控辞审理，亦当据实以有此事入告，岂得视同膜外，置若罔闻？刘浩此次办理庙工诸事，见小推诿，朕因其平素为人本系如此，不足深责。乃于此等大案亦竟漠不关心，借词推诿。又安用此侍郎为耶？刘浩著革职，仍加恩赏给三品衔，留于隆兴寺同周元理管理庙工，效力赎罪。其工部侍郎员缺，著汪廷屿补授。汪廷屿见在出差，徐绩近复丁忧，工部汉侍郎乏人，徐绩百日未满之前，著谢墉暂行兼署。

乾隆四十四年三月谕：据福隆安等奏，查审井陉县知县周尚亲短发谷价属实，按律问拟，并将此案不能究出实情之臬司文禄、清河道沈鸣皋、正定府知府方立经俱请革职，分别发往新疆及军台效力赎罪等因一折，已批交军机大臣会同该部议奏矣。达尔吉善前此革职之案，尚非大过，且任直隶臬司年久，尚属熟手，著加恩补授直隶按察使，仍带革职留任。刘峨丁忧回籍，已将一年，著署理清河道事务，俟服阕再行实授。刘峨未到任之前，著梁肯堂暂行护理。黄检安于废弃，著补授正定府知府，仍带革职留任，并著随同周元理办理隆兴寺庙工，以赎前愆。

乾隆四十四年三月谕军机大臣等：据周元理奏，见候英廉来至正定接任后，同赴保定，将一切应办事宜交代明白，即起程赴京，泥首宫门，叩谢天恩等语，殊可不必。周元理此时尚有何颜见朕？即朕亦不忍见之。且周元理自简任总督以来，办理地方诸事颇为尽心，惟迩年来见其精力渐不如前，朕方且怜之，恐其引年致仕，另易生手。至此案之发觉，并非朕之有意吹求，及豫存逆臆，亦非大臣等所能挟嫌中伤，且并无风力科道闻而纠劾，周元理应所深知。况周元理审结此案时，朕即交部速议降旨，及拿获梁绿野，供出知县派累各款，尚以为该犯畏罪反噬。及续获梁二观，供亦相同，则不得不疑其事或有因矣。然犹恐初派之喀宁阿等不能审出实情，特派福隆安前往查办，以定真伪，并面谕福隆安，并不愿周元理之果有此事。及福隆安至正定讯明周尚亲之短发谷价属实，则周元理之袒庇劣员，不即查办，且谓其并无不合，曲为开脱，其于政体官方大有关系，若复为之姑容，致各省效尤，吏治将不可问。是周元理之罪实由自取，朕虽心存怜惜，亦不能废法姑容。此朕办理此案之苦心也。然犹念其年老，不忍径行罢斥、发往军台，仍从宽赏以三品衔，令在隆兴寺庙工效力赎罪。此实格外矜全。周元理如果自知感激愧勉，惟当于庙工实力董办，以期妥速完工，庶可为桑榆之补。此时即欲来京，亦不在应见之列，朕更无可与言。且俟一二年后庙工告竣，朕自当亲诣瞻礼落成，伊于彼时再见未晚。将此明白谕令知之。

乾隆四十四年三月上谕内阁：直隶井陉县劣生梁进文等，哄诱村人，敛钱聚众，抗官殴差一案，现经尚书公福隆安等覆审定拟，分别斩决枭示矣。今日郝硕奏到查审江南乐安县有丐妇二十余人击鼓闹堂，并有奸民董员仔、元九仔等三百余人，拥至县堂，掷石伤官，打殴衙署一案。前日国泰亦奏有审办山东恩县聚众抗官之左都马现等一案。俱将首犯立时正法，余俱分别斩决监候，均交三法司核议速奏，不稍宽贷。一月之中，聚众抗官之案，竟有三起。是外省人心风俗，未免浇漓，甚为可恶。但闻百姓等因素知朕爱养黎元，体恤备至，遂尔渐生骄纵，此则自速罪戾，不能承受朕恩矣。殊不知朕平日所抚绥惠爱者，乃良善平民，若强悍之徒敢于纠众抗官，必执法严惩，不稍轻纵。所谓稂莠不除，嘉禾不殖，翦奸顽正所以全善类也。从前顺治、康熙年间，督抚等犹沿明季陋习，于抗官拒捕之案每多暗为消弭，归于不办。皇考在位，力加整顿，各省官民始知懔遵。朕临御以来，严饬封疆大臣，不许弥缝了事，匿不上闻。朕亦有犯必惩，期于辟以止辟。乃愚民仍不知悛改，究系教化未周，牧民者不可不引以为愧。夫地方官果有科派累民之事，自应重究，而奸民胆敢借端抗官，亦刑诛所必加。是以从前曾降谕旨，凡有此等案件，不宜同时并办，致启刁风。但应确切查明，俟本案办结后，仍将酿事之地方官另行参奏。即如井陉一案，周元理审办时止将奸民正法了事，而置派累激变之劣员于不问，则袒庇徇私，于政体官方大有关系。因派福隆安等前往彻底查讯。嗣据审明该县周尚亲实有侵扣谷价等事，问拟绞候。而周元理及司道府等袒护劣员，曲为开脱，其罪实难轻逭，已明降谕旨，分别处分，将伊等获咎缘由明白宣示。若山东、江西两案，地方官实无不合，原可毋庸办理。若梁进文等之纠众拘捕，亦不能因衅起劣员，遂将刁民曲从末减也。朕综理庶务，一秉大公至正，明罚敕法，惟其人之自取，从不肯畸重畸轻。凡我群黎，岂尚不能深悉朕意乎？著通饬各督抚，将来如遇此等案件，务将起意奸徒及同恶相济之犯重加惩创，不得稍存姑息。仍当董饬各属，实意抚民，毋得骫法滋事。倘有不肖有司科派扰累，亦当查明劾治，勿稍徇纵。否则有井陉之例在，督抚等可不知所儆惧乎？朕意在爱民，惟恐愚氓轻蹈法网，将此旨详悉晓谕，使家喻户晓，不致以身试法。庶风俗淳厚，安享盈宁，以副朕明刑弼教之至意。

乾隆四十四年五月谕：热河自皇祖建立山庄以来，迄今六十余年，户口日滋，耕桑益辟，俨然一大都会。礼乐百年而后兴，此正其时。曾于丙申秋降旨，添设学校书院，加广庠额，以教育而振兴之。并相地鸠工，建立文庙。兹銮辂来巡，适届落成，亲诣行释奠礼。宫墙泮水间，青袍环列，彬雅可观，从此文风益当蒸蒸日盛。况见在庠生已有五十余人，均应与顺天乡试。虽丁酉科曾经中式一人，但边外士子朴鲁者多，恐尚未能与通省贝字号卷校艺获售。著加恩照宣化府之例，另编承字号，每科乡试取中举人一名，俾士子知上进有阶，愈加鼓舞。俟将来文风日盛，人数多至百余名，该督臣再行奏闻增额，以示嘉惠塞上士林，多方乐育至意。该部即遵谕行。

乾隆四十四年六月谕军机大臣等：据杨景素奏，正定镇总兵陈大用禀有匿名逆词一纸，系指山西高平县白莲教任天祥等谋为不轨等因，当即飞咨山西抚臣严密查拿，并委按察使达尔吉善驰赴正定，率同知府黄检严密查办等语。所办甚好，已于折内批示矣。此等匿名逆词，大约俱系奸徒怀挟私仇，计图倾陷。词内既称正定有一军师抑或即系正定地方之人挟仇造写投递，均未可定。但所称军师并未指有姓名，一时恐难根究，而所谓高平任天祥等，俱有的名。今杨景素业经飞咨山西抚臣巴延三严密查拿，自已按名就获，究其是否邪教，虚实可以立辩。并可就任天祥等，讯其平日有无仇家，则匿名揭帖之人即可从而踪迹，鬼蜮自难遁形。该督既委达尔吉善前往，率同黄检查办，其逐塘挨查破损缘由，易于稽核，自可即得端倪。此时正定所属如有应物色之处，黄检自当在彼访查，否则竟当驰赴山西高平县，会同该地方官查讯任天祥等有无仇陷情由，自更可以迅速。且黄检尚能办事，又曾久任山西藩臬，于该省情形素所熟悉，更属轻车熟路也。著传谕杨景素遵照妥办。如已获正犯，即速详细研鞫，务得挟仇诬陷实情，从重定拟具奏。将此旨著由四百里发往，并谕巴延三知之。仍各将见在曾否究出正犯及查审情形迅速具奏。

乾隆四十四年六月谕军机大臣等：前据杨景素奏，漳河漫溢，大溜改趋坝后，田禾被淹，滏河、沙河亦同时涨发等语。因所奏该处情形未甚明晰，曾谕令该督即速绘图贴说具奏。今检阅旧存之滹沱、子牙河图，见滏阳河由束鹿县相近之营上村与滹沱合流，是滏河至此即成滹沱，则漳河与滏河宜在束鹿之上，而下流方入滹沱也。滹沱河有无骤涨，未据奏及，但滏河既已涨发，势必较盛。其汇入滹沱以后，见在滹沱河水势若何？有无增长漫溢，深为廑念。其漳河冲突改溜之处，日来情形若何？滏河、沙河涨水与漳河有无关涉？并著杨景素一并查明，据实覆奏。将此由五百里传谕知之。

乾隆四十六年闰五月谕：热河自恭建文庙以来，朕每年至山庄之日，必即展诚祗谒，用志景行。嗣后仲秋丁祭，著照在京文庙之例，派扈从大学士一员前往行礼，以襄大典。

乾隆五十年三月谕：直隶昌平州为前朝陵寝之地，本朝定鼎后，我世祖章皇帝即命以帝礼改葬思陵。并敕工部修葺诸陵，亲临奠酹，并禁止樵采，添设陵户。我皇祖圣祖仁皇帝亦曾亲临致奠，并饬地方官加意防护，所以加礼前代者最为优渥。朕此次行幸汤山，取道昌平，躬谒长陵致奠。见诸陵寝明楼享殿多有损坏，神牌龛案亦遗失无存，为之慨然勿忍视。盖由明代中叶以后，国事废弛，全不以祖宗为念，于陵寝并未修葺，至末年复经流寇扰乱，亦无人守卫，以致日就倾圮。若其后代之君，果能岁加缮治整齐完固，逮今不过百有余年，亦何至颓剥若此？又诸陵前虽建有碑座，均未镌泐，未审彼时是何意见。今亲临奠醊，周览之下，深为轸恻。自当重加葺治，增设龛位，俾臻完备。再我朝开创之初，睿亲王以我师克取辽东时，明之君臣惑于形家谬说，疑金代陵寝与本朝王气相关，将房山县金陵拆毁。是以尔时亦将定陵享殿撤去，停其祭祀。然明楼宝城仍存其旧未坏也。维时我世祖尚未亲政，其事实由睿亲王建议，亦非世祖意也。今国家一统已历百数十年，胜国陵寝自应一体修复，所有定陵享殿，著仍行修建，春秋祀事如故。又明世宗永陵，前因尹嘉铨条奏，将其祭祀裁撤。但前明之亡，不亡于崇祯，而亡于万历、天启。是以于历代帝王庙中撤其位祀，而陵寝仍前致祭。明世宗虽溺意斋醮，尚不致如万历、天启之昏庸失德，其陵寝自应照前一体致祭，以昭大公。我国家受天眷命，世德显承，于前代陵寝缮完保护，礼从其厚。此次修复诸明陵殿宇等工，即费至百万帑金，亦所不靳。所有此项工程，著派尚书刘墉、德保、金简，侍郎曹文埴、德成董率经理，务期完固。工成后饬地方官随时稽察，小心防护，严禁樵苏，用副朕隆礼胜朝之至意。

乾隆五十一年闰七月谕军机大臣等：据刘峨奏，接据大名、元城二县知县禀报，本月十四日夜有贼人手执器械，拥入县署，砍死该县家人、监夫、刑书人等，并同时拥入道署。该道熊恩绂出堂喊令家人把手库门，遇贼被杀。衙役家人火夫伤死者共十六名。贼众旋即逃逸，当于厢房内搜获匿犯五名，草帽三十九顶。其余贼众俱闻拿奔窜，杀死守门兵丁三名，逸出城门，现在尚无弋获。请将大名协副将舒通额革职拿问，大名县知县吴之珩、元城县知县沈云尊革职，留于地方协缉等语。大名、元城二县衙署同在府城，而道府副将又同城驻札，该处衙役兵丁必多，非山僻小县可比。乃贼犯等辄敢多人黉夜拥入县、道衙署，杀死本道，并砍伤家人兵役多人，出城逃逸，实属罪大恶极，目无法纪。该署副将舒通额，近在同城，并不即时带领兵丁堵御截拿，竟任其肆行无忌，结众奔逃，并无一名擒获，则其畏葸无能，已可概见，自应革职拿问，以示惩儆。至贼众等聚集多人，其平日必有纠约商谋情事，该县知县既漫无察觉，而于厢房内拿获匿犯五名，草帽三十九顶，又不即时讯取供词，究出为首何人，党与何人，乃仅以一禀塞责，殊属糊涂，自应即予革职，俟刘峨前往查询确情，具奏办理。至大名一带与豫、东二省毗连，该犯等逃逸后，必越境奔窜。著传谕毕沅、明兴，迅速选派明干员弁，各于交界处所严密堵截。如擒获一名，即先行讯供，一面奏闻，一面即于该处正法，毋庸解送直隶，以致辗转疏虞。此时刘峨已率同臬司、游击带兵前往，全保亦由正定起身前往。著传谕该督等务须上紧搜缉，先将现获之五人讯究何处人氏，是否案内正犯，平日如何商同纠约，即从此根究躧缉。或熊恩绂平日有殃民劣迹，以致如此，亦未可知，不可隐讳。况道、县二署同时皆有贼人进内，又欲劫囚抢库，同伙贼匪自必众多，不可因其搜获草帽三十九顶遂信为实数，以致贼众漏网；务俾瞖不畏死之徒悉就拿获，以正刑诛，不可令其远飏，致稽显戮也。

乾隆五十一年闰七月谕军机大臣等：刘峨奏据大名、元城二县续禀，会同营员，督率兵役，拿获王国柱、王八二名，同前获之许三等五名，严加究问。据称向随八卦会会首系山东单县人刘洪，现在单县监禁，头目系广平县段文经、元城县徐克展，伊等均入其会，于十四日齐集许三家内，伙同杀官抢库劫狱，再救单县刘洪等语。该犯等以邪教余孽，竟敢伙同杀官抢库劫狱，实属罪大恶极。据供欲救单县刘洪，此事或竟潜往彼处滋事不法，亦未可定。著传谕明兴迅速前往单县监提刘洪，究问党与何人？伊弟二洪现逃往何处？一面遴委员弁分投缉拿究讯，一面即将刘洪带至省城，严行监禁，以便讯究。至刘峨现在自已驰抵大名，务将此案逸犯迅速严拿，务获尽法惩治，毋使一名漏网，以致复留余孽。

乾隆五十一年八月谕内阁：大名道熊恩绂，于逆匪段文经、徐克展等纠众滋事，抢劫监库，黰夜砍入道署，被杀身死，固由该道平时漫无觉察，不能先事豫防，致被本管之役逞凶杀害，原有取死之道，非临阵捐躯及在工落水淹毙者可比。但熊恩绂究因在公被害，猝不及防，其情尚属可矜。著交该部照台湾同知潘凯被生番戕害之例，赏给恤典。至大名、元城二县，前已有旨从宽留任，令刘峨察看二人谁为办事出力，据实具奏。

乾隆五十二年三月谕：顺治年间，因明陵附近居民于陵旁樵采，曾奉谕旨禁止，并添设陵户看守。数十年来，地方官并未小心稽查，以致殿宇损漏、墙垣欹侧之处甚多。前年朕亲临奠醊，缅怀前迹，是用恻然。因特发帑金，拣派大臣监督，将各陵重加修葺。兹届工竣，朕便道亲临阅视，殿宇焕然，松楸如旧。第恐阅时既久，地方官查禁不力，复不免有私行樵采，及殿宇墙垣间被风雨损坏等事。嗣后应交直隶总督责成霸昌道就近专管稽查，仍于每年十月著工部届期奏请，派该部堂官一员前往查勘，如有殿宇墙垣树株伤损等事，惟该管道员是问，以示朕加礼胜朝、保护旧陵至意。著为令。

乾隆五十二年五月谕：朕恭阅《世宗宪皇帝实录》，内载直隶州县太监之父兄弟侄在地方不无生事，令该州县详报总督具题，并交内务府约束惩治；又内务府大粮庄头，并诸王大臣庄头等滋事梗法之处，分别严惩二条。煌煌圣训，实万世所当遵守。我朝家法相承，太监止备内廷洒扫供役，不令干预政事，从无似前代内监假窃威福、任意妄行之秕政。即内务府庄头人等，均知畏法；设有不肖者，亦皆有犯必惩，实与编氓无异。经我皇考复加整饬，官府肃然。朕御极以来，守而勿替。方今纲纪修明，各内监等皆敬谨守法，其父兄弟侄自不致借端滋事。而总管内务府大臣及诸王公等，身荷重恩，于伊等属下亦必严行管束，不至倚势招摇。是目今实无此等事。但奉行既久，或恐视为泛常，积久生玩，防范稍疏，于政体甚有关系。著交直隶总督严饬各州县实力查察，倘有太监家属及庄头等在外生事，轻则随时惩治，重则参奏办理，不得因见在尚无此等弊端，稍存玩忽，以副朕祗承前训、杜渐防微之至意。此后著直隶总督十年一奏，永为例。

乾隆五十二年十月谕：孟生蕙奏请停止刘峨所奏昌平州开采硫磺一折，内称该州坐落正当京城乾坎之位，其山即京城北面之屏障，山以虚受，气以实流。实者削之使虚则甚易，虚者补之复实则甚难等语。所奏已属迂谬，至折内后称“安畿辅数百里内之坤舆，葆神京亿万斯年之元气。则国家幸甚，天下幸甚”，措词更属荒诞！京城外西山、北山一带，开采煤窑，及凿取石块，自元、明以来迄今数百余年，取之无尽，用之不竭，从未闻以关系风水，设有例禁。岂开采硫磺遂致于地脉有碍？即云开设磺厂，恐聚集多人滋扰地方，则每岁采取煤斤石料，所用人夫不知凡几，岂皆良善安分之徒，何以并未见有滋生事端之处？乃孟生蕙折内妄以坤舆元气为辞，并以封闭开采为天下国家之幸，夫此等重语，在杨继盛参严嵩、杨涟参魏忠贤用之则可，今有其人有其事乎？明朝科道朋党，好为虚词激成廷杖为荣，以致屋社，终无益于国。且开一磺厂何关紧要，而张大其词若此？况昌平系前明陵寝所在，若以开挖磺厂有碍昌平风水，隐为明陵起见，则孟生蕙恐不能当此罪戾。且料伊庸陋之见，未必竟敢如此设想，亦不值加以深究耳。孟生蕙人本平常，今年夏间在热河召见，奏对模糊，其才具已久在洞鉴之内。伊不过因近有京卿缺出，日内正在题本，辄先为此奏，妄思见长，以为邀恩升用地步。其居心殊为猥鄙妄诈。昨内阁进呈吏部题本，因伊系开列应升之员，况员缺并非繁要，朕因山西在朝之大员甚少，原已将孟生蕙补用。今伊所奏如此支离荒谬，即不重治其罪，岂可复邀升擢？所有吏部缺本著即撤回，候朕另行简用。孟生蕙仍著交部严加议处。至昌平州开采硫磺一事，孟生蕙既有此奏，其产磺衰旺情形，应否开采之处，亦宜查勘确实。阿弥达见赴昌平州，查看明陵工程，著派蒋赐棨即赴该处，与阿弥达带同该地方官亲至产磺处所，详悉履勘。如该处产磺旺盛，自应设厂开采，以资军火之需。若所产不旺，即行据实奏明，封闭停采，亦不必因有此奏稍存回护之见。孟生蕙原折著掷还。

乾隆五十二年十一月谕军机大臣等：朕明春临幸天津，巡视海淀。向来直隶淀河一带豫备彩棚戏台，并设有采莲船只等件，徒滋糜费，殊属无谓。著传谕刘峨，此次临幸天津经过地方，于此等无益之费概不必豫备。至天津商人等情殷爱戴，于朕临幸处所，向或偶有点缀，虽不便概行禁止，但不可过事浮靡，致多繁费。并著穆腾额谕令该商等，务宜仰体朕意，止须照常豫备，毋得侈为观美，以副朕崇实黜华之至意。

乾隆五十三年二月谕内阁：刘峨奏请将巨鹿县令沈长春升署大兴县令一

折，已批交该部议奏矣。大兴系京畿首邑，属顺天府尹所辖。该督既拣员升署，自应会同该府尹联衔具奏，方为允协。因敕查吏部旧例，向来由直隶所属各府人员升调至顺天府属者，本系督臣主稿，会同顺天府尹联衔题奏。嗣经袁守侗奏，顺天府属人员升调直隶各属者，会同府尹题奏，而直隶各属升调至顺天府属者，则由督臣单衔题奏。刘峨此次拣员升署大兴令，虽系循照此例办理，但未免心存歧视。且府尹本非总督属官，其体统与巡抚相等，并经朕特派尚书侍郎兼摄。若遇该府尹所辖题升调补之事，该督并不关会，则府尹竟成虚设，于事理究属未协。嗣后顺天府所属各厅州县，遇有升调隔属，及由隔属升调顺天府所属者，俱著该督会商府尹，联衔具奏，以符体制。

乾隆五十四年五月谕内阁：前因直隶各州县应征旗租旧欠未完，新欠又有二十余万之多，其中难保无官吏挪移情弊，降旨令刘峨留心密访，据实具奏。兹据该督奏称，缘佃种旗地之户家本贫寒，收成丰稔，尚可按期完纳；一遇水旱不齐，动致拖欠不清，而地亩盐碱抛荒，佃户逃亡，亦所时有。此数年积欠之故，实由于此等语。各州县应征旗租，或因水旱不齐，致有拖欠，自当分别缓带，以纾民力而清款项。若果田亩盐碱抛荒，则其地已不能耕种，租从何出？至佃户逃亡，如实因地不能种，逃至他所者，即应奏请豁免。如系无力承种，出外营生，亦应另行召垦，何以并不确查妥办？若必须按年经征，则地已抛荒，小民何能交纳？至该督奏请，著令地方官依数赔缴，似此年复一年，伊于何底？各省应征地丁正项钱粮，如系实欠在民，朕尚加恩豁免，从不令地方官赔缴，焉有因积欠旗租，转令代为赔纳耶？各州县给予廉俸，尚动称不敷办公，借端侵缺，若复令赔缴旗租，将伊等更得有所借口，殊属不成事体。且朕轸念黎元，凡遇旱涝偏灾，无不立予蠲赈，虽千百万帑金，从不稍存靳惜，岂有地亩既荒，尚令小民赔纳租银？更非朕体恤闾阎之意。但地方大吏从前何以未经奏明，恐各州县有影射虚捏、延宕侵挪等弊，不可不彻底清查。著派侍郎伊龄阿、管幹珍，于朕启銮后前往查办。彼时京中无事，伊二人更可以详细履勘。如查系实在田亩盐碱抛荒及佃户逃亡因而拖欠者，即据实奏明，候朕降旨，酌予豁免。如查系地方官谎词捏饰，希图影射侵蚀者，即当参奏治罪。此等丈量地亩之事，朕向来不肯轻易派员前往查办，以免扰累。今直隶各州县积欠旗租，如果实系田亩盐碱抛荒，佃户业已逃亡，所有应征租钱自无从追纳，并非地方官催征不力之咎。岂有照刘峨所奏，仍令常年赔缴之理？朕此次特派大员前往查办者，系为爱惜官民起见。朕既不忍累民，又岂肯累官？伊龄阿等务宜秉公办理，以副朕曲加体恤，核实清厘至意。

乾隆五十四年　月谕：直隶各属被水，应征赈恤之处，著拨库银五十万两以资分给。但闻银库旧例，前经雍正年间果亲王奏定，凡遇应发银两，除俸饷外，俱有应扣平余。其在工程等项需用银两，原可悉照部法支放，若地方偶有灾歉，特发帑银赈恤，毋许不肖官吏丝毫克扣。其事较俸饷尤重，不可于部库拨银时分两稍有轻减。此次所发五十万两，著该部即于库贮元宝如数发往。嗣后如遇赈恤之项，俱照此行。著为令。

乾隆五十五年正月谕：朕赖昊苍眷佑，既逾古稀，欣开八帙，幸得小康，时怀大惕。自乾隆十年以迄四十二年，时沛恩纶，普免天下钱粮业经三次矣。今岁届朕八旬寿辰，仰荷天祖贻庥，率土称庆，以致梯航重译，祝嘏来庭，从古史牒，实所罕睹。是以广宜湛闿，敷锡兆民，普叶崇禧，以答嘉贶。著将乾隆五十五年各直省应征钱粮通行蠲免。其如何按年轮蠲之处，著大学士会同户部即速核奏遵行。

乾隆五十五年五月谕：本日军机大臣将金简寄到温榆河全图及说帖呈览，朕详加批阅，据说内称，温榆河自居庸关外军都山发源，汇合八达岭及黑龙潭二处之水，经沙河直达蔺沟，流至三岔河，南入通州境等语。而其所绘图内，则温榆河系在通州界内。温榆河既发源军都山，则自沙河以北为温榆，而自既入沙河以后，即不可谓之温榆。如白河已入潮河，即为潮河之水，犹之伊、洛、瀍、涧既入于河，则总名为黄河，而不得复别为之伊、洛、瀍、涧，此其显然可证者也。乃图内由军都山迤南，历经沙河、蔺沟、三岔河等处，直至通州新开河口，始签贴温榆河字样，殊不可解。著传谕金简再行详核，是否系军都山发源之称，及到通州地方又有温榆之名，详晰绘图粘签呈览，勿致再有牵混。

乾隆五十六年三月谕：朕恭阅《世祖章皇帝实录》，内有直隶总督张元锡，被麻勒吉呵辱自刎之事。因取国史馆所纂《张元锡列传》详加批阅，内载张元锡于任直隶总督时，值孙可望降附，学士麻勒吉赍敕往迎，至顺德府，元锡出迓。麻勒吉责其失仪，加以呵辱。元锡归引佩刀自刺，以家人救未绝。经巡抚董天机奏闻，命学士折库纳往究，并令赴京质对。元锡具陈麻勒吉苛索凌辱情状，下九卿、科道议将麻勒吉革职，旋经降级留任。数月后元锡复自缢身死等语。朕阅此情节，当时开国之初，满汉臣工不无意存歧视，此案自系袒护满洲，故于麻勒吉议从末减。试思张元锡接见麻勒吉时，若非任意需索，肆行呵斥，种种受辱难堪，何至以总督大员遽尔轻生自刎？迨赴京鞫对，复未将伊屈抑之处，为之申理，致张元锡含冤莫雪，仍复自缢。麻勒吉妄作威福，情罪甚大，设在此时，朕必置之重典，决不稍为宽贷。至张元锡服官本朝，并无劣迹，虽系明季庶吉士，未经授职，与曾任前朝清要、靦颜改节者不同，非但不应辑入《贰臣乙编》，并不应列入《贰臣传》内。乃国史馆臣不加详审，辄与冯铨、龚鼎孳诸人一例编辑，该总裁亦不免存偏袒附和之见。著饬行该馆，从前所办诸臣列传，有身事本朝而在胜国时仅登科第，未列仕版者，均著查明改正，毋庸概列贰臣，以昭信史。朕彰善瘅恶，一秉大公，于偷生贪禄，行同犬彘之流，即身后亦不能幸邀宽假。而核其事迹，实与贰臣有间者，则必明示区别，使薰犹不致混淆。如张元锡等地下有知，固当衔感于泉壤，而天下万世知朕于满汉诸臣一视同仁，褒贬悉归至当，益可晓然于激劝之大义也。

乾隆五十七年二月谕内阁：据吴省兰奏准督臣梁肯堂咨送年满教职，保荐甄别，抄疏令学政衙门备案，内有保荐教职二员，李德舆只见过一次，吴士升并未见过，因业经具题，咨商无及，已咨令梁肯堂调送补验等语。各省教职系学政专管，其保荐堪膺民社之员升任知县后，如才具平常，不能胜任，原保之学政，定例处分綦严。是各省保荐教职时，自应与学政会商，择其才具优长者，会衔保题。今梁肯堂所保教职二员，并未先与学政商酌，于会衔具题后始行抄疏知照备案，殊非慎重保荐之道，竟系梁肯堂不以学政为事，率臆径行，国家简任学政，岂不竟同虚设乎？梁肯堂著严饬行。此后遇有甄别保荐教职等事，均应照例会同学政先行酌商，秉公办理，联衔具题，毋得仍前径行专办，以符体制。至各省督抚，若于保荐甄别地方官员亦有似此并不彼此会商，辄以一人专主，即会衔具题者，一经发觉，朕必重治其罪。将此通谕知之。

乾隆五十七年　月谕：前因顺天府所属蝻孽萌生，经派往大臣等分路查勘，核对所奏情形，当起自三河一带。梁肯堂非惟不将该县李培荣查参，转以之请升通州知州。所有三河县缺，仅令州判陈馨洲接署，显为李培荣规避处分起见，将其咎卸与微末州判，以完此局。本日据梁肯堂奏，李培荣已先委署通州，如虫患竟起自三河，自应将陈馨洲参奏等语，果不出朕所料。朕知梁肯堂必如此办理，早经降旨将李培荣离任，其通州员缺，另将景祥简补。梁肯堂身任总督，乃徇庇属员，曲为开脱处分，实大不是。著交部严加议处。

乾隆五十七年八月谕内阁：前因顺天各属间有飞蝗残蚀禾稼之处，节经降旨严饬梁肯堂、蒋赐棨等督率所属，实心扑捕，并特派大臣分路查勘。核对所奏情形，蝗蝻所起之处当在蓟州三河一带，复经降旨令梁肯堂、蒋赐棨等确查实在起蝗处所，将该州、县据实严参。嗣据蒋赐棨等查奏，蝻孽蠕生系由三河所起，而梁肯堂覆奏折内含混其词，并不将三河一路提出，转请将该县知县李培荣升擢通州，又经降旨询问，并令该督明白回奏。乃该督覆奏之折，仅将署三河县知县、州判陈馨洲参奏革职，而于李培荣则称该员于五月委署通州印务，三河有蝗之时在该员卸事之后等语。朕谓蝻孽之生，多在二、三、四月内，即或至迟，亦不出闰四月。李培荣系于五月内始署通州，蝻孽生时，即在该员三河任内之事。乃梁肯堂欲为该员规避处分，豫调署理别州县印。今又称满城地处冲衢，事务紧要，是以委令署理。查满城本系简缺，而该员三河本任转属要缺，今以本居要缺之员，调署简缺，而转以地冲事繁为词，且亦并未曾奏闻，显系有心捏饰，欲盖弥彰，为该员开脱，而卸罪于微末州判，以完此局。此等伎俩，岂能逃朕洞鉴！且即以通州而论，该处亦有飞蝗，李培荣并未据实禀报，实力扑捕，其咎又将谁诿？昨已降旨，将李培荣革职，交刑部治罪。梁肯堂始终为李培荣开脱，欲其置身局外，仍邀升擢，袒护劣员，冀图朦混了事，以致简要倒置，是诚何心？梁肯堂著交部严加议处。至蝗蝻残蚀禾稼，最为民害，惟在及早实力扑捕蝻子，不致成蝗飞起，方不致蔓延贻患。如或地方官玩视民瘼，讳匿不报，及捕蝗不力者，从前乾隆二三十年间，经朕节次严惩，地方大小各员稍知儆畏留心。近因并无蝗蝻，二十余年从未降旨饬询，是以地方官日久玩生，遂致心存讳饰。岂朕痌瘝在抱，拯害恤民之意？嗣后除云、贵、四川、闽、粤等省向不闻有蝗外，其余各省，凡有沮洳卑湿之区，即防蝻子化生。各该督抚务严饬所属，每年于二三月内实力搜查，据实禀报，各该督抚等具奏一次。倘复玩忽从事，有心讳匿，一经发觉，必当重治其罪，断不稍为宽贷。将此通谕知之。

乾隆五十八年二月谕军机大臣等：前据郭世勋奏，英吉利国遣使进贡祝厘，由海道至天津赴京，曾经降旨以海洋风信靡常，该贡使船只或于闽、浙、江南、山东等处近海口岸收泊，亦未可定。而近海一带营伍未必一律整肃，因谕令该督抚等，如遇该国贡船进口时，务须派员弹压稽查，列营摆队，以示严肃。但外省习气非失之不及，即失之太过。若该督抚等因有此旨，办理过当，迹涉张皇，竟似陈兵备御者然，不特该国使臣心怀疑惧，即地方民人亦觉惊骇耳目，殊为未便。著传谕该督抚等，该国贡使到口时，总须不动声色，密加查察防范，以肃观瞻而昭体制。固不可意存玩忽，亦不可张大其事。务使经理得宜，无过不及，方为妥善。再该国遣使赴京，或于贡船之便，携带货物前来贸易，亦事之所有。若在福建、江、浙等省口岸收泊，该处非若澳门地方向有洋行承揽之人可为议价交易。且该国来使与内地民人言语不通，碍难办理。著传谕福建、浙江、江南三省督抚，先期行文广东省，令郭世勋将该处行头通事人等，拣派数人豫备。如该国贡船于该三省进口时带有贸易货物，即飞速行知广东，令将豫备之人派员送到，以便为之说合交易。若该贡船在山东、直隶进口，该二省距京甚近，毋庸调取澳门之人，即可来京交易，交四堂人代为经纪，其事较为近便。仍著该督抚等谕知来使，以浙江等省向无洋行经纪，诚恐该国使人不晓内地言语，讲论价值不能谙悉，或有亏折之处，特调取广东澳门洋行熟手为之经理，公平交易，俾其得沾余润，以示怀柔体恤至意。

乾隆五十八年五月谕军机大臣等：征瑞奏，闽、广船只已有抵口者，询以沿海曾否遇见英吉利国贡船，尚无确信。征瑞现往大沽地方及海口一带查看道路，及贡件如何拨运，先行筹定，即赶回随驾热河等语。英吉利贡船现在尚无确信，其到后又须查点货物，用船拨运，抵京之期尚早。若该贡使等于六七月内始到，维时带往热河，与蒙古王公及缅甸贡使等一体宴赉观剧，较为省便。此事虽经梁肯堂派令地方文武豫为备办，究不足以资统率。征瑞驻札天津，距海口较近，盐政职系钦差，将来贡使到后，该盐政率同地方官带赴热河更为妥协。所有料理英吉利贡使一事，著专交与征瑞承办。此时贡船虽尚无信息，而道路尖宿及拨运贡物等事，均须豫为筹备。此次征瑞不必前来接驾，竟候西洋贡使到后，再带同前赴热河。伊系内务府人员，于供应外藩差使较为熟悉，沿途照料，自更周妥也。

乾隆五十八年六月谕军机大臣等：奇丰额奏，接据长麟咨会，英吉利国贡船，于六月初一日自浙省青龙港开行，连日南风顺利，或可迅抵津门等语。该国贡船笨重，不能收泊内洋，到津后须辗转起拨，计抵热河，已在七月二十以外，正可与蒙古王公及缅甸等处贡使一体宴赉。即或海洋风信靡常，到津略晚，不能于七月内前抵热河，即八月初旬到来亦不为迟。但应付外夷事宜，必须丰俭适中，方足以符体制。外省习气，非失之太过，即失之不及。此次英吉利贡使到后，一切款待，固不可踵事增华。但该贡使航海远来，初次观光上国，非缅甸、安南等处频年入贡者可比。梁肯堂、征瑞务宜妥为照料，不可过于简略，致为远人所轻。再前据长麟奏，英吉利国船上有官员五十余人，从人水手八百余名，将来收泊海口，正副贡使前赴行在瞻觐，除随从员役外，自有留看船只之人。著征瑞即询明通事，贡使正副几人，跟随贡使前赴热河共若干员名，开具清单速奏。其留于外洋大船看守员役舵工水手人等，亦开具人数名单一并奏闻，以备赏给。

乾隆五十九年三月谕：朕此次临莅津淀，原为当令时巡，省方问俗，并非为游玩适情。屡经降旨，谕令该督等毋许于沿途备办排当点缀等件，以致无益妄费。乃本日驻札杨芬港地方，该督尚备有龙舟及戏剧杂伎，踵事增华，徒滋糜费，殊非仰体朕问民疾苦、黜华崇实之意。本应将该督等治以应得之罪，但念伊等职司地方，因朕翠华临幸，借以抒忱效悃，亦属出于爱戴之心，姑从宽免其究处。已将龙舟等件概行屏除外，至此项费用，虽据该督等奏系捐廉办理，第恐地方官吏有借词累及闾阎情事。著于长芦应解内务府款项内赏给银三万，以为杨芬港豫备龙舟及各项点缀之用。该督等宜益知感愧，毋任属员等丝毫派累，以副朕屏绝浮华、省方施惠至意。

乾隆五十九年六月谕军机大臣等：本日福长安奏近日雨水情形，据称京城自十七八至二十五六等日，连日俱有大雨，势甚倾注，道路俱经水漫。京城附近地方所种庄稼，其已经长发出土甚高者，俱无妨碍。而山坡道旁补种田禾，甫经出土者，间被水淹沙压等语。京城自月初以来，通得透雨，大田均已布种齐全。今因十七八至二十五六等日，连日大雨倾注，以致山坡道旁补种田禾，间被积水淹浸，沙土冲压。此等处所，农民已费资本，乘时赶种，甫经出土长发，即被水淹沙压，难望有收，岂不可惜可怜！此时水势自已消涸，但农谚有“初伏萝卜二伏菜，三伏种荞麦”之语，是蔬菜、荞麦等项目下犹可赶种。著留京王大臣传询顺天府，此等水淹沙压地亩，如有无力贫民不能再行补种者，即行查明，酌给籽种。俾得赶种有收，藉资口食，不至失所，方为妥善。将此谕令知之，仍即速奏。

乾隆五十九年六月谕内阁：此次巡幸热河，经过怀柔地方，见丰山口内外一带道旁田地颇有积水，因令扈从大臣询问跪道之昌平州知州，顺义、怀柔两县知县，俱称二十四日此一带得雨二寸。复令询之该处村民，则称二十四日所得之雨实有五寸，兼接前润，已为深透等语。朕以怀柔一带既据村民佥称得雨五寸，何以该州县转为减少其数？或系该州县等具报总督只称二寸，是以意存回护，因令梁肯堂将该州县原报得雨分寸查核具奏。兹据该督奏称，顺义县张怀泗、怀柔县张廷仪，原禀只称得雨一寸，其为回护显然。丰山口虽系怀柔县所管地方，但昌平州知州蓝嘉瑄、顺义县知县张怀泗，辄同称得雨二寸，含混登答，请将该州县一并先行革职严究等语，所奏略为过当。该州县如平日于地方事件，或有废弛贻误，或于出借籽种，从中克扣，及应办赈济，有心讳饰，居官声名，不惬舆论，又兼捏诬，则革职尚为侥幸。若该州县平日并无别项款迹，尚能留心办理地方灾赈事务，今只系回护原报，含混登答，是仅偏于疏忽，意在称灾，尚非讳灾可比。将该员等交部察议已足示儆。倘因此即予革职，恐地方官遇有灾歉，转致讳饰不报。朕办理庶务，于大小臣工功过一秉至公，从不肯畸轻畸重，稍有屈抑。此事著交苏凌阿、蒋赐棨即亲赴昌平、顺义、怀柔，将各该员在任所办地方事务舆论若何，及灾赈等事是否实心经理，有无借端侵扣等弊，据实具奏，再行分别核办。至近畿各属，节据梁肯堂奏称，良乡、涿州、易州、房山等处得雨一二三寸，通州、武清一带得有透雨，而大兴、宛平尚未据报得雨，恐顺天府所属各州县究欠沾被。现在莫瞻菉在京并无应办之事，著即轻骑减从，前赴顺天府所属，详查各该处节次得雨是否属实？所种大田已种者是否长发？未种者现在曾否陆续补种齐全，有无被旱成灾之处？据实具奏，以副朕念切民依，无时或释至意。

乾隆五十九年十月谕：朕自临御以来，勤求民隐，日有孜孜，惟期藏富于民，家给人足。仰荷昊苍眷佑，列祖贻庥，寰宇升平，重熙累洽，行庆施惠，闾泽频加。节经普免天下漕粮三次，地丁钱粮四次，其余遇有偏灾，随时蠲赈，不下千万亿两。近将各省积欠钱粮概行蠲免，又复数千万两，所以子惠元元，休养生息者，至周且渥。今朕纪年庆符周甲，丙辰元旦举行归政典礼，为嗣皇帝登极初元。大廷授受，笃祐延庆，实为旷古吉祥盛事，允宜广沛恩纶，俾薄海群黎共沾湛闿。本欲于新正传位后降旨，但恐二月间即当开征之期，恐远省接奉稍迟，著即将嘉庆元年各直省应征地丁钱粮通行蠲免，以示朕与嗣皇帝爱育闾阎、同锡恩施至意。其如何按年蠲免之处，著交部查明，照例核议具奏施行。

乾隆六十年二月谕内阁：梁肯堂奏，保定省城于二月十六七日续得雪泽三寸等语。上年腊雪普沾，麦根盘固，甚为有益。现在麦苗甫经出土，正资晴煦长发，而此次得雪积厚三寸，且雪后春寒颇甚，畿辅一带想亦相同，于麦苗有无伤碍，是否不致积压之处，著梁肯堂即行查明具奏，以慰廑注。

卷　四

帝制纪四

诏谕四

嘉庆元年五月谕：朕此次巡幸热河经过地方，业经降旨将本年地丁钱粮蠲免十分之三。但跸路所经，阅视沿途禾稼情形，如顺义县属之清河及密云县属之石匣、要亭一带，在地禾稼颇为茂盛，惟昨日经过之怀柔迤东在密云附近地方，地土稍干，田禾不能一律芃茂。已据该督梁肯堂奏明，将麦收较歉之处办理平粜出借。但现届青黄不接之际，小民口食尚恐不免拮据，所有怀柔、密云两县所属村庄内得雨较少，麦收歉薄之处，著加恩交该督查明，蠲免本年地丁钱粮十分之五，以示巡行施惠，体恤民隐至意。

嘉庆元年十月谕：前因张若渟、成德审讯范光震呈控商总欺隐窝价一案，所办含混牵强，特派军机大臣会同该部，提案另行审办。兹据军机大臣查奏，新派芦商查善和、查世廷、杨秉钺、卫素昌等四人，现运官引盐斤，经张若渟等先交新任盐政，变价入官，业于沿途截留停运。该州县无盐接济，有妨民食，先行奏明，请饬令照旧分运等语。张若渟等办理此事实属大错。此项盐斤，均系分运各该州县地方，以济民食。今截留停运，现届冬令，河道一经冻阻，必致盐斤不能运往，小民有淡食之虞。且盐斤在途守冻，船户等必有偷卖等弊，于商民均有不便。张若渟等审办此案，当于盐政运司有无请托贿嘱情弊，及商总等有无欺隐窝价审明，方为正办，而一切俱未能审讯明确，于鹾务民食是否窒碍情形概置不问，辄将新商等所运盐斤先行查抄变价，以致沿途停运，俾州县无盐接济，是何理耶？况杨秉钺即使审明实有谋产减估情弊，应行查抄治罪，而于所运盐斤亦应酌筹办理。且四商内惟杨秉钺系被告之人，其查善和、查世廷、卫素昌三人并无应得罪名，乃亦一并议令变价入官，更属乖谬。除已照军机大臣所奏，令该督抚、盐政等速行督饬沿途州县，将截留盐船催令照旧分运，毋误民食外，张若渟、成德办理此事实属错误，著先行交部严加议处，俟军机大臣等将本案详审明确后，再降谕旨。

嘉庆元年十月谕： 户部尚书缺出，昨因现在所有汉侍郎非新放，即人不相宜。朕以张若渟系张廷玉之子，范宜恒系范文程之后，原欲于伊二人内简擢一员，以示眷念旧臣之意。乃张若渟审办天津盐务一案，于方维甸、阿林保与商人杨秉钺有无情弊全未能审讯明确，辄将杨秉钺家产查封，并将查善和各商等现运盐斤一并变价，即令停运在途，有妨民食，所办实大错谬。杨秉钺应得罪名尚未讯究得实，何得遽将伊家产查封？即或杨秉钺果有谋产减估情事，亦止罪坐该商，何得波及查善和等三商，将领运在途之盐并行变价？现在气候渐寒，若再稽延时日，一经冻阻，则各州县地方无盐接济，小民皆有淡食之虞。现已令军机大臣行知各该督抚、盐政，即饬各该地方官督率办运商伙等速行，照旧分运，以资民食。朕另降谕旨，将该侍郎等交部严加议处，张若渟似此办事错误，岂可复胜任尚书之任？所有户部尚书员缺，著范宜恒补授。朕办理庶务，于臣工功过黜陟，惟视其人之自取，从不稍存成见。将此通谕知之。

嘉庆二年七月谕内阁： 前据留京王大臣等奏，七月初一日浓云密布，自辰刻微雨沾洒，时断时续，至初二日辰刻方止，午后又有密雨一阵，旋即开霁等语。而顺天府尹及总管内务府大臣所奏亦属相同。热河自上月二十九日即有阵雨，至初一、初二势更滂沛，直至初三日午刻方止。朕阅留京王大臣之奏，方以为京师雨势小于热河，于田功尚无妨碍。及昨据梁肯堂奏，永定河工次，闰六月二十九日亥刻起大雨如注，初一二日雨势更急，平地水深二尺，以致永定河埽工冲刷。永定河头二工段，即在芦沟桥附近，距京不过二三十里，断无与京城雨势大小如此悬殊之理。况本报屡次为泥水耽阻，即询之赍送本报及由京前来热河之人，皆云是日京城之雨甚大，平地水深二三尺不等。何以留京王大臣折内尚称断续相间，初二日旋即开霁？即或因此时庄稼俱已长成，高阜之处晴霁后水势全消，尚无妨碍。其低洼地方被淹甚少，不致成灾，亦应将此种情形详晰奏闻，何得意存粉饰？在伊等之意，以朕现在盼望捷音，经理军务，宵旰焦劳，不复以此再烦朕念耳。不知望捷音、理军务，乃朕分内之事，而朕廑念雨旸民瘼，更重于此也。留京王大臣等俱系朝廷大臣，宁尚不能仰体朕意乎？若似此互相隐饰，则封疆大吏从而效尤，民隐无由上达，是伊等欲慰朕怀其事小，而启讳灾捏饰之渐，更重朕过，所关甚巨，不可不示以惩创。所有前奏不实之留京王大臣、顺天府尹、总管内务府大臣等，俱著交部议处。仍著即将京畿一带田禾有无妨碍，及低洼处所是否淹浸之处，据实速奏，勿再讳饰干咎。至在京科道，均有稽察之责，京师雨势过大，而留京王大臣等并不据实具奏，该科道何以亦无一字奏闻？均属非是，并著饬行。将此通谕知之。

嘉庆二年九月谕：梁肯堂奏查明被水州县一折，直隶上年及今岁麦收俱极丰稔，本年七月间秋雨较大，永定河上游山水涨发，以致下游附近之州县间有被淹处，所在地禾稼未免受伤。若将各该属应征新旧钱粮仍照例一律征收，民力恐不无拮据。所有被水成灾之良乡、宛平、通州、宝坻、武清、霸州、文安、固安等八州县，著加恩将本年应征民地钱粮蠲免十分之一。其蠲剩钱粮分作二年带征，应征旧欠钱粮并旗租仓谷等项，俱著加恩，一体分作二年缓征。至涿州、香河等二十二州县，低洼地亩亦间有积水，豆谷收成未免少歉，亦著一并加恩。将涿州、香河、蓟州、三河、东安、永清、保定、清苑、新城、雄县、高阳、蠡县、安州、冀州、衡水、武邑、宁晋、隆平、献县、肃宁、安平、大城等二十二州县应征民地钱粮，并旗租仓谷等项，均缓至来年麦熟后征收，以纾民力。该督务须督饬所属实力奉行，俾小民均沾实惠，毋使一夫失所，以副朕轸念灾区，恩施无已至意。

嘉庆四年二月谕：热河承德府为每年太上皇考秋狝驻跸之所，该处民情素殷爱戴，朕心深为怜悯。著将承德府及所属州、县，并经过畿内之宛平、顺义、怀柔、密云、昌平等州、县本年应征钱粮，全行蠲免。至陵寝一路，将来奉移时应先期修垫道路，该处百姓亦宜轸恤。著将大兴、三河、通州、蓟州、遵化州等州县本年应征钱粮，普行蠲免。并著直隶总督于接奉部文行知后，速即刊刻誊黄，遍行粘贴晓谕，毋得仍前压搁，任听不肖官吏私征弊混，庶恩膏下逮，小民得沾实惠。该部即遵谕行。

嘉庆四年六月谕军机大臣等：胡季堂奏，直省悬欠各项，请酌赏限期，分别归补。其现任直隶各员，应提集省城，按限追缴，至升迁外省已回旗籍者，应行文各原籍及该管现任督抚，将欠项各员提至省城管押等语。胡季堂此奏只为追缴库项悬款起见，而不顾事理之难行。且于各省吏治均有关系，断不可行。直隶各州县皆有地方之责，若因立限追完欠项，俱提至保定省城，则本衙应办刑名、钱谷、词讼诸事，势必交佐杂及委员经理，不特旷废职守，兼恐百弊丛生。至回籍各员亦令本省督抚提集省城管押，则各员在会垣株守，更无从设法措交官项，仍致日久悬宕，于事何益？若升迁外省之员，或有才具明干，身膺繁剧，为上司所任用，或有经手紧要事件，该督抚焉肯调驻省城，置之空闲，为他省代追官项之理？必致纷纷奏请，仍回本任，其事亦属难行。况胡季堂既欲将升迁外省亏短直隶公项之员，提至各省城拘管勒追。其有亏短他省公项升迁直隶之员，则各督抚亦必思仿照此奏，行文胡季堂，将各该员拘集省城。是亏欠本省及他省官项各员，皆须提集保定，则直隶地方官之在本邑者寥寥矣。若各省皆从而效尤，则天下凡有应缴亏项各州县，必致一举而空之，试问国家曾有此政体乎？即据单内所开，不特州县，如巡抚冯光熊亦有摊赔之款，岂欲将伊调至云南省城，令富纲追缴耶？封疆大吏当以吏治民生为重，而财赋次之，胡季堂何不知大体若此！直隶未完各款已悬宕三十余载，既须次第清厘，何必亟亟？现在各省悬项分别子孙代赔及前任、现任三款，已交户部陆续查办。此单亦著户部核明具奏，候朕降旨定夺。至此时已提至保定各员，仍著回任办事。

嘉庆四年八月谕内阁：江兰奏护送官兵前往直隶拱极、良乡地方，该营塘拨并无弁兵在汛，而文武员弁亦无一员在彼护送等语。各省设立塘汛，额设弁兵，原为稽查奸匪，缉拿盗贼，护送差使，理应一律整齐，以壮观瞻而严稽察。今拱极、良乡二营近在辇毂之下，尚且如此废弛，其余各直省不问可知。胡季堂即日来京，除俟伊到时将江兰原折交伊阅看，令其据实查办外，并著通谕各省督抚、提镇等，实力整饬，稽查塘汛弁兵，毋得仍前怠玩，致干咎戾。

嘉庆四年九月谕：本年春间，因奉移梓宫时经过地方，均应先期修垫道路。业经降旨，将大兴、通州、三河、蓟州、遵化五州县本年应征钱粮普行蠲免。嗣又因直隶省自山海关至磁州有办理过兵事务，复降旨加恩，蠲免钱粮十分之三。内大兴、通州等五州县，即系官兵经过之地，业已迭沾恩泽。今朕恭送梓宫奉诣山陵，沿途地方亲见黄童白叟，跪列道旁，瞻望灵舆，同深哀慕。仰见皇考六十余年厚泽深仁，沦肌浃髓，凡有血气，莫不尊亲。且大舆经过处所桥梁道路，及朕经行御路，均能修垫，一律坚固平整，民情亦极安静。又各该州县本年曾有飞蝗，前询据胡季堂奏称，蝗虫黄色者则能害稼，黑色者并不为害。此次朕特令扈从、侍卫等向道旁拾取，亲加阅看，虽黑色者较多，而黄色者甚少，但既有飞蝗，庄稼岂能全无伤损？恐胡季堂所奏究系地方官粉饰之言，未可凭信。除被蝗地方受伤轻重情形，俟该督查明具奏，候朕另行加恩外，其大兴、通州、三河、蓟州、遵化五州县，著加恩再蠲免来年应征钱粮十分之三，以示锡惠推恩、旁敷闿泽至意。

嘉庆四年十月谕内阁：三法司具题直隶省秋审情实人犯招册内，该省原定缓决，经刑部改拟情实者共有十起。朕初阅时，尚以胡季堂久任刑名，于律例案情自所熟习，或刑部改拟各起，未必推求悉当。及详核各案情节，内如吴起善殴死于添锡一起：于添锡因酒醉在吴起善门首，向吴起善之子吴成索茶，吴成未允，彼此争扭。吴起善喝斥，于添锡即将吴起善揪住，吴成遂扳倒于添锡，吴起善顺用斧背殴其右肷肋骨折。其次子吴通亦帮同揿按，该犯复连殴于添锡左肷肋骨折。吴成亦用石殴其囟门，越十六日殒命。父子三人同时逞凶，伤至骨折毙命，何得谓死者醉闹，伤系他物，入于缓决？又如李三殴死高扣儿一起：李三之女许与高扣儿童养为妻。李氏归宁未回，高扣儿往接，以霸留在家之言向李三触犯。李三喝斥，因高扣儿詈骂，遂取镰刀向砍，致伤高扣儿鼻准。高扣儿混骂，该犯复用刀连砍，伤其颔颏、上下唇吻，并砍落牙齿，情节已属凶横，甚至顿起杀机，很砍高扣儿右太阳，用力拔刀，至镰刀断入骨内，立时殒命。死者即属缌麻卑幼，不以凡论，但秋审原情定狱，此案逞忿故杀，刀断骨内，实属凶残。该督既称杀出有心，何以舍故杀专条，遽入缓决？他如倚众攒殴及窝匪拒捕，致伤事主成废，并强争祖妾养老田亩，刃毙其命等案，皆系恃强逞凶，窝盗藐法，应入情实之犯，原题概拟入缓决，殊失情法之平。秋谳大典，惟当核案揆情，固不得有意从严，过为刻核。然心存宽纵，故出人死罪以为好善阴功，及涉于窥测揣度之私者，皆令死者含冤于地下，则所谓明允者谓何？岂不于止辟之义大相刺谬耶？在他人犹可诿之不谙律例，胡季堂素习刑名，乃于秋审案件并不核实持平，妄意揣测，豫存成见，竟染外省习气，殊属非是！所有原题之总督胡季堂及升任臬司全保，俱著交部分别议处。

嘉庆四年十一月谕：户部核议直隶通省亏欠摊赔各款，分限完交一折。仓库钱粮，均关国帑，岂容任意悬欠？今直隶一省，自乾隆三十二年以后未清银款，至一百四十四万余两，历任各官至一百三十九员之多。此等亏欠帑项之员，本应按照定例分别治罪监追。惟念历时已久，人数过多。是以前此胡季堂奏请将各员提集省城追缴，当经降旨以各省官员众多，俱行提集省会，殊非政体，因将胡季堂奏到原单交部查办。兹据查明分别开单呈览，除不知存殁各员查明另办外，所有现任亏欠各员，其银数在一千两以下者，限半年追完；一千两以上至五千两者，限一年追完；一万两者，限二年追完；二万两者，限三年追完；三万两者，限四年追完；三万以上者，限五年追完。此内亏欠不及一万两之员，著革职从宽留任。已回旗籍者，著革职暂留顶戴，若限内全完，准其开复。其数逾一万两之员，著革职即离任。已回旗籍者，亦著革职，按限著追，如限内全完，奏明请旨。此系朕格外施恩，将应行治罪各员于无可宽贷之中免其治罪。该员具有天良，自应将亏欠银两依限措交。若再逾限不完，断难曲宥，必当照新例将各该员监禁严追矣。至摊赔各员与本身亏欠者尚属有间，除现存之员照户部定例按限追交外，已故人员，著照前次恩旨，一千两一下者全行宽免，一千两以上者免十分之五，二千两以上者免十分之三。此皆因直隶一省差务繁多，数倍他省。地方官平日经理不善，或有借垫等项，不能及时归款，以致日久拖延，人数过多，故加恩特从宽典。

若他省并无差务可以借口，仓储库项皆当核实清厘，岂容稍有亏欠？如有查出亏短帑项人员，必当按例严惩，不得援照直隶之例，妄希宽办也。余著照所议行。

嘉庆四年十一月谕：现届长至圆丘大祀，高宗纯皇帝升配礼成后，自应仰推皇考恩慈，用敷惠闿。因乾隆六十年以前，各省积欠缓征地丁耗羡，及民欠籽种口粮、漕粮银两，并积欠缓征民借米谷、草束等项，现在应征者，尚复不少。著该部通行各省，详悉查明，将以上各款自乾隆六十年以前普行豁免，俾寰宇群黎同沾遗泽。于乾隆年间逋欠银米等项，永免追乎，用仰副皇考六十年子惠元元至意。即将此二条入于升配恩诏款内。

嘉庆四年十二月谕：西山煤窑，最易藏奸。闻该处竟有匪徒名为水工头者，往往哄诱良人入窑，驱使惨恶致毙，殊有关系。著顺天府会同步军统领衙门派委妥员，密为查访。如有此等棍徒，即行查拿具奏，按律治罪。

嘉庆四年十二月谕：胡季堂奏审拟行劫长新店铺户之盗犯翟秃子即翟成子等，于审明后恭请王命，即行正法一折。翟秃子即张标窑内匪党，结伙行劫，自属法所难宥。但该犯于张标等行劫，系在村外看守马驴，所劫赃物各犯分开携带后，翟秃子回至内黄，因张标先已潜逃，未经俵分。核其情节，较之首犯有间，本应归入情有可原，分别办理。胡季堂将该犯即行斩枭，所办已觉稍重，但翟秃子究系在长新店畿辅近地、人烟稠密之区连劫铺户，今已将该犯正法，尚系为附京重地起见。至该督所奏直省现获续获之犯，一经讯明，如系张标伙党，但经行强劫夺，无论曾否入室搜赃，概拟斩决；即劫行一次，在外把风接赃者，俱不准以情有可原声请等语，殊属非是。向来办理盗案，例分法所难宥、情有可原，察核定拟，原于惩创之中仍寓矜恤之意，岂有并不核其所犯情罪，无分首从，一律置之重典？若如该督所奏，无论曾否入室搜赃，及在外把风接赃者，俱不准以情有可原声请，则是罪有轻重，法无区别。若寻常偷窃小贼，更非劫盗可比，乃因其曾在张标窑内居住，亦不分首从，照积匪猾贼办理，岂得为情法之平乎？胡季堂久任刑名，素谙律例，于劫盗重案自应执法核办，以期无枉无纵。乃该督于应拿巨盗始而疲玩不前，以致酿成重案，及经朕节次严饬，于获犯后又意存迎合，辄以严刑峻法，思掩其平日废弛之咎。大臣实心任事者，不应如此。所有张标伙内续获各犯，于解到审明后，俱著胡季堂准酌情罪，按照律例，分别定拟，不得有意加重，以刻为能。至另折所奏审讯山西拿获解到之康文泰供情，现在确讯严办一折。康文泰一犯既讯系只在山西行窃，并非张标案内伙犯，于提解应讯人犯到后，究讯明确，即行照例定拟可也。

嘉庆五年三月谕内阁：户部议覆长芦盐政观豫奏请芦东盐斤加价一折，所驳甚是，已依议行矣。现在军务尚未蒇事，一切兵饷供支，皆须发帑接济，固应宽为筹备。但朕断不肯因此有累及闾阎之事。教匪何？民也。原因不肖官吏勒索苦克，激成此事，至今未能复业。自滋事以来，到处焚掠裹胁，百姓逼于饥寒，不得已而从贼。是欲划平贼匪，必先使吾民各安生业，民安而贼自可平，多安一民即少一贼，此事理之必然。若因军兴需费浩繁，遂思朘削百姓之脂膏，冀补国家之帑项，或致生计不足，别滋事端，即言利国，所费岂不更多，为害更大？朕躬行节俭，永杜贡献，言利之徒无所施其伎俩。惟近日臣工往往借军需为名，在朕前尝试，巧言利国，实皆利己。此等假公济私之人，本应加之谴责。但人材不易，岂遂以一眚遽斥，此时亦第存之于心，不肯宣露，早已薄其为人矣。即如长芦加增盐价一事，虽计算食盐之人，每日所费不过一二文，似属有限。而不知盐斤为日用所必需，一经议增，则人人均受其累。且私贩本因官盐价昂而起，今再议增加，则私盐自必更为充斥，官引堕销愈多。长芦盐斤加增已非一次，即该商积欠各款，节经宽免展限者，亦非一次，恩施不为不厚，岂得复行干渎，为此无厌之求？况盐价既增之后，即不能复减，累民宁有已时？虽据观豫奏称，此次加价为清完积欠而设。但加价之后，该商等亦未必能清完国课，徒然病民以裕商，更属不值。朕宁可使帑项有稽，断不肯朘民以益帑。况天下山陬海澨，所有财货，皆朕之财货，岂必聚于宫府，踵琼林大盈之鄙识哉？为天子者富四海，不问有无，藏富于民，周流泉币，斯得九五福之二曰富之大旨矣。昨两淮、浙江、广东各商俱吁恳报效，而长芦商人并未呈请出资助饷，更无可借口。今若允该商等所求。致两淮等处亦复效尤，纷纷恳请加价，更无底止矣。朕勤求上理，惟思克己利民，以符损上益下之义。将来军务完竣，即现开捐例亦当停止，岂有无故将盐价加增之理乎？观豫此奏，虽未必为牟利私己起见，但率听商人怂恿，遽行渎请，实属不合。观豫著饬行。将朕此旨与诸王及大学士、九卿同看，即行覆奏。

嘉庆五年五月谕军机大臣等：胡季堂奏拿获传教诓钱之高观贤等审办一折。畿辅重地，遇有此等编造经语，哄诱愚民之事，地方官自应随时留心稽察，就案审办。但必须持以镇静，不可稍涉张皇。况阅所进经卷内首列祝颂之语，其非为悖逆可知。此案除首犯高观贤等业经拿获外，其供出吴洛兴，既为此案要犯，自当一并拿获，归案办理。此外供出各姓名，既经分饬查拿，于拿获后只须治以应得之罪，就案完结，切不可辗转株连，扰及无辜，方为妥协。至该州和伦，于此等敛钱诵经之案，甫经入境传教，即能连夜拿获，尚属留心地方，著于审明定案后，加恩送部引见，以示奖励。

嘉庆五年九月谕内阁：本年顺天乡试，尚书朱珪之孙朱涂入场应考，未经中式，因将伊硃墨卷取阅，其制艺试策俱属平平，原难入选，同考官未经呈荐，而主考亦未搜录校阅，本为公当。但念朱珪前在上书房行走，曾授朕诗文，且扬历有年，恪共厥职。现在伊孙只有朱涂一人，其试卷文理亦尚无大疵，朱涂著加恩赏给举人，一体会试。朱珪当益勤训课，俾伊孙力学上进，以副朕恩施造就至意。

嘉庆六年三月谕内阁：本年入春以来雨旸时若，畿辅地方麦苗出土后，俱极畅发。本日时雨霡霂，倍资长养，麦秋可冀丰收，实深欣幸。现值恭谒裕陵释服之期，典礼重大，必应亲往，非寻常巡幸地方可比。敬维皇考御极初年，曾因青苗在地，未谒泰陵行二周年礼，仰见皇考轸念穑事艰难至意。但释服之礼较之二周年祭礼尤重，不敢辍行。而膏雨应时，麦苗芃茂，正须善为保护，以承天贶。朕廑念民依，凡遇跸路所经，先派令大臣等管护民田，毋许随从人等于经过地方稍有践踏禾苗之事。在王公大臣官员等，自能仰体朕意，必由正道两旁行走。惟所带跟役人等，往往率意驰骋，取道民田，罔知顾惜。及官役前往查拿，又增一番践踏，尤于大田无益有损。此次除特派管道大臣加意查察外，所有随从之王大臣官员等，俱著各将所带跟役谆切诫谕，严加管束，毋许驰骤麦田。并著直隶总督饬令地方官广为出示，一体禁止，以副朕慎重田苗，保护民食至意。如有随从跟役人等不遵约束，任意作践，即立拿严惩，并将本主一并议处，决不宽贷。将此通谕知之。

嘉庆六年六月谕内阁：京城一带雨水连绵，永定河漫水泛滥，被灾贫民口食无资，流离失所。节次特派大臣等查灾给赈，一切加惠穷黎之事，如截漕、蠲赋、煮赈诸务，虽已次第举行，而朕心轸念民艰，寝食不安，宵旰焦劳，仍无时或释。惟恐办灾大臣等意见或有拘迂，经理未能妥协，廑怀尤甚。即如前日汪承沛等奏，永定门、右安门外关厢一带，往往有假托灾民，前赴散赈处所冒领一节，虽经降旨，令其于放赈时留心查察，但思附近居民如果衣食并未缺乏，岂肯改装乞丐，经行泥淖之中，冒此区区口食？实非情理。至京城内原有求乞之人，朕在藩邸时常经目睹，即无灾之年，亦不能免，非因被灾乏食，闻知设厂给赈，前往觅食。同一穷民，皆朕赤子，一视同仁，岂有加之区别，不行散给乎？况灾民等嗷嗷待哺，不能稍缓须臾。若必一一查明，始行分给，势必过事盘诘，其实在饥困不前者，转未免有所遗漏。办赈之道，总在周施博济，宁滥无遗。若期不滥，则必有遗。即有一二冒领之人，皆系穷苦百姓，又何忍斤斤较量耶？又据明安面奏，现在发帑赈济，而官民内有自出己资，散给银米者，应请禁止；汪承沛又面奏，官赈与私捐不应搀杂一处。俱属见小，不知政体，经朕面加驳斥。试思官员等皆食禄于朝，稍有捐助，孰非公家之物？朕闻现在部员中即有查有圻、盛时彦等捐给银米，有何不合？至殷实商民，受国家涵育深仁，积有余资，伊等乐善好施，更属美事，将来事毕后，尚当查明官员内有捐资较多者，加恩甄叙，商民等亦当酌赏顶戴，或官给匾额，以示奖励，方嘉许之不暇，岂有转行禁止之理？若云官赈私捐，虑其搀杂，亦断无派大臣等在彼散发口粮，而私捐之官民率行争先散给之事。况官赈之外，又有私捐接济，饥民多得一分口食，岂不更资果腹耶？近日并有人在朕前奏及近畿灾民，纷纷至京，竟有被各门拦截者，更属大谬。现在五城设立饭厂，穷民等自必闻风踵至，岂可转行阻禁？况此等被水难民，皆由本处无可逃生，是以远赴京师就食。朕念切痌瘝，无论远近灾黎，宁忍稍分畛域？前已降旨，今直隶地方官分段设厂煮赈，伊等知本处可以就近得食，亦必渐归乡里，又何忍驱逐禁止乎？总之多救一民，减朕一分之罪，惟在办赈各员等仰体朕子惠元元，如伤在抱至意，实力妥办，毋使一夫失所，方足以拯流离而挽灾祲。将此通谕知之。

嘉庆六年六月谕内阁：前因同兴于永定河决口及良乡以北被水情形毫无闻见，当经降旨严饬，并令明白回奏。兹据同兴奏称，初七日晚间传闻有永定河决口之信，初九日尚未得涿州以北青形，直至十一日始据西路同知等禀报，查该同知所禀，系于初五、初八等日封发等语。永定河堤决口四处，乃初三日之事，经朕特派大员分投查勘，而该管厅县直至初五、初八等日始行禀报藩司，迟缓已极。直隶地方官疲玩积习，一至于此，不可不大加整顿。是以特简陈大文署理总督，以资振作。至同兴身任藩司，于本省被灾情形竟茫然不知，及经饬训，徒以焦愤愧悚虚词入奏，于事何益？试思各地方官皆藩司所属，如果知其疲玩，何不及早参劾惩办乎？同兴久任直隶，实难辞咎，著交部严加议处。此尚系朕格外施恩，不即将该藩司治罪，同兴当倍加感奋，将直隶被水各州县地方确切查明，实力抚恤，毋令一夫失所，稍赎玩愒之愆。至现在各路军营文报尚无迟误，同兴当仍严饬各驿站多备船只，迅速赍递，不得稍有阻滞。此时熊枚甫经到任，且须查勘永定河决口，筹办堵筑事宜。所有地方应办诸务，系同兴专责，倘于灾赈不能妥为经理，或军营文报稍致有迟误，惟同兴是问，恐不能当此重咎也。

嘉庆六年六月谕内阁：京师自本月初旬以来，雨水连绵，贡院墙垣号舍多有坍塌渗漏之处。现在考试期近，已饬令赶紧动工修葺。惟气候蒸湿，恐难应期修竣。若草率从事，必致内外关防不密，不足以昭严肃。且近畿一带道路泥溢，士子等来京应试，跋涉维艰。倘中途稍有阻隔，致误考期，转无以遂观光之志。所有本年顺天乡试或展期至八月下旬、九月初旬，著军机大臣会同礼部妥议具奏，以副朕体恤寒畯至意。再向来俊秀监生乡试录科，系由国子监考试录送。因吴省钦条奏改为钦派大臣在贡院扃试，嗣又有御史奏请应复旧制者，经礼部议驳未行。此时贡院正值兴修，未能在彼录科，此次俊秀监生仍由国子监考试，不必钦派大臣。以后或应照旧例，或仍在贡院录科之处，并著军机大臣会同礼部一并议奏。

嘉庆六年六月谕内阁：本日据步军统领、顺天府衙门奏，查勘被水情形各折。据称右安门外关厢内各庙宇存留被水难民四百七十余名口，并闻中顶庙内存有难民千余口，又永定门外海会寺各庙亦现存被水大小男妇三百八十余名口，土山上亦存男妇二十余名口各等语。该民人等村庄房屋因河水陡发，猝被淹浸，奔赴高阜处所暂住，实堪悯恻，急宜设法赈济。著派汪承沛、陈嗣龙、刘湄、阎泰和同该城御史于户、工二部钱局内领出制钱二千串，带赴永定门、右安门外一带，将各该处被水难民按名抚恤，或给予钱文，或购买米面散给，俾资果腹。仍令步军统领衙门酌派员弁，前往弹压。并著汪承沛等晓谕各该民人，以伊等屋宇业经被淹，无可栖止，虽经赈济口粮，难以支持日久，现在永定河东西两岸决口赶紧兴工堵筑，所有被水民人等，正可前赴工次，帮同力作，不独官给佣资，足充口食，并可于河干暂行搭盖窝棚，使眷口亦有住处。汪承沛等务当悉心妥办，俾被水民人不致流徙失所，以副朕轸念灾黎至意。

嘉庆六年六月谕内阁：据汪承沛、阎泰和等奏，永定河水涨发，大兴、宛平县各村庄多被淹浸，居民避水，觅食维艰，现已降旨动用户工局钱，急为抚恤。此次被水较重，秋禾难望有收，除附京各州县现派出大员四路查勘被水情形，俟查明确实，奏到时再将各该州县另降恩旨，所有顺天府属之大兴、宛平两县，本年应征钱粮著加恩全行蠲免，以示朕轸恤民艰至意。

嘉庆六年六月谕内阁：昨因永定门、右安门外及南顶、中顶各庙内，多有存留被水难民，曾降旨令汪承沛等携带局钱，购买米面，先为散给。但此止系目前急赈之法。现在水未消退，永定河东西两岸决口尚难兴筑，一时亦不能以工代赈，惟有仿照每年五城饭厂之例分员散给，方足以普济灾黎。现在中顶庙内存留难民千余名，为数较多，著先于该处设厂煮赈，令都察院派出满汉御史各一员，常川在彼住宿监放。其余被水处所，应如何分设厂座、煮赈散给之处，著汪承沛等查明具奏，一律办理。并令汪承沛、陈嗣龙、刘湄、阎泰和四人，每日轮流前往各厂查察，以示朕轸念灾民，有加无已至意。

嘉庆六年六月谕内阁：本日丰绅、济伦等奏南苑现在被水情形一折。该处兵丁苑户以及附近居民存住南苑，现被水灾者俱无口粮，甚属可悯。即著动用该苑羊草变价银九百余两，再加恩由造办处赏给银一千两，俱交员外郎永安、主事富森保，率领苑副六达塞，即速买办米石，运往南苑。无论官弁兵民，凡被灾者，著该员等逐日跟同均匀散给口粮，务使均沾实惠，以副朕矜恤兵民之至意。

嘉庆六年六月谕内阁：汪承沛等奏永定门、右安门外各村庄灾民，现在搭盖窝棚居住，均可给米造饭，酌拟每口日给米三合三勺，小口减半，统计共有二万二千余人，每日约需米八十余石等语。著即加恩赏发京仓稜米二千四百石以资赈济；至米厂所需器具席片，并运挽脚价人役饭食，及未设米厂以前仍需面食接济，需用钱文尚多，著于工部节慎库存钱内先支制钱一千串，交汪承沛等，俾资应用。

嘉庆六年六月谕内阁：前因京师雨水甚大，永定河决口漫溢下注，附近京城西南各州县地方自必被水，其东北一带积水未能即时消涸，民舍田禾必多淹浸之处。朕心深为廑念，诚恐地方官查报不实，特派台费荫等八员分赴四路悉心查勘。嗣又思被灾民人嗷嗷待哺，刻不能缓，若俟该员等查奏到时再行抚恤，未免稽迟，复经降旨传谕台费荫等，查看被水地方有急须散赈之处，即督同地方官立时赈济，一面奏闻，一面动帑开仓，原欲使被难穷黎早得赈济，借以存活，伊等自当仰体朕如伤在抱之意，妥速查办。乃各路卿员内惟派往南路之台费荫、陈霞蔚所办实为妥协，伊二人本在霸州、文安分路给赈，闻保定县被灾较重，即驰赴该处，督饬该县银米兼放，急为抚恤，俾灾黎等得以立时果腹。其查勘西路之窝星额、广兴，仅查至涿州即行回京，不过开写户口清单具奏，并未将如何赈济之处悉心经理。至派往东路查勘之阿隆阿、张端诚，既目击武清、宁河、宝坻被灾较重，而宁河村庄俱被水围浸，又曾接到续降之旨，并不督同地方官立时开仓赈济，经朕面询，转称民间藉有新麦，暂资糊口，此时不必赈济，大属非是。即如京师大、宛两县，本年麦收非不丰稔，早经降旨给赈，且各村庄猝被水灾，庐舍俱遭淹浸，即有收藏麦石，宁不被水漂失？而阿隆阿、张端诚，在朕前尚以为该处百姓有新麦足资接济，是何言耶？且朕念天津地处下游，永定河漫水汇流灌注，殊深悬廑，于十七日降旨，令伊二人东路查勘事竣，即前赴天津察看水势。乃本日伊等面奏，在河西务地方业经接奉此旨，并不就近速往天津，转至京城复命请训，其意不过欲借此回家看视耳。朕轸念民依，特遣卿员分路查勘，以期速拯灾黎。今各路办理既有不同，自当核其功过，明示劝惩。台费荫、陈霞蔚，著交部议叙。窝星额、广兴，著交部议处。阿隆阿、张端诚，著交部严加议处，仍令伊二人即赴天津查勘该处被水情形，不准归家，亦不准驰驿前往。至查勘北路之恩普、范鏊，因各该处地势较高，居民等未经被水，无须开仓给赈，是以来京复命。若果有应赈灾区，亦必能遵旨办理。伊二人无咎无誉。现在五城设厂煮赈，都察院堂官本有稽查之责。但念西城冯光熊俱已年老，照料恐有未周，俱著在本衙门办事，不必前赴饭厂。所有监放五城煮赈事宜，著派恩普、范鏊会同舒聘，及前次派出之窝星额、广兴轮流查察，务使穷民得沾实惠。

嘉庆六年七月谕内阁：前因被灾难民口食无资，分段设厂散赈，南顶一带业经设厂给赈，而黄村一路亦两次动拨仓谷，另立粥厂，俾资赈济。南路灾民业已无虞乏食，因思西路长新店、芦沟桥等处被灾较重，居民待赈者多，且近日外县灾黎闻京师设立多厂，纷纷前来就食，未免跋涉维艰。且人数众多，亦恐过于拥挤，转有遗漏。著于京仓内再赏拨米二千四百石，交那彦宝、高杞、莫瞻菉、巴宁阿、熊枚等，酌量情形，或于长新店、芦沟桥设厂赈济，俾各灾民得以就食，并搭盖棚厂，用资栖止，以副朕恩施无已至意。

嘉庆六年七月谕军机大臣等：熊枚奏筹办灾赈各事宜一折。据称抚恤灾民仿照保甲旧例，责成地保造册存记，大赈时可省查造之繁，并杜滥邀之弊等语，所见甚是。前因直属被灾地方穷黎待食维殷，曾降谕旨，令散赈大员周施博济，宁滥无遗。此系朕痌瘝在抱，不使一夫失所之意。而地方各员查勘灾赈，总当核实办理。且外省办赈之滥，不在灾民而在吏胥，伊等从中舞弊，多开花户，任意侵渔冒滥，而闾阎转不能均沾实惠。熊枚自当严饬属员，按户实开，不得稍有遗漏，亦不可听其虚报。又称各学贫生现已行学，照历次灾案拨给银两以供饘粥，所办亦是。其急赈灾区，俟查明被灾轻重分数，核清户口，通盘筹画，请旨办理。至所称平粜粮价，毋许市侩囤积，及情愿捐赈之户分别酌赏咨部，其不愿捐者听等语。现在京师即系如此办理。又冲途营汛有护送文报之责，坍塌住房给价兴修，事属可行。惟驻防满兵所住官房，请假给钱粮兴修一节，密云地方本未成灾，其他处驻防兵房亦属可缓，即如京城八旗兵丁房屋坍塌亦复不少，尚未筹修，所有良乡等处驻防官房，此时且不必急于办理。

嘉庆六年七月谕内阁：前天津一带被水难民急需赈济，业经降旨截漕发帑，迭沛恩施。因念该处兵丁同罹水患，生计维艰，著加恩交该督等查明被水较重各营兵丁，赏假一季饷银，即就近在天津运库拨给，俾兵丁得资接济。所借银两分作八季，在于该兵丁名下应领饷银内由藩司坐扣，移交运司归款，以示体恤。

嘉庆六年七月谕内阁：董椿等奏热河地方自五月后阴雨不止，山水涨发，迎水坝、东草市等处民房冲塌，禾稼亦被冲淹，现在酌放口粮，以资民食等语。本年雨水较大，直隶被灾地方节据熊枚等查明奏报，迭沛恩施。其承德府属被灾情形，未据该督等奏及，现据董椿等奏到该处被水贫民无所栖止，糊口维艰，著加恩在承德府备储米石内赏拨一千石，放给口粮，以资接济。并著该督查明该处是否成灾，照例办理，不可因一隅偏祲，稍有讳饰。

嘉庆六年七月谕内阁：本年六月雨水过多，永定、滹沱等河泛涨，直隶被淹地方至九十余州县，业经发帑截漕煮赈，分别蠲免钱粮，并令赶紧堵筑堤岸，挑浚护城等河，以工代赈，俾灾民得资糊口，不致一夫失所，实已不遗余力。惟念水冲地亩不无淤沙积压之处，即水退之后，仍不能一律耕种，若赋额尚仍其旧，民力恐不免拮据。著交署直隶总督陈大文遴派廉能道府，分路履勘，将此等水冲沙压地亩应行豁免之处，逐一据实奏闻，候朕再降恩旨。若其中有水退泥淤，转瘠为良者，亦不必亟行查办也。

嘉庆六年八月谕军机大臣等：陈大文奏请于十月开赈并放赈一切条款，所办俱是。现在两淮有商捐银一百万两，业经起解，著陈大文即行知该省委员，将此项于过直时即行全数截留。至此外银五十万两，俟过八月后即行如数发给，朕廑念灾黎，痌瘝在抱，惟恐一夫失所，从不靳惜帑金。第闻地方官办赈情形，诸弊丛生，不但放赈之时层层朘削，即清查户口等事，皆有向贫民勒索册费，以多报少，以少报多，极贫次贫意为高下，甚至有贫民待赈孔殷，转因册费无出，愿甘舍赈不领者。其余捏造户口，肆意侵吞，何所不至。在地方大吏受恩深重，自不忍出此，其余州、县各官即贤否不一，难保无从中侵蚀之人。至书吏人等，尤奸伪百出，不可不严密查办。陈大文惟当严密访查，如有前项不法之徒，立即查拿，从重处治，以儆其余。务令所拨帑金粟米，丝毫颗粒，实惠皆及小民，方为不负委任。

嘉庆六年八月谕军机大臣等：熊枚奏查勘文安一县被水成灾较重之区，并绘图贴说进呈。朕详加披阅，该处地形洼下，积水已越三年。今夏子牙、清河诸水四面漫溢，竟深至二丈有余不等，住居民人共计三百六十余村俱浮沈水中，嗷嗷待哺。朕心实增怜轸。该县自建置县治以来，必有旧定章程，为疏通水道，保障居民经久之计。是否近日废弛不办，并现在应如何设法疏消，百姓不致久困积潦之处，亟应讲求妥办。著陈大文悉心体访，详议具奏。

嘉庆六年八月谕内阁：台费荫奏请将文安县民迁徙盛京等处一折，所奏断不可行。据称文安地势极洼，现在积水自数尺至丈余不等，明岁断难全涸，并恐二三年尚不能耕种，请酌给迁徙安集之资，准令赴锦州及吉林、齐齐哈尔等处地方听其耕种；并请官为经理，由天津海道备船送往等语本年直隶文安一县被水较重，田庐村落多被淹浸，深堪轸恻。现令陈大文加意抚恤。至该处地势极洼，形如釜底，为众水所归。但建设县治由来已久，必有旧定章程为疏消积水，保障生民之计，断无因一时积水难消，将阖县居民全行迁徙，任令县治沦于巨浸。况文安距奉天等处途路辽远，由天津出海口前往，风涛险阻，小民断不乐从。古来移民就粟之举，虽间亦有之，然不过在邻近处所，如河内移至河东，亦无有移民如是之远者。奉天等处即有官地可垦，而籽种牛具焉能齐备？兼之目下将届冬令，小民到彼后，既非耕作之时，又无栖息之所，而关外气候尤寒，当彼穷冬风雪，岂竟任令露处乎？台费荫所奏种种，格碍难行，著将原折发还。其文安现在积水情形，自应以设法疏消，优恤穷黎为正办，著陈大文遵照前降谕旨，妥协经理，以副朕轸念灾区至意。

嘉庆六年十月谕内阁：向来地方偶遇灾赈，例止给发银米，俾资食用，并无散放棉衣之事。本年近畿一带被水较重，实非寻常偏灾可比，当经降旨截留漕米六十万石，动拨帑银一百五十万两，并以工代赈，为费亦不下百余万。在现届开放大赈之期，气候已属严凝，念穷黎等无衣御寒，特发给帑银置购棉衣数万件，交顺天府五城分地同日散给。今据汪承沛、西成等奏请派员监放，所有顺天府奏永定门外之海会寺、右安门外之三官庙二处，著派文职大员刘权之、范建丰、扎郎阿、莫瞻菉、高杞、祖之望、吉纶、戴均元、那彦成、茅元铭，武职大员春宁、德麟、庆长、积拉堪丹巴、多尔济共十五员分往监放。其五城地方十厂，除都察院堂官西成、舒聘、万宁、陈嗣龙、刘湄分往外，著添派先福、广泰、蒋子蒲、广兴、范鏊分赴各厂，会同该城御史监放，均于二十二日辰刻分赏。此实朕轸念灾黎，恩施格外，并不在常例之内。在贫民等得有絮纩过冬，借资全活，惟当安静领赈度日，慎勿将官给棉衣付之典卖，仍复号寒无赖，甘为宵小；或衣食粗给，仍不知守分，有鼠窃狗偷之事。转瞬春融，务当各谋生业，勿以特恩为可屡邀，勉为良善，以副朕子惠穷困之意。著都察院、顺天府将此旨刊刻誊黄，令各乡保遍行晓谕，俾众知之。

嘉庆六年十月谕军机大臣等：熊枚奏查办天津赈务情形一折。览奏俱悉。

交河县泊头三铺系市镇之区，虽例不给赈，但办理赈务，自须周溥无遗，俾灾黎不致一夫失所。今熊枚因该处老幼男妇纷纷求赈，并不拘泥成例，饬令该县查明户口，给与赈粮一月，所办甚是。此外被灾市镇谅不止此一处，著熊枚即行知会陈大文查明，一体给赈，以免向隅。至熊枚查勘天津静海一带散赈情形尚为周到，现又前往武清、通州等处以次详查，皆当照此办理。直隶各州县见有钦差大员周历履勘，即有一二猾吏奸胥，自必知所儆惧，不敢从中舞弊。现在正届开放大赈之际，熊枚尤当遵照前旨，设有地方官办理草率，侵冒不实者，立即指名参奏，其实力奉行，民情感悦者，亦当据实保奏。熊枚现系左都御史，该衙门尚无应办紧要事件，尽可安心查赈，不必急急来京供职也。

嘉庆六年十一月谕军机大臣等：熊枚奏查勘武清、香河、宝坻三县赈务情形一折，览奏俱悉。武清县朱杰前此办理抚恤急赈，既深得民心，而于现在放赈章程亦井井有条，是该县系实心任事之员，自当加以奖励。著交陈大文存记，俟赈务完竣，果能始终如一，即据实保奏，候朕酌量加恩。至宝坻县赈务，经熊枚派令随带司员查出该县圈子庄乡保刘大用有混冒领赈情事，现在同知方其畇等严行审办，该县王锴本有疏漏，以致不应领赈之人朦混冒领，其办理无能已可概见。熊枚现派同知方其畇、知县朱杰帮同经理，所办甚是。务当饬令该同知等认真详查，按名给散，勿再遗漏冒滥。至宝坻县圈子庄，既查有乡保刘大用冒赈之事，该县村庄不止此数，恐他处乡保不免此弊。熊枚务当一律严查，随时惩办。再宝坻县例不给赈户口，及业经领赈贫民，于熊枚入境时纷纷求赈。经熊枚亲自覆查，其丁壮男民均已躲匿，耸令妇女等杂沓拥挤求赏赈票，是该处百姓不知感戴朝廷赈济之恩，转思挟诈逞刁，希图冒领，此风亦不可长。并著陈大文明白出示，饬属严行禁止为要。

嘉庆六年十一月谕内阁：外省办理诸务每多疲玩，而直省积习懈弛尤甚。本年直属被灾州县较多，赈务綦重，经朕节降谕旨，令该督严饬所属，认真经理，并特派左都御史熊枚周历被灾各州、县，确切稽查，地方官自当共知谨懔，悉心妥办，俾得实惠及民。乃本日陈大文参奏藁城县知县路元锡于十月十八日始行开赈，距应行开赈日期迟至半月有余，且于拨给漕米并不运齐，每日止放米一百石，民间啧有怨言。又有大城县知县钱桂，于清查户口延至十一月初四日始行开报，贫民守候需时，未能得赈。均属玩延已极。路元锡、钱桂俱著革职，交该督查明，该参员等如有别项情弊，即严行审讯，据实续参。此外办赈各州、县，并著陈大文一体传知，设有似此玩误之员，即立时参办，庶该州县等共知儆惕，于应办赈务实心经理，期于穷黎均有裨益。

嘉庆六年十二月谕内阁：向来各省被灾州县，除大赈之外，每有于次年新正加恩展赈者。本年直隶省被灾较重，贫民望泽尤殷。昨经降旨，令陈大文体察情形，据实速奏。兹据陈大文奏到，查明被灾九分、十分之顺天府属大兴、宛平等六十州县，明岁青黄不接时应需接济等语。朕轸念民艰，刻深廑系，若照例于明正始颁发恩旨，未免稍缓，且此时办理展赈，若将九分、十分灾之极贫加赈一月两月，其余亦不能普被。所有顺天府属之大兴、宛平、通州、武清、宝坻、香河、宁河、霸州、保定、文安、大城、固安、永清、东安、涿州、房山、良乡、顺义，保定府属之清苑、安肃、新城、博野、雄县、蠡县、容城、束鹿、安州、新安，河间府属之河间、献县、肃宁、任丘、交河、景州、东光，天津府属之天津、青县、静海，正定府属之正定、藁城、无极、阜平、新乐、平山，遵化州属之丰润、玉田，冀州、武邑、衡水、新河、赵州、柏乡、隆平、宁晋、深州、武强、饶阳、安平、定州、深泽等六十州县，俱著加恩，于明岁正月起至四月麦收时止，各按地方村庄多寡远近，多设粥厂，无论极次贫民一律给赈，以示轸恤灾黎，恩施普遍至意。此外原报六、七、八分灾之州、县，如有应行煮赈接济之处，并著陈大文详悉查明，再行具奏。至此次煮赈银两，即著将应行解京之旗租银二十余万两赏给备用。

嘉庆七年正月谕内阁：上年直隶被水各州县，节经降旨加恩，分别蠲免钱粮。内文安一县被水尤重，复经降旨，令陈大文实力查勘。嗣据陈大文奏，该县在河间、大城之下游，四面环堤，形如釜底，不独河水泛滥为灾，即雨水稍多，常被淹浸。查该县全境三百六十村庄内，苏桥等五十一村庄名为大洼，乾隆三十八年曾经钦奉恩旨，将此洼地视积水之多寡定赋粮之等差，历经遵办在案等语。文安县地势洼下，土瘠民贫，殊堪悯念。除上年及本年应征钱粮俱全行豁免外，嗣后该县三百六十村庄，每年额征地粮，著加恩照庆云县之例，豁免十分之三，永著为令。内大洼五十一村庄地粮应征七成银两，仍按年查勘，视积水之大小分别减免。该督等仍在随时疏浚，不致积潦为患，以副朕轸念灾区，敷锡春祺至意。

嘉庆七年正月谕内阁：直隶省三次四次回赎、民典、奴典三项地亩酌增租银十三万三千八百二十九两零，前经降旨全行减免，所有公产、存退、庄头、另案、屯庄五项内酌增租银二万九千二百四十八两零，与前三项减免之银事同一律，著加恩一并减免，俾贫佃均沾实惠。经此次减免之后，该督务饬各属实力催征，年清年款，毋任再有丝毫拖欠，致干重究。

嘉庆七年正月谕军机大臣等：熊枚奏采录原任水利营田观察使陈仪所著直隶河道各事宜进呈一折。直隶各属水利本关紧要，而文安一县受六十六河之灌注，上年被水尤重，自应设法疏消，俾资利导。熊枚录呈陈仪所著各事宜不为无见，但地方水利今昔情形是否相同，著陈大文详悉讲求，酌量缓急，如有亟须堵浚之处，即行妥议具奏。所有熊枚钞录陈仪原著各条，一并发交阅看。

嘉庆七年二月谕军机大臣等：上年十二月曾允陈大文奏请赏给旗租银二十万两，交该督于直隶被灾之六十余州县，除大赈之外，自本年正月起至四月麦收时止，各按地方村庄多寡远近，广设粥厂，无论极次贫民，一体赈给。乃近日来京就食贫民已多至二万余人，自系直隶各州县并未认真办理，灾民无从糊口，闻京师五城各厂散给粥饭较为得实，是以扶老携幼，相率来京。当此青黄不接之时，该州县不能于所属灾黎妥为抚恤，则前次赏发银二十万两不知所办何事，岂此项旗租银两并未征解齐全，实领实支，竟以灾赈为名，借词开销耶？著陈大文详确查明，如赈恤银两实有不敷，不妨据实奏请。若系地方官玩视民瘼，借端侵蚀，即指名严参，以示惩儆。转瞬三月初旬，朕恭谒西陵，若跸路所过，经朕目击各州县有灾黎失所之处，惟陈大文是问。

嘉庆七年三月谕内阁：万宁等奏放赈情形折内称，清苑、永清、新城等县差人到厂将领赈贫民领回数十人，在本处就食，万宁等即饬令西路同知行文各州县，俱令照此办理等语。所办殊属非是。芦沟桥等处设立饭厂，原因附近各州县贫民外出趋食者多，是以添厂给赈，用资口食。乃万宁等以现在清苑等县有差人领回本处贫民，辄欲令各州县仿照此办理，势不能不佥派差役，纷纷押送，竟与递解人犯无异。况其中道路较远地方，非一二日所能到，途中必致乏食，而老弱疾病之人行走维艰，又有差役督催，更难保无在途饿毙者，是驱之转于沟壑矣。且各州县所差人役，岂能于本处饥民概行指识，彼此认领，徒滋纷扰。若各该州、县果能于本境内普遍散放，何至饥民出外就赈？是即使差人领回，恐仍未必得食，此事断不可行。除业经领回贫民只可听其回籍外，其余各州县如尚未行文，即应停止。若已经行文，即速行撤回。万宁等务当于领赈穷黎妥为散给，毋使一夫失所。将此谕令各处饭厂知之。

嘉庆七年四月谕军机大臣等：昨据熊枚奏称，保定省城于本月二十一日得雨颇为深透，并称被泽之处必广。现在各府、州所属是否同时均沾渥澍，著熊枚查明速奏，以慰廑注。至近京一带近日尚未得雨，朕心甚为焦切，业经设坛祈祷，以冀速沛甘膏。因思上年直隶地方被水之后，本年晴霁日久，其未经得雨地方，恐地气蒸郁，蝗蝻易于滋生，深为廑虑。并著熊枚饬属详查，如间有蝗蝻萌发之处，即一面派委妥员迅速扑捕，一面据实奏闻。熊枚不可因上年畿辅曾被水灾，目今即有被蝗之处，辄意存隐饰，不行具奏，自蹈讳灾不报之咎。并将未经得雨之各州、县一并查明具奏。

嘉庆七年五月谕军机大臣等：向来巡幸热河，闻直隶地方官不无派累，但思跸路所经一切桥梁道路等事，动用俱有经费，何以尚须累及闾阎？若果有其事，于经费之外究竟尚须帮贴若干，著查明具奏。至需用车辆，向例由顺天府承办。兹闻顺天府因上年近京一带地方被灾较重，不能雇觅，已咨商直隶地方上年被灾有九十余州县之多，此项车辆若系通省摊派，则同系灾区，办理必形竭蹶。若专责未经被灾之处，则州县无几，所派车辆为数必多，且距京道路遥远，更为不便。著熊枚一并确查有无碍难办理之处，据实覆奏。

嘉庆七年五月谕内阁：上年畿辅被水成灾，河堤漫溢，经朕多方拯恤，工赈并兴。昨永定河工修筑完竣，曾将在事出力大小臣工分别甄叙，其疏防各员亦一体施恩矣。因思荒祲出于天灾，补救则全资人力。若地方官不实心经理，玩视民瘼，即当治以应得之罪。今直隶办赈各州县，自去夏至今并无因赈被人控告之事，即间有一二饬查之案，亦全属虚诬。可见该州县官办理认真，尚无侵蚀等弊。并闻此次停赈之后，尚有自出己资，佽助灾民回籍者。地方官果能尽心民事，实属可嘉，应量加录叙，以示鼓励。所有直隶办赈各州县，著熊枚秉公详查，据实保奏，择其实心抚恤，舆情爱戴，并能捐资惠及穷黎者为最。其于赈务经理得宜，灾民均受实惠者，次之。其循分办理并无贻误者，又次之。熊枚上年曾经周历各府州，见闻自为确切，即著分别开单具奏，候朕酌量加恩。

嘉庆七年六月谕军机大臣等：朕闻新城县地方现有蝗虫，尚未据熊枚具奏，是否系该县讳匿不报，抑系禀知该署督而熊枚尚未奏及？此时正值禾苗长发之际，直隶通省春夏雨泽究未十分透足，蝗虫最易萌动为害。地方大吏应随时留心，一面奏闻，一面扑捕，不得稍存讳饰。著熊枚即查明新城县地方蝗蝻起自何时，该县是否禀报，现在多寡若何，并此外州、县是否尚有滋生之处，据实具奏。至捕蝗之法，若专委地方官扑捕，恐带领多人，践踏禾稼，致滋扰累，不如晓谕百姓，令其自捕，或易以官米，小民自更乐于从事。

寻奏上，谕曰：朕前闻直隶新城县一带间有蝗虫，降旨询问熊枚，曾据覆奏该处并无蝗蝻萌动。兹又据熊枚续奏，与新城相近之张家庄、河北村等处偶有飞蝗停集，而容城、安肃、定兴等县亦先后禀报俱有飞蝗，并据称景州、任丘等处间亦有之。可见朕前此所闻不为无因，而外省地方积习，只顾图免目前处分，隐匿不报，殊不知讳匿更干严议，避轻罪而转获重谴矣。现在颜检不日到任，著熊枚于交代后，即前赴景州、任丘一带亲行详细查勘，不可任听委员等扶同捏饰。如查有蝗蝻，仍遵前旨，令该处百姓自行扑捕，或易以官米，或买以钱文，务期迅速搜除净尽，勿致损伤禾稼。

嘉庆七年六月谕：吏部议奏御史周廷森奏请将现任府尹饬令移居公署办事一折，所议甚是。顺天府尹设立专员管理地方刑名钱谷等事，非如各部员衙门可比，自应住居官廨，以专责守。如外省督抚藩臬以下等官皆系在公署居住办理，即顺天府所属大兴、宛平等县亦然。其卷案等件皆应在公署存贮，岂有随府尹私宅转移之理？现据该部查明，从前各府尹原在府署居住，自乾隆四十年以后，历任府尹俱在宅居住，其事违例显然。若其事始自阎泰和，必当将该府尹交部严加议处。今既相沿旧习，姑免查究。嗣后除兼理尚书侍郎仍准在宅居住外，其本任顺天府尹，著遵照旧例在署居住办公，以符体制。

嘉庆七年七月谕军机大臣等：据颜检覆奏查明三河、昌黎、乐亭三县并无蝗蝻，其余如遵化、丰润、玉田、滦州、卢龙、迁安、抚宁、临榆等各州、县境内间有飞蝗过境，俱在空际飞扬，并未伤及禾稼等语。飞蝗所过之处道里绵长，岂有久飞不停之理？既经停歇断不能忍饥待毙，又焉有不伤禾稼之理？总由地方官规避处分，非以有报无，即以不伤禾稼之语讳匿具详，视为故套，在颜检自不肯饰词陈奏，而地方官诳报积习，实不可信。本年直隶省雨旸时若，田禾丰茂，此实仰赖上苍恩赐。现届收成已近，偶有蝗孽，尤当认真扑除，勉尽人事以迓天庥，岂可隐匿不办？朕闻三河一带蝗蝻不但飞集田畴，即大路两旁亦纷纷停落，而丰润竟有填积车辙者。此皆系过往官员目击之语。颜检不可听属员禀报，遽以为实，仍当详细访查，或选派妥实之员，或亲信家人，密往确查。如州、县等果有讳匿情事，即一面据实严参，一面上紧设法扑除净尽，期于秋收无碍。倘该督不认真查办，经朕查出，恐不能当此重咎也。

嘉庆七年十月谕：据颜检奏，密云县征解木税不敷定额，恳请核实办理一折。该县管理古北口抽分事宜，每年应解木税原以一千一百二两零定为岁额。今因商贩寥寥，无人领票办理输课，山场砍伐既久，近年以来，只有小民在附近各山采取柴薪，照例输课，每岁不过三四十两至五六十两等语，自系实在情形。除嘉庆二年至六年止应解税银，仍在历任知县名下照数勒完外，嗣后此项木税，自嘉庆七年为始，著即照征收杂税之例尽收尽解，不必定以额数。仍著该督责成该郡道府等随时稽查，毋得以多报少，致滋弊混。密云距京甚近，倘一经查出，必将该令等惩处不贷。其该县原领监督关防，即著缴销。该部知道。

嘉庆八年正月谕：直隶省宛平、文安等州县，因前岁被灾尤重，并滨临河淀处所积水未能全涸，业经降旨，蠲免地丁钱粮，优加赈恤，民情极为安帖。但念今春青黄不接之时，该处居民仍应量为抚恤，著加恩将宛平、文安二县应征嘉庆七年各项旗租，及文安、大城、新安、安州四州县自嘉庆二年至五年止未完出借口粮籽种谷米并折色银两，概予豁免，俾小民益资宽裕。该督务须督率所属认真办理，期于实惠及民，毋任胥役侵冒，以副朕敷恩畿辅，普锡春膏至意。该部即遵谕行。

嘉庆八年闰二月谕：颜检奏永定河今昔情形不同，请暂准酌加运脚一折。永定河购办料物，向在附近村庄采买，均按例价支发。自嘉庆六年被水后，河工需用秫秸向远处购买，以致运脚多费，自系实在情形。著加恩照颜检所请，除永定河下游六汛采买料物仍照例价外，其上游八汛办理秸料每束加运脚二厘五毫，以资采买。该督仍督率河道等随时稽查，俟数年后附近地方可以采买，即将加价停止，仍照定例开销。

嘉庆八年三月谕内阁：前因户部具奏直隶督臣颜检将大城等七州县旗租例应蠲免五分者，于奉到部覆后，仍咨请查核更正全行豁免，曾降旨申饬，仍照部议行。旋经颜检于差次面奏，此项旗租业已颁发誊黄，与民粮一体全行蠲免，且被灾较轻之大兴等州县旗租业已蠲免五分，当即令军机大臣查奏。兹据查明，上年颜检折内以大城等七州县被水较重，请将应征钱粮及各项旗租照宛平、文安之例一体豁免，其时宛平、文安钱粮虽经全免，并未免及旗租，何例可照？是该督奏请本觉含混，户部前议详核定例，止准免旗租五分，原无不合。惟于被水较轻之大兴等七州县，因谕旨内将前项钱粮准豁免十分之五，遂咨覆该督，将旗租蠲免五分，亦欠分晰。惟是大城等处旗租，该督等已误行蠲免十分，而大兴等七州县被灾较轻之处旗租亦已免至五分，自未便复令补征。此系加惠黎元之事，朕覃敷恺泽，宁滥无遗，所有大城、河间、新河、宁晋、隆平、新安、安州七州县及宛平、文安二县应征七年各项旗租，均著加恩全行蠲免。其大兴、霸州、保定、涿州、房山、良乡、任丘七州县应征七年分旗租亦著加恩准免十分之五。此后不得援以为例。至该督于奏请时如欲将旗租与民粮一律请豁，则当声明旗租从无全免之例，恳求破格施恩，方为正办，何得含糊声叙，以致办理歧误，咎实难辞。著将颜检同藩司瞻柱一并交部议处。

嘉庆八年十月谕内阁：前因豫工漫溢，冲注下游，直隶长垣、东明、开州三州县地方猝被水灾，曾降旨特派瞻柱查明该三州县被水较重之处，加恩将本年应征钱粮全行蠲免，其被水较轻者亦蠲免十分之五。兹据瞻柱奏称，查勘长垣首当其冲，地亩全被淹浸，低洼处所房屋多有倒塌，盖藏俱不免漂失；又东明、开州二处地当下游，虽被淹村庄较少，而灾分情形较之长垣无异等语。看此情形，该三州县灾民流离失所，均堪怜悯。著加恩将本年应征正杂钱粮概行蠲免，毋庸分别轻重。其有本年业经征收者，即遵照前旨，留作明年正赋，以示朕轸念灾黎至意。

嘉庆八年谕：据颜检奏请将三河县知县张力勤调补武清县，已批交吏部议奏矣。阅其折尾，有会同兼管顺天府尹戴衢亨等恭折具奏之语。本日召见军机大臣，面询戴衢亨，据称并未知此事，可见外省于会衔具奏事件并不事前咨商，仅于陈奏后关会，实为相沿陋习。此等调补人员本非迫不及待之事，既系例应会衔奏请，自当将人地是否相宜彼此详细公商，以昭慎重。况奏调之员若列名会奏之人竟不与闻其事，将来设遇所保非人，自当一律交议，徒代他人任咎，则会衔一节，不几成具文耶？著通谕各督抚，嗣后遇有彼此会衔及会同府尹、河督、漕督、学政等衙门具奏事件，总当先期咨会公同商定，俟有回文始行具奏。倘应会不会，或仅于事后关会者，即著应行会衔之员据实参奏，交部议处，以杜专擅之弊。

嘉庆九年正月谕内阁：朕前因跸路经过地方，直隶办差官员过多，曾屡经面谕该督等不得纷纷调派。本日恭阅皇考《高宗纯皇帝实录》，内载乾隆三十一年钦奉谕旨，以跸路所经不过近畿数百里以内，且为日无多，各该地方佐杂各官足资料理，即欲调他属协办，亦当有所限制，何须如此多员往来仆仆？著嗣后此等差务，止许调取四五十员，不得仍前多派，致旷公事，钦此。仰见我皇考慎重地方至意。朕前次所谕正与圣谕适相符合。地方官均有守土之责，若以承办差事为名，于本任经理事务转致旷废，日后或有贻误，又借口办差公出，冀图诿卸处分，何以饬吏治而专责成？且直隶风气，道府各员每欲借差务前赴行在，希图召见。朕屡加询问，伊等承办差使不过查道等事，其实办道之官各有地段，伊等原未尝分段稽查，特假此为名而已。銮舆临幸之地，只须除道清尘，该督酌派近属官员已足资办理，安用远调多员，纷驰道路？著传知该督，嗣后遇有应办差务，自道府以下及各厅州县佐杂，核计足敷办差之用而止，毋得仍前多行檄调，以专责成。将此通谕知之。

嘉庆九年六月谕军机大臣等：朕于本日清晨在宫内披览奏章，适一飞蝗落于案上，当令捕捉，以示军机大臣，佥称实系蝗虫。续经太监捕获十数个。试思宫禁之中尚能飞入，则郊外田亩间不知更有几何？若非飞蝗竟至御案，朕何由目睹？此乃上苍垂警，俾朕早为饬办，用以保护田功至意。前因广渠门外及通州等处间有飞蝗，一面派范建丰查勘，一面降旨令颜检查明覆奏。昨据奏，现已扑捕净尽，并称飞蝗不伤禾稼，惟食青草，殊不成话！范建丰赴广渠门外时，见田禾被蝗食者已有十分之四，尚得云不伤禾稼乎？颜检不应出此，当于折内批示，该督平日办事尚为认真，惟于折内每敷陈吉语，未免近于虚浮。朕勤求治理，惟日孳孳，总以实不以文，即景星庆云，前史所称，朕皆不以为瑞，必果系时和岁稔，家给人足，方为有象太平，岂可稍有粉饰？如颜检之好语吉祥，则属员等意存迎合，偶有地方灾歉，亦必不肯据实直陈。闾阎疾苦，壅于上闻，吏治民瘼，大有关系。顷召见莫瞻菉、章煦，据称顺天府属每有飞蝗，章煦连日在外扑捕，但顺天府所属印委各员无多，且近畿一带既有飞蝗，则直隶各州县自难保其必无。现已派卿员分赴各路督捕，仍著颜检迅派妥员，分投查勘，务期扑捕净尽。如有伤残禾稼，收成稍减之处，即据实查奏，候朕加恩，毋得仍前讳饰，致干咎戾。本日御制《见蝗叹》一首并录交颜检阅看。其宫内捕获之蝗虫，一并发往。

嘉庆九年七月谕内阁：刑部奏审拟直隶束鹿县民妇王张氏呈控伊子王洪中身死不明一案，此案所系是王洪中被张文观纠众寻殴，写呈具控，复被张文观等揪落发辫，剥脱衣履；王洪中赴省在臬司处控告，批府，该府即应亲提速办，乃辄委之分发试用初学审案之知县黄玠集讯。该员偏信张文观等一面之词，称王洪中素不安分，屡有犯案，疑为诬告，转将各证等各加掌责，遂至顺口捏供。迨经禀府覆审，吴兆熊仍不虚衷研鞫，复将王洪中掌责，以致王洪中受屈自缢。经朱平远喊称被人谋死，黄玠复将其掌责压杠，而吴兆熊率即据供定案，将王洪中坐诬拟军，身死免议，并将张文观省释详结。王洪中平素即系刁健，而就案论案，实因官司负屈莫伸，轻生自缢，皆由该府县偏听枉断所致。黄玠著发往乌鲁木齐效力赎罪，知府吴兆熊著革职，发往伊利效力当差。至总督颜检、按察使傅修，据详率结，已属非是，况此次伊二人在差次召见时，经朕询问此案，伊等但奏称系属寻常斗殴案件，于部讯各情节竟茫然不知。可见该督等于此等民人负冤上控之事，并不亲加伸理，仅委之首府审办，任令颠倒是非，出人入罪。似此玩视重案，国家又安用督抚藩臬为耶？颜检傅修均著交部严加议处。束鹿县知县吴复增，虽未会审，而于地方纠众持械之案毫无觉察，亦著交部严加议处。清苑县知县张孔源，于交押人犯并不小心看管，以致自尽，著交部议处。

嘉庆十年正月谕：上年直隶邢台、内邱、磁州等三州县，因得雨较少，收成稍歉，业经降旨，将新旧粮银缓至本年麦后征收，以纾民力。第念该三州县秋后雨泽均未沾足，二麦未能一律播种，若照前旨于本年麦后即行开征，恐民力仍不无拮据。著加恩邢台、内邱、磁州三州县原查歉收各村，所有上年并节年应征地粮仓谷等项，一体缓至本年秋后启征，以示朕惠爱黎元，覃敷春庆至意。该部即遵谕行。

嘉庆十年六月谕内阁：前据裘行简奏称，查明直隶省初次清查各属，亏短银二十七万有奇，二次清查则一百五十二万余两，皆经奏咨有案。至嘉庆六年以后，又复三次清查，未经奏咨者已有二百六十四万余两。此后沿至九年为止，其为亏缺又不知凡几等语。阅之殊堪骇异。因命军机大臣将嘉庆四年十一月间户部奏核议直隶省清查亏欠摊赔各款时所降谕旨呈览，并查取四年十一月以后历任直隶总督藩司在任年月开单进呈。各省仓库钱粮，均系国帑，稍有亏缺，即当按律治罪。前此谕令核实清厘，原欲该督抚、藩司等督饬属员，速筹弥补，是以嘉庆四年间直隶省查明亏欠数目，因念历时既久，人数过多，特降谕旨，免其治罪，按照所亏银数分别给予年限追完，系属格外施恩。该督等接奉以后，自应一面截数严禁各州县续亏之弊，一面将承追银两依限严催归款，每年将已完未完数目据实奏闻，划清年月，以期逐渐完结。乃各省清查数目办理弥补章程均已陆续陈奏，而直隶自四年冬间奉旨以后，从未有一次奏及。节经降旨通谕各省督抚，令其督率清厘，毋许属员续有亏挪，不啻至再至三。而颜检历任直隶藩司、总督，总未据实入告，每于差次逐日召对，面加垂询，亦未将实在亏短情形备悉密陈，只图含糊了事，实则并未上紧查办。颜检好为虚语，意存粉饰，屡经训饬，仍不悛改，一味徇庇属员，因循推诿。以致各该州县无所畏惧，藐法营私，不惟前欠未补，抑且任意续亏，此内不肖之员，甚或买田置产，声色自娱，或加捐升职，或为子弟捐纳职官，侵盗入已，将正项钱粮以完作欠，种种弊端，不一而足。今易州一处亏空正杂款项至十一万余两之多，该督等佯为不知，并不将该知州陈渼及早劾参，任其交代，前赴升任。直至接任之徐用书以另案革职逮问，无人可以担承，又有裘行简在彼查办，乃不得不据实陈出。设徐用书尚不败露，颜检必仍缄默姑容，是该省亏短之多，皆由各上司沽名见好，迁延不办所致。若云直隶差务殷繁，则四、五、六年间，朕惟恭谒山陵，此外别无临幸处所，地方官有何承办，岂得以赔累借词？颜检受朕厚恩，全不以帑项为重，袒护劣员，续亏至二百数十万，尚得谓之有良心乎？本日吏部议奏易州亏空案内处分，将颜检议降四级调用，因本有革职留任之案，无级可降，应行革任。此专指易州一案而言，合之通省续亏之数，该督获咎更重，本应革职治罪，姑念颜检平日尚能办事，操守亦尚谨饬，破格施恩，赏给主事衔，在吉地工程处效力，仍带革职留任。八年无过，方准开复。瞻柱在藩司任最久，钱粮是其专责，乃于通省亏空并不详悉核明从前亏缺实数严切查追，又不截流撤局，年复一年，徒以清查名目，转启属员亏空之门，而款项亦胶葛不清，诸多牵混，实属庸劣无能，废弛已极。今以易州一案部议革职，尚不足以蔽辜，瞻柱著革职，发往伊利效力赎罪。傅修久任清河道，易州系其所属，乃于陈渼亏空至十余万，并不早行揭报，著照部议革职，亦令在吉地工程处效力赎罪。至四年以后，陈大文曾任总督，同兴曾任藩司，均在半年以上，于通省仓库钱粮并不随时查办，亦难辞咎；著交部严加议处。姜晟实任总督，熊枚署任总督，为期均不过数月，且正当嘉庆六年夏间，该省被水较重之时，未及查办，稍属可原；著交部议处。所有直隶总督员缺，著吴熊光调补，该督到任后，当督同裘行简实力整饬吏治，将各州、县亏空数目彻底查明，通盘筹画，应如何勒限追补，及如何分别著赔之处，妥立章程，核实办理。其延玩不行完缴之员，即严参治罪，并将亏空各州县之该管道府一并查察，务须力返积习，属员知所畏惮，以期帑项速归实贮，方为不负委任。

嘉庆十一年五月谕内阁：刑部奏，直隶省大名县民人王（按：当作“宋”字）二油饼故杀无名男丐身死一案，经前督臣颜检审，依故杀罪问拟斩候具题，部议核覆，奉旨准行。兹秋审届期，该署督裘行简咨部以无名男丐是否实系淹毙，现在尸身未获，请将宋二油饼入于缓决，仍饬县访查，并关会下游地方打捞尸身，实在有无下落，再行办理。经该部奏请饬交该署督，将此案再行详细核实覆讯，于秋审前妥议具奏等语。审理命案，原以尸伤为凭，但尸身无获之命案，如弃尸、烧尸及抛尸江海等事，各省均有，总在承审时虚衷研讯，如果犯供切实，见证确凿，即当依律定拟。此案原题内称宋二油饼将无名男丐推入河内，用水向泼，不见踪迹而回。是该犯供认，业已切实。且又据秦文刚等查询，该犯曾以实告，并有地方刘广等各供俱相符合，是众证又已确凿。今本犯并未翻供，该署督又未访有别项情节奏明办理，辄以尸身未获声请缓决，若各省纷纷效尤，则凡尸无下落之案，无论谋故，皆得藉稽显戮，岂复尚成谳典？况此例一开，弊窦百出，如此屈法保全凶徒，是诚何心哉？且据原题内称，河底深一二丈不等，病丐被推入河，岂复能凫水潜逃？现已事阅二年，尸骸早应漂烂无存，断无寻获之理。即获有残缺尸骸，势难辨认。况此无名男丐，即果当时凫水得活，而该犯将其推入河内用水向泼之时，实属有心致死，故杀之罪，亦无可宽。宋二油饼一案竟无庸再行覆讯，即著该部入于秋审情实，照例办理。至裘行简率将此案咨请入缓，殊属非是。颜检前在直隶任内降为主事职衔，旋因将上次问拟情实之张五、韩性子二犯擅改缓决，任意轻纵，当经降旨，以颜检即现任总督亦应罢黜，将其主事职衔一并革去，裘行简宁不知之？且该署督莅任以来，经朕屡加训诲，前日犹谕以勿蹈颜检覆辙为戒，乃于宋二油饼一犯，尚何所用其姑息而犹迟疑不决耶？裘行简著传旨严行申饬，仍著交部议处。

嘉庆十一年七月谕：本日朕跸临热河，见承德府属生员等前来接驾，跪列道旁，后先济济，情殷瞻就，足征人文蔚起之盛。因念承德府生员乡试中额，自乾隆四十四年间定额取中举人一名，其时应试生员尚只五十余人，蒙皇考高宗纯皇帝谕以俟将来人文渐盛，再行加额。今阅二十余载以来，该府士子涵濡治化，争自濯磨，人数较前增多，自当加惠士林，以广乐育。著军机大臣查明承德府阖属生员现在共有若干人，据实具奏，候朕加广乡试中额，以示鼓舞烝髦至意。

嘉庆十一年八月谕：承德府为每岁巡幸木兰驻跸之区，民物丰饶，骎骎向学，自皇考高宗纯皇帝建立黉序，谕制碑文，昭垂久远。彼时生员共只五十余人，定取乡试中额一名。曾经钦奉谕旨，俟将来人数增多再当加恩广额。本年朕跸临热河，见接驾诸生人数济济，即交军机大臣查明该府阖属生员实数。现据称查明统计四百余名，人文日盛，殊堪嘉慰。著加恩于承字号中额一名外广额二名，每科乡试取中举人三名，以示朕仰承教泽，加惠烝髦至意。

嘉庆十一年八月谕：本日裘行简奏，藩司查出司书假雕印信，串通银号，虚收解款，舞弊侵盗缘由一折。并据庆格同日具奏，究出司书私雕假印，勾串舞弊缘由。据称司库历年出入银数胶葛不清，司书狡黠支吾，因吊齐册档案据，详细稽核，查出历年地粮耗羡，以及杂款银两，均有虚收之款。随又亲提各州县奉到司发批收，逐加核对，竟有假印贴改诸弊。随查传承办司书王丽南等隔别研讯，历年以来该犯等有司发库收小数贴改大数者，有将领款抵解钱粮，又朦混给发者，有串通银匠给与假印批收者，为弊不一；共虚收过定州等十九州县地粮正耗杂税等银二十八万余两，并起出藩司库官假印二颗等语。直隶司书王丽南等，敢于私雕藩司及库官印信，与银匠等串通舞弊，将各州县批解钱粮任意侵盗，数至二十八万余两之多，作奸犯科，至于如此，为从来未有之案，实出情理之外。案关重大，不可不严行根究办理示惩。著派协办大学士尚书费淳、尚书长麟，带同明干司员即行驰驿前赴保定，查明款项，提集犯证，逐一研讯，秉公定拟具奏。其畏罪潜逃之司书陶源即陶含辉，著该督等即行严拿，务获归案办理。至此事该司书等串通侵盗舞弊有年，将库项种种纠缠，以致漫无稽考。该藩司庆格于到任后悉心查核，详细勾稽，今将弊混查出，认真可嘉。庆格著加恩交部议叙。该藩司折内称拜折查勘河工回至省城，将要件赶紧清厘，即赴密云查道迎驾等语，现在省城有此重大之案，即日钦差到彼，正须督同该藩司详悉查办，所有回銮时查勘道路桥梁等事，计彼时裘行简堵筑漫口查勘堤工早经完竣，自可前来行在照料。庆格著无庸前来行在，于何处接奉谕旨，即于何处回省，俟费淳、长麟到彼随同查办。

嘉庆十一年九月谕：费淳、长麟奏审讯大概情形，并究出串通舞弊之各州县，请旨革职拿问一折。据称司书王丽南等私雕假印，舞弊营私一案，查明自嘉庆元年起，至本年止，地丁耗羡杂款项下俱有虚收虚抵，重领冒支等弊，计有二十四州县，共侵盗银三十一万六百余两。此内竟有与州县讲明，每虚设重抵冒支银一万两，给与司书及说事人使费银二三千两不等，各州、县实省解银六七千两。当经费淳等逐细研鞫，按册稽核，究出串通知情之州、县张麟书等十一员，其现任者均经提传质审，各认通同舞弊属实等语。阅之殊堪骇异，实为我朝未有之事。从前外省不肖官吏作奸犯科，如甘肃捏灾冒赈之案最为重大，然只借办赈为名，虚报侵肥，从无有身任州、县与吏胥等勾连一气，公然将正项钱粮，私雕假印，挖改公文，虚捏报解，抵冒分肥，至三十余万两之多。若似此朋比为奸，将各直省应征钱粮奸胥劣员得以任意干没，纪纲何在？亟应彻底讯究，加等严行惩办。所有现已究出之知州陈锡钰、知县徐承勋、陈孚、萧泗水、范谷贻、魏廷鉴，均著革职锁拿，同已参革之知州王盛清、知县任铭献一并锁拿监禁，交费淳等细心研审。如有狡展，即当加以刑讯，务得确情，按律加等定拟具奏。该革员等任所、原籍，及病故之知州张麟书、知县邹试、丁履端各原籍资财，一并严密查抄。并查明该革员等子孙有捐纳官职者，悉予褫革。其讯不知情之各州县，亦尚未可尽信，仍当详加确讯，毋任稍有不实不尽，以成信谳。

嘉庆十一年九月谕内阁：前因兼管府尹侍郎莫瞻菉，于崔成辅控告王文元霸地抢割凶殴一案，有将被告释放，并在私宅传讯之事，特降旨令留京王大臣会同刑部堂官传伊询问，并令府尹秦瀛明白覆奏。本日留京王大臣等奏，询据莫瞻菉称，向来寻常案件带至私宅问供，仍交衙门承办，系常有之事。此案因王兆屡传不到，是以掌责，其被告王文元因时届农忙，是以取保，并未断结，亦无受贿情弊等语。顺府公事，该兼尹自应会同府尹在于公署审办，今莫瞻菉将案件常带至私宅问供，即属违例。又据秦瀛覆奏称，向例该衙门遇有发属审讯事件，应俟委员讯详，始行会同覆讯，即须亲提，亦无兼尹独自提讯之例。此案莫瞻菉札谕大兴县保释王文元，系伊未到任以前之事，至现在该兼尹不俟委员勘详，并不与该府尹关会，辄在私宅问供掌责，又将王文元释放，实非事理所有。伊未能豫行觉察，恳请交部议处，并请将听从莫瞻菉释放被告之大兴县何道榜于定案后议处等语。是莫瞻菉于业经委员勘办之案，忽行提讯，若非听情受贿，因何不会同秦瀛，辄在私宅自行讯问？实属专擅违例，即此一节，已不胜兼尹之任。其将原告掌责，并将王文元释放之处，种种可疑，更难保无听受贿嘱情弊。莫瞻菉著先行退兼管顺天府府尹，交部严加议处。仍著刑部提集案犯，秉公究讯，将被告王文元有无托情行贿，莫瞻菉是否徇私曲庇，严行追究，不可稍存偏袒。并传讯大兴县知县何道榜，有无通同舞弊之处，先行讯明，迅即具奏。将莫瞻菉仍在公所看守，听候谕旨。至秦瀛于莫瞻菉违例专擅之处，并不早行参奏，至降旨询问，始行据实覆奏，亦有不合。著交部议处。其大兴县何道榜于顺府衙门饬交取保候讯人证，并不禀知秦瀛，听从莫瞻菉一人提讯释放，即无通同情弊，亦应于定案后查例议处。至本案悬宕已久，并著交刑部即行秉公断结，按律办理。

嘉庆十一年九月谕：据费淳、长麟奏，连日审办直隶省官吏勾连侵帑一案，除州、县短解、司书、银匠侵蚀之外，尚有知情分赃之各幕友、长随人等，现已咨部斥革，分别提拿押解归审。又究出正定县知县戴书培，曾经借领司库银一千六百余两，经司书王丽南串通，将借领案卷销毁。戴书培允从给与酬谢银四百两，幕友余同甫索分银一百两，已提到质审属实。又任县知县马河有应解地粮银五千两，经长随赖锦堂串通司书，以实解银五钱诓出真印，库收挖改为解银五千两。现在讯据赖锦堂先供官不知情，又供官只给银二千五百两，供词两歧等语。并据查明历任总督、藩司各任内虚收银两数目，及失察虚收银数，开缮清单呈览。知县戴书培以借领司库之项，竟敢与司书串通，将领案销毁，图免解还，私给与王丽南酬谢银两，目无法纪，至于此极，实勘令人发指。前任正定县知县今升昌平州知州戴书培，即著革职锁拿到案严讯，一面将伊任所及本籍资财先行查抄。知县马河所解银五千两，虽据长随赖锦堂供称，系伊与司书串通，以实解银五钱将库收挖改，但供词闪烁，前后不符，亦应归案严讯。任县知县马河，著解任一并质讯。其串通得赃之幕友、长随人等，现经费淳等分别提拿，均著迅速锁拿到案，严切根讯，将来定案时均应计赃论罪，再加等问拟。至该省官吏、幕友、长随人等，敢于勾通一气，将国家正帑任意侵吞，明目张胆，毫无忌惮。历任总督、藩司懵然不知，竟同木偶，所司何事？为从来未有之案。朕不得不从严加重办理。毫无良心之历任庸碌无能督藩，实勘痛恨，而朕不知人之咎，惟自怨耳。阅费淳等呈览单内，查出各任虚收银两及失察虚收数目，此时惩办之法亦应按其虚收失察数目之多寡，以分其获戾之轻重。所有各藩司任内虚收之数，瞻柱计有十九万余两，数目最多，其次即系颜检任内虚收六万三千余两，郑制锦任内虚收二万二千余两，同兴任内虚收二万余两，又均在颜检之次。其失察虚收之各总督，则颜检失察藩司虚收银二十万八千余两，为数最多，胡季堂失察虚收银六万二千余两，梁肯堂失察虚收银二万二千余两，陈大文失察虚收银七千余两，熊枚失察虚收银二千六百余两，姜晟失察虚收银一千五百余两。除病故各员外，均交部分别严加议处。颜检本系直隶总督，获咎之人，经朕节次施恩，弃瑕录用，赏给同知，发往河南效用。今伊在总督藩司任内，复有此重大之案，实难曲为宽贷。颜检著革去顶戴，交铁保派员押送来京，听候部议。山西巡抚同兴，亦著开缺来京，听候部议。裘行简在藩司任内曾虚收银一万一千余两，其署督任内亦失察藩司虚收银一万六千余两，但为数较少，再伊于升署总督之后，因藩库款项未清，曾奏明同庆格再行查办，尚未出结，此时庆格接手查办，方能厘出弊端。裘行简免其严议，著交部议处。庆格任内亦有虚收银一万二千余两，但此案系伊查明举发，功过尚足相抵。庆格前经交部议叙，即著撤回议叙，免其交部议处。所有现在查出侵亏各数，将来各任总督、藩司名下俱应分赔，著费淳、长麟于定案时查明各该员在任月日，并虚收失察银数之多寡，分别著赔。其已故各员，亦当责令各家属名下按数追缴。至吴熊光前任总督藩司，何以未列单内？吴熊光前任藩司，系接郑制锦之任，所有郑制锦虚收之数，伊到任后未经查出。迨简放总督，于前任各藩司虚收银数亦未查办，将来结案时，自均有失察之咎。至伊藩司本任竟无虚收之数，其任总督时亦无失察本任藩司虚收之事，是否单内遗漏，抑系该书吏等因其查察较严，不敢舞弊？并著费淳、长麟提集司书人等一并讯明，据实具奏。

嘉庆十一年九月谕：直隶省官员、书吏人等串通侵帑一案，情罪重大，节经费淳、长麟严切根讯，具得实情，将各该犯从重定拟具奏，已批交行在大学士、尚书、侍郎速议矣。藩司为钱粮总汇，国帑攸关，出纳支收，是其专责。所有各州县征收正杂银两于解到藩库时，如何兑收之处，自当有一定章程，慎重考核。朕近日面询曾任藩司各廷臣，佥称各省州县应解银两具批申解，俱系按款登载，到省之后藩司先将来批验明示期收纳，眼同上兑登记档册，然后给与批回，盖用司印，并有用连环大批，兼钤盖巡抚关防者。层层考核，法甚精详，即有不肖吏胥，断难从中舞弊。至直隶省则迥异乎是，州县向来申解银两到省之后，藩司并不亲自验收，亦并不给与司印批回，仅与库官印收一纸，以致司书等竟敢与解役银匠等通同作弊，将库收任意改窜，侵蚀银两，嗣复伪刻库官印信，冒领虚收。而不肖官员亦联为一气，销毁借案，重领虚解，无所不为。迨裘行简到任之后，因库收不足凭信，改用司印批回，欲以防弊，而该司书等又即伪刻藩司印信，百弊丛生，酿成巨案，侵亏帑项至三十万两之多。总由于立法不严，杜弊不周，阘茸因循，至于此极，不可不亟行整饬，以期厘剔弊窦。嗣后直隶省藩库于各州、县批解银两应如何明立章程，永革一切弊混之处，著裘行简督同藩司庆格详悉妥议具奏办理。

嘉庆十一年九月谕内阁：各省布政使管理通省钱粮，专司出纳，一切正杂款项由州县征解到司，丝毫皆关国帑，自应详慎综核，杜绝弊端。乃直隶省竟有司书王丽南等串通州县舞弊之案，虚收冒领，百计侵亏，甚至假刻藩司及库官印信，将国家正帑肆意私吞，作奸犯科，至于如此，比之从前甘肃省捏灾冒赈之案，其朦蔽分肥情节尤出情理之外。本日行在大学士、尚书、侍郎等遵旨速议具奏，已将情节尤重、赃私较多之官员、书吏等抵法矣。州县身为职官，任膺民社，乃甘与奸胥蠹吏勾通作弊，不独蔑视宪典，亦且罔顾身家。现在破案之贪官蠹吏立决者已有十名，朕心实觉不忍。然王章具在，即欲曲为宽贷，有所不能，此案定谳，悉遵照当日皇考高宗纯皇帝办理甘肃捏灾冒赈之例，分别问拟，以侵盗之多寡定罪名之轻重，此实于无可宽贷之中稍示区别，不为已甚。而酿成巨案，实由历任藩司于收支帑项漠不私心，丧尽天良，因循阘茸所致。试思该藩司等如果认真严查，留心杜弊，奸吏等何至如此纵恣？现据查出吴熊光在直隶时即无虚收之事，讯之司书等，佥称惮其查察，不敢作弊。可见同一职守，而实心任事与庸碌无能者判然各殊。朕简任大吏，均望其认真办理，特伊等辜恩尽职各有不同耳。经此次惩办之后，惟愿各直省再无此等营私骫法之事。除直隶省藩库收纳章程昨已降旨，令裘行简督同藩司庆格妥议具奏办理外，其余各直省藩库均当以直隶此案为戒，务各详加稽考。如有相沿旧习，未尽妥善者，俱当及早清厘，剔出积弊，勿致官吏等因缘为奸，自干重戾，庶不负朕谆谆教诫至意。将此通谕知之。

嘉庆十二年正月谕：内阁温承惠奏，查出伪造札付，盗用印信，私行调补营弁之书吏，请旨办理一折。奸胥骫法营私，法所不宥。上年直隶省查出司书王丽南等私雕假印，通同州县，虚收钱粮巨案，当经特派大臣彻底研讯明确，将案犯情重者即予骈诛，加以刑夹，并令传集保定省城各衙门书吏看视行刑，俾知炯戒。曾降旨通谕中外，原欲使在官吏役人等知舞弊终当败露，法网非可幸逃，共相儆畏，不致再蹈刑章，所谓辟以止辟，正朕明刑弼教之苦心。乃办理甫阅数旬，且陶源一犯经该省续行缉获正法为日无几，此在相距较远省分或尚未闻知，而近在同城之书吏，复有此等需索酬谢，伪造札付，假与人官之事，实属憝不畏死。试思书吏等具有身家性命，即一时利欲熏心，宁不稍知顾畏？何作奸犯科，竟甘身冒严刑，至于此极？迨一经破案，爰书既定，即朕慎重人命，思欲宽以一线而不能。此辈蠢愚冥顽，致罹重辟，既为可恨，亦属可悯。嗣后大小官员当剀切晓谕吏役人等，以直隶省前案及此案为鉴，务各自顾身命，守法奉公，勿再舞文作弊，陷于重罪，以期吏治渐就肃清，方不负朕谆谆训诫之意。此案杜裴堂一犯，著即处斩，余俱照所议发落。

嘉庆十二年二月谕内阁：朕恭阅皇考《高宗纯皇帝圣训》，内载乾隆十四年三月，钦奉圣谕，直隶河道事务近年以总督兼理，不过于伏秋汛至之时往来率属防护，工程俱已平稳，所有直隶河道总督不必设为专缺，即于总督关防敕书内添入兼理河道字样等因，钦此。是永定河道事宜，本系总督兼管，只于大汛时往来稽察。近年以来，总督每遇伏秋汛时，常驻工次，动辄累月，其地方应办事件，均由邮封寄达，属员等有禀商公务，亦须赴工谒见。畿辅重地，总督职司统辖，事务殷繁，驿递往还，未免易致迟滞，而各属员仆仆道途，致滋跋涉。况河坝水涨不时，更虞稽阻。嘉庆六年间，永定河水漫溢时，姜晟即因水阻不能前赴工次，案牍文书不能保无贻误，殊非慎重地方之道。嗣后直隶总督于永定河伏秋大汛时，只须酌量往来查勘，毋庸久驻工次，转致势难兼顾。其河工修防事宜，著责成该道常时督率工员妥为办理，申报该督奏闻，庶于地方政务可以随时清理，不致稍有积压也。

嘉庆十二年三月谕内阁：据温承惠等奏，本月十二日酉刻，天津地方西北风大作，猛烈异常，达旦方息，剥船、民船多有磕碰损伤，淹毙船户水手三百余名，杨村备剥船二百只，内仅存尚堪修舱起剥者五十二只，其余不堪收拾及漂淌无存者计一百四十八只。现在剥运紧要，已饬雇觅民船，俾资起剥等语。此次暴风彻夜，本属狂猛，官民船只猝不及防，以致磕碰沉溺，淹毙多命，深堪悯恻。除现经地方官捐资棺殓抚恤外，著加恩即于天津运库动项，无论大小，每名口加赏银三两，以示轸恤。其沿河一带州、县，既据奏称现委道员沈长春前往确查有无遭风船只淹毙人口报明办理，著俟查明，据实奏请施恩，毋稍讳饰。损坏剥船，并非驾驶不慎所致，著免其赔补，即饬将堪用船五十二只动项修整应用，毋误剥运。至添雇民船，务核明需用实数，查上年议定章程，妥为雇备，毋得纵容吏胥借端封拿多船，讹索卖放，及船户承揽包庇等弊。

嘉庆十二年九月谕内阁：温承惠等奏淀津堤河各工告成，恭请銮舆巡视一折。淀津堤河各工关系畿辅水利，我皇考高宗纯皇帝法驾频临，躬亲周览，举凡宣防要术，悉秉睿谋，为亿万姓之所利赖。自嘉庆六年雨水过多，堤河间有冲溃，特发内务府帑金六十万两，饬令鸠工疏治，用以保护民舍田庐，俾得安澜永庆。兹因修筑竣事，署总督温承惠、学政刘镮之、提督色克通阿、盐政李如枚合词吁恳，请于来春銮舆巡视，自应俯如所请，敬绍先谟，省方敷治。著诹吉于明春三月初五日启跸恭谒东陵，取道南苑，巡幸淀津，四月初二日还宫，所有一切事宜著各该衙门查照向例先期豫备。

嘉庆十二年十月谕军机大臣等：前据温承惠奏勘估挑挖温榆河上游一折，当经特派托津、英和会同仓场侍郎前往覆勘。兹该侍郎等覆奏会勘该处情形，据称石坝以前因频年借下游倒漾之水至坝济运，易致流聚泥沙，今竟从温榆河上游一律挑挖深通，直抵石坝，诚为因势利导，且无碍民田庐舍，实于漕务有裨。惟石坝地势高下必须通盘筹画，俾全河一律深通，毫无高仰滞碍，方臻妥善。该督原估之浅深尺寸，尚应逐细斟酌，请再令覆加详勘等语。该处河流为漕运攸关，自应亟为疏浚。但必须先用水平详晰测量高下，俾得有建瓴之象，庶一经挑挖深通，不致复有倒漾等弊。兹阅所绘图内，由果渠村至马家庄一带直抵石坝，形势虽属顺利，惟石坝以下流水沟一带汇归正河之处，其地势恐形高仰。若新挑之河到此不能畅注直下，是徒费帑工，仍无实济，此亦不可不虑。著传谕温承惠，另委熟谙河务之员，会同原估各员周历履勘，用水平逐细测量，务期通河畅顺，实有把握，可为一劳永逸之计，方可奏请办理。设此次不能详慎筹画，冒昧从事，将来兴工后，仍至倒漾浅阻，则惟该督是问。

嘉庆十二年十月谕军机大臣等：贾允升奏请挑浚减河以利漕运一折，所奏甚是。直隶天津迤南旧有减河四道，每遇运河水势盛涨，借资宣泄，设运河水势微弱，并可储蓄挹注。前人立法之意，实为尽善，自应挑浚通畅，以复旧规。若任其日久淤垫，不惟漕艘来往恐有阻滞，于南北行旅亦多未便。即如本年临清扪口五十余日，只因卫水从无分泄，以致帮船稽阻，不得已开决四女寺河堤，而宣泄过急，民间田庐间被淹浸，此其明证也。事关两省水利，著温承惠、吉纶派委明干大员详细履勘，其如何挑挖兴工之处，务须会筹妥办，以期疏治深通。切勿意存惜费，省费转多矣。其河身间有高仰露滩处所，并当严禁居民，毋许占种禾麦，致与正河有碍。

嘉庆十二年十一月谕内阁：温承惠奏查明张家口兵饷支放迟延缘由一折。据称此项兵饷向系口北道放，季首备文赴司请领。此次冬季兵饷，该道委员请领，于十月初三日到省，经藩司核明银数，于十三日兑发，该弁随即赍回收兑，于十一月初四日如数给发，缘系相沿旧章，拘于季首请领，尚非有心延玩等语。兵丁月饷以资养赡，自应先期请领，按时给发，方免迟误。况张家口距省本远，若每次兵饷均须待至季首，设或途中雨雪阻滞，岂不耽延？所有旧定章程实未妥协。嗣后该处应领兵饷，著于每季先一月派员赴省领回，以便届时给放，毋得稽滞。至此次支放逾期，既系相沿旧章，各该员于请领发给均无延玩，著从宽免其查参。

嘉庆十三年三月谕内阁：畿辅为首善之区，人文渐被，多士蔚兴。兹因循览河堤，巡幸淀津，业已恩施黎庶，而观风所莅，并宜加惠士林，用广黉序。所有直隶通省本年入学大学增额五名，中学增额四名，小学增额三名。该学政悉心甄录，务拔其尤，以副朕乐育人材之至意。

嘉庆十三年三月谕内阁：据温承惠奏，直隶州县串同司书虚冒钱粮案内，已正法之知州王盛清，其子均应发往伊犁充当苦差。该犯共有四子，长子王衔，次子王淦，现俱饬令起解，三子王滏久经出继，可否援免，四子王四儿年甫三岁，可否移交原籍收管，俟及岁再行发遣等语。此案王盛清骫法营私，业经明正典刑，其长子次子并俱已发遣，三子王滏查明出继属实，著准援免。至王四儿方在襁褓，罪所不及，著加恩竟免其发遣，毋庸再行收管。并著查明此案各犯之子，凡在十岁以下者，无论独子众子，均一概免其发遣。

嘉庆十三年三月谕内阁：温承惠奏查勘滏阳河淤阻情形，请挑挖水占粮地以资行运一折。滏阳河系直隶运盐要道，向由宁晋之黄儿营一带与滹水合流，至天津入海。今既据温承惠委员查勘，黄儿营一带因滹水泛涨，日久淤高，难以挑复，自应另筹运道，以利民生。著即照该督所请，将现在水占之耿家庄等处分段挑挖成河，俾商艘民船不致阻滞。其所需工料银三万九千八百二十余两，亦著照所请知会长芦盐政，于本年秋后将商捐银两照数拨发，选派干员带同诚实商人赴工挑挖，一切夫料工价俱由商人自行经手。仍著该督派委道府大员驻工督率，其河身所占地亩应纳钱粮，俟造册具题加恩豁免。

嘉庆十三年三月谕：朕此次巡幸天津，阅视河堤各工，业于启銮日降旨，将经过地方及天津阖府属本年应征钱粮蠲免十分之三。兹翠华临莅，闾阎气象恬熙，小民扶老携幼，趋迎载道，欢欣爱戴，出于至诚。朕心实为嘉悦，允宜特颁庆泽，用慰就瞻。著加恩将经由各州、县嘉庆十一年以前积欠地粮正耗银六万八千余两，粮七百余石，并天津阖府属嘉庆十一年以前积欠地粮正耗银七万四千余两，粮九千三百余石，全行豁免，俾跸路所经及海滨蔀屋咸庆盈宁，以示省方观民、行庆施惠至意。该部即遵谕行。

嘉庆十三年三月谕：朕此次巡幸淀津，现经降旨，将沿途经过地方及天津阖府属十一年以前积欠钱粮概行豁免，以敷闿泽。因思辇辂未经之处，小民跂望孔殷，自宜广沛恩膏，期闾阎共沾实惠。著再加恩将嘉庆十一年以前直隶通省州、县积欠地粮正耗等项蠲免十分之二，俾郊圻亿兆咸安乐利，以示展义省方、加惠无已至意。该部即遵谕行。

嘉庆十三年三月谕：朕此次巡莅天津，庆泽覃敷，俾群黎咸沾惠恺。因思清理庶狱，予以自新，亦恩施所宜逮。所有直隶省军流以下人犯，著该督饬属查核案情分别减等发落，以示矜恤。

嘉庆十三年三月谕：前因淀河修筑各项堤工，曾发帑六十万两，以资办理。今堤工业已完竣，前项银两尚有敷余。又前诣盛京赏给办差经费银三十万两，除动用外，亦尚有存贮银两。著于堤工余剩项下拨银二十万两，盛京差费余剩项下拨银六万两，赏给该督等，作为此次巡幸淀津修葺行宫座落及各处庙宇等费。

嘉庆十三年闰五月谕内阁：德瑛等奏勘明直隶堤河桥道闸坝各工一折，并开缮清单绘图贴说进呈。朕详加批阅，此次估修千里长堤各工，经德瑛等逐一收验，核与原估册报大率相符。温承惠饬属承修，均能如式，所办尚好。自此次修筑之后，不惟保护民田，兼以兴复水利，实于闾阎有裨。惟堤工地段绵长，每遇大汛盛涨之时，不能无汕刷残缺。若不随时修补，必致日久倾圮，既恐贻害田庐，兼且重糜帑项，殊非经久之计。朕本年春间临幸淀津，谕令将沿途行宫座落派人看守，筹款粘补。原以其修理本已完善，若复勤加葺补，则所费无多而工程益臻巩固。况堤工关系民生，较之行宫座落更为紧要，岂可稍任废弛？在地方官之意，未必不以清跸经临銮路驻止处所倍须敬谨修葺，殊不知朕省方时巡，即为阅视河堤、求瘼求宁起见，地方官正不得稍有疏懈也。著温承惠将此项工程应如何责成地方官定期呈报，随时修补，及防护巩固者如火如荼量加奖劝，因循废弛者如何酌予惩处，务须悉心筹议章程，俾不致玩视要工，庶堤身永臻稳实，民田庐舍均资利益。即须酌筹岁修经费，谅亦为数无多，办理自易为力。至格淀堤工，原系拦截子牙河浑水不致使灌入淀河，从前不惜帑金，庀工建筑，自有深意。若此时不加修补，任其残废，则子牙浑水灌入淀河，必致受淤为患。著温承惠饬令地方官再行详查，设法修补，即使无庸修葺，亦当将实在缘由详悉奏闻，以凭酌核。所有文安、大城、天津等县各工丈尺与原估不符之处，著工部查核具奏。

嘉庆十三年七月谕内阁：昨因天津北河水势旺盛，王家庄一带又有漫口，粮船挽运稍艰，恐致回空稽缓，特降旨派令达庆、蒋予蒲等分出一人驰往天津，会同盐政伊昌阿，将在后船粮酌量截留存储北仓，妥为照料。本日据萨彬图面奏，向来存储北仓之米并无专司看管之人，以致附近宵小任意偷窃，从无过而问者，请派人稽查；又北仓自上年修理之后，仍多渗漏，兼恐存储之米雨湿霉烂等语。仓厫存储米石，颗粒皆关正供，何至无专员照料？所有此次存储米石，著责成天津镇总兵本智酌拨官兵分派防守，昼夜巡逻，并于仓厫四角俱添盖兵房数间，俾资栖止。如有偷窃情事，即行严拿惩办。该总兵亦当不时亲往查察，无蹈疏纵之咎。至该处仓厫，上年系天津商人承办，今不久旋即渗漏，是原办不免草率。并著伊昌阿仍责令承办之人赶紧修葺坚固。所有应盖兵房，亦即交令妥办。达庆、蒋予蒲接奉前旨，务即酌分一人前往天津，将截留事宜赶紧妥办，不可延缓。至北仓地方存储米石，亦不过一时权宜，不应过久。并著达庆等将现在抵通各船起卸完毕之后，即将此项存储北仓之米陆续赶紧运通，务于新漕未完之先，一律抵坝归仓为要。

嘉庆十三年八月谕内阁：前因温承惠奏任县大陆泽环水村庄带征积欠租银贫民无力完纳，当经降旨加恩全行豁免，并以该处地亩被水侵占不能耕种，或应将粮额全行豁除，特交温承惠饬属查明据实具奏。兹据该督覆奏到该处被水粮欠各情形，著加恩将任县大陆泽新涸地亩积欠十一二等年钱粮一千一百三十九两零全行蠲免，以纾民力。至该处粮赋本轻，既无庸概予豁免，并著嗣后照安州等州、县减赋之例，每年查视水势大小，汇案请旨，候朕施恩。

嘉庆十三年九月谕内阁：上年直隶省州县勾串司书侵吞库项一案，当经降旨以各犯侵盗之多寡定罪名之轻重，将侵银二万两以上者立置重典，侵银一万两以上者，亦于上年秋审予以勾决。尚有侵银在一万两以下之陈锡钰等五犯，亦俱问拟斩候，入于本年秋审情实办理。各该犯串通书吏，肆意侵吞，其朦蔽分肥情节，均属罪无可逭。特以朕上年定谳此案，悉遵照从前皇考高宗纯皇帝办理甘肃捏灾冒赈之例分别问拟。查前次捏灾案内侵银不及一万两之各官犯四十余名，亦经刑部问拟情实，均蒙皇考法外施仁，免死发遣。兹陈锡钰等情罪与前案相类，亦尚可宽以一线。所有直隶省侵帑案内各官犯，除徐承勋一名业经病故外，陈锡钰、马河、戴书培、魏廷鉴四犯，著加恩免其勾决，发往黑龙江充当苦差。此乃朕祇遹前谟，于无可宽贷之中曲为贳宥。嗣后各省州县等益当激发天良，奉公守法，毋谓宽典之可屡邀也。

嘉庆十三年九月谕：朕勤求民事，念切授衣，编氓御寒所需，惟棉之用最广，其种植纴纺，务兼耕织。从前圣祖仁皇帝曾制《木棉赋》，迨乾隆年间直隶总督方观承恭绘《棉花图》撰说进呈，皇考高宗纯皇帝嘉览之余，按其图说十六事，亲制诗章，体物抒吟，功用悉备。朕绍衣先烈，轸念民依，近于几暇敬依皇考圣制元韵作诗十六首。诚以衣被之原，讲求宜切，生民日用所系，实与稼穑、蚕桑并崇本业，著文颖馆敬谨辑为一书，命名《授衣广训》，首载圣祖仁皇帝圣制赋，次载皇考高宗纯皇帝圣制诗，再将朕御制和韵诗载入。其方观承所进图幅，并发交如意馆，仿照勾摹，同原册所进图说等件一并存载，俟书成呈览，刊刻颁行，以垂永久。

嘉庆十三年九月谕：试用通判王履泰，于回銮途次恭进编辑《畿辅安澜志》六函，当令董诰等公同阅看具奏。朕覆加披览，于直隶通省河道原委辩证明晰，并将古今修防事实详悉登载，足资参考，尚属有用之书。著武英殿用聚珍板排印，以备陈设颁赏。王履泰著发往直隶以通判即补，交温承惠遇有应办水利事宜，差遣委用。

嘉庆十四年二月谕内阁：朕祇受皇考高宗纯皇帝笃眷深恩，至优极渥，为从来所未有。缅惟春秋霜露，十载于兹，永怀罔极，益切慕思。特于本年清明节恭谒裕陵，亲举敷土礼，诚以恩隆旷古，礼准缘情，以冀稍伸忱悃。然朕心犹切兢兢，恐于旧典未协。本日恭诣宝城敷土时，即微雨飘洒，至大飨礼成，甘膏滋漉，自卯至午，入土三寸有余。当此农事方殷，获沾渥泽，田畴沃润，豫卜降康，仰见昊苍默佑，皇考在天之灵昭鉴愉悦。朕钦承鸿贶，感惕交深，允宜推广慈恩，覃施闿泽。所有献帛献爵之王贝勒等，俱著加恩纪录四次。执事官员内，明志著加恩赏还花翎。其典仪、赞引、读祝以及各执事官，俱著各加一级。陪祀及随从之王公文武大臣官员，俱各予纪录二次。守护东陵之贝子及所属官员，亦各予纪录二次。至直隶承办差务大小官员内，温承惠、方受畴本应一体加恩，前因方受畴由差次过京具折请安，保定省城无大员驻扎，温承惠并未豫行奏明，降旨将伊二人分别交议。兹著加恩均予宽免。其余办差文武官员俱著纪录二次。庆成前因奏不对实获咎，但伊本意不过希冀邀恩，念其从前打仗受伤，得有军功，此次随扈当差，著加恩赏还二品顶戴。其提标派出办差兵丁及马兰镇标修垫苇子峪道路兵丁，著查明各赏给一月钱粮，以示朕推恩锡类、有加无已至意。

嘉庆十四年二月谕：温承惠奏永定河添备料物银两，恳请开销一折。前因永定河添备料物，曾经降旨，准令每年预支银一万两备用，并非于例外加赠，温承惠遽将此项银两题明以四千两归岁修，六千两归抢修，分案报销。旋经部议，永定河备用银两若于岁抢修之外动支一万两分案报销，是于额定银数又复加赠，行令扣除删减，仍照定额题销，原系核实办理；惟是永定河南北两岸工段绵长，自须于伏秋大汛之前添备料物，随时抢护，亦系实在情形。著加恩于永定河每年额销银两外，增赏五千两，作为定额，仍准于例支岁抢修项下每年预支银一万两，以资购备料物之用。温承惠惟当督饬道厅等实用实销，期于修防有裨。该部知道。

嘉庆十四年五月谕：昨梁上国告祭回京，询知望祭元太祖、元世祖系在德胜门外，因令军机大臣查始自何年。兹据查《皇朝文献通考》内载，顺治八年致祭历代帝王典礼，有望祭元太祖、元世祖陵在宛平县北之语。顺治八年，初议致祭历代帝王典礼，其时尚未有畅春园、圆明园，是以遇有典礼，即在德胜门外望北举行祭礼。此时若仍行照旧，则望祭地方转在御园之南，于体制殊觉未协。嗣后遇有庆典，应致祭元太祖、元世祖时，著于清河以北、昌平州以南，仍系宛平县所辖界内择地举行望祭礼。著为令。

嘉庆十四年五月谕内阁：前据董诰奏，有肥乡县知县万永福，差人投递禀帖，内有奏折一封，求为代递，董诰未敢启封，当即进呈。朕阅后因降旨令将该员解任来京，交军机大臣询问。兹据万永福称，伊于上年秋差派办密云道路，时值大雨，屡经修垫，除资民力用银二千两外，仍赔用银八百余两。又天津差务，由省派令该县出大戏十番，费银三千两，已交藩库二千两，尚有一千两未解。屡奉文催，因思承办差务，州、县力不能捐办，不能不借用民力。闻将来尚有五台差事，道路较长，恐资用民力更多。因此冒昧陈奏，恳求治罪等语。朕躬举时巡，凡以修国典、勤民事，原非为侈游观，如每年率行秋狝，经过畿辅各州县，事关绥藩肄武，时值暑雨涂泞，即官民稍效劳费，均属分所应尔。至上年巡幸天津省方观民，兼以阅视堤工，屡降明谕，饬诫疆吏，一切繁文糜费概事摈除。乃该督等不知仰体朕心，沿途设有戏台点缀等项，朕当即训斥其非。该督等总以自行捐备，借伸忱悃为辞。今据万永福所言，仍系派之各州、县，即肥乡一县已派至三千两，则此外各州、县所派谅亦大略相仿。此皆该省办差官吏，下及官亲家人、长随，借以为名，人人希图从中沾润，遂不顾贻累地方。朕若彻底根究，该省大吏岂能当此重咎？念其事属已往，姑免严办。惟该总督、藩司办理不善，不可不加以惩儆。温承惠著拔去花翎，褫去黄马褂，方受畴亦著拔去花翎，用示薄惩。今年朕五旬万寿，即日启銮前赴热河。若该督等再于沿途踵事增华，但多建一牌楼，添一彩饰，必将该督等革职示惩。至巡幸五台尚未定期，即将来有旨前往，设直隶、山西途间有建设戏台等项点缀者，亦必褫革不贷。朕言出法随，彼时毋悔。万永福越职言事，本有应得之罪，念其所言尚正，且事有实据，著免其治罪，加恩发往山西，以知县即补。其肥乡任内未交银一千两，并不许再向催交。

嘉庆十四年七月谕内阁：吏部奏议处直隶总督温承惠、布政司方受畴失察属员侵赈，请旨革职一折。朕体恤民艰，恫瘝在抱，遇有水旱偏灾，一经该督抚奏发帑金，从无丝毫靳惜，又岂肯逆料有不肖州、县从中侵蚀赈银，稍弛救灾恤民之念？地方大吏身膺牧民重任，目击穷黎困苦，更宜各发天良，实力拯救，认真查察。乃上年直隶省办理赈务，竟有宝坻县已革知县单福昌侵蚀赈银二万余两之案。计该县共领赈银四万余两，而侵蚀之数至于过半，则该邑待赈贫民不能仰邀抚恤者不知凡几。一县如此，其余各州、县亦殊不可信。以灾黎活命之源，饱其私囊，贪官墨吏视为固然，即该上司有派往查赈之员，亦不过彼此分肥，通同具报。间遇有存心公正者，必致受其挤陷，甚至近日有山阳县查赈委员李毓昌被毒身死之事。可见各省大吏于查赈一事并未实心确核，遂致属员罔知顾忌，恣所欲为。所有直隶宝坻县一案，该总督藩司于该县单福昌侵蚀赈银及该管同知归恩燕、委员顾准任意分肥毫无觉察，而方受畴并有失察书吏、家人需索使费门包等情，其咎均重，本应照部议革职。姑念温承惠、方受畴平素办事尚为勤慎，且一时简用乏员，姑著从宽。温承惠降为二品顶戴，方受畴降为三品顶戴，仍均带革职留任，以观后效。

嘉庆十五年四月谕：口外沿边地方，自康熙年间已有内地民人在彼耕种居住。百余年来流寓渐多，生齿益众。雍正元年以后，节次添设官员，现在吉林、盛京、直隶、山西口外毗连一带，共设有一府、一州、五县、十二厅。此内各厅有隶吉林将军统辖者，有隶奉天府尹统辖者，有隶山西巡抚统辖者。至承德府所属各州、县及宣化府口北三厅，皆属直隶总督统辖，地方辽阔，于吏治察核，刑名审转，诸多不便。朕意当于热河地方设一大员，将承德府等处附近各属专令统辖。应如何改隶统属，并建置各事宜，著大学士会同各该部妥议具奏。

嘉庆十五年五月谕军机大臣：温承惠奏直隶河淀淤垫情形一折，畿辅水利关系民生，必须尽心讲求，通盘筹办。今唐河等河七十二川之水，向来由西淀入东淀，分三股下注者，近年自赵北口十二连桥以外已多淤垫，又北股、中股悉皆淤塞，仅存南股一线单渠，以泄上游诸大川之水，其势自难容纳。而东淀下游至杨家河一带二百余里，又复节节淤浅，以致上游往往溃决，附近各州县村庄地亩处处被淹。小民种艺无成，逃荒失业，每年议蠲议赈，补救不遑。而各处大道通衢亦常被水淹浸，以致车马不便，有碍经行，殊非体制。温承惠折内称，约计需数百万金，一时碍难请拨，且南河大工尚在未竣，应俟经费充裕再行办理，今先委员将赵北口以下淤沙择其至要之处相机疏导，并动用民力办理等语。所见尚浅。国家经费有常，原不可以滥用，然关系生民要务，则虽多不容靳惜。若如温承惠之意，必俟南河一切工竣，岂有因此而令畿辅要工日久延误之理？至于民力有艰，势必不敷，徒滋科派之累。此事竟当通筹全局，发帑兴办，以筹水利而卫民生。因思天津盐务加价一项，本为南河办公而设，今即移以办直隶河工，同系正用。此外尚有天津关税一项，著温承惠即与嵩年会查，此两项每年应拨户部、内务府者共有若干？直隶筹办水利通计实需银两若干？几年可敷办竣？著核算明晰，据实奏闻，候朕降旨施行。

嘉庆十五年六月谕：热河系朕每岁驻跸之地，向设有副都统一员，统辖该处驻防官兵事务。前因内地民人租种蒙古地亩，在平泉县等州、县居住者，生齿日众，案件较繁，酌改设都统一员管理，业将积拉堪简放。因思该处一切章程尚有另需详议之处，著军机大臣会同原议各该衙门再行悉心妥议具奏。积拉堪著以都统办理热河副都统原管事务，俟定议上时候旨遵行。

嘉庆十五年七月谕：向来秋狝启銮以前，在京各部院大臣，朕俱遍行召见，而直隶总督、提督、密云副都统、马兰镇总兵、长芦盐政，俱于启銮前一日齐赴御园请安。伊等既经来园，即不能不一体召见，及见面时，并无陈奏事件，且伊等次日即诣清河接驾，随至南石槽递折请安，听候召见，是先期赴园一节实属繁文。除此次总督温承惠有应办要工，盐政嵩年督缉私盐，遵旨无庸前来外，嗣后启銮前一日该总督、提督、密云副都统、马兰镇总兵、长芦盐政俱不准赴园请安。至每年密云副都统派出营总，率皆奏请应否赏穿黄马褂，此系循例之事，从无不准穿用年分，以后著不必奏请，俱著穿用。

嘉庆十五年八月谕：军机大臣会同各部院衙门议奏新设热河都统章程内，其旗民交涉命盗案件，既由该都统审拟，将来秋审时自另缮黄册进呈，并该处文武各员大计军政，俱著该都统切实举劾，会总督列衔具题。至热河非新疆可比，应用汉字案件较多，所有随同办事司员，除理藩院司员照议拣派外，其应派六部司员，著专由刑部拣选熟悉刑名汉司官员二员带领引见，候朕简派一员前往。三年期满，如果该员等办理妥协，著该都统保奏引见，候旨升用。倘不能称职，即随时参奏。该都统俟敕印颁到，一切遵照新例办理，余俱照所议行。

嘉庆十五年十一月谕内阁：向来遣阿哥恭祭陵寝，本系岁时常典。朕在潜邸时，屡蒙皇考高宗纯皇帝派往祭陵，往返道途，即偶遇该处岁歉，闾阎安堵如常，从未有遮道乞赈之事。昨二阿哥、三阿哥由西陵恭祭回京，据奏本月二十三日行抵半壁店，有民妇百余人跪求赏赈，经随往之裕全、孟住以业已传知该县迅速给发晓谕民人，始行散去。迨二十六日回至该处，复有涿州、房山老幼民妇三四百人环拥马前，阿哥等夺路而走，内有扯住三阿哥马缰者，并随至宫门，以仍未得赈同声呼吁，喧闹拥挤，直至亥末方散。及询至房山县，犹以此项赈银于本月初九日领到，逐加分派，必须由近及远，势不能一时同放为词。此事殊出情理之外。地方偶有偏灾，不惜帑金，予以赈济，原期穷黎早沾惠闿。今房山县知县于初九日业将赈银领到，距二十六日为时已逾半月，尽可按户发给，何以迁延不发，使小民届此严冬，嗷嗷待哺？其办理迟延，获咎甚重。房山县知县沈一仁，著革职拿问。涿州知州查系何人，一并拿问，加等定拟，押解来京。总督温承惠、藩司方受畴，地方是其专责，乃于所属领到赈银后任听延玩，并不随时稽查，令其及早散给，俾灾黎口食有资，实属玩视民瘼。温承惠著降为二品顶戴，拔去花翎，方受畴著降为三品顶戴，并俱著交部严加议处。此案著派勒保、英和、卢荫溥驰驿前往查办，该州县究于何日领到赈银？因何不即发给？有无侵挪情弊？严审定拟具奏，并将主使妇女乞赈之人究出，从重治罪。

嘉庆十五年十二月谕：向来阿哥春秋遣祭陵寝，及秋间往来热河，除派出随往之大臣官员外，直隶地方官向不遴员随同照料。朕于潜邸时即所深悉。本年二阿哥、三阿哥派祭西陵，往返半壁店，竟有民妇环拥乞赈之事，殊属不成体制。嗣后著直隶总督于阿哥出京时，遴委文武官员随同照料，其行宫外附近堆拨，亦应派拨兵丁届期在彼照料住宿。至阿哥所过地方，固无除道之理，但雨水盛行之时，桥梁道路偶被冲圮，自当修补整齐，或预备船只以便经行。著总理行营王大臣妥议章程具奏。

嘉庆十五年十二月谕：毓秀奏，热河蒙古民人交涉事件，请由道府核转一折。向例各省命盗案件，州县招解，由府审转，惟直隶州招解事件由道审转，统解臬司衙门加看详申，督抚核定。今平泉等州、县蒙古民人交涉事件，原奏章程内未经指定核转之处，著仿照各省核转之例，所有平泉等州县遇有民人蒙古交涉命盗案件，经州、县会同理事司员审拟后，由州、县详解承德府，由府详道加看核转。至承德府所管地方民人交涉命盗案件，亦由道加看核转，统解热河都统衙门讯拟核定，以昭慎重。

嘉庆十六年正月谕内阁：温承惠奏筹议阿哥出京沿途照料章程一折，内称东北两路行宫系马兰镇总兵专管，西路行宫系泰宁镇总兵专管，请令该镇接奉行知，即迎赴前途，总查经理等语。阿哥出京，既有道将等随赴沿途照料，其东北及西路行宫系马兰、泰宁二镇专管，该镇派员经理足矣。若必该二镇亲来迎赴，则遇朕銮辂经临，又何以加乎？该督此一条所议太过，不知大体，著传旨申饬，不准行。其余添设弁兵堆拨，责成各该道将之处，俱著照所议办理。嗣后每届阿哥出京，礼部太常寺早为题奏，以便总理行营处先期咨会豫备，并径行通永、霸昌二道，俾免迟误。

嘉庆十六年九月谕：温承惠奏请将直隶省州县养廉办公银两照数解司收支一折。州、县坐支养廉，著为定例，今直隶省以司库垫款繁多，急需归补，援照河南州、县赴司请领养廉扣抵藩库垫发河工岁料帮价积欠之例，请将直隶各州县养廉办公二项仍行解司兑收。著照所请，准其自嘉庆十六年为始，将各州县养廉办公银两仍照数解司随时支放，如有应归司库垫项，即分别扣抵以清库款。该部知道。

嘉庆十七年三月谕内阁：温承惠奏勘明天津、静海两县境内急须修浚各工请动项兴办一折。天津、静海一带河道淤垫，连年被水，居民田庐未能涸复，有妨耕作，自应亟为疏筑，以利农田。但该处地近海滨，本系汙下之区，必须勘明宣泄渠道，使水有所归，则修筑之后，方可收一劳永逸之效，不致频年糜帑，徒烦工役。所有此二处工程，著照该督所请，在于盐引加价项下拨银八万八千八百八十余两，由天津运库就近发交天津道李銮宣承领分给各委员赶紧兴办。并令祥绍不时前往稽查，如有草率偷减情弊，即严参究办。工竣后仍著温承惠亲往验收，核实题销。

嘉庆十七年五月谕军机大臣等：据温承惠奏，拿获巨鹿县传教散会首刘帼名等犯，并起出榜文经卷木戳，讯据犯供系因孙维俭正法，伊等心怀不甘，商同伪刻御宝钤盖榜文，今伙犯王心正赴京鸣冤，希图重兴邪教等语。上年巨鹿县民孙维俭等传教惑众一案，经温承惠查明，人数众多，将为首之孙维俭问拟绞决，从犯分拟发遣，其余散会首一千六百余名，奏明存记姓名，免其查究，办理本属从轻，失之宽纵。所谓水懦民玩，转令易于犯法。现在刘帼名等仍类聚商谋，欲图兴教，并胆敢描摹御宝，私雕木戳，是该犯等愚顽性成，罔知悛改，必须严加惩创，以杜奸萌。此次若再从轻，恐该督不能当此重咎矣。慎之！与其从井救人，奚如辟以止辟？所有讯出起意伪刻御宝，逃往山东之张九成一犯，已降旨令同兴速行缉获，解赴直隶归案审办。该督即将现获各犯严加审讯。伊等聚谋兴教并描刻御宝，罪名甚重，一经质对明确，即将首从各犯从严定拟，俾顽民共知儆惧，庶革面革心，群生悔悟，不敢复蹈邪慝。

嘉庆十七年五月谕军机大臣等：温承惠奏访获传教惑众邪匪严拿究办一折，据称滦州民人董怀信，因伊父董太于乾隆三十八年拜平谷县人张荣为师，传习金丹八卦教，嘉庆二年，张荣之子张思胜与董太等在密云地方募钱修庙，经该县拿获，分别问拟军徒，未经究出传教惑众情事。嗣董太故后，董怀信复与余旺玉等商议惑众敛钱，令林自贵等分管八卦各宫。经该州访闻，将董怀信等拿获，起出经符板片等件。其所存入教男妇名册，乾隆年间有二千二百余人，嘉庆年间有二千九百余人。该督现将拿获之犯亲提严审等语。畿辅重地，有此匪徒倡立邪教，惑众敛钱，自乾隆三十八年至今已及四十年，现始破案。此在起初之时，不过三五莠民，邪说煽诱，如地方官留心查拿，立时翦除净尽，原属易办之事。乃漫无觉察，听其流毒数十年，渐传渐广，以至从教者五千余人之多，碍难全办。四十年以来一味因循姑息，历任大员，均无良心，实勘痛恨。即如从前三省邪匪，其初亦不过念经敛钱，迨党与既多，州县官查拿不善，遂至酿成乱阶。今董怀信等为首各犯俱经拿获，务须从严惩办。其教内分管八卦及帮同传教紧要之人，俱当按名查缉务获，依律重惩，不可又存姑息。若不忍用刑，何不削发出家？既登仕版，当以国事为重，岂可存妇寺之见？至册载五千余人，断无悉数查拿之理。若州县官办理不善，或胥役人等仇扳贿纵，纷纷滋扰，必致激成事端。著该督即将为首各犯迅速严拿重惩，定拟具奏。其仅止入教者，即照所请，俟定案后剀切晓谕，收缴经符，令出具改悔甘结，仍存记姓名，时时稽察，有犯即惩。伊等见首恶殄除，群知畏惧，自可革面革心也。其杨得一犯，已降旨谕知和宁、富俊等密拿解直归案办理。至直隶失察之总督、藩臬，除乾隆年间者免究外，其自嘉庆元年以后历任各员，另有旨交军机大臣会同吏部详查具奏，分别治罪。

嘉庆十七年五月谕军机大臣等：本日刑部奏审讯直隶巨鹿民人孙朋呈缴护道榜文一案。孙朋于上年孙维俭惑众敛钱案内，虽曾出过布施钱文，业已具结悔过。因见地方官告示内并无查缴护道榜文之言，未将榜文烧毁。本年四月间闻该县又查拿邪教，虑恐榜文为累，不敢存留家中，又畏惧牵连，不敢赴县呈缴，遂自带榜文来京缴销，当被盘获。经刑部讯明，孙朋实系畏罪自首，到京后亦未敢在道旁叩阍，无凭科以罪名。孙朋著解回直隶，即行释放。其榜文交该督即行销毁。至此等伪造榜文，该处乡愚收藏者谅仍不少，此时自当尽数销毁，以免流传。但查办之法，地方府县官安能家喻户晓，如仅以空言访问，则愚民隐匿不报，仍属有名无实。设若派人搜查，则胥役等倚势作奸，或实系入教之家贿赂得以幸免，其无辜者转致株连扰累，比户惊惶。此在柔懦乡民，隐忍被其诈索，已属可悯。设遇强悍之徒，逞忿殴差，致酿巨案，更属不成事体。此时现有孙朋呈缴榜文一案，该督即出示晓谕，以孙朋本系被诱入教之人，今诚心悔过，将存留榜文呈出销毁，已奉旨立予释放，并未治罪。尔等从前被惑之人，如家中尚有存留此项榜文者，即行到官呈缴，亦即照孙朋之例一体开释，必不牵连拘禁。尔等呈缴之后，真心悔过，各安生业，即属良民。倘或执迷不悟，依然收存榜文，将来别经访出，或被人首告，必当从重治罪，不能宽宥。如此剀切示谕，将此次谕旨一并抄写悬挂，则小民自必畏法懔遵，较之纷纷查办，实不啻事半而功倍也。该督即遵行妥办为要。

嘉庆十七年六月谕内阁：庆桂等会同刑部审讯王肇兴等呈控孔传标诬扳赃银，直隶承审官刑逼教供，分别定拟一折。邪教惑众敛钱，最为风俗人心之害，各直省皆应及早查拿，以靖邪慝。况畿辅为首善之区，尤不容有此等莠民，潜滋煽诱。直隶上年即有巨鹿县民孙维俭等倡立大乘教一案，现在滦州地方又查有董怀信等传授金丹八卦教一案，该省大吏平时失于查察，已有应得之咎，及事发惩办，仍不免意存姑息。如温承惠办理孙维俭一案，于初交审讯时即先有从宽之见，只将为首之孙维俭一犯拟以绞决，余犯概从轻减。即谓愚民无知被诱，案犯众多，未便悉置重典，此内如李景幅等四犯，名为大会首，系帮同孙维俭倡教之人，比例拜会纠抢案犯，亦当拟以绞候，乃该省问官置邪教重情于不问，不将李景幅等锁梏严鞫，转就所敛以少改多银数株累多人，昼夜刑拷，而令李景幅等衣冠对质，快其私忿，是非颠倒，轻重混淆，何以彰刑法之平？李景幅、李经、吕兴旺、刘奂四犯，原拟发遣黑龙江，实属轻纵，著俱改为绞监候，入于直隶省本年秋审情实，交温承惠将该四犯严行锁押，分投发往顺德、广平、大名、永平四府严密监禁，若有别故，惟该督是问。至案内被诬之王肇基等，分别开复省释，内王肇兴刑伤最重，著于直隶承审官革职之沈华旭、薛学诗、俞英世、张学程、刘继昌五人名下各罚出银四十两，赏给王肇基，以示矜恤。吴兆熊首先有意迎合上官，以致各委员一味刑求，任情枉断，皆系听其指使，情节最为可恶，仅发往军台效力不足蔽辜，吴兆熊著改发黑龙江。温承惠办理此案本失之柔懦，复被属员朦蔽，以致案情屈抑，现又有失察滦州邪教之咎，温承惠著革退宫衔，拔去花翎，褫去黄马褂，降为二品顶戴，仍交部严加议处。灵保本系刑部司员，素称能事，及身任臬司，刑名是其专责，乃于属员偏勘错拟毫无驳正，一味迎合，殊属无耻，著降为三等侍卫，前往新疆换班，即由保定起程，不准来京。

嘉庆十七年七月谕军机大臣等：本日温承惠奏审拟滦州民人董怀信等传教惑众一案，已交刑部速议具奏矣。畿辅重地，理应风淳俗厚，政教肃清，岂容邪慝混迹，诱惑愚民？此案董怀信等传习金丹八卦教，买符惑众，册载入教男妇至一千五百余人之多，皆有地方官平日不能化导，又不能严密查察，以致酿成巨案。直隶地方民风素朴，不过被一二为首奸民所愚，一经查拿，俱尚畏法，听候拘解，并无违抗情事。现在已将首从各犯按律惩办，其余仅止习教买符之五千一百余人，该督拟令呈缴经符，并取具改悔甘结，仍存姓名，不时稽察。此内人数众多，须饬州县官妥协办理，只应出示晓谕，不可派人搜查。若地方官办理不善，分遣胥役比户查索，或得贿故纵，或无故被累，至滋生事端，殊非安戢闾阎之道。著该督即查明册载名姓，分札各州县令其于城乡市集张挂告示，明白晓谕。其人数较多之处，务使周遍无遗，谕令入教之人自将经符到官呈缴，其祖父习教现已身故者，令其子孙将旧存经符检出呈缴，并示以期限，或一年，或半年，依限缴出，概免治罪，如违限不缴，别经查出，定行严惩。该州县将缴到经符注明姓名，按季造册，汇报总督，将经符一并申送该督，查对册符，验明后当堂销毁。如此静镇办理，自可以次查销净尽也。

嘉庆十七年八月谕内阁：温承惠奏请将巨鹿县改为繁缺一折。该督前请将巨鹿与永清二缺繁简互换，部议因与顺天府所咨意见两歧，奏请饬令另行妥议。兹该督复以巨鹿情形紧要，请改为繁缺，并称通省繁缺州县内无可酌改，请免其改简互换等语。直省州县缺分，无论繁简，总期得人则治。该督以巨鹿近有传习邪教之案，即欲奏请改繁。试思莠民所聚，岂分繁简地方？若以简缺例规部选，则新任人员如果勉为循吏，加意化导，亦能靖匪安良。若不得其人，即在外题补之员，亦属有名无实。该督有察吏之责，巨鹿一缺既称难治，其部选人员到任后如不能胜任，不妨据实奏明，请旨酌调，无庸增易旧额，致碍铨政。

嘉庆十八年六月谕内阁：本年直隶顺德、广平、大名三府及定州等属，雨泽愆期，节经降旨借给口粮，并缓征钱谷等项，前月复截留漕米四万石交温承惠核实散放，俾小民均资接济。惟现在节过小暑，该处未据续报得有透雨，秋禾播种已迟，朕心深为廑念。著再加恩，令和宁于奉天省官仓内分拨粟米二十万石，照例由天津、宁河二县雇备海船前往领载，并于湖广漕粮内再截留稜米五万石运直隶南三府附近水次。温承惠饬属兑收分运，以备赈恤灾黎之用。该督即认真经理，务令实惠及民，以副朕怀保惠鲜、有加无已至意。

嘉庆十八年八月谕内阁：前据成书奏，兵部主事姚堃在昌平州八仙庄地方被劫一案，已降旨将该州冯绩熙革职，并将该管道员及顺天府府尹分别严加议处。本日据邹炳泰等奏请查参勒缉，并据御史丁孝彝奏称直隶省捕务废弛，亟须整饬等语。近日畿辅地方盗劫频闻，前者武清县甫有伙劫饷鞘之案，迄今逸犯尚未全获。乃昌平州所属八仙庄复有行劫引见官员、致伤跟役车夫之事，该处距京城仅止数十里，为官员商贾孔道，更非武清县距京稍远者可比。盗匪胆敢纠众邀劫，得财伤人，实由地方各官一味阘茸，漫无整顿所致。邹炳泰等仅将专管知州奏请革职留任，并未将该管上司参奏，亦未自请处分，竟视为寻常盗案照例办理，殊属懈弛。邹炳泰年老，精力不能兼顾，著毋庸兼管府尹事务。所有顺天府府尹事务，著刘镮之兼管。李钧简于所属地方未能整饬，亦不胜府尹之任。顺天府府尹著费锡章调补。其光禄寺卿员缺，即著李钧简补授。刘镮之、费锡章接任后，当实心整理，务将此案盗犯及武清县逸犯饬属严拿究办，以示惩儆。至总督温承惠有统辖全省之责，于地方捕务未能督率所属，实力奉行，亦有应得之咎。姑念昌平、武清俱近隶顺天府管辖，稍予宽贷。该督当知愧知惧，严饬文武员弁，将此案要犯上紧勒限查拿，并将疏防武职查参。其武清县案内逸犯，著一并按名缉获惩办，毋再玩泄。

嘉庆十八年九月谕军机大臣等：据素纳奏接据东明县朱炜禀报，县属齐五集铁匠张文典首称，有长垣县南乐集人姜复兴托伊打钢刀十把，伊因情有可疑，赴县呈首。该县于是日盘获姜复兴，究出伊与滑县白家道口宋义升、长垣县马寨村马文陇，伙同习教，曾托张文典打刀，该县当将该犯收禁。又于初十日接据长垣县典史刘世治禀报，有民人王小白向都司陈梦熊处首告，知县被害，该都司带领兵勇抢出该县尸骸，看明遍身有伤，身首异处。又据开州知州于晓禀报，东明县城已被围，势甚危迫等语。该匪等聚众戕官围城，猖獗可恨已极，且俱用白布缠头，身穿白衣，看来竟系邪教，并非饥民。著温承惠即飞饬富兰速选弁兵，带领赶赴该处堵剿，毋令向各处窜逸。该督俟兵力到齐，即统率师干，一鼓殄灭。至擒获丑类，如有白布缠头，查系真实贼犯，即概行正法。若无辜被胁之众，不可株连。该督当仰体朕意，总以安民为要。其首逆黄兴宰、黄兴相、宋义升等犯就获，即派委乾清门侍卫及文武妥员严密解京，候朕亲讯，处以极刑，以彰国宪。至长垣县知县赵纶，如平日居官尚好，猝被戕害，即奏明赏给恤典。如别有劣迹，毋庸置议。铁匠张文典率先到官举报，尚知畏法，该督查明酌量奖赏。

嘉庆十八年九月谕军机大臣等：温承惠奏东明等处各州县已守御有备，而大股贼匪尚在滑县屯聚，该督应饬令富兰迅速带兵前进，俟兵力齐全，该督即带领大兵亲赴贼匪屯聚处所，一鼓作气，将匪徒聚而歼旃。刻下该督先于附近各州县多发告示，晓谕居民，安静自守，勿为匪徒煽胁，断不肯稍有株连，庶人心安定，不致再生事端。至邪教一节，此时断不可提及，即所发告示内，虽经习教未曾滋事之人，概不查办之语，亦不可叙入。将来擒获匪徒审讯时，亦不必根究习教。若有首告邪教者，查无蠢动端倪，均姑置勿论，或拟以诬捏，以安反侧。该总督以剿办起事匪徒为正务，其无藉之徒乘机抢掠者，亦从缓办理，不可顾小而遗大，尤不可使无知愚民疑畏惊扰。至附近村庄自为守御，挑挖沟壑，为坚壁清野之助，亦困贼之良法。但民人自卫乡闾则可，若乡勇一节断不能再踵陋习。设该处乡民有情愿随营打仗者，该督务严行禁止，晓谕该绅民等各保村庄，俾匪徒等无从裹胁，即属急公向义，平定后当量予奖赏。至剿除逆匪，系官兵之责，无须伊等协助。

嘉庆十八年九月谕军机大臣等：本日同兴奏金乡匪犯崔士俊供称，该犯先从城武县民刘燕传习八卦离字教，上年八月间又从直隶长垣县陈家庄人徐安帼改习震卦教，徐安帼曾告以今岁九月以后要交白洋劫，届时老教首送给白布小旗一面插在门首，可免杀戮。又据获犯张建木同供，本年二月间徐安帼亦曾到过伊家，追崔士俊被拿，该犯曾写信知会徐安帼躲避等语。徐安帼一犯前据温承惠奏称，接据同兴知会，已派副将舒凌阿前往密拿。现在长垣县聚众滋事是否即系徐安帼为首，著温承惠于剿捕时确实查明具奏。正在降旨间，又据同兴奏称，据曹州府并菏泽县禀报，定陶县城于初十日黎明被陷，文武官员存亡未保，同兴现已派兵分赴曹州、东昌等处弹压，并亲带刘清率本标兵三百名前往督办等语。现降旨令同兴督兵往剿，将贼匪由东北逼向西南。其河南边界，又降旨令台斐音将所带兵一千二百名，全数交与高杞带领防堵。温承惠当督催直隶派出镇将兵丁迅速前往，合力剿捕，务期一战成功。

嘉庆十八年九月谕军机大臣等：本日申刻又递到同兴本月十三日由五百里驰奏之折，内称接据曹州府百岁禀报，贼匪于十一日续陷曹县，在彼占据。现在兖州镇总兵陈广宁已由济宁带兵驰往，同兴亦由东昌集兵前进剿办等语。贼匪于数日之间，将定陶、曹县两处攻陷，渐向东南肆逆，看来并非东省另起之贼，自即系长垣、滑县等处贼匪相率窜往。刻已降旨，派徐州镇总兵沈洪带兵一千名，由江省自南而北堵剿前进。贼匪此时即向东窜，则长垣、东明、开州一带贼踪想已渐远。温承惠即当迅统大兵由长垣、滑县一带进发，如该二县已无贼屯聚，即探明大股贼匪所在，直赴曹州、定陶一带，与东省之兵并力夹击。

嘉庆十八年九月谕军机大臣等：昨同兴具奏，据济南府知府凝图禀称，讯据匪犯张建木供出教首刘真空，现住京南二十八里大路边沙河地方收徒聚众等语。正在降旨饬办间，本日据玉麟等奏，十五日未刻忽有贼匪二百人潜入紫禁城内滋扰，当经王大臣及各营官兵会同擒捕，悉数歼毙，并生擒带伤贼匪宋尚忠、李二格二名。讯据宋尚忠供称，系天理教约同二百人，于本日巳时动手等语。该逆匪胆敢突入禁门，不法已极。朕闻信后，暂缓谒陵，于十七日即由白涧回銮进京，亲讯此案根由。著温承惠等迅速督兵驰抵该逆匪屯聚处所，尽力剿办，如拿获贼犯，先行严鞫，附京一带伊等党与约有若干，开明姓名住址，由五百里具奏。其现获宋尚忠、李二格是否有名头目，一并声叙。至该督等剿贼，仍先专办抗拒滋事之人，不可扬言剿办邪教，致令闻风蠢动为要。

嘉庆十八年九月谕内阁：本月十五日，贼匪擅入禁城，系由宣武门入东华门、西华门，进苍震门。该管步军统领等门禁懈弛，已将吉纶、玉麟革职。是日紫禁城直班系署护军统领杨澍曾，其咎更重，杨澍曾著革职，即日发往伊犁效力赎罪。至此三门，苍震门系在大内，疏防最重，东华门、西华门次之，宣武门又次之。所有该班之官员兵丁等，除受伤身故及受伤者将功抵过，无庸议外其余著托津等查明，会同刑部分等治罪。据现获贼犯供词，多系直隶固安县及黄村一带籍贯，邹炳泰、李钧简在顺天府府尹任内，平日漫无查察，以致养痈贻患。邹炳泰著以中允赞善降补，李钧简著降为编修。温承惠身任直隶总督，顺天府属地方皆其所辖，著交部严加议处。刘镮之、费锡章到任未久，著交部议处。

嘉庆十八年九月谕军机大臣等：此次教匪滋事，直隶长垣县地方戕官不法，该督温承惠已有失察之咎。本月十五日忽有逆犯七十余人突入禁门，首逆林清潜匿黄村西宋家庄地方，现据英和等派员弋获，而所获从逆之犯多籍隶近京固安等处。温承惠在直隶总督任内有年，于所属州县匪徒潜行习教，酿成大案，平日漫无觉察，厥罪甚重。乃本日温承惠具奏，接奉前次谕旨，闻知此事，竟不自行请罪，实属怪诞；并请将守门章京兵丁查明重惩，可谓只知责人，不知罪己者矣。现在北路逆匪总头目林清一犯业经就获，所余伙党，朕自钦派大臣前往擒捕。其东路贼首崔士俊已明正典刑，所有滋事之天理教，只有南路首逆聚众于山东、河南边界滋扰。温承惠身系总统，惟当督率将领，迅速驰赴贼匪聚集之处，奋力剿办，一鼓扫荡邪氛，庶可稍赎前罪于万一。若再不奋勉，迟延贻误，该督自问当得何罪？将此传谕知之。

嘉庆十八年九月谕军机大臣等：前日拿获突入禁城滋事各逆犯，究出首逆刘真空即林清，已在黄村拿获。讯据该逆供系八卦教，今改名天理教，其党与散布各处，磁州头目系赵得一，长垣头目系贾士元、罗文志，巨鹿头目系杨遇山，又饶阳、南宫县、喜峰口并滑县之大头目刘玉漋、冯克善各有五百多人等语。长垣、滑县贼首自已随同起事，其磁州、饶阳、巨鹿、南宫、喜峰口贼匪仍伏而未动，著章煦即选派妥干员弁，前往密访严拿，务将贼首缉获讯明，由驿速奏。如有抗违拘捕等事，即飞咨温承惠派兵搜缉，就地歼除，毋任窜逸勾结。

嘉庆十八年九月谕军机大臣等：本月十五日突入禁城各匪犯，现已歼捕净尽，其总头目林清业已拿获。讯据该逆供系八卦教，今改名天理教，散布各处，有乾卦头目华姓，现在宣化府，兑卦头目王忠顺，现在潼关，坤卦头目魏正中，现在安庆。著贡楚克扎布、朱勋、胡克家即速选派妥干员弁密访严拿务获。拿获后讯取供词，由驿速奏。务须不动声色，将首逆擒获，毋令闻风蠢动。倘有违抗拘捕情事，并著派兵立时扑灭，毋任窜逸勾结。

嘉庆十八年九月谕：温承惠奏筹办兵糈一折。现在剿捕滋事匪徒，兵糈紧要，著先拨京通仓小米五万石，由水路运赴大名一带供用。俟奉米到日，照数拨还。其沿途运送事宜，著章煦即派员前来妥为经理。

嘉庆十八年九月谕军机大臣等：本日温承惠奏直隶长垣、东明、开州三处贼匪俱在边境滋扰，现已拿获数十人，防堵尚易。惟河南浚县有被攻之信，卫辉府城亦在危急，滑县被贼占据，另有千余人分起屯聚，偷渡卫河，山东贼匪亦窜入金乡、濮州一带等语。现在京城匪徒业已全数捕获，温承惠不必顾及京畿，惟当统率师干，将河南、山东一带贼匪痛剿净尽。刻下又据素纳奏称，河南滑县界内之贼多于长垣，其为首之犯似在滑县之内等语。看来河南贼势甚张，尤当先往痛剿，著温承惠亲统大兵，随路将直隶边界肃清，即速驰赴河南，与高杞约会，将滑县、濬县及大伾山一带之贼合力夹击，务将贼匪就地歼除，勿使与山东之贼连合。滑、浚之贼剿净，即与同行、高杞会兵，将曹、单之贼兜围，一鼓歼灭。该督失察谋逆叛匪，其咎本重，部议革职，念伊正在带兵，已加恩改为革职留任。温承惠此时不必心怀疑惧，惟当一意剿贼，速成大功，尚可施恩格外也。

嘉庆十八年九月谕：本月十五日有畿南乱民，勾引太监突入紫禁城滋事，当经官兵歼捕净尽。贼匪总头目林清，经步军统领派营弁番役四人立时擒获，业已廷讯，明正典刑。现在京城内外安堵如常，或有一二逃逸匪徒，著步军统领、五城、顺天府及直隶总督派员留心缉拿。其京城附近村庄，概不许借搜查为名，扰累良善。如有雠扳诬陷等事，查明按律治罪。匪党已除，良民宜各安生理，毋相惊扰，将此旨刊刻誊黄，遍示晓谕知之。

嘉庆十八年九月谕：国家抚御寰区百数十年来，薄海蒸黎，畏神服教，凡有血气，莫不尊亲。乃本月十五日，近郊忽有逆贼数十人突入禁门谋逆，此实意外之变，经王大臣等派兵歼捕，驰奏行在。朕于途次闻有逆贼数人潜逸京外之黄村及董村等处，此等助恶逆犯覆载不容，若不尽数诛夷，不足以彰国典。因派拉旺多尔济等带兵掩捕，官兵未至董村，即望见该处火起延烧。拉旺多尔济等到彼扑熄，询悉在逃逆贼纵火焚烧，乘间四逸，而良民猝见兵火，亦不免惊怖奔逃，有辗转沟壑者。此外兵役搜捕，想各居民亦不无惊扰，因逆贼而累及良民，朕思之转为不忍。现在就获各逆犯俱经严讯伏法，首逆刘林即林清本日廷讯，严法惩治，寸磔传首，其妻子亲属等均一一按名捕获，照律缘坐，巨案已结，毫无株连。念附近良民因此等奸宄滋事，间致失所，朕断不肯因近郊有数十莠民，稍减爱怜赤子之心，著施恩将大兴、宛平二县本年应征钱粮全行豁免，以示悯恤。现在近畿各处仍恐有一二余犯在逃，尚须严密侦缉，已严谕官吏等确访指名擒捕，不许波及无辜。百姓等毋得闻风惊惧，自形纷扰，惟当感激朕恩，安靖守法，勉为善良，共享太平之福。其或冥顽不灵，受人愚惑，甚至有隐匿奸党，一经官吏访获，必从重治罪不贷。将此刊刻誊黄，通谕知之。

嘉庆十八年九月谕：林清著即凌迟处死，传首直隶、山东、河南滋事地方示众。刘进亭、刘得财、刘全俱著凌迟处死，枭首示众。

嘉庆十八年九月谕军机大臣等：章煦奏称，接据东明县禀报，有贼匪裹胁良民向西奔窜等语。豫省贼匪现在卫辉、滑县一带屯聚，今直隶东明之贼向西奔窜，必系与卫辉之贼联合。杨遇春此时由潼关进发，卫辉系必由之路，著探明贼匪所在，会同豫省官兵迎头截剿，勿令奔逸。计温承惠彼时大营亦必相距甚近，杨遇春逼贼东向，正可与温承惠将贼匪一鼓歼除，再接办东省贼匪，一次肃清，毋稍稽迟。

嘉庆十八年九月谕内阁：直隶长垣、开州、东明三州县，现被贼匪滋扰，该处士民随同地方官悉力抵御，保固城垣，并捐资募集壮丁，于各村庄共相守卫，士民急公向义，甚属可嘉。该三州县连年收成本未丰稔，兹又经匪徒骚扰，深堪轸恤。著加恩将长垣、开州、东明本年应完新旧钱粮并借给本折口粮仓谷等项概予豁免。

嘉庆十八年九月谕：本日福庆条奏防守稽察各章程一折。各城门原有额设该班官兵，现又添派护军营及八旗官兵于九门驻守弹压，著各旗营大臣认真选派精壮官兵，毋得以老幼充数。禁城出入人等，皆应稽察严密，各供事人等均有例给腰牌，著内务府大臣据实查核，毋任弊混。堆拨栅栏以时启闭，彻夜支更，悉属旧制。近年积久废弛，甚至步军缺额，虚冒钱粮，不敷拨派差使，实属懈弛。著步军统领等实力整顿，倘有仍前怠玩，著严参究办。其铺面庵观寺院，著步军统领衙门、顺天府、五城认真稽查；近畿各州县，著交顺天府转饬各该州县，实力编查保甲，庶令奸匪无所容留，以靖地方而安良善。

嘉庆十八年九月诏曰：朕以凉德，仰承皇考付托，兢兢业业，十有八年，不敢暇豫。即位初，白莲教煽乱四省，黎民遭劫，惨不忍言。命将出师，八年始定。方期与吾赤子永乐升平，忽于九月初六日，河南滑县又起天理教匪，由直隶长垣至山东曹县，亟命总督温承惠率兵剿办。然此事究在千里之外，猝于九月十五日变生肘腋，祸起萧墙，天理教逆匪七十余众犯禁门，入大内，戕害兵役。进宫四贼，立即捆缚。有执旗上墙三贼，欲入养心门，朕之皇次子亲执鸟枪，连毙二贼，贝勒绵志续击一贼，始行退下。大内平定，实皇次子之力也。隆宗门外诸王大臣督率鸟枪兵，竭二日一夜之力，剿捕搜拿净尽矣。我大清国一百七十年以来，定鼎燕京，列祖列宗深仁厚泽，爱民如子，圣德仁心，奚能缕述？朕虽未能仰绍爱民之实政，亦无害民之虐事，突遭此变，实不可解。总缘德凉愆积，唯自责耳。然变起一时，祸积有日，当今大弊，在因循怠玩四字，实中外之所同。朕虽再三告诫，舌敝唇焦，奈诸臣未能领会，悠忽为政，以至酿成汉、唐、宋、明未有之事，较之明季梃击一案，何啻倍蓰？思及此，实不忍再言矣。予惟反躬修省，改过正心，上答天慈，下释民怨。诸臣若愿为大清国之忠良，则当赤心为国，竭力尽心，匡朕之咎，移民之俗。若自甘卑鄙，则当挂冠致仕，了此一身。切勿尸禄保位，益增朕罪。笔随泪洒，通谕知之。

嘉庆十八年十月谕军机大臣等：现在开州、长垣、东明一带贼势蔓延，直、豫大兵俱集于浚、滑界内，贼股数处转在我兵之后，大名以北又无重兵驻守，不特军营后路空虚，倘贼匪被剿北窜，尤不可不豫为防范。马瑜现任直隶提督，富兰曾任正定总兵，该省情形较为熟悉。著马瑜、富兰二人带同巴图鲁侍卫数人，率领直隶官兵二千名，由浚县绕道，速赴开州以北，将开州、东明、长垣三处边界之贼逐一搜捕。总当由北向南，步步进剿，不必长驱直入，务期歼捕净尽，勿留余孽。昨令庆祥等带领健锐、火器两营官兵各五百名，分作四起，前赴豫省军营。著马瑜、富兰于庆祥等所押各起官兵路过大名时，即传旨令其先在该提督军营剿捕直隶边境贼匪，俟直隶肃清后，再赴豫省军营。总以顾住北面，勿使贼匪散窜为要。此路剿贼机宜，专责成马瑜、富兰二人，其奏报之折即著马瑜、富兰二人联名具奏，毋庸再与钦差大臣会衔，俾得迅速驰达，以慰廑注。

嘉庆十八年十月谕内阁：逆贼林清滋事一案，温承惠系直隶总督，顺天府所属地方皆其所辖，且在任年久，乃于该逆传习邪教，煽惑多人，八年之久，并不及早查拿，以致奸匪纠众谋逆，昨九月十五日竟敢潜布党与（按：当作“羽”字），直犯禁门，并欲于跸途伺劫。虽其谋因兵卫森严而止，而禁门内则已有匪徒阑入。幸荷天恩垂佑，首恶伏法，余党悉诛。而河南、山东滑、浚、曹、定滋事乱民，悉由该逆布散邪言，同期造反，至今余孽未净。从前山东逆匪王伦滋事之案，亦因倡兴白莲邪教而起。巡抚徐绩因此获咎。然王伦于乾隆三十九年秋间滋事，而其倡兴邪教即在是年春间，为日尚浅。林清则于嘉庆十一年业已传教，，至今已有八年之久。温承惠不能访闻破案，其咎本重。适前月先闻河南滑县及直隶长垣贼匪滋事之信，朕因温承惠、同兴俱系本省督抚，因各派其带兵剿贼，俾令自赎。旬日以来，同兴访出大逆林清驰奏，方能擒贼靖乱，此功甚伟，进兵奋勉，连次奏捷，是以恕其失察之咎，并加恩给予议叙。温承惠带兵由保定前赴大名，行走已觉濡滞，本月初三日在滑县刘固村等处剿贼一次，初九日又在滑县道口一带得有胜仗。然两次歼贼千有余名，贼势尚未穷蹙，且直隶本境内如开州、长垣、东明等处亦尚未搜剿净尽，其筹画不周之咎，更无可辞。温承惠著革去总督，拔去花翎，赏给五品职衔，责令办理那彦成一路军营粮饷，以示薄惩。如不知愧知感，再有贻误，著那彦成严参拿问治罪。如办理奋勉，将来军务告蒇，著那彦成奏明，再行酌量录用。其直隶总督员缺，著那彦成补授。那彦成未到任之前，仍著章煦署理。

嘉庆十八年十月谕内阁：此次直隶、河南、山东交界地方逆贼滋事，扰害良民，经朕特派钦差大臣督率巴图鲁侍卫会同三省督抚并各路提镇等，调集满汉劲兵，克期进剿，嗣又由京挑派健锐、火器二营官兵一千名分起进发，皆系简练之师，一可当百。近日又复饬调吉林、黑龙江马队官兵二千名，尤为骁勇轶伦，即日星驰云集。谅此幺麽小丑，不难一鼓荡平。惟是简将调兵，原期除莠安良，俾闾阎早臻宁谧，谋反逆贼一名勿令幸免，良民断不可波累受害。恐愚民不知原委，闻大兵过境，相率惊疑，或奸徒播造谣言，煽惑众听以为兵过之处，不分良莠，多肆诛夷，致群相骇怖，纷纷避徙，或至老弱颠连，转于沟壑。贼匪又从而裹胁，且逞其诡谋，于抗拒官兵之时将被胁之人驱令在前，先罹锋镝，使吾民既死于贼，又死于兵。朕辗转思之，深为不忍，前已降旨严谕领兵大员等申明纪律，凡大兵所至，于闾阎秋毫无犯，沿途官给饭食，自骑营马，一丝一粟不以累民。如官兵侵扰良民，小则插箭游营，大则军法从事。其领兵官员如纵兵殃民，查出从重治罪。并申谕将帅，临阵专戮贼匪，毋许滥杀一人。其有被胁在先，弃械投诚者，概免诛戮，以广仁恩。著直隶总督，山东、河南巡抚，即将此旨迅速誊黄，广行晓谕，俾小民等咸知王师所至，原以为民除害，保赤卫良，远迩同心，共望早靖邪氛，各安生业，永享太平。再首逆林清在京拿获，业已寸磔，传首三省示众。尚有李文成。徐安帼、牛亮臣、冯克善、王进道五犯，皆系贼营渠恶，罪孽滔天。又有祝显即祝现、刘成祥、董伯旺、刘第五四犯，皆林清同谋逆党，情罪尤重，必须按名捕获，明正典刑。兹特明颁奖格，如各处文武官弁有能擒获者，立加超擢，兵民人等擒获者，赏给官职，并给予重赏。其各处庵观寺院僧道等有能擒获者，亦必优加赏赉。其赏格即照平定三省邪匪时拿获王三槐、徐添德之例。此内李文成一犯，现在滑县城外李家庄聚众伏匿，如贼党内有能将该逆缚献者，不但赦其已往之罪，亦必一律加赏。倘有人获贼献官，而官弁冒功夺犯，将获贼之人姓名隐匿，准本人据实首告，立将冒功夺犯之人治罪，本人仍照格升赏。或将获犯之人戕害灭口，一经查出，立置重典，仍将获犯之人家属厚加赏恤。其或窝藏重犯，匿不报官，则其人即系叛逆，罪在不赦，全家悉行诛戮，以儆凶顽。著各该督抚将此旨广张示谕，无论通衢僻壤，咸使闻知，俾人人愤切同仇，速歼巨憝，以彰国宪。

嘉庆十八年十月谕内阁：京师编查保甲一事，节次降旨饬谕顺天府五城实力办理，并令步军统领衙门认真稽查。现在各该衙门均已恪遵妥办，惟是奸宄混迹，往来无定，承办各衙门不可谓保甲既编，即可无事缉捕，徒整肃于一时，又复懈弛于事后。著再通饬步军统领、顺天府五城各衙门，仍督饬番役人等随时踹访，无论茶坊酒肆，以及庵观寺院，遇有三五成群，行迹诡异者，即详加盘诘，毋任奸徒漏网。并著广张告示，通行晓谕，以此次逆贼林清敢于光天化日之下肆行叛逆，神人共愤，覆载不容。其党众匪徒断不能任其一名幸逃显戮，除恶务尽，法在必伸。至林清当日曾借白阳教为名传徒惑众，后又勾引红阳教之人一同谋反，此时办理逆案，所诛者全系谋反之人。月来刑部审讯问拟凌迟剉尸枭示者已不下百数十名，其指名拿缉者，亦系获犯内供出同谋从逆之人。至于寻常习教者，不过乡愚无知，一时被其诱惑，间有拿送到官，按律问拟，罪止发遣充徒。太监内习教者亦均照例拟遣，并未滥戮一人，此众所共见共闻者。凡缉捕官役以及军民人等，当知严拿案犯重在谋逆，不重在习教。如林清同谋逆党尚有潜匿附近者，有人能擒捕或首告到官，一经审实，官弁立加升擢，民人优加赏赉。即向来习教之人，如能将逆犯呈首到官，不但准予免罪，亦与平民一体恩赏。至习教之家多藏有经卷图像，愚民罔知礼义，其意不过妄希求福，不知邪说异端致祸之媒。林清系传教为首之人，供奉经像有年现在身死族灭，室家灰烬，其不祥孰甚？若仍不翻然改悔，终受大害，百姓等何苦以清白之家，藏此凶秽之物，求福乃转以速祸？其有翻然改悔者，著将经卷图像自行首送到官，当堂销毁，具结永不习教。该衙门即将其姓名住址存记册档，免其治罪，列为良民。以后再有吏役邻里借词讹索告奸者，先治告者之罪。若阳为自首，尚私相传习，查实将本人加倍治罪。此等习教愚民既已延及近畿，外省亦随在多有，并著通谕各直省，一体出示晓谕，悉令将经卷图像呈缴，照自首免罪之例，咸与维新。经朕此番实心苦口饬谕之后，百姓具有天良，当开悟迷惑，恪守王章，勉副朕爱育赤子，化民移俗，除莠安良之至意。

嘉庆十八年十月谕：据初彭龄参奏顺天府府尹等，于已革之芦沟司巡检陈绍荣先期申报林清谋逆一案含糊具奏，请旨查办一折，所奏甚是。已革南路同知张步高，著锁拿审问。其业经发遣之已革宛平县知县陈钜鉶，著截拿锁铐解回，交军机大臣会同刑部提同陈绍荣秉公严审，另行定拟具奏。如该府尹等前奏不公，一并据实查参。

嘉庆十八年十月谕：喜明奏请交部治罪一折。逆贼林清伏处畿甸，潜蓄谋逆，分遣党恶，突入禁门，实属非常之变。地方文武官员毫无觉察，废弛已极。喜明自以曾任直隶提督，离任未久，奏请治罪，尚能自知罪愆。温承惠前奏于九月十六日行抵保定，十七日接奉谕旨，知有逆匪突入禁门之事，惟称禁垣门禁森严，何得任听逆匪阑入？请将守门章京、兵丁查明治罪，漠不关心，一似置身局外，实属昧良负恩。以温承惠与喜明相较，喜明转觉可原，温承惠益觉可恶。所有喜明自请治罪之处，著加恩宽免。

嘉庆十八年十月谕：现在直隶、山东、河南地方皆有滋事逆匪，各该督抚均有失察之咎，已概从宽免究。惟首逆林清近在畿甸，潜蓄谋逆，分遣党恶，扰及禁门，该管大员漫无觉察，其咎尤重。是以将邹炳泰降补中允赞善，李钧简管理顺天府，地方尤为切近，不能再邀录用。邹炳泰、李钧简降补编修，温承惠降授五品职衔。温承惠现在军营办理粮饷。其邹炳泰、李钧简俱著照所降品级休致，令其回籍，闭门思过。

嘉庆十八年十月谕：章熙奏开州等州县被贼村庄，恳请照例抚恤，并酌借出师官兵行装银两一折。直隶大名府属连年积歉，兹开州、长垣、东明等州县又经贼蹂躏，被难良民自应亟为抚恤，俾免流离。著该督查明开州、长垣、东明三州县被贼焚掠村庄，本境及外来被难民人，悉照灾赈之案，分别大小户口，一体赏给两月口粮，概行折银赏给。外来避难民人有情愿回籍者，酌给路费资送。其被毁房间，俟事定后另行查办。又此次调派绿营官兵，离本营较远，并著循照例案，借给行装银两，事竣分季扣还，以示体恤。该部知道。

嘉庆十八年十月谕：八旗汉军都统绵亿等奏请酌定稽查屯居汉军旗人一折。八旗汉军在屯居住者，散处于直隶各州县，距京较远。该管佐领等例不准离城远出，势难查察，而该州县官又以汉军等身系旗人，向不准归其管辖，遂致此项旗人任其作奸犯科，毫无约束，不可不更定章程，以专责成。著直隶总督通饬该州县，嗣后屯居汉军旗人一切户婚田土事件，均归所隶州县一体管理，若仍前诿卸，遇有失察之案，将该管州县官一例参处。并著八旗汉军都统等传知所属屯居旗人，嗣后均安静守法。听该管州县官约束，设有抗违，从重治罪。现在直隶省编查保甲，即令将屯居汉军与民人一体编查。

嘉庆十八年十一月谕内阁：御史陈用光奏，大兴、宛平二县为首善之区，向来专循资格，以阘茸无才者授之，安能责以发奸摘伏？嗣后请择治行尤异之员题升，使府尹得兼举劾之权；又察吏之方宜责成抚藩大吏，苟其有私，虽循例保举，未尝不可市恩，苟其无私，虽破格超擢不必疑其逾例等语。国家牧民之官，首重州县。州县得人，何利不兴？何害不除？然州县之贤不肖，不特朕不能遍知，即部臣亦不得而知之，不能不以其权归之于督抚大吏。如其循私滥举，经科道劾参，或因事告发，必当重治其罪。若因整顿地方，择一贤能之员奏请升调，总以格于处分，屡奉部驳，不得已遂以简僻缺分、庸懦无能者充数保荐。吏治由此废弛，关系殊非浅鲜。昨已降旨，令吏部将例内公罪处分大加删减，嗣后各直省州县要缺，该督抚遴选贤能之员，专折保奏，除该员现有私罪处分，吏部仍奏明饬驳外，其任内一切因公处分均可无庸核计。著吏部详定章程奏明，颁发遵行，以收推贤举能实效。其大兴、宛平二县应如如何责成顺天府尹遴选贤员、考课殿最之处，并著详议具奏。

嘉庆十八年十一月谕内阁：本年九月十五日之变，奸民林清倡首作乱，其附近村庄随同助逆者竟有二三百人，实属罪大恶极，断不能任其一名漏网。国有常刑，法所不赦，其能捕获正犯者，皆予破格施恩。如拿获林清之把总田涛、番役张吉等，超升官职，重赉帑金。昨顺天府奏署巡检韩邦俊拿获由西华门逸出之逆犯田起禄，审讯明确，特将该员以县丞升用，并将该府尹等宽免，另案处分，以期群知鼓励，迅获凶渠。乃连次各处拿获人犯，其中真伪相参，在十月十五日以前者，审明多系真正逆犯，其十月十五日以后所拿之犯，仅止习教或全无干涉。徒令承审官日夜研鞫，废时旷事，所审者皆系无稽之事，转令有名逆犯远扬漏网。且似此拖累无辜，必至人人危惧，转瞬长至岁朝，民间迎神献岁，如香灯爆竹等事，皆避忌不敢举行，岂称绥众宁民之义？朕爱育黎首，须除莠安良，多保一良民，增朕之福，枉杀一无辜，心实不忍。著通行晓谕，畿辅几万户除有数莠民外，其余皆朕善良赤子，宜各安生业，无惑浮言。现在未获逆犯中如刘呈祥、祝现、刘第五等，有确知其踪迹者，到官密首，拿获审明，立将首告之人厚加赏，并予官职。若妄报邀功，照例治罪；或挟仇诬扳，则诬告叛逆，律有明条，即以叛逆之罪罪之。步军统领、顺天府五城亦各以此严饬兵役，赏罚同之。至愚民淫祀邀福，习俗渐染已久，并非悉习逆党。其家有供奉邪神，及收藏违禁经卷，或自行销毁，或呈缴到官，既经改悔，概行免罪。该衙门即迅速刊布誊黄，俾众闻知，共喻朕除莠安良，咸与维新之意。

嘉庆十八年十二月谕： 绵课等奏会议谒陵随扈翊卫各事宜一折，所议各条俱属妥协，著依议行。朕每年春月诹吉谒陵，并临幸南苑行围习武，岁以为常。本年九月，河南滑县等处匪徒滋事，调派京营、吉林、黑龙江及直隶各营官兵驰往会剿，沿途经过各州县应付车马等项，不无借资民力。又林清在禁城谋逆，余匪散在近畿，所有京圻牧令率皆拣员更换，责令编查保甲，除莠安良，实力整顿。若明春仍照岁例举行谒陵典礼，各地方官承应差次，于本任职事难免旷误。且闾阎元气未复，亦应与之休息。恭查乾隆二年八月皇考高宗纯皇帝定期恭谒泰陵，举行圣祖世宗宪皇帝二周年礼仪，其时督臣李卫以禾稼盈畴奏请停止，皇考俯俞所请，成什述哀。明春朕祗谒东陵，本系岁行常例，敬当仰体皇考爱育畿辅黎庶之心，暂停前往。俾京兆官吏得以从容时日，敬事勤民，想在天之灵必蒙鉴允。俟一二年后有旨诹吉谒陵，原议王大臣再将随扈翊卫事宜酌议具奏。

嘉庆十八年十二月谕： 御史斌松奏八旗屯居人等一并编查保甲一折。八旗屯居汉军，前经降旨，交地方官一体编入保甲稽查约束。其屯居满洲及下五旗王公包衣人等之屯居者，如何稽查约束，亦经饬交该都统及宗人府查明议奏。至八旗满洲、蒙古、汉军闲散人等，有依住坟茔房屋者，既在各该县境内居住，本旗参领、佐领等难以随时查察，著即交该地方官一体编入保甲。

嘉庆十八年十二月谕： 章煦奏拿获首逆冯克善一折，览奏欣慰。冯克善一犯与林清、李文成俱系贼中首恶，勾结多年。滑县、长垣、东明、定陶、曹县等处贼伙皆听其指使。从前讯据贼供林清诡称天皇，冯克善诡称地皇，李文成诡称人皇，大逆不道，殊堪发指。林清、李文成先后伏法，惟冯克善在逃未获。兹据章煦奏，前拿获指引冯克善逃遁之刘天祥，并留宿之冯哲二犯，派委前任保定府张五纬等讯明踪迹，严密饬拿，经献县知县张翔带同把总高云鹤、典史吴楷，于县境冉家三角村将该犯拿获。该署督亲提鞫讯，业经供认确实，派员解京审办。该逆罪恶贯盈，难逭天诛。今渠魁全获，所余党恶延喘滑城，克复捷音旦晚即至。仰承昊佑，钦感靡涯。章熙督缉要犯，任事实心，著加恩赏，加太子少保衔，仍交部照军功例从优议叙。现届年节，并亲书福字颁给，俾迓吉祥。献县知县张翔，著加恩超升知府；把总高云鹤，著加恩超升守备；典史吴楷，著加恩超升知县。均著先换顶戴。承审之通永道张五纬、知府杨毓江、知县陈晋，均著交部议叙。获犯兵壮丁役等，著该督从重奖赏。

嘉庆十八年十二月谕内阁：滑城指日克复，余匪剿净，军务即可告蒇。此次直隶、豫、东三省被贼滋扰各州县，其城村乡镇多有绅士耆民团练义勇捐给钱文，自卫里闾，而贼众被剿奔窜之时，因其有备，不致肆行裹胁，于官军亦不为无助。该士民等晓明大义，志切同仇，实勘嘉尚。直隶、山东、河南各督抚查明近贼各府州县团练防护处所，将倡首之绅士耆老据实保奏，分别赏给职衔。其出资出力之居民商贾人等，督抚自行查办，或给予匾额，或量加赏赉，以示褒奖。

嘉庆十八年十二月谕：绵课等奏请嗣后各王、贝勒、贝子、公门下，闲散宗室名下屯居包衣人丁，均令各隶州县管理，各门上亦拣选妥人派为头目，在彼专司稽查，约束弹压，并八旗宗室在京外附近居住者，勒限催令迁移进城，八旗觉罗在城外居住者，令各都统查办等语。王、贝勒等属下屯居包衣人丁甚多，即自派头目，安能令其遍历周查？此项人等，即著该地方官一体编入保甲，就近管束。其八旗宗室觉罗等在京外附近居住者，各有房产相依，若一概勒令移居城内，亦滋繁扰，著该州县官一体编查。如有违犯禁令情事，详明该上司，移咨在京该管衙门查办。

嘉庆十八年十二月谕：御史童槐奏军务善后事宜各款，所奏俱是。此次逆匪纠谋，非止一省，现在滑县攻克，首恶全除，难保无二三余匪潜投伙党。各该地方官因军务已竣，或于巡缉事宜稍存疏懈，著饬知直隶、河南、山东、江南、安徽、湖北、盛京、吉林将军督抚等，各督所属文武员弁，于关津要隘处所加意稽查，毋令奸匪混迹，并严示劝惩，以励巡防。其豫、东两省被贼之处，先后投出难民数万人，转徙流离，事后归集，资生无策。著地方官妥为安抚，将所有逆产绝产核实查明，造册报部，以为安插无业难民之用。其如何分别极次，通筹生计，该督抚妥议章程具奏。前此派调各路征兵之时，吉林、黑龙江官兵沿途最为安静，京兵亦尚约束严明，惟直隶绿营官兵军纪颇不整肃。现当凯撤之时，著传谕各路带兵官员务严申纪律，倘有骄纵滋事者，查明立即治以军法，毋稍徇庇。至军需报销，应严杜冒滥，著该部即行知各该省，以奉文之日为始，均照例限题报。如有迟逾，按例参处，以杜延混侵欺之弊。再屡次军营奏报，贼目中竟有生员及助教职衔者，丧心灭纪，较齐民尤堪痛恨。著那彦成等确实查明，从重惩办，并将失察之学政教官照例参处。

嘉庆十八年十二月谕：章熙奏拿获要犯杨遇山等，究出另案逆情一折。杨遇山即杨月三，系逆匪林清案内最要之犯，经南和县知县王镇设法拿获，广平府知府彭应杰并究出刘文明等与杨遇山勾通谋逆重情，俱属勤干。知府彭应杰、知县王镇，均著交部照军功例议叙，以示鼓励。

嘉庆十八年十二月谕：章熙奏审讯匪犯田克岐等听从监犯李经散旗谋逆分别办理一折，此案监犯李经妄造旗戳，勾同禁卒，约令田克岐等进监谋逆，案关重大。现将首伙各犯擒获，分别凌迟斩枭，办理甚为妥速。顺德府知府康亮钧首先访闻获犯，究出逆情，实属奋勉出力。康亮钧著施恩赏，加道衔，仍加一级，以示奖励。至大名县知县章德溥、典史吴家琦，于监犯商同禁卒，纠约谋逆，漫无觉察。大名府知府莫景瑞近在同城，毫无闻见，非寻常疏玩可比。吴家琦著革职发往新疆充当苦差，章德溥著革职发往军台效力赎罪，莫景瑞著即革职，以示惩儆。

嘉庆十九年正月谕军机大臣等：据顺天府奏，于逆首林清家中起获《三佛应劫统观通书》钞本一册呈览。此等不法经卷，岂可任令流传？其书内称此经出在山西平阳府岳阳县王家庄等语。此书既由该处流传，恐钞写不止此一本，亟著前往密访，如有收藏之家，立即查起封送军机处销毁，并严追来历，务收查净尽，毋令再有传写，贻惑乡愚。

嘉庆十九年正月谕内阁： 兵部奏议处山海关副都统额勒金布一折。上年节次据额勒金布奏盘获匪犯各案，俱称有谋逆重情出入山海关送信纠人，及解京交军机大臣会同刑部审讯，惟李得水一犯虽无送信纠人谋逆情事，曾在长垣随同抢劫，尚系有罪之人，其余各案皆由刑逼勒供，全属虚枉。额勒金布任听所属之人妄拿故勘，并未亲自覆审，率以纠众谋逆重情张皇入告，以致拖毙无辜至六命之多。仅照部议降三级调用，尚觉过轻，额勒金布著革去副都统，赏给蓝翎侍卫，自备资斧，前往英吉沙尔，换回彦吉保。伊过京之日，不准请训，即行起程。

嘉庆十九年三月谕内阁： 那彦成奏，据献县知县张翔禀报，有都察院委员汪象仁、步军统领衙门委员王大用至署，口称访有逆犯于幅祥弟兄五人寄居献县孙尔庄等情，经该县缉获于兆麟弟兄五人，与委员等会讯，于兆麟等极口呼冤，并有庄民李大法八十余人赴县公保。该县讯问汪象仁等有何凭据，惟称得自传闻，并未奉有刑部饬缉抄单等语。现在要犯祝现等六名并其余次要逆犯数十名日久未获，必应严密查访，勿使一名漏网，承缉之员访悉该犯等潜踪何处，即应跟同眼线，前往掩捕。或人少虑有疏失，密行知会地方官派人协拿，均无不可。若因奉委出境，不能速获正犯沿途托名风闻，将寻常烧香社会查拿一二起，以图暂时搪塞，且意存邀功，妄拿无辜，以伪乱真，尤乖禁暴诘奸之意。著传谕步军统领、顺天府五城各饬知所派员弁兵役，访拿要犯，务凭刑部单开年貌住址，确实踹缉，勿得滥及平民，徒滋扰累。其委员汪象仁、王大用，著都察院、步军统领衙门传到询问，所缉于幅祥等有何指证，据实覆奏。其于兆麟等五人姓名，并著刑部查明是否应缉之犯，迅速咨行该督，以凭核办。

嘉庆十九年四月谕军机大臣等： 那彦成前奏，请将督标及宣化、天津镇标兵抽拨一千名移置大名等营，特将谕旨允行。兹该督以该兵丁等各有父母室家，远道迁移，于操防未能得力，请于督标并宣化、天津二镇标各营兵内照抽拨之数陆续裁汰，饬令大名等营就近招募，所奏系属实在情形，自应如此办理。惟宣化、天津二镇均系要地，骤各裁去兵四百名，亦未免过多。著该督再于通省营伍内酌量均匀裁汰，以符一千名之数。其大名各营，即按新增兵额招募充伍。至新募之兵，该处甫经绥靖，上年贼党中实难保无漏网匪徒，若蒙混入伍，所关匪细。该府附近地方上年守城御贼曾充乡勇民人甚多，伊等素与贼为敌，又曾练习技艺，先尽募令入伍，既易于辨识，兼可训练得力。

嘉庆十九年四月谕：那彦成奏拿获从逆余犯刘三提省审办，本日又据刘镮之等奏，委员会同河间地方文武员弁，将该犯拿获等语。刘三系逆犯太监刘得才胞弟，如进城从逆，应凌迟处死。即未与逆谋，亦应斩决。著那彦成就近亲提严审确情，审明后即在保定省城正法，无庸解京。

嘉庆十九年五月谕：上年逆首林清勾结豫东匪徒滋事，所有京外首伙贼众均已歼除净尽，办理实为妥速。惟案内要犯尚有祝现、刘呈祥、刘第五、董伯旺、支进才、刘成章六名，及次要犯五十九名在逃未获。节经降旨饬拿，步军统领、顺天府、五城各衙门派员四出。该委员购线访拿，实已不遗余力。而日久未获者，缘委员等所带人役无多，势难遍及远方。其直省各州、县恃有委员等蹦缉，转不于所辖之区严密访查。即有要犯潜匿界内，亦茫无觉察。似此误事，丧尽良心，空食君禄，背义忘仇，因循怠玩，几同海捕具文。试思逆犯数十名，纵使踪迹诡秘，总不出此数省地界。如果各州县同心协力，比户周查，该逆等安得有容身之地？著再申谕步军统领衙门、顺天府五城、察院、包衣三旗番役，及奉天、吉林、热河、山海关、察哈尔、直隶、山东、河南、山西、陕西、甘肃、江苏、安徽、湖北各将军、督抚、都统、副都统等，一体饬属，上紧查拿。凡境内穷乡僻壤，以及庵观寺院，务皆实力稽查。遇有形迹可疑之人，即行盘诘。其路途山谷倒毙自尽者，除有亲属认领外，俱照刑部单开年貌，逐细核对，毋稍遗漏。前次献县知县张翔于本境拿获逆犯冯克善，当即加恩超擢知府。各府州县如能将祝现等重犯捕获，朕亦必优予恩施。务各激发天良，义切同仇，使遗孽迅就捕诛，以蒇巨案。将此通谕知之。

嘉庆十九年五月谕军机大臣等：那彦成奏大名、清丰、南乐三县疏浚积水情形一折。大名等县七十余村庄地亩，前因卫水倒漾，频年淹浸。兹据各村民人情愿，自行出夫挑挖，并请官为弹压。积水淹浸田亩，乡民自愿疏消，以利耕种，自应俯顺舆情，令其兴办。该督并饬知地方官妥为弹压，勿令胥吏人等借端滋扰。

嘉庆十九年六月谕军机大臣等：贡楚克扎布奏，宣郡、张家口捕务均关紧要，宣郡距张家口只六十里，拟暂回张家口督缉，仍频赴宣郡，梭织往来，期获要犯等语。所奏大不晓事。乾卦教首华姓未获，而祝现又有逃往张家口一带之信，该都统均应留心查缉。但查缉之法，务必须不动声色，密派员弁兵役，设法踹访，匪徒等方不致闻风远扬。今贡楚克扎布以都统大员，随从多人，仆仆往来于宣郡、张家口之间。即使要犯在彼潜匿，伊岂无耳目？非乘间逃窜，即伏藏愈固，安能迅就弋获？该都统之意，不过欲见其办理认真，不敢怠玩，不知于缉捕机宜大相剌谬。伊日内既回张家口，不必再赴宣郡，著一面就近留心督缉祝现，一面遴派委员在宣郡一带查访华姓。如宣郡访获正犯，该都统前往审讯，录供具奏，道里甚近，不致迟误，总须持以镇静，勿涉惊扰为要。其另拟缉捕事宜三条，前两条请于地方交界处所及河工水次侦捕之处，所见甚是，早经降旨饬办。其在新疆侦缉一条，则断不可行者也。

嘉庆十九年谕：那彦成奏，请将因荒贱卖地亩准照原价回赎，以恤贫民一折。小民以耕作为业，借资养赡。直隶大名等府属三十余州县，前因连年荒歉，民间地亩多用贱价出售，较丰年所值减至十倍。本处富户及外来商贾，多利其价贱，广为收买。本年雨水调匀，而失业之民以无可耕之地，流离迁徙，情殊可悯，亟宜官为调剂，以遂民生。著照该督那彦成所请，明定章程，自上年麦收以后，本年麦收以前，所卖地亩，准令照原价赎取，定以三年为期，俾贫民渐次复业，免致失所。此外山东、河南两省上年被扰歉收各州县，并著各该抚饬属查明，一体办理。务令各地方官善为经画，毋许稍涉争竞，以期闾阎恒产有资，共安乐土。

嘉庆二十年五月谕：刘镮之等奏，请于县属村庄移驻文员，以资稽查一折。据称顺天府南路厅所属大兴、宛平二县村庄地界延长，窃盗案件较多，大兴县属尚有旧设巡检三员分管南路地面，宛平县之六十九村庄只有营弁分缉，并无文员弹压等语。著照所请，将宛平县县丞移驻庞各庄适中地方，所有附近六十九村并归该县丞稽察，遇有盗劫案件，作为协缉开参，归于南路同知管辖，仍照原品升转。其大兴县属旧设巡检三员，并著一体归南路同知考核，以专责成而资整饬。余俱照所奏办理。

嘉庆二十年六月谕：昨日朕批阅内务府进呈则例，恭载乾隆三十年皇考高宗纯皇帝谕内外各衙门：题奏事件，遇有地名字面理应遵照全写。乃向来章疏只图省便，每将地名节称一字，其谬不可枚举，如热河之但称为热，多伦诺尔之但称为诺，则其尤甚者。嗣后凡有地名字面一概全写，不得竞趋简易，致乖体制，钦此。嗣于嘉庆八年明亮奏乌鲁木齐地方事件，将下三字节去，只称其地为乌，又经朕降旨训饬。内外各衙门自应一体懔遵，乃本日刘镮之等奏恳留投效委员折内，将顺天府节称为留顺字样，实属简率。著通谕各衙门，凡有陈奏事件于应载地名字样，务遵照定例，全行书写，不得任听幕胥率用省文，致乖敬谨入告之体。

嘉庆二十年六月谕：吏部具题，据热河都统咨议处前任建昌县知县广庆，于所属地方贼人拒捕抢去马匹等物一案。本内因贼犯系属回民，书写回贼字样，太不成话。各省办理抢劫之案，如贼犯系属回民，只须于案供内叙明贼犯某人系某处回子，何得捏写回贼二字，致乖文义？著通行饬禁。吏部据咨具题未经更正，著传旨申饬。其原文率行书写职名，查明交部察议。

嘉庆二十年十月谕：明春朕恭谒西陵，回銮时跸路经由北惠济庙拈香。因忆故大学士朱珪坟茔在该处附近，面谕那彦成查明，如相距御道五里以内，即亲往赐奠，若在五里以外，即遣官前往。兹据那彦成覆奏，查看在御道四里以内，届期朕由黄新庄至北惠济庙，纡道亲临赐奠，用达眷怀旧学之意。其经由道路，著那彦成派员修治，先行绘图具奏。

嘉庆二十年十月谕军机大臣等： 据百龄等奏缉获大乘教清茶门传教匪徒王秉衡即王景曾，讯明该犯一族分住滦州及卢龙县，该犯由直隶而至楚省，复来江南，到处传教骗钱。楚省随伊吃斋者，均称其为爷，向伊礼拜，端坐不起，并各家款留，临行致送盘费。在江省传徒柳有贤，转传金倧有改立收圆教，再传而至逆犯方荣升，潜蓄异志。推原祸始，实由王秉衡传教贻害所致。该犯卢龙原籍家中现藏有《九莲如意皇极宝卷真经》《元亨利贞钥匙经》等项经卷，伊族中向多吃斋之人，难保其家内无藏匿邪悖经卷，潜相煽惑之事，请严饬查办等语。昨据那彦成奏，于卢龙县缉获王殿槐等犯，并查提王姓充徒各犯，分别审办。石佛口王姓一族，世传邪教，历年久远，蔓延数省。现已屡次犯案，著那彦成即派妥干员弁前往滦州及卢龙等处，将王姓族中习教之人全数收捕，勿令免脱一名，解至省城严行审讯。讯明后，将为首传教者问拟绞决，其为从者分别发遣流徒，并向各该犯家中严密搜查，将所藏《九莲如意皇极宝卷真经》《元亨利贞钥匙经》及一切邪悖经卷全行起出，封送军机处呈览。务令尽绝根株，勿稍留遗孽，除恶务尽，切勿姑息。

嘉庆二十年十二月谕军机大臣等： 那彦成奏，查明石佛口王姓实系邪教总匪恶根，已将传教之人拿获审讯大概情形一折。所办甚好，已另有旨加恩矣。滦州石佛口王姓，其先世自前明以来倡立白莲教，自称闻香教主，流传至今二百余年，已阅十辈。屡经破案，其子孙仍怙恶不悛，改教名为清茶门，种种悖逆情形，罪同林、方二逆，必应照大逆办理。著该督将为首者照大逆律问拟凌迟，派钱臻解交刑部覆审，正法枭示。该逆亲属照例缘坐，其余习教之犯，及外省被诱入教者，俱照所奏发给回城为奴。至该处王姓族人，虽未经习教，亦如所请徙云、贵、两广地方分别安插。该督即研究祝、刘等逆切实下落，审明后分别定拟奏明办理。其江南、湖北、河南等省传教各犯，已有旨饬令各该督抚等迅速查拿，即于该省讯明办理矣。

嘉庆二十二年七月谕内阁： 热河兵丁向无普赏一月钱粮之例。皇考高宗纯皇帝每年五月驻跸避暑山庄，八月始行进哨，该兵丁等安设堆拨，直班日期较多，且射靶中箭人数亦多，是以特恩普赏一月钱粮。自朕巡幸热河，兵丁步射尚好，是以照旧普赏。去年、今年均因兵丁步射较前平常，中箭人数稀少，将都统和宁、庆溥交部察议，协领等议处，兵丁等仍赏一月钱粮。此二年内该兵丁步射俱属平常，自倚恃赏项，平日并不留心学习。从前皇考高宗纯皇帝五月间即来巡幸，该兵丁等直班日期较多，尚能乘暇操演。朕七月间始来热河，岂转无暇操练耶？此而不示以惩戒，恐兵丁等渐习偷安。朕明岁恭诣祖陵，不克巡幸热河。后年朕临幸时，若该官兵等步射仍如此平常，不惟将该官都统、章京从重议处，并将普赏一月钱粮之例永行停止，只将中靶兵丁及额鲁特兵丁照例赏给。此旨著交热河都统传谕章京兵丁等，俾其家喻户晓，一体懔遵。

嘉庆二十三年四月谕内阁： 顺天府所属州县，上年春间被旱，秋收亦复歉薄，入冬雪泽优沾，冀望今岁麦收丰稔，稍苏民困。乃三春无雨，日来风日暵燥。朕昨诣黑龙潭祈雨，跸路经过之处，所见麦田多未播种，小民口食无资，所纳租税从何而出？近郊如此，各属情形可想而知。朕爱恤黎元，施恩惟恐不速，著加恩将顺天府属二十四州县本年应征上忙钱粮概行蠲免，其业经征收者，照例划抵。该府尹等即出示晓谕，俾众周知。

嘉庆二十三年四月谕内阁： 前因京畿雨泽愆期，业经降旨，将顺天府属二十四州县本年上忙钱粮概行蠲免。惟念顺天府属尚有应征旗租，并带征节年粮租，若仍行催征，民力犹恐不逮。著加恩将顺天府属二十四州县本年上忙、应征旗租一并蠲免，其带征节年粮租，著缓至秋后启征，用示朕恩膏普被至意。

嘉庆二十四年七月谕内阁： 方受畴奏，查明古北口内外被冲房间人口，酌议抚恤一折。古北口地方，本年六月间因雨后山水陡发，潮河长水丈余，淹毙人口，冲塌房间，当经降旨令方受畴即行查明具奏。兹据该督查明，密云、滦平二县除官房不计外，被冲兵民瓦草房一千七百三十八间，漂没兵民男妇大小二百二十一名口，被水现存男妇大小二千九百一十二名口。此次该处被水情形较重，著加恩照乾隆四十九年之例加倍抚恤，所有兵民被冲房间，瓦房每间给银二两，草房每间给银一两，被冲倒塌尚存料物者减半散给。其淹毙人口，大口给银二两，小口给银一两。被水男妇，大口给银一两，小口给银五钱。即于藩库动款，迅速给放，事竣造册报销。

嘉庆二十四年七月谕军机大臣等：据刘镮之等奏，永定河漫水下注，大兴、宛平两县所属求贤、高米店等村同时被淹，村民男妇尽赴南苑土堆避水逃生等语。永定河漫水下注，被淹村庄小民荡析离居，情殊可悯，亟应设法抚恤。现已有旨由广储司拨银一万两，著韩鼎晋、奎耀、汪如渊即带银前赴南苑内外被水地方，或散给口食，或折给银钱，并于附近高阜处所搭盖棚厂。晓谕现在南苑避水贫民，以苑内系属禁地，今已搭有棚厂，可供伊等栖止，令其迁移就食。务各尽心抚恤，勿令失所为要。

嘉庆二十四年七月谕军机大臣等：据英和、长申奏，永定河漫水溢入南苑情形，并现在筹办避灾难民事宜；刘镮之、韩鼎晋等奏派员查勘被水村庄，及领银筹办抚恤各一折。现在漫水浸入南苑草甸熟地，水势漫溢，宽至六七里，深至三四尺。著英和俟漫水稍消，遴选善于乘骑员弁赴该二处行宫详加履勘情形，据实具奏。至苑内避灾难民一千数百余名，英和等于未经接奉谕旨之前已派员于高阜处所搭盖席棚，散给口食，所办甚是，甚合朕心。著韩鼎晋、奎耀即在南苑以内，将给发广储司银专办该处难民抚恤事宜，长申亦即在彼会同韩鼎晋等妥协料理。如查明团河南衙门行宫有被水情形，长申自往办理行宫事务，韩鼎晋、奎耀俟将各难民抚恤安全，移出苑外，再回本衙门办事。此次北头工漫口三百余丈，下游被灾之区必不止数十村庄，汪如渊系顺天府尹，不必会办南苑抚恤事宜，著即亲往下游被水地方，督率同知何贞、宁云鹏等周历查勘，漫水流及何处，即查至何处，将被灾轻重情形详细勘明，应如何赈恤之处，会同刘镮之据实具奏，不可稍有隐漏，以副朕轸念灾黎至意。

嘉庆二十四年七月谕内阁：朕昨经由古北口一带地方，乘马目击被水村庄情形较重，深堪矜恻，前已降旨加倍抚恤。外省疲玩性成，动辄累月经年，若俟保定藩库拨银到日再行散发，转乎沟壑者益众矣。著派内阁侍读学士嵩安，率同滦平县知县先领行在广储司库银三千两，即日前往被水各村庄，按以滦平原报户口清册，遵照前降谕旨，分别大小口先行散给，俾灾黎早沾实惠，用副朕恩膏速逮至意。其房间修费，地方官续行放给，所有动用广储司银两，由热河道库拨还。俟藩库解到时，再归道库之款。其该县原报簿册，即著照录一分，先报行在军机处，以备查核。

卷　五

帝制纪五

诏谕五

嘉庆二十五年七月谕：军机大臣会同翰林院、户部、工部议覆御史陈鸿条奏缮进经史讲义及兴修水利营田二事。轮班缮进经史讲义，行之日久，徒具虚文，无补实政，所驳甚是。至兴修营田水利，雍正年间于近京设局经理。著有成效。农田为足食之本，而沟洫之利尤大。使灌溉有资，宣泄有备。即间值水旱，可资救御。若能于北省多辟水田，兼收南方粳稻之利。实于民生有裨。所有直隶境内，著方受畴饬委员相度各河淀水势，仿照雍正年间成规，设法经理。多方劝导，能使水田逐岁增垦，收获渐多，则一体筹画。其可以经理水田之处，各劝 谕农民次第兴举，需之岁月，以观其成，不可视为具文，用副朕惠民重食至意。

嘉庆二十五年十月谕：近有人条奏，山东兖州、曹州、沂州三府，与直隶大名、开州各属，及河南彰德、卫辉、怀庆三府，壤地毗连，历来民情彪悍，邪教甚多。嘉庆十八年匪徒滋事，大兵剿戮之后，伏匿宵小，恐根株难尽。地方官严查保甲，其乡保邻约或系同党，或惧攀诬，往往不肯举发。州县官既有闻知，或规避处分，畏难苟安。且山东兖州以南毗连江南徐州，而徐州又与安徽庐、凤各府接壤，向为盐枭匪徒窝聚，又有掖刀手等名目。请于直隶大名等府添设提督一员，专辖畿内各属；山东曹州镇添兵或一千名，或一千五百名；河南彰德、卫辉二府地方要冲，添兵或一千名，或一千五百名，其弁兵就各省筹拨等语。直隶提督向驻古北口，距畿南较远。大名原设有副将一员，是否足资防缉？若添设提督一员，其应增将弁兵丁若干名？嘉庆二十一年天津添设水师总兵，该处现驻扎水陆总兵二员，可否一员移驻大名？又河间一带应否再设专阃大员，以资弹压？其山东曹州设总兵以后，现在本标兵丁是否已足操防，能与徐州、河北二镇声势联络？河南彰德、卫辉二府额兵，应否照依所奏增添？均于何处可以抽拨？著方受畴、钱臻、姚祖同详查妥议具奏。

嘉庆二十五年十一月谕军机大臣等：据方受畴遵旨将直隶办差出派官兵名数查明具奏，明春山陵典礼重大，所有办差及管道等项官兵，自不能不宽为派拨。著方受畴查照嘉庆四年九月所派官兵名数分晰开明具奏，遵循办理。至此后遇朕恭谒东陵、西陵，及经由直隶地方差使，所派官兵均著遵照从前一千五百三十名之数。其嘉庆十九年以后所添官兵一千四百一十名，俱著裁撤，以示体恤。将此谕令知之。

嘉庆二十五年十一月谕内阁：每年冬间直隶解到旗租银两，分赏八旗兵丁一月钱粮。现在此项银两尚未到齐，但念兵丁等届兹冬令，生计孔殷，著加恩在于部库节年赏剩旗租银两项下先行动拨，普赏八旗兵丁一月钱粮。俟直隶将本年旗租银两解齐，再行归款，以示朕轸念旗人，恩赏迭沛至意。该部即遵谕行。

道光元年二月谕军机大臣等：据御史郑家麟奏，直隶州县有借兴修水利之名，查勘各处已熟水丈，按亩丈量，借此索诈使费，书役四出纷扰。天津县知县汪本出示委葛沽巡检，传集各村庄地户人等，逐村挨段查丈。又闻葛沽、咸水沽、新城等处有勘丈索诈之事等语。兴修水利，开辟稻田，原以劝民生谷之道，须禁绝骚扰，使民乐从，方可收因势利导之益。若办理乖方，纵令书役借端锁诈，是以利民之举转成扰民之事，殊与本意大相刺谬。著那清安、王鼎于大名查办事件完竣后，即取道前至天津访闻查看。如天津县知县汪本仅止出示晓谕，并无不合。若竟有胥隶索诈情事，即查明参奏。

道光元年三月谕内阁：那清安等奏，查办天津县吏胥因兴修水利，借端需索，分别定拟一折。兴修水利，原系便民之举，天津县境内向有成熟稻田，经该督饬查有无荒废，该县汪本辄即出示委令巡检、户书，逐段勘丈，该户书谢大年等，即借端向花户吓诈分肥。是农田未获其益，而闾阎已不堪其忧。书吏谢大年、张恩铨、冯树棠首先索诈，俱著发近边充军。已革巡检吴学研，虽未商同勒索，惟于事后收受书吏致送钱文，著照所拟杖七十。其余各犯罪名，俱照所拟分别发落。天津县知县汪本，于胥役借端滋扰，毫无察觉，息经该督饬禁，复潜毁告示，抽换卷宗，虽据讯无故纵情弊，实属溺职。汪本著即革职示惩。失察之天津府知府李蕃，著交部议处。天津道李振翥，著交部察议。总督方受畴，既经风闻各州县书役有需索滋扰情事，即应派员确查严究参办，乃仅札饬查禁，亦有不合，著交部察议。至该省查办营田水利，原应官为劝导，听乡民自行相度开垦。著该督将上年部议章程刊发简明告示，遍行晓谕，毋任胥役再行滋扰，以杜弊端。

道光元年四月谕军机大臣等：据御史张元模奏，本年山陵大差，直隶协办道差之州县，出票派用民夫车马，如应用夫一百名者，派出数百名，每夫折京钱六七千至十余千不等；应用车一辆者，派出十辆，每车折京钱十三四千至十七八千不等；有全折价而自雇民夫者，有仅用一半其余概行折价者。又如巡幸盛京及每年热河道差，岁以为例，官吏相沿派折夫马，视以为常。如遇丰年，其力尚可支持，遇俭年，则益以称贷，请饬查办等语。小民力役之征，势难尽免，若官吏借差苛派，削民自肥，则不可不严行惩创。著方受畴督同藩司屠之申，确加察访本年恭办山陵大差，各州县有无分外派敛，折价肥己，若累小民之事。如查有确据，即行据实严参，无稍回护。嗣后该省派办差务，亦当妥定章程，力除积习，勿得仍前勒折苛派，以裕民生。将此谕令知之。

道光元年四月谕军机大臣等：本年七月，朕恭诣昌陵，举行皇考仁宗睿皇帝周年典礼，定于由涿州一路行走。该处旧有行宫，方受畴前经面奏，已派员前往查勘修葺。著该督与行宫内相度地势，添建皇太后行殿一座，及内廷随从人等房屋。但须足数居住，不必过事华靡也。

道光元年四月谕军机大臣等：方受畴奏，查勘涿州行宫，拟添建皇太后行殿，绘图黏说覆奏一折。此处行宫并非每岁驻跸之所，本年七月因恭奉皇太后安舆莅止，是以饬修行殿，此后并不常岁经临。朕披阅图内，有曲折书房七间，若作为皇太后行殿，再于东西屏门外空院添盖小屋一二十间，以为随从人等栖止之所，且本有后宫五间，即内庭有同住者，亦足敷居住，似此办理，较为简便。著方受畴再行查勘，如可照此豫备，即行覆奏，不必另行拓地添建，以省靡费。

道光元年五月谕：方受畴奏差务实在情形，及现在办理缘由一折。直隶办理差务，现既查无格外苛派之事，其相沿旧规，原难遽议更张，勒令画一。惟此后差务概从节省，道段不须高厚，支应删去浮靡，则州、县可以少派，即民力可以暂纾。著该督率同藩司屠之申，悉心筹画，爱惜民力，派办各务，总当酌剂公平，随时访察。如有不肖州县借差浮派，病民肥己者，立即严参惩办，以挽浇风，不可稍存姑息。将此谕令知之。

道光元年五月谕内阁：前据方受畴奏，天津、静海、沧州各属村庄俱有蝻孽萌生，当即降旨，令该督严饬该地方官赶紧扑捕。本日复据鲁垂绅奏称，界连天津之宁河、宝坻等县，及山东近海近河所属，亦因风日高燥，蝻种渐孳，不可不及早扑治。著直隶总督、顺天府尹、山东巡抚各饬所属亲行查勘，赶紧搜除。其接壤之区，务协力扑捕，不得互相观望，稽延时日，致令贻害田禾。

道光元年六月谕：王引之奏请颁发《康济录·捕蝗十宜》交地方官仿照施行一折。本年顺天府属及直隶天津、山东近河近海地方，间有蝻孽萌生，现已饬令赶紧扑捕。惟是捕蝗一事，先应禁止扰累，若地方官按亩派夫，胥吏复借端索费，践踏禾苗，则蝗孽未除，而小民已先受其害。《康济录》内所载《捕蝗十宜》设厂收买，以钱米易蝗，立法最为简易。著将《康济录》各发去一部，交该府尹及该督抚各饬所属，迅速筹办，务使闾阎不扰，将蝗蝻搜除净尽，以保禾稼而康田功。

道光元年八月谕军机大臣等：据御史李肄颂奏，直隶天津、河间等处有无知莠民，以念经疗病为由，不分男女，群居杂处，有看香学好等名目，或谬托鬼神之名，谓之活犄角，或以药水令人洗目，使见幻境，谓之洗慧眼。种种名目，煽惑乡愚，日久结党成群，难保不借端滋事，请饬下该督密行访缉，并随时化导等语。所奏甚是。莠民倡为邪说，其始不过惑众敛钱，久而附和人众，往往滋生事端。白莲、白阳等教皆基于此。天津等处如此，他府恐亦不免，不可不严密查办。著方受畴督同臬司阿霖，慎委干员，认真访缉，有犯必惩，不得仅以州县示禁、营汛会查装点了事，亦不得任听末吏奸胥肆意搜查，波累无辜。此事总在地方大吏实心化导，加意访察，自收除莠安良之效。天津一带距京甚近，若该督等不认真查办，养痈贻患，将来或经朕访闻，或被人举发，彼时立派大员前往查办，恐方受畴等不能当其咎也。将此谕知方受畴，并传谕阿霖知。

道光元年八月谕军机大臣等：方受畴覆奏访缉邪教莠民一折。据称，现在委员前赴天津、河间及各府属，分投严密访查有无习教惑众之徒，及一切教会名目，俟该委员结报后，再饬臬司阿霖亲赴各属覆加访查等语。莠民习教传徒，原恐其结党成群，日久滋事。该督现已委员分投查访，如仅系一二无知愚民看香学好，惑众敛钱，则该委员会同地方官尽可查拿究办。倘人数众多，该委员等力不能办，则当密行禀报，始令臬司阿霖前往督率办理，以除邪慝。若委员等结报并无立会奸民巨案，遽令臬司大员周历各州县覆加查访，不特仆从人等沿途骚扰，且各处传闻，转恐起人疑骇。此事方受畴当斟酌事理重轻。分别妥办，不可姑息养奸，亦不可张皇滋扰也。将此谕令知之。

道光元年十一月谕内阁：方受畴奏，邪教案内留于本境永远枷号人犯，请即行解配等语。邪教案内应行发遣人犯，留于本境枷示，原以化诲愚蒙，俾知儆戒。今本犯既不知改悔，匪徒复踵习其教，自不若投之遐荒，免滋煽惑。著即照该督所议，昝明、李老和二犯，仍照刑部原拟，一并解发回城为奴。嗣后拿获邪教案犯，审明应发遣者，均即行解配。其情节较重者，发往配所，永远枷号，毋庸留于犯事地方监禁枷示，以消萌孽。

道光元年十二月谕： 据方受畴奏，查勘良乡等处道路堤桥各工事竣，趋叩阙廷，并请酌派各镇分班进京等语。方受畴现赴良乡、宛平一带查勘道路堤桥各工，距京甚近，著准其于查勘事竣，即行来京陛见。其正定各镇年班来京之处，著自明岁为始，每年轮派一镇进京可也。将此谕令知之。

道光二年二月谕内阁： 松筠整顿直隶省书院一折，所办甚是。各省府厅州县分设书院，原与学校相辅而行。近日废弛者多，整顿者少，如所称院长并不到馆，及令教职兼充，且有非科第出身之人靦居是席，流品更为冒滥。实去名存，于教化有何裨益？著通谕各直省督抚，于所属书院，务须认真稽察，延请品学兼优绅士住院训课，其向不到馆，支取干俸之弊，永行禁止。至各属教职，俱有本任，课士之责，嗣后亦不得兼充，以专责成。并著各饬所属，如有书院房屋坍塌应修之处，即行修整。俾各士子聚处观摩，以收实效，用副朕振兴教化至意。

道光二年三月谕内阁： 松筠奏保定府驻防旗兵养赡维艰，请量加调剂一折。保定额设驻防旗兵，前经方受畴奏请添设养育兵五十名，因经费有常，不能概议加增，降旨饬驳。兹据该署督查明三河、玉田、昌平、顺义等处驻防满兵各食月饷三两。沧州驻防本有承种官地，足资养赡。惟保定府驻防旗兵五百余名，生齿日繁，仅食月饷二两，并无别项生计，殊为拮据。自系实在情形。著照所请，准其在绿营余剩马干生息项下，每年动支银九百两，遇闰加增银七十五两。添设保定驻防养育兵五十名，每名按月支银一两五钱，即于余丁内考验挑补。该部知道。

道光二年闰三月谕内阁： 前据直隶藩司屠之申奏，直隶差务殷繁，议请于每地一亩拟征差银一分，以均徭役。当经降旨批示，俟颜检到任后妥议奏闻，再降谕旨。兹据颜检查明据实覆奏，该藩司减差均摇之说，实不可行。所论极是。赋役之制，东南则赋重役轻，西北则赋轻役重，立法至为深厚若如该藩司所奏，是役重而赋并重，其意何居？嗣后直隶办理差役，著颜检严饬该管道府，仍遵旧章，各就地方情形斟酌妥办。该督仍随时查察，该州县如有能体恤民艰，公平允协之员，据实保举。其有听信书役，任意浮派苛累者，指明纠参治罪。若有劣衿借端包揽，刁民串通妄控者，立即审明，按律严惩。则吏治自肃，而民生可期日裕矣。至屠之申未能体察情形，冒昧陈奏，意在借赋以收减差之实效，不知适借差而添加赋之虚名。累官病民，其弊不可胜言。屠之申著交部严加议处。

道光二年五月谕军机大臣等：前因御史陈鸿条奏，请修营田水利，交军机大臣等议覆，请于北省多辟水田，兼收南方秔稻之利。当经降旨，令直隶总督委员相度各河淀水势，仿照雍正年间成规，设法经理，并多方劝导。迄今已阅年余，该省现已查办若干处？是否著有成效？朕闻直隶沿海旷地，丰润、宝坻、天津等处洼地，可仿南方开为水田栽稻，一二年后即可渐成肥沃。著颜检饬委妥员查勘该地方情形，如何兴修水田，实于民生有裨，即行据实奏明办理。将此谕令知之。

道光二年五月谕内阁：御史任伯寅奏良乡县衙役著差拦截车辆、需索钱文等语。良乡一带为畿辅往来通衢，遇有差务，衙役人等借端讹索，自应严行查禁，以安行旅。著顺天府府尹随时访查，如该县有截拿车辆及衙役索诈钱文舞弊情事，即将该县据实严参究办毋稍徇隐。

道光二年五月谕内阁：颜检奏请动项修浚减河石坝工程一折。直隶沧州捷地减河闸坝，保卫民田，亟须及时修筑。据该督勘明，应行挑淤及筑堤等工，共估需银二万三千七百七两零。著照所请，准其在运库贮备水利生息项下照数动支。责成天津道督率该州，赶紧兴修。工峻，该督亲往验收，毋任草率偷减，核实报销。其青县兴济两减河宣泄南运河盛涨。漕运攸关。并著该督察看情形，如有停淤应行修浚之处，即著照成案办理，以通水利而卫民生。该部知道。

道光二年八月谕：御史郭泰成奏请疏通河渠，以工代赈一折。据称直隶入夏以来，大雨时行，田禾被淹，由河淤浅，水无所归。如果河渠通畅，田庐未必受伤，年岁仍可丰稔等语。疏通河渠，以备水涝时宣泄流通，固是该地方应行之事。但今岁直隶一百四十三州县，被水者有八十州县之多。经朕特发帑金，分投赈济灾黎，计口授食，待赈不暇，又何忍借此可缓之工，使民力作？若该御史所奏，以赈济之帑金，作兴工之费用，是未给民食，先用民力，俾数万饥民驱令枵腹从事，大失朕拯恤穷黎之意。且被灾非一区，疏通非一处，直隶各州、县所属河渠难以数计，如尽使嗷嗷待哺之民赴功趋事，实属窒碍难行。况天气严寒伊迩，小民衣食尚艰，又迫以力役，是未蒙赈而先受其扰也。该御史不谙事体，所奏纰谬，断不可行。

道光二年十一月谕内阁：颜检奏各镇应值年班可否饬令进京叩贺一折。向来每遇元旦，直隶各镇同密云副都统，轮派二人，于封印后来京，作为年班。惟念该总兵等俱有弹压地方之责，著自本年为始，所有大名、正定、宣化三镇，及密云副都统，每岁轮班进京祝贺之处，永远停止。该总兵等其各尽心职守，加意操防，用副委任。

道光二年十一月谕内阁：颜检奏覆直隶水冲沙压地亩案内征解钱粮一折。前据御史余文铨奏，直隶藩库节年水冲沙压地亩案内征解十数万两，向未汇入奏销，亦未专案报部。当经谕令颜检详晰确查。兹据该督查明覆奏，直隶宛平等七州县征存水冲沙压地亩粮银内，祁、滦、正定三州县，业经援照旧案发还，按户散给，著加恩免其征追。嗣后凡有水冲沙压粮银已输在官者，即解司报部拨用，不准援案发还。其解司入拨之项，亦不准另行动款发给，以定限制。至宛平、定兴、藁城、新乐四县解存司库前项粮银，著即照此办理。该部知道。

道光三年正月谕：颜检奏兵饷不敷动支，请协拨以供支放一折。直隶地粮岁入不敷所出，上年灾区较广，应征新旧钱粮已完者，支用无余，未征者蠲缓半年，兵饷不敷支放，自系实在情形。著户部在于邻省地丁等项内协拨银八十万两，分起解往直隶，无误兵糈。此系朕勉从所请，嗣后不可为常也。

道光三年二月谕军机大臣等：据卢荫溥等奏文安、大城二县堤工亟宜勘估修筑一折，顺天府属州县上年被水，文安县村庄涸出不及十分之二，其余水深三四尺至八九尺不等。大城县南有九里横堤一道，系捍御上游河间等县诸水，现在决口四处，除已断流外，尚有小广安口一处仍未全消。前经该督委会勘估详报，其文安县西北千里长堤一道，正西又有西堤一道，决口二处，口门未涸，通体堤工冲刷残缺，均须补筑。千里长堤原开决口十九道，仅涸出三道，其余均未断溜。现在堤外之水高于河水，可资宣泄。将来内外水平，不惟无可疏消，更恐夏令河水涨发，各决口及堤工卑薄残缺之所，处处皆可内溢。请先将堤工及时修筑，庶农田以渐涸复等语。著颜检遴委谙练河工之员，迅速前往该处，将应修应堵各工确实勘估，并及早购料，于水潦未动之先赶紧修筑。以卫民而安农业。务须饬属认真办理，不可草率完工，于民生仍无裨益。至堤外河身，因下游不畅，以致河底淤高，涨水易于内溢，难于外泄。并著该督通筹全局，妥为办理，是为至要。将此谕令知之。

道光三年二月谕内阁：颜检奏豫、东二省粟米不敷原拨之数，请截留麦石散放，并改拨折色银两一折。本年直隶应行展赈州县，前降旨令该督于豫、东二省运通粟米内拨米十八万石，截卸天津北仓，就近运回散放。兹据颜检奏称，豫、东二省起运米麦核计仅堪截留十三万余石，尚短米四万余石。现在赈期已迫，灾民待哺嗷嗷，若再俟查明确数，始行奏拨，转至迟误。不敷米石，如仍令赴通领放。挽运需时，亦恐缓不济急。著准其将豫、东二省运到粟米，除兵米等项扣留三分之一抵通外，其余不拘帮次，全数截卸，并将现运麦五万五千五百余石一并照数截留北仓，抵米散放。所剩米豆仍饬运通交卸，其不敷米四万余石，著准其改放折色银两，由该省司库借款拨给，即著该督筹拨解往归款，如豫、东二省报运米麦数目，将来截卸尚不足敷，亦著先行借款拨给，不可有误赈需。该督即饬各州县认真散放，务期实惠及民。毋许胥吏浮冒侵蚀，用副朕痌瘝在抱至意。

道光三年四月谕内阁： 颜检自简任直隶总督以来，办理均无贻误。惟年届七十，究恐精力不逮，有失整顿。著来京另候简用。蒋攸铦著补授直隶总督，不准以身系旗人，世居宝坻为辞。再族人众多，恐难约束，必然据情恳请。蒋攸铦受两朝知遇厚恩，惟当力图报效，国而忘家，无论旗、民事务，一秉大公而已。况伊历任督抚，皆能公干廉明，政声彰著，朕所素知。设令再四恳求，亦不能俯从所请也。为国宣力，其遵谕行。

道光三年六月谕内阁： 前据颜检奏，直隶河道情形，应须确堪办理，当经令原任河东河道总督张文浩来京。该员曾任河督，于水利素所谙习，现降旨署理工部侍郎，著即派张文浩、候补三品卿继昌，前往保定，会同蒋攸铦，将南、北运河并永定、大清滹沱各河情形悉心查勘，通筹全局，妥议章程。蒋攸铦系本省总督，张文浩系特派之人，不许彼此推诿，务要和衷共济，克副委任。嗣后应行陈奏事件，即著联衔具奏。

道光三年六月谕内阁： 向来各仓放米章程，该监督将各旗所领米样送部，各旗于领米完竣，亦呈送米样核对，办理本属周详。惟日久生懈，仍致有名无实，自应稍为变通，以归核实，著照户部所议，嗣后各仓收米时，令监督将各廒贮米，接廒包取米样钤印送部，将来各旗赴仓领米，如果米色平常，即报明查仓御史，并将米样专案送部。该部提取原送米样核较，如有不符，即行照例参办。总须实力奉行，不可日久仍复视为具文，致滋弊混。

道光三年六月谕内阁： 蒋攸铦奏恳恩拨留南漕一折，所奏甚是。直隶频年灾赈，现值雨水过多，田禾未免受伤，恐致粮价日昂，购买不易，农民口食维艰，自当豫为筹备。普照该督所请，准其截留江广帮漕米四十万石，即饬令该帮，并于粮艘过津时如数截储北仓，随时奏明拨用，以济民食。

道光三年七月谕内阁： 御史蔡学川奏水灾情形较重，请即开赈一折。前因伏雨过多，河水冲决，直隶顺天、保定等府属各州、县附近漫口村庄、农田、庐舍均被淹没，小民荡析，情形实为可悯。节经降旨蒋攸铦、卢荫溥等，令其饬属确查办理抚恤。兹据该御史覆称，勘灾题报，再声明请赈，未免有稽时日。著直隶总督、顺天府府尹迅即委员前勘，将应赈户口及四散觅食男妇灾民，先行给与口粮，并酌盖蓬屋，暂资栖止，勿致一夫失所。其加赈事宜，亦著一并声明具奏，毋再迟延。

道光三年七月谕：御史程矞采奏调剂京畿觅食贫民一折。本年京畿雨水过多，市集粮价增昂，前降旨令于五城分设厂座，发给仓贮米五万石，平价粜卖，小民就近赴籴，自可糊口有资。惟近城觅食贫民人数众多，仍恐未能周给。著如该御史所奏，即与芦沟桥、黄村、东坝、清河四处分设饭厂，照五城煮赈之例，发给京仓米石，著顺天府尹派委诚实干员分投办理，务令实惠及民，勿致一夫失所。其一切经费，准其作正开销。所有四乡灾民，即由该处就近领赈，毋令纷纷进城，致形拥挤，将来应于何时停止，该府尹等随时体察情形具奏。

道光三年七月谕军机大臣等：原任直隶水利营田观察使陈仪，著有《直隶河渠志》，于畿辅诸水沿波讨源，而于永定河议论尤详。又据御史余文铨将陈仪文集进呈，内载《文安河堤事宜》《四河两淀私议》《永定引河下口私议》《治河蠡测篇》，似有所见。陈仪籍隶文安，又身预水利诸事，于畿辅水性地形知之较悉。惟自雍正年间迄今几及百年，共间水道通塞分合，或不免今昔之殊，而援古证今，足资采取。朕前派张文浩等会同蒋攸铦，将南、北运河并永定、大清、滹沱各河情形悉心查勘，通筹全局。近又命张文浩会同蒋攸铦办理永定河堵筑事宜，特发去《直隶河渠志》一册，及陈仪文集《直隶河道事宜》一本。著蒋攸铦等悉心查阅，以备考证。该督等务须酌古准今，筹出万全，以副朕讲求水利，保卫民生之至意。将此谕令知之。

道光三年七月谕军机大臣等：本日嘉禄等奏请修热河园庭等处坍倒外围墙垣段落一折，已明降谕旨，交总理工程大臣派员勘估兴修矣。朕详阅单内黄土坎行宫，屋少道纡，朕将来进哨时，亦不于此处临莅，支搭黄布城尖营尽足敷用。所有坍倒外围墙垣，此时无庸修理，著派兵丁二三名看守；其行宫内陈设铺垫，即移交热河，妥为收贮。

道光三年八月谕军机大臣等：御史程矞采奏，直隶贫民出口谋生，请饬各关口询明来历放行一折，所奏甚是。向例民人出口，凭票放行，原以杜奸匪而严管钥。至遇饥馑之年，贫民车载襁负，或依倚亲族，或出口佣工，亦属事所恒有。从前乾隆、嘉庆年间办理荒政，俱听其出口谋生，系一时权宜之政。此等穷黎，势不能纷纷请票，俱当问明来历，并询其将往何处投止，即行知所往地方，俾得有所稽核。本年直隶灾区较广，如该御史所奏风闻各处关口留难向阻，一概不准放行，该民人甫抵关门，又复长途纡折，其情极为可悯。该督接奉此旨，即迅速行知直隶所属各关口，除商贾行旅及形迹可疑之人，仍照旧例验票放行外，其实系觅食灾民，只须问明来历，以备稽查，毋得概行拦截。俟来岁春融，情愿回籍耕种者，即任其复业可也。将此谕令知之。

道光三年八月谕：蒋攸铦等奏筹备直隶省赈饷经费一折。本年因夏雨过多，直隶各属地方田庐多被淹浸。业据该督派员查明最重处所，先行抚恤。兹复将散放大赈事宜，预筹经费银一百二十万两，以济灾黎。此外该省尚有岁需各项，及被灾州县借支俸工工料等款，并堵筑永定河漫口工用约不敷银一百八十万两，解交藩库存贮，俾得届时支发。著户部迅速核议，筹款具奏，再降谕旨。

道光三年八月谕：户部奏议拨直隶省赈饷银一折。著照所议，将粤海关解部税银截拨银四十九万两，九江关部税银截拨十五万两，临清关截拨银六万两，天津关拨银二万两，山东省拨捐监银十万两，河南省拨捐监银三万两，地丁银八万两，河东秋拨应拨河工经费项下拨银七万两，著该抚、监督等于文到日，迅即委员解赴直隶。并著直隶总督查明起解在途之粤海关、九江关税银两，无论行至何处，均按起截留催解直隶藩库。其不敷银八十万两，著于户部库内照数提拨。该督即委妥员赴部关领，以应工赈之需。直隶连年水涝，朕尽力拯济，虽重帑用之于百姓不稍吝惜。此次散放大赈及堵筑漫工，共筹银一百八十万两。蒋攸铦务督同藩司陆言妥为经理，并随时严密稽察。各州县支销款目，务须实用实销，毋许稍有浮冒。如有奸胥滑吏趁机巧取，立即严拿惩办，期于民生河务两有裨益，用副朕惠恤灾区至意。

道光三年八月谕：此次芦沟桥、黄村、东坝、清河四处办理赈务，著照卢荫溥所请，拨给京仓米四千石分运各厂。其应需经费银二千两，著由部库支拨，每处分给五百两。该府尹等严饬各厅县妥为经理，即于八月初一日开厂煮赈，均匀散放，务使贫民均沾实惠。如有胥役乘机作弊，著即严拿惩办。

道光三年八月谕：蒋攸铦奏赈米不敷，请拨奉天省存仓粟米以资放用一折。本年直隶省保定等处雨水过多，其被灾最重之区，大赈前后，必须设厂煮赈、摘赈以济民困。前经降旨，截留漕米四十万石备赈，尚属不敷分拨。兹据蒋攸铦援照嘉庆十八年成案，请奉天省存仓粟米二十万石或十五万石备用。著晋昌、明兴阿即查盛京现在存库粟米尚有若干，如仓贮丰裕，即酌量分拨直隶或二十万石，或十五万石，以济赈需。事关灾赈，晋昌等一面奏闻，即一面将米石运至海口，迅速知照直隶总督派员领载，毋稍迟误。

道光三年八月谕军机大臣等：前据蒋攸铦片奏，此次恭办大差，未便仍照往年借资民力，现给发银两，敬谨办理，至冬春需银十万两，先于运库生息项下借垫，分年摊廉归还等语。已批示依议妥办矣。朕思力役及之征，从古所有，我朝自圣祖仁皇帝以来，列圣相承，凡遇谒陵及热河秋狝、巡幸盛京、恭谒祖陵诸大典，或每岁举行，或间岁举行，皆不能借资民力。即间有偏灾，如嘉庆六年之水，我皇考仁宗睿皇帝于次年七月仍举行热河秋狝之典，彼时未闻累及闾阎，亦未有借垫捐廉之事。诚以直隶民赋本轻，偶遇灾荒，则蠲缓赈恤，有加无已，厚泽深仁，至优极渥，即偶用民力，亦分所宜。然本年直隶被水，朕痌瘝在抱，不惜帑金，发给至一百八十万两之多，截留漕粮前后共五十五万石，又拨奉天粟米十五万石，轸念民依，不为不厚。若如该督所奏，竟不借资民力，于库项先行拨垫，摊廉还款，是废力役之征，并未从长计较。试思各官养廉为数无多，如每差必扣，势必至廉无可领，办公竭蹶，成何政体？且此后谒陵秋狝必应次第举行，该省地方官无廉可扣。又将以何项摊捐？且库项亦不能源源接济，所谓惠而不知为政，朕不料蒋攸铦亦复如此。蒋攸铦所奏是否体察本年被灾情形权宜办理，抑遂欲援为成例？折内并未详悉声叙，殊属含混。此次姑从所请，依议妥办。万不可通行贴示，以致日后扞格难行。蒋攸铦接奉此旨，须通盘筹画，务思朝廷大体，经久可行，毋为目前之计。此后应如何设法筹办方妥之处，著即明白覆奏。将此谕令知之。

道光三年八月谕军机大臣：本日据蒋攸铦奏，访获东明县习教匪犯王二大嘴，在家内搜出铁枪铁叉。该犯供认与山东菏泽县人王札根即王景元同拜巨野县人路宗染为师，学习四宫四卦之教。路宗染告知伊在河南扶临山或伏牛山居住之朱法桑处习教。嗣又续获王希兰等十五犯，均供并未习教。现在王景元等犯业经东省拿获，并供出路宗染系齐建陇之徒，齐建陇在河南朱仙镇居住等语。著琦善于接奉此旨后，即将王景元、王景信、王振功三犯派委妥员严密管押，解往直隶，交蒋攸铦归案讯办。如有续获伙党，亦著一并解往直隶，以凭质讯。至齐建陇居住朱仙镇，并路宗染在扶临山或伏牛山居住之朱法桑处习教，并著程祖洛委员迅速查拿，毋使一名漏网，获案后即行解交直隶审究。将此各谕令知之。

道光三年九月谕军机大臣等：前据蒋攸铦奏，东明县访获教匪王二大嘴，并续获王希兰等犯一案，因东省业已拿获王景元、王景信、王振功等三名，当经降旨令琦善将该三犯委员解交直隶归案审办。本日琦善奏称，连据菏泽、巨野、濮等州县营讯先后拿获人犯二十七名，正在追究余党，若解往直隶，恐承缉之员无从质讯查拿，且咨行往返需时，易致闻风潜匿等语。直隶前获各犯仅止王二大嘴供认习教，其余均无确供。现在东省缉获多名，较直隶所获尤众，并将辗转，传徒之要犯路宗染再行拿获，正可从此确切根追，互相指证，勿任再行狡展，未便纷纷转解，致涉疏虞，自应照以夥就要、以少就多之例，均归东省办理。著蒋攸铦接奉此旨，即将东明县已获各犯派委妥员，就近解赴曹州府归案质审，俾得严究伙党，悉数就拿，以净根株。将此谕令知之。

道光三年九月谕：戴均元奏，查勘直隶元城县北境红花堤，现在内外地亩全行涸出，业经补种麦苗。据戴均元率同该道府等逐加履勘，有大决口一处，约长四十丈，系上年漳河漫水冲决，其余历年漫开大小决口尚有六七处，惟漳河上游从何处漫决下注，必须将来路究明，方可疏治。著戴均元于驰抵河南安阳县后，会同程祖洛亲历上下，确切查勘，应如何设法筹办，据实奏明办理。至元城境内引河一道，由府城东南隅至何家庄穿堤入卫，河身窄狭，易于冲溃，该民人情愿自行改挖。著知会直隶总督饬元城县，将河身挑直，量加宽展，以畅其流。其红花堤决口下有新刷水沟，由馆陶之徐家仓入卫，五百余丈。该处地势较洼，著将沟槽挑成河道，以期分流泄水，并建筑东西两堤，俾免旁溢。其开沟筑堤之处，即系民田，著核计地亩，豁免钱粮，给还地价。需用公费，即饬该管知府确估借帑兴修，事竣摊征归款。将此谕令知之。

道光三年十月谕内阁：戴均元等奏会勘新刷卫河一折。前因内黄县袁村地方将地亩刷成河形，现在盐运商民各船均改从新河行走，经朕特派大学士戴均元会同程祖洛将有无妨碍之处详加查勘。兹据奏称，卫水向系经窦公河下注，因漳水挟洹而来，将卫水顶阻，旁决袁村。今漳水业经改由庆丰庄归入正河，其窦公河上游只系洹水，较前此漳、洹合流冲卫情形迥异。卫水自袁村决口，刷有河槽，则漳、卫分流，轻减水患，实为可乘之机，自应通筹全局，开治新河。冲刷处所间有淤浅，两岸亦恐旁溢，应行挑挖深通，并筑堤捍卫，著一并相机妥办。其瓠子嘴东岸沟形一道，偶遇涨水，即由龙王庙地方归入正河。著于该处筑钳口坝，夏开冬闭，以备宣蓄。惟内黄县东袁村等处，漫水穿村行走，居民难免浸灌。著于东袁村、大晁村疏浚支流，将村口正流堵塞。其大杜村之水无支流可引，著于该村前后筑堤捍卫，旁溢支流悉行堵闭，使全溜俱归正河。所有新河经由处所，除直隶境四十余里黄河故道本无钱粮外，其余行粮民地久经水冲沙压，虽未咨请豁免，而历年钱粮多系缓征。著自道光三年为始，将河身所占地亩应征钱粮，并前此历年缓征钱粮，均确查题请豁免。其筑堤占用民地，亦著照公占地田之例给予地价。工程经费，现据该商等呈请捐输，著直隶总督、长芦盐政会同程祖洛，委员确查筹办。俾卫河久远畅行，以奠民居而利商运。

道光三年十二月谕：御史王世绂奏直隶省书吏、幕友各弊一折。各直省大小衙门额设书吏以供使令，延请幕友襄办事务。伊等往往借势作奸，弊端百出。专在本官留心觉察，自无所售其伎俩。至直隶近在畿辅，尤应整饬吏治，以端表率。若如该御史所奏，该省藩、臬衙门经承之外，别有缺主名目，分为外班、内班，包揽州县公事，操其准驳，串通门丁，借端讹诈。其州、县幕友即系书吏出身，每遇案件，密与缺主往来，商议撞骗分肥。似此朋比为奸，把持政务，实属地方之蠹。著该督饬令各该司等随时查察，将缺主名目立即革除。州、县幕友中如有联络声气，互相勾结者，立即严拿惩办，毋得任其朦蔽。此种恶习在直隶为尤甚，而各直省亦所不免。并著通谕各督抚等，明查暗访，一体严禁，务使纲纪肃清，以饬官方而祛积弊。

道光四年正月谕内阁：近来各仓监督，俱不能实力整顿仓务，甚或通同舞弊，致花户骫法营私，益无忌惮，屡经惩办，尚不悛改。嗣后各衙门保送监督，应如何定立章程，方可得人，著军机大臣、大学士会同户部堂官悉心妥议具奏。

道光四年正月谕内阁：朕恭拟三月叩谒东陵，以伸诚悃。但直隶两年收成歉薄，而彼时正值青黄不接之际，民力维艰，著暂行停止前往。再今岁秋狝木兰，允宜遵循成宪，肄武绥藩，然不可不审度时事。量为展缓，所有今岁热河，亦著停止。此朕不以之苦衷，非敢耽于安逸也。直省文武大吏务当体朕之心以为心，惩黜昏墨，奖劝贤能，凡有益于民者，尽心讲求，广为抚恤，期吾赤子共免颠沛流离之苦，以佐朕顺时休养之至意。毋忽！特谕。

道光四年正月谕内阁：本日据军机大臣、大学士会同户部议奏，保送仓监督激劝章程一折，所奏甚是。各仓花户骫法，总由仓督约束不严，自应慎加遴选，明示惩劝，不可虚应故事，务从其实，以收得人之效。嗣后保送监督，钦天监、太常寺、鸿胪寺、銮仪卫各衙门司员，俱著毋庸保送。现任各员不必缴回，仍责成该侍郎等随时甄别。未补各员概予注销。其余各衙门仍照向例，令各堂官择其明白政体而兼有才具者秉公保送。其结实可靠之员，准其奏留再任三年。如始终奋勉，随时奏请，即予升途。至京察之年，并著添保一员，满汉相间轮保。务择才守俱优者列为一等，不得先尽坐粮厅、大通桥监督，以昭公允。各仓监督除舞弊得赃，随时严办，将原保堂官交部议处，其不实心任事者，著该侍郎随时参处，庸懦无能者，咨回原衙门行走，并停升三年，虽俸满亦不准保送外任。至花户舞弊，系监督自行查出者，即专治花户应得之罪。监督失察处分，概予宽免。向例仓监督给予养廉，只领半俸，嗣后并赏给全俸，用资办公，即自本年春季为始。其万安、海运二仓事物本繁，著该侍郎于各监督内拣员调补。自此立定章程之后，务各秉公选择，实力整顿，以杜积弊而慎仓储。

道光四年三月谕内阁：前据御史余文铨奏，闽省台湾米多价贱，请官为采购北运，当交户部议奏。兹据奏称，由官采买，恐不免勒掯需索诸弊，请暂弛海禁，于糖船酌量装载，招募殷实商人，领取官给贩米数目印票，运至天津，将米票赴口呈验，各自投行，按照市价粜济民食，各商免其纳税，又可杜吏胥勒索之累，事属可行。惟该处可以运米若干，必须亲历其境，方得确实情形。现在该抚孙尔准于四五月间巡台，即著察看该处地方。如果米多价贱，应如何招商给照，或糖船装载，或另船贩运，务期糖税仍无偷漏，米运并无留难。并核计该处时价，及运京水脚每石应得价银若干，分晰议定章程，该抚一面据实奏闻，一面即督饬迅速购运，并知照直隶总督，督饬天津海口，一体遵办，以平市价而裕民食。

道光四年三月谕内阁：蒋攸铦奏请革除屯居旗人总催、领催名目一折。直隶省屯居旗户甚多，文安、任丘两县私设有总催、领催名目，往往把持勾串，不服稽查。此次散放赈米，据该督查明，该二县屯旗册报户口浮开累累，皆由总催、领催人等从中舞弊，包揽侵肥，兼以各州县册档散失，遂致朦混捏造。向来屯居汉军旗人事件，俱归所隶州县管理，应与民人一律编查，自不得任其区分抗阻。著照所请，将总催、领催名目概行革除。并著内务府及八旗满洲汉军都统，将包衣外旗王包衣各项庄头屯居旗户丁口，分晰各州县城乡住址造册，移交该督，转发各该管官存储，以备查核，毋得视为具文。

道光四年三月谕内阁：蒋攸铦奏，酌办新开卫河，漳、卫分流，实可轻减水患。当经降旨，令直隶总督、长芦盐政会同程祖洛确查筹办，俾卫河久远畅行。兹据蒋攸铦奏称，委员会勘新开卫河属直隶者长八十八里，除黄河故道四十一里外，余系行粮民地，俱刷成河身，分别修筑堤埝，酌留余地挑浚淤浅。其黄河故道内，间有不成河形之处，择要挑挖。瓠子嘴东岸沟形下通大名县之龙王庙村，遵照原奏建钳口坝一座，坝南迤西筑土埝一道，随时相机开闭。两岸分别筑埝抽沟修道挑浅。至岔河嘴系漳、卫汇流之所，最关紧要。于漳、卫东北两岸湾角，俱各挑直，复于西岸合流处所添筑挑水坝一道，俱著照所议办理。该处居民不谙工作，须由南运河雇觅人夫。一切器具柴草麻斤，须于东昌、临清一带购办。例价不敷，经该督仿照河南估定章程，共计估工料银七万二千七百五两零。河身所占地亩止豁钱粮，毋庸给价。两岸筑埝基地应给地价，并豁免钱粮。其埝基内外酌留滩地，黄河故道湾曲两岸仍有行粮民地，亦须酌留纤道。计占用民地碱薄者约小地五十六顷六十亩零，每亩给银四两，沙薄者约小地二十顷三十亩，每亩给银二两，共需银二万五千一百余两。通计挑费并给与地价共估银九万七千八百余两，均经芦商情愿捐办。即著阿尔邦阿饬令该商等，将需用银两如数赶解工次，以期及早兴工。此项挑河工费既系商捐，即令该商人自行修办，毋庸官为经理。至卫河属河南省者工段较长，必须同时兴工，于大汛前一律完竣。著程祖洛迅速筹议。会同直隶省赶紧妥办。此后无论盐船、民船，经由新河行定，如有刁民拦阻需索，即就近禀明地方官迅即严拿惩治。其河身所占地亩，即著该督查明造册，题请豁免，以纾民力。

道光四年四月谕军机大臣：程含章奏请筹办直隶水利一折。据称直隶通省工段繁多，不能同时并举，惟先将各河淀一律挑挖宽深，然后将各州县支港逐一疏通，俾民间旱潦有备。其承办工段必须分段责成各道府，各率所属州县佐杂并绅士、农民各治所属之水，较委员承办费省工倍。此番工程浩大，除永定河例系官修外，其余挑河筑堤既难概照土方，致滋多费，而连年灾歉，惟照以工代赈之例为得事理之平。所奏俱属可行。程含章日内即可自京起程，著蒋攸铦会同筹议，务须和衷共济，于该省水道农田均有裨益，为一劳永逸之计。有必应筹款之处，据实奏闻，候朕降旨。又另片奏工程紧要者三处，应将各要口河路疏通，俾积水消退，请饬部速拨银二十万两等语。前据蒋攸铦奏，疏筑河道要工现存银两不敷，当降旨令长芦拨银十万两，又令户部筹拨银十万两，共拨银二十万两。此次程含章所奏三段工程，是否即系蒋攸铦所奏河道要工？抑系蒋攸铦所奏要工之外？请陆续拨解直隶银两，此项三段工程，蒋攸铦所筹之款是否敷用？著据实覆奏，再降谕旨。程含章原折并折片，俱著钞给阅看。将此谕令知之。

道光四年四月谕军机大臣等：本日御史陈沄奏，永定河闸坝减河情形，据称前闻河臣张文浩查办直隶水利，议于永定河南岸建设闸坝，挑挖减河，现已兴工，于南岸修金门闸，挑挖减河一道，又于闸上建灰坝一座，挑挖减河一道，皆为分减盛涨，泄入大清河之用。查金门闸久经堵闭，乾隆年间孙嘉淦于闸上开放南岸泄水入中亭河，不能容纳，附近民田受害，旋即赶紧堵筑。今新开减河放水灌入清河，与孙嘉淦所为无异。况清河壅塞，不能容纳，减水易滋漫溢等语。大清河贯串东、西两淀，因下游为永定浊水所淤，上游频年溃决，畿南十余州县被灾独重。必须先从下游疏治，俾得畅流入海。若转在上游灌输浊水，则壅遏泛滥，为患弥甚。此事关系全河大局，不可不计出万全。著交程含章、蒋攸铦再加相度，通盘筹画，务使堤障田庐两无妨碍，方为至善。将此谕令知之。

道光四年四月谕内阁：武隆阿奏，阅看提标四营演习梅花车炮阵式，未能如式整齐，请旨裁撤等语。所见甚是。梅花车炮阵式，前据杨芳奏请添设，至今二年之久，演习迄无成效。总由所配兵械庞杂难行，自不如部颁九进连环阵式队伍分明，可省兵力而归实用。著该提督仍严饬将弁，专习部颁阵式，务期技艺娴熟，悉成劲旅。所有杨芳奏添之车炮阵式著即裁撤。

道光四年六月谕内阁：前据蒋攸铦奏请革除屯居旗人总催、领催名目，当经降旨令内务府及八旗满洲、汉军都统，将包衣外旗王包衣各项庄头屯居旗户丁口，分晰各州县城乡住址造册，移交该督备查。兹据内务府奏称，现在册档俱非现年应造之件，与现在丁口数目不符，未便据册移咨。若委员分往稽查，事涉纷扰，自系实在情形。所有各项庄头及屯居旗户现在丁口数目，仍照旧例，由该督饬交各州县，按照境内居住之庄头旗户等就近随时一体编查。如有不服约束者，即著该督照例严惩。其私设总催、领催名目，仍遵前旨概行革除。

道光四年六月谕：程含章等奏治水大纲请发银办理一折。直隶全省水利经程含章会同蒋攸铦督率各道，将紧要处逐一查明，奏请先理大纲，兴办大工九处，如疏通天津海口，疏浚东西淀、大清河，及相度永定河下口，疏子牙河积水，复南运河旧制，估办北运河，修筑千里长堤，均著照所议分别估办。其请先筹拨银一百二十万两以作工需，并请于八九月间解到四五十万两先行择办。著户部查明广东、江西、浙江等处新收捐银共有若干万两，可先拨若干万两，分晰迅速具奏，再降谕旨。至秋汛后或尚有变更，俟办理随估随奏，妥议章程，责成分办。此外如三支、黑龙港、宣惠、滹沱各旧河，沙、洋、洺、滋、洨、唐、龙凤、龙泉、潴龙、牤牛等河，及应修文安、大城、新安、安州等处堤工，著分年次第办理。各州县支港沟渠，著饬各地方官，俟秋收后劝谕农民按亩出工挑挖，以资消泄。至该侍郎等奏称，挑挖筑堤占用旗民地亩，分别拨补给价。其将河身官地朦混升科者，豁除钱粮免究。俱著照所请行。

道光四年七月谕内阁：前据程含章等奏，直隶治水大纲，请先拨银一百二十万两，当经部议奏准，于广东、江西、浙江三省共拨银四十万两，余银八十万两，俟广东等三省续收捐监银两，尽收尽解，以备支用。兹据程含章等奏，工需紧要，现拨银两骤难到齐，实属缓不济急，必须另行筹拨，方可及时兴办。自系实在情形。著户部查明前拨江西地丁银二十万两，同现拨江西、浙江银二十五万两，俱径行解交直隶。其广东省十五万两，内除捐监银五万两已准截留解到外，所拨封储银十万两，著户部咨催该省，即行起解。至此外不敷银两，著户部长芦盐课及山东、河南、山西三省内酌拨银四十万两，于今冬解到直隶，迅速妥议具奏。其余银二十万两，仍催广东等省续收捐监银两，尽收尽解，以期无误要工。

道光四年闰七月谕内阁：户部奏筹拨直隶水利不敷银两，著照所请，在拨给直隶兵饷改解部库之长芦盐课内拨银二十万两，在拨本年山西地丁银十万两、山东地丁银五万两、河南地丁银五万两，共拨银五十万两，著各该抚、盐政派委妥员，务于今冬解到直隶藩库，以备工需。其余二十万两，仍令广东、江西、浙江三省于续收捐监银内尽收尽解，俟凑足二十万两后，即行归补封储，并将拨解银数报部查核。该省办理水利，工费浩繁，朕轸念民瘼，不惜帑金。该侍郎等务须妥为督办，总期工归实用，帑不虚糜。不得如北运河朱家马头，甫经修堤，即有漫溢之患。如有不肖官吏侵蚀误工，虚糜帑项，即著据实严参，从重惩办不贷。

道光四年闰七月谕：据御史陈沄奏，永定河重开闸坝引河，民间皆受其害，请及早堵闭等语。著陈沄驰驿前赴保定，令程含章带同该御史前赴永定河新建闸坝处所，将有无冲刷民田庐舍及淤塞清河之处，面为指陈利病，逐细履勘明确，仍著程含章会同蒋攸铦据实具奏。该御史原折，著发给程含章、蒋攸铦阅看。

道光四年闰七月谕内阁：直隶道、府、厅、州、县人员，平日立品居心、官声舆论，该督抚见闻所及，随时察看，自必知之最悉。著各于所属道、府、厅、州、县中，有实在洁己爱民，诚心办公，众口交称者，由该督抚出其切实考语，秉公具折保奏数员，候朕简用。该督抚务当各矢公忠，据实保举，勿许稍有瞻徇冒滥，用副朕求贤佐治之至意。

道光四年闰七月谕军机大臣等：据程含章等覆奏，带同御史陈沄查勘永定河新建闸坝一折。据称新建灰坝毫无妨碍，新建金门石闸亦无淹及民房田地之事。其涿州任村坍塌房屋，本系去年冲坏，至下口淤浅处所，系上年永定河冲刷泥沙停积，与新开闸坝无涉。良乡、涿州大道地势甚高，亦决不致淹冲官道，有碍驿递。新安、安州被淹系白沟浊流倒灌所致，并不关永定减河之小。所奏情形，了如指掌。至程含章所称束水攻沙，借清刷浊，与面奏之言相符。闸坝既修，分减涨势，保护堤工，即保护百姓田庐。去岁张文浩亦系如此奏对，是新建闸坝有利无害，毫无疑义。该御史陈沄先于四月间具奏，降旨令程含章等再加相度。兹据该侍郎等先后覆奏，险工得以平安，皆闸坝减水之力。兹该御史又行具奏，因令程含章带同履勘，面为陈指利病。乃该御史仍固执己见，不以为然，其意伺居？倘必申其说，不顾全河大局，哓哓具折致辩，尚复成何事体？著程含章、蒋攸铦将该御史履勘闸坝时作何情形，若不谙河务，又复阻挠公事，擅作威福，其风断不可长。即著具实密奏，又传旨令该御史即日回京可也。将此谕令知之。

道光四年闰七月谕：永定河新建闸坝，先据御史陈沄于四月间具奏，开堤放水，恐滋流弊，当经谕令程含章等覆加相度，仍奏明照估修复。本月十一日复据该御史奏，新开闸坝，民间皆受其害，请及早堵闭。朕以地方河工关系民生最为重大，犹恐程含章等有意回护，特降旨令该御史前往，并令程含章带同逐细履勘，面为指陈利病，原欲其虚衷商榷，以求一是。乃程含章等将闸坝减水情形剀切告知，陈沄仍固执己见，哓哓论辩，并于会勘时呵斥道厅，擅作威福。且其前赴保定时，并未召见，陈沄辄捏称递折后曾经召见，意在挟制，以实其言，实属阻挠国政，谬妄之至。陈沄不胜御史之任，姑念其究系因公，著加恩降为主事候补，以示朕不为已甚之意。

道光四年九月谕内阁：程含章等奏估修千里长堤一折。直隶千里长堤，自高阳县之刘家沟起，至天津县之西沽炮台止，年久残缺，一遇水潦，田庐被淹，系属紧要工程，自应先行办理。据该侍郎等估修堤工，及栽种苇柳防护桩埽，土方工料银共三十四万七千一百两零。著照所请，动项修筑，并分作十段，派熟谙工程之河间府知府徐寅第等十五员承办，务照估定宽高丈尺修筑。堤内文安等处，应俟明春水小再行补筑，仍分段责成现派各员一手经理。工竣后即著程含章亲往验收，如有草率偷减、迟误及克扣等弊，即行据实严参。此次筑堤挑河，如占用旗、民地亩，分别免租拨补，其无地可拨者，照给地价豁粮。如本系官地，被民间占种升科者豁除钱粮，毋庸拨补给价，工竣咨部核办。其任丘县境内新工，系知县淡延棻于上年领项承修，因大汛冲刷卑薄，应行赔修。该员业经丁忧，著于司库先行动垫修筑，应赔银两仍于该员名下追缴完款。其文安县境内新工，系同知李国昇于上年领项承修，因大汛停工未能补筑，著仍令该员照估补足。该二县此次照原估加高一丈，所加土方俱著归入大工案内报销。该部知道。

道光四年九月谕内阁：大兴、宛平二县额储经费银各一万两，系永远存储之项，虽经历任亏空，奏准豁免，仍应查明确数，由该省库款筹画归补。该部既迭经咨查，何以迟至二年之久，该省尚未查核明确？著蒋攸铦即将该二县封储银二万两，内除大兴县已由藩库领回银一千三百六两零归补外，此外何员名下亏缺若干？已缴若干？豁免若干？详细查明。如实系已豁之项，即将该省库款通盘筹画，应由何项筹补？以后应如何严定章程，永杜亏缺？一并妥议具奏，以重经费。至承德府并丰宁、滦平二县每年应征五行斗税银六千余两，向系随征随解，入拨报部。乃自嘉庆十一年至道光二年，该府县存征未解银共四万八千余两，该藩司并未随时提解，专案报部，亦属玩延。并著蒋攸铦严饬该藩司，即行扫数提解司库报拨，仍取具历任已征未解职名送部察议。倘查有亏挪情弊，立即据实严参。嗣后应征税银，著该督饬令随征随解，入拨报部，毋任迟延。

道光四年十月谕内阁：程含章等奏请择要估挑河道修筑坝桥一折。直隶办理水利，节经动拨银两，专派工部侍郎程含章，会同蒋攸铦妥商筹办，业已次第兴工。兹据该侍郎等奏，千里长提已筑成十分之七，因水深冰冻，停俟春融接筑，其余应行疏浚各河道，自宜豫为勘定，俾工员先事讲求，庶明春兴办，易于集事。据称塌河淀上承六减河，下达七里海，请宽罾口河以泄北运、大清、永定、子牙四河之水入淀。再挑西堤引河，添建草坝，泄淀水入七里海。挑邢家沱泄七里海水入蓟运河，达北塘入海。并在罾口北岸另开一河，及拆造王家务石坝，挑挖八道沽以下减河，均著照所议办理。南运河减河四道，与山东毗连交错，著届时先委大员前往履估，俟明秋知会东省抚臣，同时并办。其捷地、兴济二河，应行挑展宽深，堤身卑薄处所，亦著确估增培。此外东淀、西淀为全省潴水要区，十二连桥为南北通途，俱著择要浚治修筑。惟白沟盛涨不减，清河仍无出路，著于明岁秋间，自新城十九垡村修复卢僧河，以分白沟上游之势，再开复窑河、十望中亭河，宣泄清浊二水，俾支河贯输，不致动遭水患。所有各工该侍郎等派出委员，著于明年春分后一律动工，勒限大汛前完竣验收。并饬令清河、天津、通永各道、天津府，分投督率稽查，如有偷减迟误，即著指名严参。至估计土方，著照通永道成案分别办理，勿许工员借口赔累。

道光四年十月谕：程含章等奏，减水引河工费浩繁，请照旧章，听民自行修守一折。直隶朱家马头决口工程，前经蒋攸铦委员承修并酌挑下游河身，工甫报竣，因减河水涨，复被冲决，当将该委员等奏参，责令赔修完竣。兹据程含章详加履勘，实已坚固高厚，惟是险要堤工，不难于修而难于守，全在水大时防护有人，自可化险为平。该河堤向系民修民守，因连年冲决，民力拮据，御史王世绂奏请动项官修，不可引为长例。且下游小侯庄一带堤皆低平，水一出槽，到处皆可浸决。若官为筑堤，则工费愈繁。国家经费有常，焉能处处增加工段？所有筐儿港、朱家马头一带河堤，著仍照旧责令堤内人民自行修守，各保田庐，就近易于集事，亦照民修民埝办理，不得再动官项。

道光五年三月谕：本日都察院奏，直隶巨鹿县增生张人龙等，以滏河受淤，上年发帑挑浚后，水渐涸退，本年该县工书勘报不实，至今未见兴工，恐伏汛又被淹没。复据隆平等县民杨馨生等，亦以前情呈诉。著交蒋攸铦查明巨鹿等五县河道是否必须及时挑挖，该县工书有无虚勘捏报，详核妥议具奏。原呈著发给阅看。增生张人龙、生员王兰亭、监生王镛、民人杨馨生、王中孚，均著饬先行回籍，听候传讯。

道光五年九月谕： 蒋攸铦奏，永定河购买秸料，请照旧办理一折。永定河南北两岸每岁抢修各工所需秸料，节年因运脚不敷，奏准加增购运，仍令体察情形，酌量裁减。兹据该督查明，近堤村庄产料无多，仍须赴远处购办，例价实不敷用。著准其循照成案，每束加增运脚银二厘五毫，共银八千五百两，责成该道督率厅汛各员乘时采买，运储工所，毋许虚松浮冒。如来年动用余剩，仍留为下年之用。该督务当实力查察，不得任听工员逐年动议加增，以归核实。

道光五年十一月谕军机大臣等： 据蒋攸铦奏，霸州、文安等州县，各访获习教匪犯李可学、张宾等，并起获经卷等语。习教匪徒大干法纪，况近在畿辅，煽惑良民，尤应严办示惩，不可养痈贻患。该犯李可学等传习红阳教，伙党必多，所供显有狡饰，并恐尚有未起悖违经卷，及实有谋为不轨情事。著那彦成到任后，迅饬臬司王庭华，督同委员严切刑讯，务令水落石出。并委员驰赴各犯原籍，将伙党密速掩捕，解省归案审办。并通饬各属一体严缉务获，勿留余孽，以绝根株。将此谕令知之。

道光五年十一月谕内阁： 户部奏，明岁海运米石到津，请豫定卸运章程一折。请直隶总督督同藩司、天津道，并著仓场侍郎督同坐粮厅等，查照该部前奏，及此次所议各条，逐一详定章程，于本年封印前妥议会奏，俟具奏到时，再交该部核议。至海船到津，为日甚速，著两江总督于初次兑竣沙船将次开行时，由四百里驰奏，到日即请钦派大员前往天津查办。其初次沙船在上海兑米，著即尽船受兑，不必拘一分二分配运，以免滞误。沙船到津起卸后，空船赴奉天买豆，是否有虑耽延致误？二次兑运，如何可期迅速之处，著两江总督酌量情形，查奏办理。再拨运米石抵通后，转运京仓，仍恐经纪车户人等尚有偷漏积压等弊，届时著英和派委步军统领衙门文武员弁，沿途往来稽查，以昭严肃。

道光五年十一月谕： 那彦成奏，来年剥船抵通，必须随到随卸，方能钻辘转运，请饬仓场衙门豫为筹议章程等语。本年截卸北仓滞漕七十余万石，明年海运漕粮一百六十余万石，清日盘坝漕粮二百数十万石，加以豫、东漕粮共计五百余万石，均须接续拨运通仓，剥船到通，不能刻日转回，续拨商船，即不免于羁候。昨据户部奏请，添制口袋五万条，木斛一百只，由仓场照例备办，自已足敷轮转。著该侍郎将应如何兑收，不致剥船停待，筹议章程，妥速办理，毋任经纪人等借端勒指，致滋贻误。

道光五年十一月谕内阁：琦善奏会筹海运应办各事宜一折。江苏现届新漕启征，商船陆续归次，来年二三月间，即可次第兑运开行。著责成苏松督粮道，会同苏松太道，看验米色，兑交商船，并封储样米，随船带赴天津，由交米委员送交钦派大臣比对米色，按册交收。其到津以后过剥事宜，著责成坐粮厅带同经纪人等一手经理，押运赴通。所有江省交米委员，在津将漕粮兑给剥船，即已交卸事竣，毋庸再至通仓，以免推诿。惟剥船自津赴通，盘粮不无折耗，有例应给丁耗米十八万余石，业经奏准，拨给商船十二万余石，尚有节耗米六万余石。除各项搭运节省耗米内应划给商船外，实存米五万九千六百余石，正起运赴津。所有天津剥船船耗饭食等项，该督等请于此项节省耗米内酌量拨给。著仓场侍郎会同直隶总督妥议办理。至直隶雇剥不敷等款，著该督查照户部议覆直隶总督具奏银数，分别筹拨，解赴直隶备用。该部知道。

道光五年十一月谕军机大臣等：据琦善等奏请来春海运漕米到津，一经钦派大臣验收后，断无任通仓经纪再验之理，江省委员并免其前至通仓等语，海运漕粮到津，户部议覆那彦成所奏，届期由仓场派做粮厅一员，带同经纪赴津，候钦派大臣验明斛收，兑交剥船，饬令该经纪一手经理。今该督等复有此奏，著仓场侍郎严饬派往之经纪人等，无得刁难需索，一经验明米色，交该经纪等收管，即与江省委员无涉。所有抵坝交仓一切事宜，责成该经纪一手承办。其直隶省派出文职员弁，沿途照料，如有剥船渗漏，及沿途偷盗情弊，该员弁固难辞咎。倘米色搀杂霉变等弊，仍惟该经纪是问，以专责成而免羁累。将此谕令知之。

道光六年二月谕：那彦成奏大名镇存城兵少，请裁撤海口官兵一折。直隶大名府属界连豫、东二省，地居扼要。前经添设总兵、都守等官，并抽拨兵丁分布弹压，惟存城之兵尚少，不足以资操防。至天津地方名为海口，实系腹地。且洋面久经肃清，所有现存水师营官兵岁糜帑金，无裨实用。著照所请，将天津水师营裁撤，改归大名镇。惟水师官兵素习海洋，不能改充陆路，且相距遥远，其应如何分别裁拨添设，及一切事宜，著该督详查妥议，俟奏到时，再降谕旨。

道光六年二月谕军机大臣等：那彦成奏，访获借治病为由，敛钱惑众各犯一折。邪教敛钱惑众，最为风俗人心之害。该犯胡犄角即胡之机，约同张茂等立会治病，据供系得自容城县教匪张俭，传说有犄角马匹名目，并学舞刀扎钎等邪术治病，应彻底究讯，以绝根株。著该督逐一严切审讯，务得确情，饬属将首恶张俭及各逸犯严拿务获，讯明定拟具奏。并一面出示剀切晓谕，勿任愚民为其所惑，固不可稍事宽纵，亦不可累及无辜也。将此谕令知之。

道光六年四月谕军机大臣等：那彦成奏缉获习教匪徒一折。此案承德属卢胡子沟地方民人徐学宽习教，经该府拿获，讯据该犯供称，乾隆六十年有山东武城县人李士明在唐兴家做工，跪香念佛，该犯与唐兴、唐旺、朱三拜李士明为师。嗣李士明无人相信，于嘉庆五年回籍。总未出口，亦无音信。唐兴现已病故。该犯复传徒马拴儿及平泉州人梁得、梁六、梁八、梁善，伊弟徐五子、徐对儿均随同跪香念佛。并未骗钱惑众，亦无经卷佛像。并将马拴儿及唐旺获案。唐旺供认拜师念佛属实，伊故兄唐兴收已故之刘荣、周道及现住关东居住之张五、张六等徒，伊因庄农无暇跪香，并未传徒，伊子侄唐幅贵等俱未习教。马拴儿供拜师属实。匪徒习教，最为风俗人心之害，自应严拿惩办，以净根株。该犯等习教年久，传徒恐不止此数人，即据供并未惑众骗钱，亦难保非有心狡卸，亟应明确究办。惟口外距省穹远，提省审办，转致耽延，遇案内应讯之人，查拿亦多不便。著交那清安就近亲提现获各犯，严密按律定拟具奏。并严缉逸犯朱三等，务获归案究办，毋任远扬漏网。将此谕令知之。

道光六年四月谕内阁：琦善等奏，海运漕粮到天津，用项不敷，请筹款续解等语。本年办理海运，事属创始，一切用款均无成例可循。前经该督等两次筹款解往天津，尚不敷纤夫露囤等款银二万余两，此外仍恐有续用之项，自应酌量筹拨。著照所请，准其在苏松道库节省漕项内再行拨解银五万两，迅即委员解往天津，以资应用。俟全漕完竣后，按照前后解过银数查明，在通仓支用者，由仓场衙门核销，在天津支用者，由直隶核销。

道光六年五月谕军机大臣等：那彦成奏，委员查办大名府属均粮案匪，并察看该处情形一折。大名府属开州等七州县，春雨愆期，前经降旨缓征，嗣因入夏未得透雨，复经该督奏催，将道光三年天津北仓赈剩余米拨运各该州县存储，以备秋间接济之用。兹据奏称，元城县辛庄等处有饥民结伙叠抢、拒伤事主之案。现经获犯十二名，严究首伙，按名密拿，解省审办。此等滋事案犯，自系地方匪棍，借端倡众，骚扰闾阎，并恐有豫、东匪徒于接壤地方勾串游民，乘机抢夺，必应严办示惩。仍一面剀切晓谕，抚慰贫民，不可稍有株连，致滋扰累。至该处上年歉收，民气未复，现当青黄不接之时，自必倍形拮据。且距秋成尚远，北仓米石拨运需时，刻下夏灾已成，即应体察舆情，随时筹办。该督既经饬委通永道李德立前往，会同大名道林培厚查办，著即饬该道等确勘该处如有亟须接济之处，迅即禀请具奏，毋稍迟延。至该府福敬，才具本不开展，前已明降谕旨撤回，酌量改补。所察借放贫民一月折色口粮，请照成案截漕备用，并先行出示晓谕，是否该地方情形实系刻不容缓，亦应覆查明确。若遽斥其张皇冒昧，不善经理，恐将来遇有偏灾，地方官相率讳饰，转致别生事端，亦不可不防其渐。现在该督业已饬委张范东前往接署，即著李德立督同张范东将福敬所禀是否应办确速查明，据实具察。该督亦即据实陈奏，毋得隐饰回护。京师于本月初三日复得透雨，该处近日曾否续获雨泽，该督一并查明具奏，以慰廑注。将此谕令知之。

道光六年五月谕：那彦成奏议被旱州县抚恤事宜。直隶开州等州县上年秋禾被旱歉收，今春雨泽愆期，二麦失收，早秋亦难布种。前据该督具奏，降旨停缓春征，并恐夏灾已成，复饬该督体察舆情，如有亟须接济之处，迅速筹议奏明办理。兹据查明被旱情形，无地贫民谋生乏术，有地之户即得雨赶种晚禾，亦皆缺乏籽种，亟须分别抚恤。著加恩将开州、元城、大名、南乐、清丰、广平等六州县有地无力之户，先行赏借籽种，俾得赶种晚禾。该州县仓贮无多，准其全用折免，按每谷一石给银六钱，即在地粮项下酌拨银两，于五月内确查散放，仍俟来年麦收后察看收成，征还归款。至无业乏食贫民，赏给一月折色口粮，固不若设厂煮赈之普沾实惠。惟此时天气炎热，恐煮粥易致餲变，著该地方官分设厂座，即按每日到厂领粥之大小名口核计散给粥米，俾得日资糊口。该督即饬该管道府及委员认真查办，仍时刻严查密访，勿许草率浮冒，以期实惠及民。其应用米石，各属仓粮既不敷用，著照所请，将盘坝南粮无论何帮挽运北来，即于临清地方就近截留粳稜米五万石，赶运大名，以应急需。至该督前经奏拨之北仓剩米，即著停止，无庸再行剥运。

道光六年七月谕内阁：那彦成奏酌议京控交审案件分别奏咨一折。直隶民人一经涉讼，因来京甚便，并有未赴本管道府衙门呈诉，辄行京控者，与别省情形不同。迨审明后，罪止杖徒，与原案并无出入。若概行专折具奏，案赎滋繁。嗣后直隶省京控交审案件，除实系有关人命及军流以上，或与原案不符，或平空诬告并有关参革官员者，仍照向例具奏外，其军流以下案件，如与原案毫无出入，不过怀疑妄控，事出有因，尚非有心诬告，并无关参革官员者，罪止杖徒各案，俱著咨部核拟定结，仍咨原奏，各衙门备查，无用逐案具奏以示区别而免羁累。

道光六年七月谕内阁：那彦成奏请查革挂名吏役一折，所奏甚是。向来各省大小衙门书吏差役，各门斗、弓兵，均有定数，不容增添，惟直隶差务较繁，准招散役数名，例无官给工食，免其差徭。乃近日冒滥渐多，讹诈欺压，扰害乡间。嗣后司、道、府、厅衙门吏役不准过五十名，由本官酌定名数，造立卯簿，州、县衙门吏役不准过八十名，教官、佐杂衙门门斗、弓兵不准过二十名，由该管道府酌定名数，造立循环卯簿，年终报明该管道、府，具报总督衙门查点。余皆一概革退，编入里甲当差。仍将入卯之役汇造总册立案，每名止准免地三十亩，以杜包庇影射。该督务饬属随时认真查察，实力奉行，毋得日久视为具文。

道光六年十一月谕内阁：兵部议覆那彦成奏请将驻防满洲闲散，仿照巡捕营之例，挑补绿营弁兵一折。各省驻防闲散，无论满洲、蒙古、汉军，俱准其入绿营挑补马兵，洵可借以疏通而资造就。惟定例之始，必须酌予限制。著于该驻防同城及附近营分，遇有马兵开单，与该营战守兵一体校阅技艺挑补，不得过本营十分之二，毋得与通省兵额核计。至考拔弁缺，惟当以弓马劳绩为定，不必复行区别，其由旗咨送时，只准将年壮闲散情愿赴挑者验送，不得有强派勒措情弊。挑入绿营之后，所有训练约束及升转降革各事，宜均由该营将弁照绿营章程一体办理，如有滋事干涉地方者，亦照绿营例交地方官惩办。如该驻防同城及附近标营分马兵缺额较少，该闲散有愿挑守兵战兵者，亦准送挑，俱不得过十分之二。仍著驻防省分各该督抚会同都统、副都统、将军妥议章程咨奏，以期经久。

道光六年十二月谕内阁：昨据户部奏，大兴县民陆有章、宛平县民伍云停等，呈请于宛平等五州、县开采银矿。朕以地近京师及易州一带，非他省可比，其于地脉风水有无妨碍，饬令那彦成、陆以庄等派委公正大员详加查勘，再降谕旨。朕复思各省银矿向俱封禁，况畿辅重地且附近易州一带，讵可轻议开挖？著直隶总督、顺天府尹停止委员履勘。至该民人具呈时，该部即应饬司批驳。英和为协办大学士，非不谙政体者可比，乃率行据呈具奏，事虽因公，但视朕为何如主？冒昧之至，不可不示以惩儆，英和著调补理藩院尚书，退出南书房、总管内务府大臣，仍交部严加议处。其余户部堂官并不详加体察，随同画诺，王鼎汤、金钊、耆英、顾皋，俱著交部议处。

道光七年正月谕内阁：那彦成奏，口外俸满撤回内地州县，酌定升补章程一折。直隶省承德府属滦平县知县海福、丰宁县知县阿清，边俸三年期满，前经该督以该二员办理地方事务，均能振作，遵照前定章程，撤回内地，请将海福以地方同知补用，阿清以知州升用。经该部议，以该二员任内有关降留处分，与原定章程未符，仍令撤回内地，各以原官补用。兹据该督奏称，内地州县升调核计参罚以五十案内外，定升调之准驳。今查海福任内只有承缉命案二，参处分一案，阿清任内只有命案四，参处分二案，窃案二，参处分一案，不特比较口外州县承缉处分为最少，即较内地州县升调核计参罚亦仅十分之一，若因此不能保题，不足以昭激劝等语。口外州县所辖地方辽阔，案牍繁多，若必一无违碍处分而得邀升用，较之内地州县未免偏枯。著照所请，边俸期满之滦平县知县海福，准以地方同知补用，丰宁县知县阿清，准以知州补用。嗣后承德府及所属州县边俸三年期满，统计任内承缉命盗有关降留处分不及十案者，会同该都统查明，该员实系才具优长，堪胜内地丞牧之任，方准保题升用，不得以定例稍宽，致有冒滥。其承缉命盗有关降留在十案以上者，不准保升，仍以原官分别补用。

道光七年正月谕内阁：前据陆以庄等奏，顺天府四路同知任重事繁，请加鼓励，当交吏部核议。兹据奏，四路同知向照各府同知历俸十年以上调取引见，固觉漫无区别。若照陆以庄等所请，照大、宛两县正佐各官三年俸满引见，即归照例班内升用，亦觉过优。著照部议，嗣后四路同知历俸三年期满，如果缉盗安民，著有成效者，准该府尹等会同直隶总督出具切实考语，送部引见。俟奉有谕旨，准以应升之缺升用，仍令回任候升，由吏部将该员归入卓异班内，与卓异人员统较奉旨日期先后，按班升用。仍著该府尹等认真查察，必须实有循绩，方准保送，毋许冒滥。

道光七年闰五月谕军机大臣等：那彦成奏访获习教治病人犯，讯取大概供词一折。所办甚好。此案尹祥、李士贵等均系曾经习教匪徒，敛迹后不知改悔，竟敢复萌故智，往邀山东禹城教匪冯大坤，复兴一炷香天爷教名目，编造歌词，希图煽惑牟利。现经该县先后拿获习教匪犯二十九名，尚有未获匪犯十余名，其禹城县匪徒冯大坤是否已经获案，必须根究确实，按名悉数严拿务获。如冯大坤尚未弋获，即当知会程含章，饬属一体查拿归案办理。

固不可使匪徒漏网，亦不可任听胥役扰累无辜。将此谕令知之。

道光七年九月谕军机大臣等：据贺长龄奏，临清营揭获逆帖一案现访获临清州人徐庆龙，查对笔迹相符，讯据供认原稿系毛金一所作，在苏立中命馆写帖，尚有麻汝清即李三阳，马騳骉即马闯三，并李太吉等商量书写，俟来年二三月间赴天津王老茂即王盛三家商议兴教举事等语。徐庆龙一犯，现既查访形迹可疑，当堂书写信字又与揭帖字迹比对相符，默写帖内词语虽不能全行记忆，而紧要情节俱能默写，其为逆帖正犯似无疑义。惟所供起意及商同书写情节多有不实不尽，必须根究明确，以期无枉无纵。现已降旨，令那彦成饬属将麻汝清即李三阳等四犯迅速拿解赴京归案审办。该护抚当一面饬拿供出各犯，一面督同委员隔别严鞫，务得实情，按律定拟具奏。将此谕令琦善，并谕贺长龄知之。

道光七年九月谕：据贺长龄奏，临清营揭获逆帖一案，现访获形迹可疑之临清州人徐庆龙，当堂令书写信字，比对笔迹相符，默写帖内紧要情节无讹。讯据供称，与在彼卖卜之直隶庆云县人毛金一即毛凌云商谋所为，尚有直隶清河县之麻汝清即李三阳，威县之李太吉，庆云县之马騳骉即马闯三等商量书写。原稿系毛金一收存。经该护抚等诘讯，李太吉之名何以明为宣露？又据供李太吉即毛金一，因麻汝清腹有红记，以“红源”为教名，遂商同该犯等推麻汝清为教首，此时不能兴教滋事，俟来年二三月间赴天津县王老茂即王盛三家商议兴教举事等语。该犯书写信字，比对逆帖笔迹相符，惟所供起意商谋写帖情由尚多疑窦，是否诡捏姓名意存狡展？必须拿获麻汝清、毛金一、马騳骉、王盛三等根究明确，以成信谳。现经该护抚咨会密拿，著那彦成即饬属查照山东所咨年貌住址按名拿获，迅速派委妥员往山东归案审办。将此谕令知之。

道光七年九月谕：据贺长龄奏，严审写贴逆帖要犯，委系妄冀邀功，并无商谋滋事情节。此案前据贺长龄奏讯大概供情，徐庆龙一犯忽称希冀邀功，忽称兴教滋事，供词狡展，疑窦甚多，当经降旨令琦善逐细根究明确，以期无枉无纵。现据贺长龄覆讯，该犯所供之毛金一等均系任意捏造，并非实有其人。其李老文、苏立中等亦系挟嫌诬指，实为妄冀邀功起见，并无兴教情事。惟该犯狡谲异常，焉知非恃同伙人犯未经到案，希图避重就轻？现在饬交那彦成查拿之犯尚未据覆奏，著琦善再提该犯等覆加严鞫，一面咨催直隶总督确查，如实无毛金一等，其人覆审供情并无不实不尽，即将徐庆龙一犯按律定拟具奏。将此谕令琦善，并谕贺长龄知之。

道光八年正月谕：屠之申奏请动项兴修漕运要工一折。潮白河上游北寺庄地方，上年伏秋汛涨，新刷岔河亟应建坝砌滩，使水势归入北运正河，以济漕行而资捍御。所有勘估各工段共需工料银二千七百五十一两零，著照所请，准其于通永道库河滩淤地租银项下照数动支，责成该道督率厅员，赶紧购料集夫兴工，务于大汛前一律完竣，核实报销。如有草率偷减，即行严参。

道光八年正月谕军机大臣等：屠之申奏，拿获河间府属献县之尹店村民人孙荣即孙富等传习邪教，并究出同教伙党戴朝凤等十余人，赶紧按名查拿等语。直隶、河南、山东接壤地方，屡有教匪滋事之案，必须刻刻留心，有犯即惩，方足以安良善。若姑容日久，未有不为害者。该护督饬属查拿甚属认真，现在派委天津道前赴河间，督同府县各员提犯研讯。据供止于习教敛钱，并无为匪不法，亦查无图像经卷。惟所供伙党戴朝凤等十余人，恐尚不止此数，并此外有无勾结，著该护督严饬承审之员，务向各该犯严切根究，一有指出伙党确供，立即按名缉获惩办。固不可张皇滋扰，拖累无辜，亦不可宽纵姑容，致留余孽。总期无枉无纵，净绝根株，方为妥善。将此谕令知之。

道光八年二月谕内阁：屠之申奏酌议热河刑钱事件改归都统办理，章程照例分别题奏一折。热河为肄武绥藩之地，每遇巡幸木兰，经由道路桥梁暨一切支应经差等费，道库既无款可动，即州县正佐各官亦不敷调派。著仍照历届旧章，由总督会同都统饬属公同预备，以期无误。至热河都统管辖一府六州县审办命盗重案，有应将案犯立正典刑者，仍照向例办理。该护督请援照各省督抚之例，颁发王命旗牌，殊可不必，著无庸议。其承德府属平泉等六州县原领印信，均系理事、同知、通判管州、县。该护督请改铸某州某县之印，删去理事、同知、通判字样。又承德府司狱兼管道库收放银两，请改铸承德府司狱兼热河道库务印信，以重职守，事属可行，俱著交礼部改铸颁发。至所称热河都统道府，原设养廉不敷办公，各该衙门书吏应给心红纸张，请拨运库盐斤加价、水利息银五万两，解交热河道，发商生息，将所得息银分别数目，作为都统等衙门加增办公及心红纸张银两等语。热河都统衙门向有刑部、理藩院司官各一员办理刑名案件，现经英和奏准，添派刑部司官一员，前往帮办。该司员以京官派赴该处办公，亦恐不敷，自应一体酌给。著照该护督所议，以生息银六千两分给都统等衙门，作为加增办公及心红纸张银两。即于该都统道府每年酌加项内，各划出银二百两共六百两，分给刑部、理藩院司官三员各二百两，作为帮贴。其遇闰加增银五百两，留为别项充公之用。至所请于都统热河道衙门各添设繁缺典史二名，六房各设经承一名，典史缺出，即于本衙门经承内遴补，五年任满，由都统考取咨部一节，著交该部核议具奏。

道光八年二月谕内阁：屠之申奏，查拿教匪破案，请宽免历任文武各官失察处分等语。此案献县习教匪犯孙荣等，传习邪教，经护督访闻，派员驰往，会同地方文武各官，将该犯等拿获解省，究出谋逆重情，及续获辗转传徒多犯，并于所获犯内究出另习一炷香、天香教二案。办理均属迅速，功过尚足相抵，所有各属历任文武员弁失察处分，俱著加恩宽免。该护督务饬该员等激发天良，将逸犯查拿净尽，勿得稍留余孽。

道光八年三月谕内阁：现在回疆底定，军务蒇功，所有直隶审办献县教匪案内拟回疆为奴各犯，无庸复行监禁，著即照例发遣，以清囹圄。

道光八年三月谕内阁：汤金钊奏，查办怀来县南山等八村多派差徭，分别裁革一折。前据给事中托明参奏，怀来县添派差徭，按月苛敛，该地方官奉旨饬查，出示朦混，并委员等押令乡民出结，拘传多人，跟跄赴署，当派汤金钊前往查办。兹据奏，查讯该乡民佥称所办柴炭等项均属旧规，并非该县添派，该典史下乡取结，并未锁拿吓逼，拘传多人，该同知亦无逼勒情事，两造供词如出一口，与原奏所参情节不符。该护督所出告示，系将奏明情词叙入，亦非朦混。该给事中所奏未免过当，惟事关民隐，言官之所当言，虽言之不实，朕再不罪之。然嗣后该给事中、御史等遇有应奏事件，亦不可不加审察，滥行入奏。尤不可因有此旨，概行缄默，反失朕听言从实，欲周知民间疾苦之本意也。该县现办差徭，虽系循照旧章，发价采买，其书差辄敢相沿克扣短发，且此内果品一项，向不发价，该典史衙门并无采买成案，亦各相率收取，俱属有干例禁。著照所议，将怀来县所属各村承应果品，及该典史衙门果品柴炭等项，即裁革以省扰累。至该县吕崇修，既于吏役扣价折钱未能觉察，又复相沿陋习，收受时物，该典史周振恒，亦收受无价柴炭等项，均属不合。吕崇修、周振恒，著交部分别议处。历任应议之知县、典史，并著查取职名，照例议处。

道光八年十月谕内阁：屠之申奏，估挑淤塞沟渠，以利民田一折。直隶冀州东海子沟渠淤塞，前经量加疏浚，兹据该护督查明，衡水县近闸一带尚属通顺，其东海子迤北三十余里淤塞沟身，未经一律议挑。本年夏秋雨大，南宫、枣强等县沥水下注，洼地均有积水，一时不能涸复，有碍春耕，亟应疏浚，以资引导。估挑旱土，若按官工例价，每方给银七分，为数稍多。既据该村民等呈称，情愿出夫挑挖，因工段较长，力有未逮，恳请酌给方价。著照该护督所请，准其援照道光四年以工代赈成案，挑河者每方给银四分五厘，共需土方银二千四百五十两零，即于藩库存储办理水利工程余剩银内拨给。饬令冀州衡水县领回，分别赶办完竣，报候验收。此系必应办理之工，该护督当督饬该州县认真经理，务收成效，断不可有名无实。该部知道。

道光八年十月谕：松筠奏承德府属一州五县，请仍专用旗员，以符旧制一折。所奏甚是。直隶承德府所属一州五县，前经蒋攸铦等奏准，于出缺时先尽本省口内实缺旗员州县及理事、同知、通判内拣选，分别升调；如不得人，即咨部拣选，用任外省州、县之旗员，请旨补放。嗣经那彦成奏明，间以汉员对调。兹据松筠奏，外藩蒙古非汉员所能制驭，且口外命盗案件一切词讼，多系蒙古与民人交涉，旗员审断，蒙古信服。汉员视民人较为亲近，办理交涉事件，与蒙古言语不通，需用通事传话，难免有听断维艰情事，自应仍循旧制，以资治理。著照所请，将承德府属一州五县专用旗员，至俸满洲县即经撤回，倘省中一时无缺升补，著即送部引见，以应升应补之缺，不拘省分，尽先选用。所有俸满人员，俟新任到后，交代清楚，即行咨回内地，分别升补，毋庸留于地方协办。现在新调赤峰县知县秦恒龄尚未到任，其赤峰县知县一缺，著咨会直隶总督，于口内应调旗员拣选调补。如不得人，著咨部拣选曾任外省州县之旗员，奏请补放。倘拣补乏人，即于京察一等记名，以同知、通判用人员内拣选，带领引见，候旨补放。该部知道。

道光八年十二月谕内阁：前据松筠所奏，热河所属各处蒙古民人，樵采日远，煤薪昂贵，请将前经封禁之小冰沟煤窑仍准开采，及朝阳、赤峰、土城子等处，并蒙古各旗旧有煤窑，因水旺煤尽封闭者，准其报明改移开采。并承德府栾平县所属地方产煤之区，一体试采之处，是否可行？著新任热河都统成格体察情形，据实具奏。

道光九年五月谕内阁：松筠奏，酌定清理案牍章程，通饬各属实力奉行一折。州县为亲民之官，若果于自理词讼，勤明听断，则大而冤抑得申，细而是非立判，不特两造帖服，而架词唆讼，诪张为幻者，焉得暇而逞其伎俩？无如今日州县怠忽者多，勤敏者少，每遇差提案犯，动辄累月经年，即使剖判毫无枉纵，而受其拖累者已多。况未必悉臻平允，因而辗转上控，该管上司又未能湔除积习，仍或发交该州县审办，或复回护固结。而遇事生风之徒，遂得乘机构捏，淆乱黑白，以致小民含冤屡讼，拖累日深。此外省之通病，深为可恨。此等劣员不顾天理，不念人情，置百姓疾苦于度外，视国家法度如泛常，任听书役如狼如虎，扰害闾阎，灭尽天良，所谓以不忍人之心行不忍人之政者安在？松筠于接署督篆后，检校各府、州、县积案，酌定章程，以严考核，尚为清理案牍起见。著照所请，嗣后令各州、县将所收呈词按月详报，已结若干，未结若干，两造自请息讼者若干，续接呈词若干，逐案声叙报明该督、该司及本管道、府查核，分别记功记过，以昭劝惩。该管道、府及直隶州。于所属有关罪名出入之案，如能于上控及转审时，据实平反，改拟得当者，仍照例具题，由部核明，奏请鼓励。倘该管上司不知勤恤民隐，或不能虚衷提讯，成仍批交该州、县审理，致有拖累无辜，怨抑莫伸之事，即一并从严参办，以慎庶狱而肃官常。

道光十年二月谕内阁：那彦成奏估挑漳河故道，筹议商捐并借廉捐办一折。上年间，漳河水势异涨，由豫省之内黄县庆半庄夺溜南趋，挟洹水并归新卫河下注，以致直省之漳河故道断流淤塞。据该督查明，应与豫省同时挑浚。自张儿庄起，至岔河嘴止，应挑段落共估需银一万九千八百七两零，由官商筹议捐办。著照所请，准其将芦商捐银一万四千两由运司拨解，其大名道与府县恳借廉捐办银五千八百七两零，即于司库耗羡项下借拨，自本年夏季为始，分作十年，在于应支养廉银内按季坐扣。该督即责成大名道稽查督办，务与豫省同时兴工，统限本年三月底完竣，不准迟延草率。此项工程系官商捐办，著免其报销。

道光十年四月谕军机大臣等：那彦成奏永定河浑水南徙东淀，直逼千里长堤，恐妨运道，亲往查勘，筹议修防一折。永定河浑水入流东淀，长堤胥受其害，该督因东淀杨芬港以下逐渐淤塞，致大清河之水与永定河浑水合而为一，俱由杨芬港之岔河经杜家沟归韩家树正河行走，直逼千里长堤。堤出水面仅三尺许，恐汛期长水，难资保护，于运道民田庐舍均有关碍。现拟帮培杜家沟堤身，原系急则治标之法。此外有无别策，俾淀不受淤，水有归宿？该督现已亲往履勘，著详细勘明筹议。覆奏到时，再降谕旨。将此谕令知之。

道光十年四月谕内阁：那彦成奏勘明浑水淤淀刷堤，请动项估办土扫各工一折。前据那彦成奏，永定河浑水南徙东淀，立逼千里长堤，恐妨运道。降旨令该督于亲往履勘时筹议覆奏。兹据奏，疏挑永定河下口，此时赶办不及，惟有旧杜家道沟堤身大加帮培，并多镶扫段，以资抵御。著照所请，将现办各工责成天津道李振翥、永定河道张泰运，分别购料集夫，督办工程，如有短缺草率，惟该二道是问。务于端午以前普律全完，工竣核实验收奏报。所有估需工料银三万六千八百五两零，即著在司水利本款内照数动拨。该部知道。

道光十年五月谕军机大臣等：据那彦成奏，磁州一带自闰月二十三日以后地常微动，本月初七日又复大动，将前次被震所剩房屋全行坍塌。因居民先期露处，或搭盖席棚栖止，是以尚未伤毙人口。复饬藩司筹拨银五万两，委员解往备用等语。磁州等处地震情形甚重，应行抚恤各事宜，既据该督筹拨银两，分别办理，俱著照所议妥办，俾免灾黎失所。至该处地方现已安静，前经派往文武各员自无须多人在彼。除正定镇总兵官荣玉材业经回任外，其余各员弁著该督酌留应用人数，足敷查办弹压，余即撤回，以免滋扰。将此谕令知之。

道光十一年二月谕军机大臣等：御史周作楫奏，直隶差徭受累，请饬查禁一折。据称直隶州、县派差之弊，一累于乡保之浮派：每于差事过境，先行出票勒派各户车马，十倍于差事之用，除供应差事外，其浮派车马勒令折钱入私，如不折钱，即将车马扣留变卖。一累于书差之勒索：当各户派出车马之后，一经输纳差事既竣，即作官物，不准领回，而于自备车马缴送到官，书差勒索规钱，刁难更甚；计车一辆须缴钱四五千文，马一匹须缴钱三四千文，方准登簿验收。名为缴车马钱。如无缴钱，则扣不放，或称车敝马瘦，或以抗违官差，私押差房，百端磨折等语。直隶地当冲途，差事络绎，各州县供应车马，遇有缺乏，不能不借资民力。若如该御史所奏，百姓以差事为受累之端，差役以差事为分肥之计，不可不严行查禁，现在西陲官兵凯撤，经由直隶州县，需用车马更多，尤宜加意体恤。著那彦成严饬各该州、县密查禁革，出示晓谕。如有前项浮派勒索情弊，立将乡保、书差从重治罪。倘该州县失于觉察，或有心徇隐，即著分别参办，毋稍宽贷。将此谕令知之。

道光十一年二月谕军机大臣等：御史梁萼涵奏盗贼扰害灾民，请严饬搜捕一折。据称上年四月直隶、河南两省地震，磁州被灾最重。初震之后，即有盗贼多人混入饥民，乘机抢劫财物，掳掠子女，自夏至冬，未尝安靖。现蒙恩施迭沛，而元气太损，贫民露处犹多。风闻该处盗匪直隶人约十之三，河南人约十之七。有回龙村，为直隶大名、河南内黄、安阳，临潭四县分辖之地，向称盗薮，附近州、县均被其害。磁州与该数县连界，故被灾之后，盗贼乘机蜂集。虽地方官不时巡缉，而两省接壤，此境犯案，即逃至彼境，非两省协力搜捕，未易弋获等语。著王鼎、杨国桢查明回龙村地方是否实有盗匪聚集，为害闾阎，倘如该御史所奏情形，不可不严密查拿。即著各饬所属，会同并力严缉，毋得稍分畛域，互相推诿，总期搜捕净尽，以靖盗风而安良善。将此各谕令知之。

道光十一年三月谕：裕恩奏特参非刑逼认，几成冤狱之告病知州，请革职解案究讯一折。直隶平泉州民人李自善被殴致毙一案，据该州原详内称，李自善被抢后，找向黑狗索赃，将其拒毙。现经该都统提讯犯供翻异，究出尸身系由何志铺内移出。黑狗因畏累移尸，其所供殴毙李自善，系该州妄用非刑，熬审逼认，供出同抢之博罗卜台等五人，亦因畏罪诬扳。是黑狗等并非此案正凶，已无疑义。且查出原详内捏改伤痕，其中恐有别情，及故勘人罪情事，必应彻底根究。原任平泉州告病知州觉罗为光，著即革职，由该旗派员迅速解往热河，交裕恩归案严讯，明确定拟具奏。前任八沟理事司员、理藩院主事双明，于会审案件未能讯出实情，著于定案时附参。至一切非刑，久经严禁，乃为光于此案人证，辄用好汉架熬审，实属任性妄为。恐口外各属尚有滥用非刑之处，著该都统认真访查。如有私设违例刑具，即行据实严参惩办，毋稍徇隐。

道光十一年三月谕：给事中刘光三奏，上年直隶之磁州、河南临漳县等处，同日地震，房屋倒塌殆尽，人物压毙无算。又平地坼裂，有水从内涌出，其色黑白不等，水尽继之以沙，沙尽继之以寒气。且大震以后，或一日数震，或间日一震，或乌乌有声，或微微稍动，自上年闰四月以迄于今未止等语。上年据那彦成、杨国桢具奏各该处地震情形，恐有不实不尽之处。著王鼎等各派委妥员，前往该处访查。如该给事中所称上年大震之地，至今犹常动不止，是该州县地震为时甚久，必应据实具奏，毋得稍有讳饰。倘所查不实，将来经朕访闻，惟伊等是问，恐不能当此重咎也。将此谕令知之。

道光十一年五月谕内阁：琦善奏遴员接管营田一折，此次丰润营田一缺，著照所请，以大挑知县周震青接管。该员系试用知县，若三年之内轮应补缺到班，仍准酌量请补，所遗营田另行选委。如经管三年期满，亦准一体奏明鼓励。至直隶营田，据该督奏成规早定，与创始之时难易不同，与其每届三年遴员奏委，莫若仍归霸州、丰润两州县自行经管。若察看情形，悉心酌议具奏。

道光十一年七月谕内阁：琦善奏查明丰润等处营田改归地方官经理一折。直隶丰润、霸州两处营田，据该督查明，改归地方官经理，稽查管束，呼应较灵，公余督率，亦属妥便。著照所请，即自道光十二年为始，将该二处营田仍行改归该州县自行经管，一切章程俱照旧规办理，地仍按佃分谷，堤仍民修免差。原设书役、庄头应给饭食纸张等项，霸州向在交商生息项下支领，丰润向系委员捐给。著仍旧分别动支捐办。其原派委员，于本年秋收后饬令交代清楚，即行撤回。除现管丰润营田之大挑知县周震青接管未久，毋庸议外，霸州营田委员周莲，经管将及两年，尚无贻误，著加恩仍以县丞归部尽先选用。

道光十二年正月谕：本日据军机大臣等奏，讯据王老头供称，伊听从河南涉县人申老叙习白阳教，念十字经。此处尚有飞龙寺等处会匪甚不安分，系阎老得告知等语。迨阎老得到案，讯据供称，伊曾入大乘会，拟军，于道光二年释回。五年间，闻知巨鹿县北三四里王家庄人萧老尤即姬三白，系大乘会内萧老明之侄，指称有同会人在京，带信嘱为敛财帮助。伊同姜老梅并山东冠县韩家楼人韩丰年即韩老长送钱入会。有巨鹿县沙井村人杜尔盛、韩家庄人周庭桂即周老明，并不知村名人张书绅，帮萧老尤令伊立誓，印给手模，给伊黄纸条，上写“忠臣一个”等字，钤用图书，伊携回烧毁。嗣萧老尤令伊张贴教匪谣言，伊不肯，即与姜老梅、韩丰年并巨鹿县屯头村人孙效珍、冠县黎园屯人阎老忠，投入清河县豆家务人伊老须会内。伊送给尹老须银两，亲见尹老须耳有白毫，臂有肉龙，自称南阳佛，建盖华屋，称为飞龙寺。后伊复与王老头子认识，引进袁勤等入会。上年七月会遇唐，八九月间伊与颉老毛送给书约，俟今年正月再见呈首萧老尤等劣迹等情，并据张老庆亦称，稔知萧老尤素有张贴匿名揭帖之事等语。上年七月间，河南、山东查获匿名揭帖，叙述尹老须父子聚众谋叛，语多狂悖，恐即系萧老尤编造。至尹老须及子尹明仁，虽经琦善饬查严审，系因厚藏致富，并无习教不法、交结匪人之处。而阎老得等现据供认送给尹老须银两入会，亲见尹老须耳有白毫，臂有肉龙，自称南阳佛，历历如绘，是否该犯等挟嫌妄指？抑竟系尹老须等从前恃无质证，饰词狡卸？亟应彻底根究，以期水落石出。著琦善、讷尔经额查照单开该犯等年貌，将萧老尤即姬三白、杜尔盛、周庭桂即周老明、张书绅、尹老须、尹明仁、孙效珍、韩丰年即韩老长、阎老志，密速掩捕，毋任一名闻风脱逃。并将萧老尤等家搜查簿籍图书等物，同尹老须案内卷宗飞速解京，提同严讯惩办，其前提未到之颉老毛、王老站、赵五斤儿、陈祥、李靠山儿、刘长清、张老盛，俱著严拿速解归案办理。至申老叙即在直隶传徒，其原籍入教之人亦必不少。现据赵顺青等供，申老叙于嘉庆十九年病故，家住涉县马步村，伊二子务农度日，即著杨国桢访拿究办，以净根株。将此谕令知之。

道光十二年二月谕军机大臣等：向来直隶总督，古北口提督，马兰、泰宁两镇总兵，每遇朕谒陵时，于行在进献活狍鹿。嗣后俱著停止。将此谕令知之。

道光十二年五月谕军机大臣等：本日军机大臣会同富俊及刑部审拟尹老须即尹资源习教煽惑一案，已明降谕旨，将尹老须等明正典刑矣。其解到之齐老营、田忠、马维、程二麻子，或年貌不符，或住址稍异，案犯亦不能供指，仍递回查明保释。前经行提之刘景业、李克昌、狄文奎、狄汉、符凝旺、马士成、马士标、陈正业、陈标、贺学密，著讷尔经额、陶澍 、林则徐将该犯等迅速解部质明，另结此案。尹老须习教传徒至数千人之多，所有该犯供出转邀入教之顾文表等人数众多，未便纷纷提证。且案内名单早经销毁，犯供又不能悉指姓名，恐尚不免遗漏。著琦善、讷尔经额按照刑部单开各犯供出姓名住址，就近查拿，根究办理。再刘功徒弟南北各有八股，除查明头目傅老岭、宋文光、罗廷英、吴德荣、刘老腾五名犯案治罪，田尽忠、张宗禹、王辉九、王金玉、董老维、葛老亮、张洛东七名先经病故外，惟孙老书一犯仅认习教传徒二人，恐其尚有徒众；至史三省供出转传未到案之张士彦、张老明、梁复初、刘淙成、李可贵等，亦难保无转传情事。著与未获之王知仁、金老贯二名，并交琦善、讷尔经额查办，以净根株，毋贻后患。将此各谕令知之。

道光十二年谕军机大臣等：据松龄等奏，酌议盘山等处行宫裁撤弁兵，挪运陈设一折，已饬该衙门知道矣。唯所有陈设，自应运赴热河，分贮各库。至铺垫等件，著仍令各该处收贮，毋庸一并运往。其张三营、波罗河屯、什巴尔台、中关、喀喇河屯、王家营、常山峪、两间房行宫陈设，亦准运赴热河。此八处铺垫，仍著该处看管。并著松龄等将此八处行宫各绘一图进呈，但将院落房间详细绘明，其装修隔断等件，著毋庸并绘。

道光十二年闰九月谕：琦善奏查明天津海口无庸复设水师一折。天津水师，自雍正三年至今，议设议裁，已非一次。前经降旨，著琦善察看情形，妥议具奏。兹据查明，天津地处海之西隅，与山东登州、奉天锦州遥相拱卫，沙线分歧，非熟习海径者，无由曲折而至。且海口二十里外，有拦港沙一道，延袤宽广，融结天成，俨若海口外卫。该处总兵驻扎处所，距海口甚近，控驭既便，声势相通，陆路营伍即足以资捍卫。所有天津水师，著毋庸复设，以省糜费。惟海疆既借绿营为保障，弁兵技艺，必须训练娴熟，方成劲旅。著琦善督率镇将，认真操演，毋令稍有废弛。

道光十二年十二月谕军机大臣等：据耆英等奏，直隶保定府新安县民马金宝、杨溥来京呈诉，新安县为九河下游，堤长亘百余里，必须专员就近照料，以资保卫。今新安县知县员缺裁汰，归并安州知州及州判兼管，离堤较远。设遇河水涨发，照料难周，百姓纳粮往返至七八十里不等，盗贼讼狱无专员弹压。武举辛来熊、生员高玉衡，先后同乡民千余人赴保定暨总督衙门具呈，均未准理。现在阖邑乡民愿捐谷三千石，恳请复设知县等语。直隶新安县知县员缺，前经该督奏准裁汰。该民人呈诉种种不便，是否实在情形？著穆彰阿于湖北，河南查办事竣旋京时，顺道查勘明确，据实具奏。该民人已明降谕旨，饬令回籍，听候查办。将此谕令知之。

道光十三年二月谕军机大臣等：上年据耆英等奏直隶保定府新安县民马金宝、杨溥来京呈诉，新安县为九河下游，堤长亘百余里，必须专员就近照料。今新安县知县员缺裁汰，则照料难周，百姓纳粮往返至七八十里不等，遇有盗贼争讼，并无专员弹压，所有阖邑乡民愿捐谷石，恳请复设知县等语。当经降旨，令穆彰阿于湖北、河南查办事竣旋京时，顺道查明，据实具奏。现在该县民人马金宝，又复在步军统领衙门呈控安州知州多派差役，赴各村庄严拿不愿归并安州之人，并勒令众人出具情愿归并甘结，又将道士智多、民人杨双泰，及来京告状之杨溥、地保郑姓等一并拿去，解送保定府看押。计此时穆彰阿已抵保定，著即将马金宝等所控各情节悉心详察。其恳请复设县令之处是否可行？务当秉公查勘明确，据实具奏。该县民人马金宝，已明降谕旨，著兵部迅速递解保定归案审讯。将此谕令知之。道光十三年二月谕内阁：上年据直隶保定府新安县民人马金宝、杨溥来京呈诉该县员缺裁汰，种种不便，恳请复设知县等情。当经降旨，令穆彰阿于旋京时顺道查明具奏。兹据奏称，行抵直隶省城，饬传该民人杨溥，讯系马金宝起意商同来京具控。调查案卷，惟上年六月间有武举辛来熊等六人在保定府衙门具呈，九月间有生员高玉衡等五人具呈，因新安向有拨运差务该生等家充船户，例应承当，今裁县归州，欲量求减免，是以赴总督衙门递呈，委无别故，业具切实甘结，并无乡民千余人赴诉之案。该民人等原呈所称乡民千余人赴诉不理一节，竟属不符。该尚书亲赴新安乡一带查看界址，该处极远之张庄等村庄。至安州城较之至新安城止远二十里，原呈所称往返至七八十里不等一节，亦属不符。各处河道向系厅员专管，州县仅止协防，现在新安县管河县丞裁汰，即以安州管河州判移驻新安，就近弹压地方，兼管两处河务。河堤本非州县专管，既经移驻州判，即与旧设之县丞专管无异，裁并安州，亦与旧设之知县协防无异。原呈所称州判离堤较远一节，更属不符。至该尚书行抵该处，即有新安四乡士民陆金台等二百人联名具呈，佥称裁县归州以来，旧有差徭悉加轻减，远近乡村无不乐便，现闻仍欲复设县缺，阖邑士民实非所愿，并无另有以裁缺不便，愿复旧制申诉者。州县之设，所以牧民，使民情果有未便，原无难因地制宜，仍行复设。现据该尚书查明，该处民皆乐业，官无冗员，国计民生，两有裨益。所有该民人呈请及设知县之处，著毋庸议。

道光十四年正月谕军机大臣等：前据沙军统领拿获形迹可疑、来京烧香各犯，当交刑部审讯。兹据讯明，李有军、郭经之二起，系河南林县及安阳县，取名堆金社。张德潮系直隶邯郸县人，取名刘起幅游山会，程路、张新杰等五起，俱系成安县人，起名关爷会。周东凌一起，系安平县人，取名平安会。该犯等或自嘉庆二十五年，或自道光二、三年至十年间，各自纠人积谷存钱，以为烧香资本。本年正月间，各自来京烧香，李有军一起带有红边小白布旗，张德潮一起带有蓝边红绸旗各一面，书写朝山进香及烧香人姓名。据李有军供称，伊因族人李文恭、李加满早年来京烧香，伊偕族人李文兴与伊前赴湖北武当山烧香旧用旗子，将同社七人姓名书写旗上。伊兄李有道另立堆金社。李文瀶系属会首，亦曾赴武当山烧香。张德潮供称，伊向同会刘文明之父刘俊生借用旗子，旗上所列刘俊生、杨添桂、李瑞麟、李丘孟四名均已物故。至起获小马图七张，系李有军等敬神时所用，神像一包、爆竹十九个，系张德潮、刘起幅等烧香焚化点放。又据程路供称，嘉庆七年间，与同村现获之张丙文、赵元吉，及未获之李英华、刘自富、宋第四、刘中贤、吴友、张老庆九人立会，嘉庆二十四年来京烧香一次。除刘中贤病故外，余犯尚存。张丙文、赵元士业已来京两次。李建和之父李泳安曾同已故族人李六、李大、李二于嘉庆十余年间来京烧香一次。现在李泳安尚存。刘起幅同会之张幅成、刘二牤牛子，李亲铭同会之高文中等，此次并未来京。并究出张新杰于早年充当道人，曾拜临漳县人王致坤为师，诵习经卷。伊师业经还俗。村人李汝思素善治病，令伊烧香等语。愚民报赛酬神，事所恒有，何以各该犯等先后起意来京，跋涉千里，其始不约而同，其继不谋而合？且该犯等多系直隶、河南两省邻县之人，所居村庄或近二三十里，远亦不过百余里，其取立社会名目，及敛钱章程，众供如出一口，难保无豫先纠约，及事后捏饰别情。著琦善督同臬司陈崇礼，栗毓美督同臬司经额布，各迅派干员，驰赴各该县，即将单开李有军、张德潮等起各犯姓名籍贯确实查明，并将李英华等七犯严密查拿，解京质讯。其刘自富等四犯，李文恭等七犯，著交该督抚等就近传审，讯取确供，报部核办。并搜查各起会首家，有无往来书信，收藏经卷，务须不动声色，密速确查。不准稍有含糊，亦不准稍事张皇，扰累地方。原单著钞给阅看，将此各谕令知之。

道光十四年二月谕内阁：御史刘谊奏请严禁越境烧香一折，前据步军统领衙门拿获形迹可疑人犯，经刑部讯，系直隶、河南、山东进京烧香之人。此等无知愚民，不明福善祸淫之理，以为敬神进香，可邀福庇。即难保无奸宄之徒，从中煽惑，为会首者借此敛钱聚众，必滋蔓难图，实不可不防其渐。业经获案，自难置而不问。朕思惩之于后，不若禁之于先。著直隶、河南、山东各督抚转饬地方官，出示剀切晓谕该民人等，各安本业，即可受福，断不可结队成群，越境来京烧香。如仍蹈前辙，即将为首之人严拿究办。总责成该地方官平日善为化导，端其趋向，齐其心志，庶几经正民兴，日臻上理，朕实有厚望焉。将此通谕知之。

道光十四年四月谕军机大臣等：御史帅方蔚奏，芦商于浙江借买场盐，把持牟利一折。前据富呢扬阿奏，两浙场盐缺产，请借买芦盐。当降旨著长芦盐政祝麟俟浙江委员到后，即作速秤掣给发照票，毋稍迟误。兹据该御史奏称，浙省委员、商人已于二月间行抵津门，迄今月余，买盐章程尚未议定，缘各场灶户原积有滩盐，每斤价银二厘有奇，价甚轻减。芦商则欲令浙商在伊等所存坨盐内售买，坨盐每斤四厘有奇，较之滩盐贵至加倍。浙商因坨盐价贵，不欲承买，以致日久逗留等语。借引济民，事关紧要，不容稍有延缓。若如该御史所奏，芦商居奇专利，任意刁难，浙省委员等抵京已久，若不令其赶早买运，必致迟误。若直隶总督会同长芦盐政秉公查办，毋任芦商阻挠把持牟利，迅速令浙江委员等买掣，及时运行，以济民食。至浙商向有夹带灌包诸弊，此次借买芦盐，价值悬殊，该商等惟利是图，难保无借端影射情事。著长芦盐政严行稽查，毋令乘机滋弊，以肃鹾政。将此一谕知琦善，并传谕祝麟知之。

道光十五年四月谕军机大臣等：据琦善奏，访获直隶巨鹿县民傅邦凝，系从嘉庆年间在山西赵城县传授先天教为首正法犯人傅济之子，先经该督派员访拿到案。据鄂顺安信称，曹顺等所习之教传自傅邦凝，该犯有姑表弟兄杨堂即杨潭，平定州柏井驿地方居住，时相往来，应向傅邦凝根究曹顺等下落等语。奸民习教传徒，最为地方之害。现在拿获之傅邦凝并其次子傅好义及该犯家属，该督即饬属确切审讯，务令究出在山西传徒实情，并此外直隶有无徒党，以便就近查拿。其未获傅邦太、傅好礼，著一并严缉务获，毋任远飏。该督于审讯明确后，即派委妥员，将该犯等解往山西归案办理。至山东观城县会同直隶差役拿获形迹可疑三人，讯系曹顺、张文炳、李五尧三犯。既据该督咨送山东巡抚就近严讯，倘究出直隶另有传习勾结之徒，该督即按名缉拿，务净根株，以惩邪慝。

道光十六年十月谕军机大臣等：本日据容照奏请查革历年陋习一折。破除一切，可嘉之至。马兰镇属十三营汛，向来采取各种药草，呈交镇署，并各该管上司衙门，均有馈送。汛兵既以采药致误差操，甚至雇觅居民人等进内采取，难保无匪徒混入，借此砍树刨参，不可不防其渐。至金莲花、鹿衔草二种，所产之地尤关紧要，何以令人擅入采取馈送，殊出情理之外。著容照即将此项陋习详细查明，始自何年，据实具奏，无稍含混。又每年派割火道兵丁内，向以二十名专为打草，缴镇署二万束，以备修补房间之用。每名摊派钱文，其置买镰刀草爬，即用此项。该兵丁等难保无指差为名，任意滋扰情事。著照所议，即动用该处库存废铁制造镰刀，分给应用，其价值及草爬一项，均由营中公费支用。倘再有摊派等弊，立即严参该总兵。务将此项兵丁供给镇署草束一节，查明始自何人任内，一并据实覆奏。将此谕令知之。

道光十六年十月谕内阁：前据容照奏，马兰镇属营汛向采各种药草，呈交镇署，打草兵丁每年缴镇署二万束，以备修补房间，当有旨令容照查明各项陋习始自何年何人，据实覆奏。兹据奏称，打草缴署一节始于乾隆四十六年保宁任内，传采草药一节，惟道光六年庆惠任内有传帖一纸，以前查无案据等语。国家养育兵丁，原以备操防之用，该管各官何得私行役使，致旷差操？此项采药打草陋习，实属不合，本应将历任各员查明惩处，惟念历年久远，官非一任，所有历任沿袭陋规，及未经查出各员，姑从宽免究。嗣后该总兵务当将前项陋习实力稽查，永远禁革。倘日久生懈，再有馈送摊派等弊，一经发觉，定将该总兵等惩处不贷。

道光十七年六月谕内阁：御史朱成烈奏，银价昂贵，流弊日深，请饬查办一折。所奏甚是。银钱价值，两得其平，于国计民生均无窒碍。近来钱价日贱，自系纹银不足所致。推原其故，固由于风俗奢侈，耗于内地，而洋烟一物贻害尤甚，耗银尤多。若如所奏广东海口每岁出银至三千余万，福建、浙江、江苏各海口出银不下千万，天津海口出银亦二千余万。一入外夷，不与中国流通，又何怪银之日短，钱之日贱也？前据邓廷桢奏拿获出洋纹银，业已有旨，将出力各员弁量加鼓励，并准其将所获之银全数充赏。惟所拿之数，尚不及百分之一，且此等奸民情变百出，难保不因广东查拿甚紧，遂暗与浙、闽诸处交通，巧为透漏。是一处之搜，不足戢众奸之偷越。著直隶、山东、江苏、浙江、福建、广东各省督抚，并海口各监督，严饬所属文武员弁，统于沿海要隘处所，随时随地认真稽查。遇有出洋快蟹等船，务当实力巡查。倘敢装载纹银，妄冀偷漏出洋，立即设法截拿，按律惩办，毋稍轻纵。除将搜获银两全数分别充赏外，并著查明实在出力各员弁，据实保奏，请旨鼓励。如有疏纵，亦即严参惩办。该督抚受恩深重，具有天良，当思纹银出洋，于国计民生大有关系，惟当同心协力，不分畛域，处处堵缉周密，即有奸民，何从施其伎俩？若经此次谆谕之后，仍复奉行不力，致有奸民吏胥包庇私运出洋，不行查拿者，别经发觉，不特将沿海各员弁从重治罪，定将该督抚等严行惩处，决不宽贷，勿谓诰诫之不豫也。

道光十七年六月谕：昨因沿海各口岸纹银出洋，于国计民生关系匪细，已降旨严饬沿海各督抚认真查办。该督抚等均受朕厚恩，自必共矢忠勤，力加整顿。但痼习已久，非破格示以惩劝，骤难挽回。嗣后如该督抚等仍视为具文，并不实力查办，必当从严惩处。虑其沿海文武员弁巡缉不力，甚至书役包庇，奸民勾串，仍有偷漏，即著该督抚严参，加等治罪。如海口文武员弁果能实力堵缉，或连获数起，或破除巨案，即著该督抚据实保奏，朕必施恩破格升用，以示奖励，自此次谆谕之后，该督抚等其各竭诚体国，务绝弊源，勉副朕力挽颓风至意。

道光十七年十二月谕军机大臣等：我朝木兰秋狝，原以习劳肄武，嘉惠蒙古。朕临御以来，尚未举行，敬念成规，未尝一日敢往，即我后世子孙，亦当敬谨率由，遵守勿替。惟热河为驻跸之所，一切殿宇房间规模宏敞，阅年既久，修理不易。前经降旨，传谕该总管等查明宽大处所，将应行收储各件妥为归并，此项房间毋庸修理。因思异日即举行旧典，驻跸热河，信宿经临，房间座落亦无需如许之多。其陈设物件，看管兵丁，及各庙喇嘛等栖止之所，均应通盘筹画，以归简易。著文庆、耆英奉到此旨，乘审案之暇，或结案之后，亲赴各该处，督同该总管等逐一查勘。所有陈设等件，何者应行归并存储？何者应行送运来京？分别一单，随折呈览。至房间既议归并，看管兵丁较为省便，其应撤兵丁嗣后应如何安置？或拨给闲田耕种，俾资糊口？至各庙喇嘛，前经理藩院奏明陆续裁撤，现在裁撤几何？其庙宇年久倾圮者，旧有佛像，自应归并供奉，其不堪栖止之庙宇，应作何办理？均著该侍郎等悉心体察情形，妥议章程，据实具奏。将此谕令知之。

道光十八年正月谕军机大臣等：本日据文庆、耆英奏，遵旨查勘热河园庭房间，酌议归并陈设章程。朕详加披阅，所议尚属周妥。惟文津阁所贮书籍浩繁，该处房间坍塌，未便久置，致成蠹朽。著耆英、福泰相度房间高爽之地，不必拘定一处，妥为分置，勿任残缺散失。其房园居库贮银十三万一千两，据文庆等议称，发交热河地方，按年生息，但该处果否有殷实商人？该道饬办此事，果能按年交款，不致日久累商，渐成拖欠？著耆英等体察情形，据实具奏。至喇嘛庙钱粮，前经理藩院于道光十四年奏定，遇有该喇嘛缺出，即行裁撤，惟日久难保无虚报捏饰、冒名顶领等弊，亦著据实查明，认真妥办。

道光十八年五月谕内阁：卓秉恬等奏参吸食鸦片烟之知县、典史一折。直隶房山县知县宋嘉玉、署密云县知县冉学诗、宝坻县典史王心培，访有吸食鸦片之事。虽经该府尹等面加究结，据称此时已戒，究系曾经吸食之人，断难姑容。宋嘉玉、冉学诗、王心培，著免其治罪，即行革职，永不叙用，以昭炯戒。

道光十九年四月谕内阁：鸦片烟流毒日深，自上年查禁以来，京城内外各衙门拿获各犯，分别奏咨交刑部审讯者，不下数百起。承审各员果能细心研鞫，何难就现获人犯，将烟土来历，兴贩伙党，及何处何人开食烟馆，同吸食者共有几人，逐层根究，按名查拿。若仅就案了案，殊不足以穷源竟委，净绝根株。朕轸念民生，欲为天下除此祸患，大小臣工宜如何仰体朕意，同心协力，思所以湔痼习而挽颓风！嗣后刑部堂官惟当督饬司员，凡承审烟案，总宜切实根追，固不可累及无辜，尤不可将就结案。务使人人畏法，积弊全销，用副朕除恶务尽之至意。

道光十九年九月谕军军机大臣等：本日据御史汪于泗奏，有滦州古冶镇居住旗人屈双业，到伊寓内，称有族人屈双荣等开设煤窑，商意聚众滋事，用言诱惑，邀同入伙，并屈信先等开设宝局，聚集面生可疑之人，且各处收买铁器等语。已传旨令步军统领衙门，将屈双业拿交刑都监禁矣。案关匪徒聚众滋事，虚实均应彻底根究。著琦善不动声色，檄令滦州文武员弁将屈双荣等一干人犯密拿务获，一面奏闻，一面解交刑部，归案成讯。其永平府山海关各要口，著一并严檄该官员弁小心防堵缉拿，毋任偷越出口，致贻后患。原折著钞给阅看。将此谕令知之。

道光十九年九月谕军机大臣：昨有旨，令琦善密檄滦州员弁严拿屈双荣等，务获解京。本日据奕经等奏，拿获屈双业到案，将供词密封呈览。据供屈双荣起意谋逆，封有伪号，并屈魁元、屈双恩俱会邪术等语。虽系一面之词，必应研切根究。著琦善不动声色，妥密访查，务将屈双荣等一干人犯全数拿获，解京严讯，毋得走漏风声，致该犯等远飏漏网。原供著钞给阅看。将此密谕知之。

道光二十年十月谕内阁：朕因鸦片烟流毒中外，传染日深，屡经降旨，饬令地方官严行查办，上年颁发新定章程，严立科条，宽予期限，务使吾民湔除恶习，永绝根株。自定例以来，各省大吏奏报拿获烟犯所在多有，薄海内外，必已父戒其子，兄勉其弟，咸知畏法自新。诚恐愚民狃于积习，尚存观望冀幸之私，即日限期届满，或以无知触法，朕甚悯焉。著通谕各省将军、督抚等，督饬所属认真查拿，至京师为首善之区，所有部旗文武大小各衙门，尤当合力同心，严查究办。若心存推诿，试问尽职乎，抑溺职乎？断不可因罪较重，稍存姑息之心，仍蹈养奸之习。如果实力奉行，不留余孽，即从前查办不严，原可宽其既往。倘因规避处分，仍前玩泄，以致痼习不除，朕必不能轻恕。是在内外满汉诸臣训谕督催不遗余力，转瞬限满，无一藐法干罪之人，用副朕除恶务尽之意。勉之望之！

道光二十二年四月谕军机大臣等：前经降旨，令讷尔经额等会同妥议，将盘山行宫就近由地方官管。兹据该督等会议具奏，并将陈设等件开单呈览，盘山行宫向派内围旗营官兵稽查，非地方官所辖，不如仍循其旧等语。著照所议，仍责成内围官兵看守，所有陈设等件饬该总管等妥为收贮。其外围地方，著讷尔经额严饬该官兵并地方官随时认真巡防，毋稍疏懈。嗣后不准奏请修补一切工程。

道光二十二年十月谕内阁：天津为畿辅藩卫，现在添设防兵六千五百名之多，该处所辖地面绵长，旧有总兵一员，于操防一切事宜势难统辖。朕意于额设总兵外，再添设总兵一员，俾得分辖各营，专司操练，较为得力。因思巴里坤镇总兵向归乌鲁木齐提督统辖，尚可裁撤，移置天津。其该镇弁兵即移归提标下管理，所有巴里坤镇所属各营备弁等官，能否全撤，抑或酌撤数员，以抵天津添设额缺之处，著兵部核议具奏。

道光二十二年十一月谕内阁：讷尔经额奏请大沽设立海防同知一员，作为题缺，稽察入口出口船只，查验票照，有无夹带违禁货物，及兵民强买、盗买、漏税等弊，准理兵民客商词讼，其命盗重案仍归县照办。海疆三年例满，本例升转，即于本省简僻同知通判内酌裁一缺等语。著照所议办理。所有善后经费，该督请于芦纲加价银内酌拨二十五万两，以五万两作为购备商船，建造衙署之用，以二十万两发商生息，以八千两陆续归本，一万六千两作为岁费。如有盈余，年终报查，尽数存储天津道库归入交代等语。准其酌拨筹办。

道光二十二年十一月谕军机大臣等：据穆彰阿等奏，详议天津善后章程一折。朕逐条披阅。所请将沿海营兵择其善于凫水，勤加教练一节。各省水师积习，仅于近海处所虚放枪炮，遇有匪船滋扰，不能出奇制胜，辗转效尤，几成故套。此次所练水兵，著讷尔经额明定操期酌筹赏项，饬属勤加训练，仍不时亲往简阅。期于谙习风潮，驾驶得力，切勿装点虚文，仍循陋习。所称购备商船，固属因地制宜，惟平时操演，临敌进兵能否资以为用，仍著悉心筹议。大沽望楼高至六丈有余，本赖以登高瞭望。朕意现在既设巡哨兵船，如果水兵得力，有可随时侦探，著该督于明年夏秋间体察情形，或将望楼拆卸，其木料留抵别项工用。至马队资以冲突，务须分合得宜；炮火利在攻坚，期于施放有准；酌定防守班期，以恤兵力；收储设伏器具，以实军储。均著照所议行。再本地商船不准偷越外洋；闽、广商船即在葛沽停泊，听候查验；及上海、宁波等处商船酌定稽查章程。此三条系为杜渐防微起见，有应移咨江、浙等省者，即著该督咨行各该省，按照现议章程一体遵办。惟商渔船只，由该县出结报查，验明执照，编列字号，开具清册，并葛沽派委员弁，严禁船户勒措偷盗；并上海、宁波商船由地方官取具甘结等事，恐该管官视为具文，虚应故事，并胥吏借端需索，著该督一并移咨浙江等省饬属认真稽查，严惩需索，务于盘诘奸宄之中，仍寓体恤商民之意，方为尽善。新设总兵一员，应在何处扼要驻扎？著该督另议具奏。至天津关厢内外分堡设局、团练义勇，及场灶民夫编查年貌二条，既经行之有效，自应照旧办理。至天津、永平等处官荒地亩，如何分饬各府、州、县清查招垦纳租，以资津贴？以本处地利作本处防费，较之加价生息尤为正大，著讷尔经额查明奏办。以上一切章程，有治人斯有治法，总须行之以实，持之以恒。此外如有未尽事宜，即由该督随时筹议，奏请施行。将此谕令知之。

道光二十二年十一月谕：天津添设兵丁六千余名，合之原设额兵，为数已属不少。其分拨海口巡哨及存城各兵，均应时加操练，以资熟习。现在海疆安静，而思患豫防，不可一日无备，自当熟思早计，安不忘危。设或烽燧告警，总以火炮为先。其一二百斤之炮尤为适用，多多益善。次之以抬枪、鸟枪，次之以刀矛，又济之以马队。应如何分布，如何会合，两旁如何抄袭，后路如何策应，埋伏兵丁如何出其不意潜起夹攻，无事则列各营，有事则联为一体，务期号令指挥，捷若指臂，临阵方能得力。著讷尔经额即仿照连战阵式谆谕各将备，务将新旧兵丁勤加练习。并申明纪律，俾知临敌皆有进无退，庶几人人用命，不致临事张皇。至用炮轰击，固赖熟谙炮手，方能命中。而统率之将弁尤不可不专其责成。南北炮台尤应拣派精能妥干武职各一员专司稽查，平日与看守炮台兵丁讲究方略。庶胆气日壮，施放有准，自可呼应便捷，无坚不摧，用收有备无患之效。将此谕令知之。道光二十三年十一月谕：天津为畿辅藩卫，曾经降旨，将巴里坤镇总兵裁撤，移置天津，交兵部详查具奏。兹据该部奏称，嘉峪关外设立两镇，一为巴里坤，一为伊犁，而巴里坤尤为扼要，该处总兵未便裁撤。惟伊犁总兵与伊犁将军驻扎相离甚近，且绿营将备向归统辖，可由该将军就近稽查等语。著照所议，即将伊犁镇总兵裁撤，移置天津。其旧有之官弁，著兵部酌裁十之二三，详细核议具奏。至伊犁屯田兵丁应归何员专辖兼辖之处，并著陕甘总督、伊犁将军，参赞大臣会同妥议章程，奏明办理。

道光二十三年十一月谕军机大臣：现在天津新设总兵一员，应在何处扼要驻扎，昨已降旨，令讷尔经额妥议具奏矣。兹据兵部奏请裁撤伊犁一镇，移置天津等语，著该督体察情形，详加履勘。所有新设总兵，应于何处驻扎，足资控制？天津一带既有两镇，其镇名应如何区别？至应行管辖备弁，或由现在天津镇总兵标下酌量分派，或将伊犁酌撤之备弁随同移驻，以及一切未尽事宜，著一并详细妥议，先行俱奏。将此谕令知之。

道光二十三年　月谕内阁：穆彰阿等奏，遵旨会议裁撤西安镇总兵，移置天津一折。陕西西安镇总兵一缺，著即照议裁撤，移置天津，以抵通永镇总兵官之缺。其西安镇裁出兵一千六百余名，准其拨归抚标兵一千二百名，并准其添设中营，即将原设左营参将改为抚标中军，原设右营游击改为左营游击，应设右营游击即以镇标左营游击改拨。其镇标余兵四百余名，准其归并西安城守营。原设城守参将，著改为副将，准其将神木协副将并中军都司一并改移西安城守营，其西安城守参将，准其移设神木营。所有西安镇原设官弁裁撤抵直隶通永镇添设各缺外，其短少员弁，著直隶总督于本省简僻营分内裁拨移驻。至陕西现在移拨各员，是否堪以胜任，并著富呢扬阿酌核人材，分别办理。

道光二十四年八月谕军机大臣等：讷尔经额奏勘定永定河堵筑漫口，挑挖引河、凤河工程，估需银数，筹议动款分捐一折。览奏均悉。永定河南七工漫口，应挑引河，既据该督查勘测量，应迤北三里许，北六工尾之河西营村前，定为河头，挑挖引河，于筑坝合龙，形势较顺。估计自河西营起，至凤河止，工长七十余里，需银八万八千余两。又堵合原堤漫口各工，需银三万五千余两。又挑挖凤河需银二万五千余两。三项共需银十四万八千余两。著照所议办理。所有估需银两准其以滹沱河生息余银二万四千余两凑用，不敷银十二万四千余两，由该督等量力捐办。仍责成该道督率厅汛委员赶紧挑筑，务于九月内合龙蒇事，毋稍迟误。将此谕令知之。

道光二十五年四月谕内阁军机大臣等：有人奏直隶大名府属七州县，界连齐、豫，为盗匪出没之乡，近来聚至二三百人，白昼横行，昏夜肆劫，并有盗窝排列鸟枪，击柝夜巡，以防官兵查拿。至山东之定陶、曹县、冠县、濮州，河南之滑县、封丘等处，皆其伙党所居。又大名各属民人多习邪教，恐与盗犯彼此勾结，肆行劫掠。邪教煽惑人心，最为地方之害。著该督抚等严饬地方文武员弁，不分畛域，实力查拿。并于三省交界地方，协力兜擒，勿任彼拿此窜。如有不肖州县，及庸懦武弁，畏葸讳饰等情，即著指名参奏，毋得受人蒙蔽。经此饬拿之后，倘敢视为具文，该三省有盗案及习教传徒之事，惟讷尔经额、崇恩、鄂顺安三人是问，恐不能当此重咎也。懔之！原折著钞给阅看，将此各谕令知之。

道光二十五年六月谕军机大臣等：本日据讷尔经额奏称，东省捻匪伙党众多，虑被查拿，蚁聚不散，为拒捕之计。业经该抚饬令曹州镇，派官带兵分往濮州、郓城两路剿捕。濮州、郓城、巨野、定陶、城武等州县各派捕役多名，随同官往，在王家楼地方与贼接仗等语。捻匪纠众拒捕，肆行不法，必应及时剿办。其直隶、山东连界各属尤恐此拿彼窜。著崇恩接奉此旨，即督饬员弁，选派兵役，并饬曹州镇，务与直隶所派员弁协力兜拿，总期群匪不致漏网，地方日就肃清，是为至要。至现护曹州镇篆之副将塔兴阿，于堵缉事宜果否得力，并著该抚随时察看。倘稍不胜任，即著另派署理，毋致贻误。将此谕令知之。

道光二十五年七月谕军机大臣等：萨迎阿奏，盘获习教匪犯，讯究供情一折。据奏，平泉州拿获匪犯王寿荣，搜出《参元图》纸片，供称系山东滨州崔金伯令伊学习工夫，名黄莲教，入教者有赵仁尊等十六人、赵仁尊家内供奉天理教主图像。崔金伯将《参元图》印板交伊广为传徒。伊刷印后，曾给过寿光县贾希麟弟兄三张。六月间至直隶宁津县生员郝圣瑞书馆，劝其学习未允，留图二张，即偷出口外，旋被盘获等语。现当查拿教匪吃紧之时，该犯胆敢携带印图，擅至口外，恣行荒诞。平泉州既有此等习匪人犯，直隶所属各州县更难保无被其煽惑、私行习教者。著讷尔经额转饬各属，严密访查。如有留图入教之犯，即行亲提研鞫，按律惩办。王寿荣一犯，著萨迎阿迅即派员解赴直隶，交讷尔经额严审。其宁津县生员郝圣瑞，虽称未允习教，亦著传案质讯，毋令稍有避就。至所奏习教各犯姓名住址清单，著钞给崇恩阅看，该抚即密派干员，按照单内所开饬拿务获，毋令一人漏网。仍俟直隶讯结后，将该犯解赴山东，彻底究办。务须净绝根株，是为至要。将此各谕令知之。

道光二十七年九月谕军机大臣等：本日据讷尔经额奏，山东捻匪在河南地方抢劫，并潜赴开州滋扰，经该州文武员弁追杀擒获各犯，现饬连界各属一体堵捕；又据御史张廷瑞奏，毗连豫省之直隶、山东所属灾民匪徒勾结，请饬豫为防范各一折。山东捻匪纠抢，久为地方之害，现值河南荒旱，尤虑灾民被其裹胁，为患更深。现据讷尔经额奏称，接据大名府属文武员弁禀报，有山东捻匪潜入开州地方，强借当铺银钱。经该州等会同文武员弁，并协同河南卫辉府各员，督率兵役，先后格杀，并擒获贼匪多名。讯据供称，捻匪分股四出，均带有火器枪械。又据民人李麦所称，捻匪发辫旁另有小辫，用红绳拴系，以为暗号等情。现在豫省灾民遍野，似此匪党横行，分起窜扰，倘阑入豫境，势必至裹胁饥民。与御史张廷瑞所称灾民流离迁徙，因有不逞之徒，乘机勾结等语正相符合。且恐有匪徒伪作饥民，乘间窃发，若不及早兜拿，贻患何可胜言？著讷尔经额、崇恩、鄂顺安，均即督饬员弁，于三省交界地方，不分畛域，协力兜捕。务期同心合力，将已获到案者，严究伙党，设法侦拿，俾匪党悉数歼擒。断不准互相推诿，致误事机。经此次饬拿之后，如复有捻匪及大股贼匪扰害地方，经朕访闻，或因另案发觉，惟该督抚等是问，恐不能当此重咎也。懔之！将此吝谕令知之。

道光二十七年九月谕：御史张廷瑞奏，盐枭肆扰，请饬查拿惩办等语。据称直隶河间、冀州及顺天之霸州、文安一带，盐枭结伙百数十人，或二三百人不等，用驴驮载私盐，执持枪炮器械，强行售卖。经地方官差拿，辄敢拒捕，施放枪炮。似此恃众藐法，若不及早严拿，将来愈形滋蔓，贻患匪细。此等匪徒大半籍隶沧州，以驴驮为记，以枪炮为号，一闻枪炮之声，则各处枭匪闻声往助，恐扰害地方有不止如该御史所指数处者。著卓秉恬、汪本铨、讷尔经额分别密饬所属文武，设法严行查访，务期尽数擒拿，从重惩治。毋得区分畛域，意存推诿。倘委员等畏葸不前，捏词粉饰，日后养痈贻患，咎有攸归。懔之！将此各谕令知之。

道光二十七年十一月谕：本日据崇恩奏，查明曹州府属与直隶接壤各州、县境内，并无计谋山即鸡鸣山之名，惟《天下郡国利病书》载直隶开州境内鸡鸣山，但别无计谋之名。又查濮州境内有金宝山，曾有匪徒聚众劫掠，是否即系此山？现已派委文武员弁驰赴该处，确切侦访等语。鸡鸣山在直隶、山东交界之处，前此既有匪徒占踞，四出劫掠，即不论其山在何省境内，但有匪徒踪迹，不分畛域，协力查拿。著讷尔经额仍遵前旨，严饬派委各员，会同山东委员迅往掩捕，严密搜查。务期捣其巢穴，尽法惩办，毋得稍留余孽，致滋后患。将此谕令知之。

道光二十八年十二月谕内阁：载铨等奏，遵旨会查长芦盐务，酌改章程，开单呈览一折。长芦盐务疲敝已久，迭次整顿调剂，总无起色。经朕特派王大臣前往会同查办，兹据确切查核，胪列条款会奏，自应因时变通，俯如所请，试行办理。所有长芦悬岸四十四处之内，河南悬岸二十州县，著尽改票盐，即仿照淮北成案，先课后引。直隶所悬之二十四州县，著予限半年，责令各州、县招商招贩，一律整理。倘商贩无人，即责成各州县自行领运，或由盐政遴员官运，以济民食。即责成讷尔经额会同崇伦实心核办，不得畏难苟安。此后商欲改票，票欲改商，皆可随时体察施行。至该处各项支销浮费，著照议停减。其引地文武各衙门官役相沿陋规，既往不咎，著通行嗣后永远淘汰。每年应完内外帑利银三十万一千两零，著按额引均摊，无论行引行课，悉按此数，同正课一并核计征收，分款支解，遇闰照例加赠。并此后引盐，每引著准其加斤免课，每斤准其减价敌私，皆照所议之数办理。至道光二十七年引课，奏销于二十九年春间，领运完竣后，仍于五月内奏销。此后按年照办，著免其提早一月，以顾春运而免贻误。其欠项积久银二千三百四十三万一千四百余两，著自二十九年起按引分摊，征收解部。倘有拖欠，由户部指参。再缉私章程，兵役不如商巡得力，嗣后著复商巡旧例，以杜偷漏而节縻费。凡此数端，皆事属可行，而体恤不为不至。历年因循玩误，遂致帑本国课支绌不堪。经此整理之后，讷尔经额惟当会同盐政崇伦实力奉行，认真妥办，务期积弊全除，日有起色。该督等具有天良，谅不至为官吏欺朦，暗受其把持而不知也。

道光二十八年十二月谕内阁：载铨、季芝昌奏，清查天津府所属仓库情形，开单呈览一折。载铨等前经派往直隶筹办盐务，就近清查天津府属仓库。兹据确切查明具奏，天津府所属各州县历任交代正杂钱粮，核对款目，尚无虚假，查点实存钱粮数目，亦相符合。短征之员业已分别勒追，其现存各库银两谷价，或提交司库，或饬各地方官买补还仓，办理均属周妥。此外直隶各属，著责成讷尔经额，督同藩、臬两司，按照天津府办理章程，赶紧查办，依限具奏。该督等务当认真厘剔，确实查核，不准丝毫瞻徇。经此次清查之后，朕不拘何时简派大员顺道抽查，如有亏短捏饰等弊，惟该督等是问，恐该督等不能当此重咎也。懔之！

卷　六

帝制纪六

诏　谕　六

咸丰元年正月谕：朕寅承丕绪，抚驭万方，敬念列圣御极之初，蠲免积道，覃敷闿泽，俾人安乐利，户免追呼，共享升平之福。诚以民为邦本，厚民生正所以培元气也。当兹建元肇始之时，宜行体元长人之政。自道光十五年、二十五年，两次钦奉皇考宣宗成皇帝恩旨，将二十年以前各省民欠钱粮尽予豁免后，自二十一年迄今又届十稔，民间续有积欠，允宜大沛恩纶，期与薄海群黎，同跻仁寿。所有各省节年民欠正耗钱粮，及因灾缓征带征银谷，并借给籽种、口粮、牛具及漕项、芦课、学租、杂税等项，即著各该督抚、将军、府尹等，将道光三十年以前实欠在民者，详悉查明，按照该省所属之某州某县银谷若干，速行开单具奏，候朕以次降旨，全行豁免。并著先将此旨刊刻誊黄，遍行晓谕，务使城市乡村，遐陬僻壤，咸喻朝廷德意，毋使官吏胥役延搁侵渔，致滋弊窦，庶吾民休养生息，庆洽绥丰，用示朕元春布德，以仰副皇考三十年子惠元元、申锡无疆至意。

咸丰元年二月谕内阁：讷尔经额奏豁免积欠旗租、请旨遵办一折。各直县民欠钱粮，前经降旨，将道光三十年以前已入奏销者全行豁免。此项佃种旗地之民，近隶畿疆，同深望泽，允宜共沛恩施。所有直隶各州县，道光三十年以前实在民欠各项旗租，并各案补征银两，著加恩一体豁免。该督即刊刻誊黄，遍行晓谕，毋任胥吏舞弊，务使实惠均沾，用副朕布惠推恩至意。

咸丰元年五月谕内阁：讷尔经额奏遵河道堤埝并筹议办理一折。天津府静海县属西乡泊水，以引河为去路，自嘉庆年间勘明挑挖，具有成案，自应仍照旧章，导水入子牙河，使西乡不致被淹，北乡各村亦无虞波及。其莲花淀南土埝既于河道无碍，且非近年私筑，即无庸平毁，以符旧制。著照所议章程，嗣后修堤挑河，及启闭各事宜，责成独流镇巡检就近管理，由静海县稽查督办，以弭水患而息讼端。

咸丰元年六月谕军机大臣等：有人奏直隶前任宁河县芦台巡检、分发贵州试用通判罗世瑶呈控宁河县征税弊混一案，延不审结，恐有挟制回护等语。此案上年七月内据讷尔经额奏参，当经降旨，将罗世瑶革职，交该督严讯。并将该前任知县朱以升暂行革职，归案审讯。迄今将及一年，并未据该督奏明完结。其因何迟延之处，著该督明白回奏。又据奏称，上年春间，罗世瑶列款禀讦内有省城官员出入俱用红伞，灯节筵宴观剧，并示令民间悬灯结彩，花爆喧闻，刊刻谕旨，誊黄内讹字甚多，几致文义纰谬等情。以上各款，该督于奏请革审时何以未经叙入？著一并查明，据实复奏。原折著抄给阅看，将此谕令讷尔经额知之。

咸丰元年六月谕内阁：前据御史张炜奏，直隶已革巡检罗世瑶呈控征税弊混案延不结，恐有挟制回护等语。当降旨交讷尔经额明白回奏。兹据该督覆奏，罗世瑶所控征税弊混各员、并诬告等情，现已审明定拟。禀讦省城官员于国服百日内出入俱用红伞，及灯节筵宴观剧，并令民间悬灯结彩各款，经该督亲提结讯，该革员或自认误禀，或称系传闻，查无实据，著毋庸议。惟该革员于上年四月向保定府知府吉珩列款禀讦，该府并不照例通禀，又刊刻谕旨誊黄内讹字甚多，查系臬司恒福署理藩司任内之事，均属咎无可辞。吉珩、恒福著交部分别议处，该督讷尔经额未能先事觉察，著一并交部议处。

咸丰二年十一月谕：琦善奏请饬直隶挑选鸟枪、长矛、单刀之兵丁等语。著讷尔经额督同提镇各员，专选夙习鸟枪、长矛、单刀之兵，无须弓箭，不必按营匀派，惟择技艺精熟者，逐加挑选。其带兵各员，尤须年力精壮，方可得力。著一并遴选，不得派委怯懦将弁。至例给余夫，原借以纾兵力，著准其由本处自行携带，每百名只准带余夫三十名，以免派累民夫之弊。带兵将弁尤须申明纪律，以肃戎行。陈金绶将提标官兵挑选后，即著迅速起程，毋稍迟延。将此谕知讷尔经额，并谕陈金绶知之。

咸丰二年十二月谕：前因给事中金肇洛奏，古北口官兵行至良乡，有捽碎食器、烧毁桌凳等情，当交讷尔经额查奏。兹据奏称，古北口官兵过良乡境均极安静，只有十二月初六日，山永协兵丁侯永魁、王士谨，在良乡饭铺内烤火，顺拾残废板凳，欲掷火中，经书役拦阻，禀明带兵把总等约束，即行中止等语。此奏朕断断不以为实，既称拦阻中止，是该兵丁等并无不合，何以又请将把总王运隆等议处，兵丁咨革，显有不实不尽。即如山东调赴安徽、河南官兵，在滕县滋事，李惠即据实参奏，并不以本省为嫌。讷尔经额久在封圻，何竟沾染习气，饰词入奏？近来官兵入境，于例得支应之外，往往恣意讹索。地方官欲行禀揭，恐上司办理不善，斥其多事，即派员往查，亦率迎合上司，扶同隐饰。以致官兵过境，益无忌惮。不可不严加惩创，以肃戎行。著讷尔经额再行详细确查，据实具奏。

咸丰三年正月谕：前据仓场侍郎庆祺奏，风闻天津地方有形迹可疑之人盘踞城外，当即谕令步军统领、顺天府及直隶总督，派员密查。兹据讷尔经额奏称，查明该处西关客店，有湖北蕲州李姓七十余名口寓店，均系灾民，业经该地方官捐给口粮递籍，并无匪徒混迹，与步军统领、顺天府查奏情形大概相符。惟该府县查讯灾民姓氏籍贯未能详晰，该镇道率行转禀，以致该督前后具奏，参差错误，均难辞咎。署天津镇总兵、大沽协副将特克慎，天津道张起鹓、天津府知府钱炘和、天津县知县谢子澄，均著交部察议。讷尔经额一并交部察议，仍著该督严饬地方文武，随时认真稽查，毋稍疏懈。

咸丰三年七月谕军机大臣等：据巡防王大臣等奏，探闻望都县有土匪四五百名滋事，现经保定府发兵五百名前往等语。畿辅为根本重地，当此河北贼氛未靖，内地更宜肃清。望都县与保定府相距甚近，如果所辖地面有土匪四五百名，在彼抢掠滋事，该尚书自必早有见闻。且据探闻保定府已拨兵前往，何以尚未奏报？著桂良迅即查明具奏，并督饬地方文武，速将该处匪犯悉数捕获惩办，勿任地方官稍有掩饰。此外各属仍应随时稽察，严密设防，毋稍疏懈。将此谕令知之。

咸丰三年九月谕内阁：讷尔经额奏贼匪窜越直境，催调官兵堵剿；桂良奏临洺关被贼窜扰；胜保奏督兵星驰绕赴直隶截剿各一折。该逆自山西洪洞东窜后，由屯留窜至潞城、黎城一带。经胜保、善禄、托明阿、西凌阿等分路追截，胜保已将贼匪北窜太原之路扼要堵截，托明阿由泽潞进兵，复于屯留境内追及贼踪，亦获胜仗，将该匪击退数里，旋复奔突东窜。而恩华赴晋迎剿之兵，迄未与贼一遇，以致该逆径由涉县、武安窜入临洺，踞关抗拒。畿辅重地，岂容逆匪窜扰！该督讷尔经额由临洺退回，暂驻广平，调集官兵，亲督进剿。胜保等已统带各路大兵绕出贼前截击，托明阿、西凌阿等跟踪追击，并有舒兴阿派来之副都统绵洵、总兵桂龄与副将孔广顺官兵，随同胜保等击贼。现在本省防兵及盛京、吉林官兵云集，已敷剿办，著再添派培成、多尔济、那木凯管带驻扎南苑之察哈尔马队官兵，即日起程，并派庆祺、维禄管带驻扎天津之盛京官兵，迅速驰往。统计京外大兵数万余名，并力分剿，谅此么麽小丑，恶贯满盈，尽数歼除，克期可待。前曾叠次谕令讷尔经额严防直隶各要隘。据奏早经布置，何以先期绝无侦探准备，以致贼匪窜入直境？该督调度乖方，实难辞咎！讷尔经额著革职留任，并拔去花翎，以示薄惩。恩华会剿迁延，致贼东窜，著革职留任，仍责令带兵迅速绕出贼前，会同胜保协力剿办，以赎前愆。托明阿剿贼奋勇出力，身受枪伤，惟未能遏其窜逸，著降五级留任。胜保督催不力，咎亦难辞，著降二级留任。均著迅速会剿，殄此群凶，肃清畿甸。如带兵大员及镇将以下各员弁，再有逗留不进，致误事机者，即著该大臣懔遵前旨，严参惩办。

咸丰三年九月谕军机大臣等：本日据胜保奏，贼匪东窜，绕道获鹿、井陉，迎头截击一折。逆匪被剿，窜入直隶，讷尔经额以兵力不敷，退至广平，致临洺关被贼占踞。业经该督暨桂良奏到，披览之余，殊深愤闷！临洺距直隶省城甚近，若不早为歼除，不但顺德、广平被其滋扰，即近畿一带亦为震动。胜保夙称勇敢，且畀以总统重任，各路官兵均归调度，著即由井陉一路出山迎截，并飞催各路带兵大员，迅速会剿。总期近畿地方及早肃清，以慰廑念。前据恩华奏报，亦拟带兵由固关一路迎截。此时不知行抵何处，是否已与胜保会合？著即速催前进，会同剿办，毋再延误。托明阿枪伤想已全愈，即著与西凌阿等并力追击，使贼匪前后受敌，无难悉数歼除。董占元畏葸不前，至今屡催未到，实属可恶！著即查明，如系有心贻误，即奏请正法，以肃军律。现派培成、多尔济、那木凯带领察哈尔官兵三四千名，前往正定。惟马匹尚需调拨，此项官兵恐未能克期赶到。其盛京兵二千名，由天津驰赴保定，如有应需调遣之处，即行咨调协剿，并将副都统佟鉴所带炮位截留，著即酌量布置。滹沱河渡口船只，亦须饬令收集，毋令奸匪偷渡。畿疆重地，岂容逆匪滋扰？该大臣惟当明申纪律，严定赏罚，与在事诸臣同心戮力，迅殄妖氛，以副委任。将此由六百里加紧谕知胜保，并谕令恩华、托明阿、善禄、西凌阿等知之。

咸丰三年九月谕：贼匪由洪洞窜出，因胜保带兵遏其前窜太原之路，遂由潞城、黎城一带山径窜入直境，占踞临洺关。舒兴阿已亲督兵弁过河驻扎蒲州，著即酌度情形，如晋陕之间不甚吃重，即行前进，探明贼踪，应由何路督兵夹击，总以廓清直境，速扫逆犯为要。舒兴阿现已出境，桂良系提督全省军务，责无旁贷，著舒兴阿飞咨该提督并该巡抚张祥河，严密堵御，盘诘奸匪，勿令匪踪阑入。将此由六百里加紧谕令知之。

咸丰三年九月谕内阁：前因逆匪窜入山西，讷尔经额折回直隶，迭次谕令，将各路要隘严密防守，乃贼匪竟由山口窜入直隶境内，占踞临洺关。该督退至广平，自前次奏报后数日以来，并无续报。本日据尚书桂良奏，贼匪扰及隆平、柏乡等县，正定郡城吃紧，催调官兵堵截等语。不知该督所司何事，现在行抵何处？殊堪诧异！该督久任畿疆，一遇军务，漫无布置，辜恩溺职，咎实难辞！讷尔经额著即革职，仍留于直隶，随同桂良办理防剿事宜。直隶总督著桂良补授，务即悉心筹画，与胜保等调派将弁兵勇迅速截剿，尽殄贼氛，以副委任。

咸丰三年九月谕：桂良已授为直隶总督，本省各路防兵，均可调遣。所有讷尔经额管带各官兵，现在何处？该督即飞催调拨，扼要堵截，并严饬保恒实力防守正定。该郡为保定门户，万不可令贼匪阑入。务于滹沱河口，派委得力大员，督率弁兵，不分昼夜，竭力巡防。该处船只无多，易于收藏净尽，惟需严查两岸居民接济贼匪竹木等物，致令扎筏偷渡。所留省垣之佟鉴带往炮位，应否移驻该处，交恒春、保恒派拨应用？著该督酌量妥办。本日已飞谕胜保，兼程前进，计该大臣现在必可赶入直境，杜贼北窜。至省城地方，尤属紧要。藩司张集馨现在驻扎何处？何以贼由河南窜入直境，未见该司督兵堵截？省城藩臬皆系署任，张集馨岂可置之空闲之地？著该督查明，饬令该司星驰回省，协同办理防剿。至河间一带，亦系通衢，著该督一并饬属设防，并通饬所属，晓谕绅民，认真团练，互相保卫，以靖地方。将此由六百里加紧谕令知之。

咸丰三年九月谕：昨据胜保奏，初三日已到平定州，计程日内可抵正定。惟逆贼行踪趱急，现已扰及赵州。我军果能绕出贼前迎剿，当不致任其北窜。该大臣所称探闻贼由顺德东窜之说，不知确否？已谕长芦盐政文谦，督同天津镇道，实力巡防。庆祺统带盛京官兵二千名，已由天津水路启程，其原坐船只，亦令到省后暂留停泊。倘天津有警，即可折回截剿。其由东而北河间一路，由西而北易州一路，均须密为布置。此时兵力断不能处处设防。昨所派出之八旗精兵及京营兵二千五百名，察哈尔兵二千名，并庆祺所带盛京官兵，克日均赴保定会齐。保定扼东西之冲，两面皆可兼顾。该大臣探明贼踪所向，应调往何路，飞速调拨，或前进迎击，或东西两路堵截，并迅速知照桂良，一体筹办。该大臣等或遏贼前，或蹑贼后，总须前后夹击，定当尽歼丑类。现在恩华所带之兵行抵何处，未见奏报。该大臣即严催前进，如恩华不能亲督迎剿，其带兵各员孰为勇往，即著指名调取，令其带兵飞速前赴大营，以备调遣。兵机紧要，断不可迂就拘泥，任令贻误。讷尔经额现奏续调到盛京及收集溃兵二千余名，经文岱统带跟追，讷尔经额复同文冲带后到兵一千名，现在均在何处？署提督保恒所带兵五百名，蕴秀、伊绵阿留扎固关兵一千名，并前调赴保定之吉林兵一千名，现在是否赶到？并著该大臣迅速催调，择要调拨，以资防剿。仍确探贼情，随时奏报，以慰廑念。将此由六百里加紧谕令知之。

咸丰三年九月谕：天津为畿东保卫，现值逆氛未靖，一切防守关系紧要，必须事权归一，方足以资弹压。长芦盐政文谦，系朕特简之员，所有地方防堵事宜，即责成文谦会同镇道大员妥为筹办，并随时督率文武员弁，及绅民练勇等，实力巡防，总以严缉奸匪、镇定人心为要。又据胜保片奏，天津街市立有火会，凡火起之时，鸣锣立聚万人，若发给器械等件，可以齐力杀贼等语。此项人夫，素多勇往，如果控制得宜，即可与兵练相辅而行。著该盐政等体察情形，饬属团集，务须晓以大义，俾知互相守卫即所以自保身家。倘逆匪有东窜天津之信，该盐政等务即相机布置，勿稍疏虞。胜保原片，著钞给阅看，将此由五百里谕令文谦，并传谕特克慎、张起鹓知之。

咸丰三年九月谕：前因正定地方情形吃紧，迭次谕令桂良实力筹防。本日据奏，贼匪扰及藁城。藁城至正定，惟恃滹沱河阻隔，前经迭谕该督，饬属收集船只，以防偷渡。兹复据孙瑞珍、许乃普等奏，亦以急收滹沱并沙河、新河船只为要。著该督严饬地方文武员弁，赶紧将沿河船只概行撤收，其余小河口并饬一律照办。昼夜巡查，盘诘奸宄，毋任匪党乘间偷渡。该逆被剿，若不敢北渡滹沱，势恐东窜河间、天津等处，著随时与胜保知照，调拨兵弁，并力兜剿。至省城重地，尤宜严加防守，勿稍大意。现在京旗各营，及察哈尔官兵，即日起程，已饬顺天府催备车辆骡头应用，府尹宗元醇前赴良乡督催赶办，著桂良迅派大员携带银两沿途迎提接济，以利军行，毋稍延误。将此由六百里加紧谕令知之。

咸丰三年九月谕内阁：已革大学士直隶总督讷尔经额，前奉旨督兵，驰赴河南，于怀庆解围，贼匪西窜后，迭经谕令，严防直隶与山西毗连各路要隘，应如何周密布置。乃于临洺关遇贼，窜入山口，即退守广平，毫无筹策。现在逆匪分窜畿疆，胜保已由获鹿绕至正定一带，而该革督本日奏报，仍在广平株守。畿辅重地，较之他省更关紧要，该革督统辖全省，贻误事机，厥咎尤重。讷尔经额著即拿问，由桂良派员押解来京，交刑部按律治罪。

咸丰三年九月谕军机大臣等：胜保奏督兵驰抵正定境内，审度贼势，兜截追剿等语。该大臣甫出获鹿山口，该逆已闻风东窜，势甚剽疾，如不犯保定，即由赵北口窜入河间、天津等处。现在察哈尔官兵及京营官兵，虽于初八日陆续启程，犹恐缓不济急，该大臣总宜带兵星速绕出贼前，迎头截击，总以保卫畿疆为要。西凌阿、善禄、经文岱等现由临洺一路追剿前来，即著飞催，应于何路截剿，相机调度。庆祺所带盛京兵二千名，由水路计已行抵保定，并著酌量调拨。恩华业经革职拿问，其所带马步官兵，即著胜保严催统带各员，迅速前进，倘仍迟延观望，即著指名参奏惩办。将此由六百里加紧谕令知之。

咸丰三年九月谕：桂良奏贼匪窜至定州，严守保定一折。保定为畿辅屏障，最关紧要，该督务即督率文武员弁，实力巡防，认真堵御，断不可令该逆窜越。胜保若能绕至贼前，自可会同进剿。其河间一路，亦须防其窜入，不可疏忽。至易州一带，据德春奏，防守浮图峪，系属后路，此时贼从前路奔窜，著该督酌量缓急，有可拨兵协济之处，即著分拨援应。京兵虽已陆续启程，仍恐缓不济急，该督仍当统筹全局，相机布置。贼情剽疾，倘越过保定，直犯河间，或至天津，俱当随时调度，一面知照胜保飞饬大员，带兵拦截逆踪北窜。将此由六百里加紧谕令知之。

咸丰三年九月谕内阁：前此逆贼滋扰怀庆，迭经大军攻剿，溃窜山西。复经胜保等飞追截击，该逆贼计穷东窜，复由临洺北窜正定一带。胜保等现已统带大兵出山，绕至贼前。该逆不敢抗拒，残喘苟延。畿疆近地，岂容逆匪肆行，前命培成、多尔济、那木凯、达洪阿等统带旗营官兵、察哈尔官兵出京进剿，必须亲近重臣总统诸军，以申天罚。惠亲王绵愉，仁勇忠诚，威德克济，著授为奉命大将军。御前大臣科尔沁郡王僧格林沁，公忠体国，谋勇兼资，著授为参赞大臣。本日朕御乾清宫，亲颁大将军印、参赞大臣关防，并颁给锐捷刀，交惠亲王祗领，讷库尼素光刀，交僧格林沁祗领。即日统领健锐营、外火器营、两翼前锋营、八旗护军营、巡捕五营及察哈尔各官兵，并哲哩木、卓索图、昭乌达东三盟蒙古诸王等劲旅，由京前往合剿，与钦差大臣胜保等前后夹击。天戈所指，自可克日荡平，王等其戮力同心，严明赏罚，迅奏肤功，以副委任。

咸丰三年九月谕：前由山西窜入直隶逆匪，经胜保统领各路官兵追剿截击，迭获胜仗。兹命惠亲王为奉命大将军，御前大臣科尔沁郡王僧格林沁为参赞大臣，即日带领京兵并察哈尔官兵、东三盟蒙古官兵驰往，与胜保会同剿办，天戈所指，不难一鼓歼除。惟念京城内外及近畿乡曲小民见闻未广，或听信讹言，致有惊扰。著巡防王大臣、步军统领衙门、顺天府五城、直隶总督，将现在剿办贼匪情形刊刻宣示，剀切晓谕城乡商民人等，各安生业，互相稽查，倘有形迹可疑及造言生事之人，一体严拿，从重惩办，用副朕戢暴安良至意。将此谕令知之。

咸丰三年九月谕：胜保续获胜仗扼要堵剿一折。藁城贼匪逃向晋州，该大臣已派西凌阿、经文岱等跟踪紧追，该大臣由定州至保定督兵进剿，惟河间、天津一带甚属空虚，本日已谕僧格林沁派令培成、多尔济、那木凯、达洪阿等将所带之京兵及察哈尔官兵，迅催前进，由高阳、深泽一路迎击。惟培成等甫经出京，道途纡折，恐一时未能赶到，且诸将中惟达洪阿曾经出兵，其余俱未经行阵。仍著胜保迅派得力将弁，带兵前往，扼要堵截，勿稍延待。庆祺带领盛京官兵应于何处截击，遏贼东窜天津之路，并著该大臣酌量调度。僧格林沁所带官兵四千余名，约在涿州一带布置，兼顾保定、易州等处。其河间、天津等处何路紧要，即著拨兵迅速进剿，并随时知照僧格林沁等酌度缓急，相机夹击。讷尔经额原带之兵，前已有旨饬令归西凌阿管带，著胜保迅即飞调来营，以资攻剿，毋任逗留迟误。将此由六百里加紧谕知胜保，并谕庆祺知之。

咸丰三年九月谕：本日据胜保奏，贼由晋州纷窜；又据奏，贼匪分股窜扰深州等情。逆匪奔突无定，若分股滋扰，又恐牵掣我师。西南两路，固应防备，而东路河间、天津一带，尤关紧要。绵洵、桂龄、郝光甲、蕴秀等究竟在何处耽延，著即严催，星速前进，毋得再有延误。庆祺现在行抵何处，应于何路堵截贼匪，著胜保酌量调拨。胜保等惟有并力进剿，迅殄丑类，以副委任。现在江西匪船下窜安徽庐州一带，势甚危急，若不及早殄灭此股匪贼，倘皖省匪徒北窜，更恐滋蔓难图矣。保定防守一切事宜，即责成桂良严密布置，并与僧格林沁商酌办理。讷尔经额前由天津运赴清化镇炮位，现在是否带至军营，著明庆酌调应用。将此由六百里加紧各谕令知之。

咸丰三年九月谕：据胜保奏，探闻逆匪欲由晋州窜扰安平、祁州、蠡县一带，该大臣已抵清风镇，即日由保定一路向南击剿。顷又据胜保奏，贼逆分股窜扰，攻陷深州，蠡县告急等语。著僧格林沁即日带兵驰赴保定，以防逆贼北窜，并防备东西两路，以便胜保专力进攻。并著飞催培成、多尔济、那木凯、达洪阿等，即日管带现到官兵，迅速前进，知照胜保应由何路接应，即行调拨，毋稍延误。将此由六百里加紧谕令知之。

咸丰三年九月谕：昨因贼陷深州，蠡县告急，降旨令僧格林沁等进驻保定，与胜保等合力攻剿。本日据僧格林沁奏，蠡县迤北无险可恃，所统之兵总宜驻扎涿州，不可远离，所见极是。僧格林沁统领京兵现驻涿州，实为京师屏障，保定后路，且足为该大臣北路声援。朕命将之意，实在于此，并非令该王等代替该大臣也。直隶军务一切仍责成胜保就现在统领之兵，酌量调度，以一事权，不必疑虑。昨又令西凌阿、善禄帮办军务，声势愈盛，贼胆必寒。该逆既扰晋州，复窜深州，奔走无定。兹据桂良奏，深州乡勇，聚集万余人，将贼围困，专望枪炮接济。闻该大臣由张登集驰往进剿，并令佟鉴带炮随往，著即乘此机会，迅速前进。其晋州贼匪分股，是否西凌阿，善禄等追剿亦已得手？东路河间一带，必须严防，庆祺绕由鄚州，驰赴河间，仍须该大臣派委得力大员协力截击，又须扼贼东窜天津之路，并随时知照崇恩，一体严防。若余匪穷蹙，窜至山东，必须迅速追击。东省兵单，皖省情形亦复吃紧，想该大臣全局在胸也。胜保等统带之兵若干？催调未到之兵若干？讷尔经额所带之兵，现亦归胜保调遣，统计大营各路官兵共有若干名？著即详悉奏闻。贼匪窜奔剽疾，其火药铅丸虽沿途抢掠，亦岂能如许之多？著胜保密查，如有奸民暗中售卖，必须设法严拿，断其接济。且屡次击败贼匪，遗弃骡马器械等件，充塞道路，安知非诱我兵夺拾耽延，借得乘间逃逸？种种奸计，均须虑及，切勿大意。将此由六百里加紧谕知胜保，并谕西凌阿、善禄知之。

咸丰三年九月谕军机大臣等：胜保奏由省进赴深州，并飞饬各路兜剿一折。逆贼窜踞深州，明知北面大兵云集，乃敢分股北扰安平、蠡县及张登集等处，固因东南两面水大难行，亦难保非零星牵缀，分我兵力。现在贼众约有若干？何以扰及数处？胜保既督兵由省启程，自可从北面进剿，自应如此布置，惟东南两面虽有大水，仍不可不严为堵截。深州乡勇围贼之事是否确实？如果民心齐集，加以兵威，自必更易得手。绵洵、桂龄、蕴秀、郝光甲所带各兵，何以屡催未到？著即查明现抵何处，饬令迅速趱行，不得又以接咨迟延借词推诿。讷尔经额所带之兵，并著速行催调，以备攻剿。惠亲王现须留京调度京城内外一切巡防事宜，此次派出官员，均系僧格林沁统带出京。僧格林沁、培成、多尔济、那木凯、达洪阿等所带官兵，俱驻涿州，保障京师。所有保定省城防守事宜，仍著桂良妥为布置。恩华奏带之文武员弁，即著胜保察看，分别去留。将此由六百里加紧谕令知之。

咸丰三年九月谕军机大臣等：现在逆匪困踞深州，粮药将尽，正可乘此机会，一鼓歼除。但恐胜保军营兵力尚单，不能四面兜围，倘致溃围而出，又须费手。此股贼匪一日不灭，则涿州大兵一日不能撤防。朕与惠亲王等商酌，仍须添派精兵，速往助剿。著僧格林沁于所带兵内，迅速即派拨京营官兵二千名、察哈尔马队一千名，克日派委大员管带前赴胜保军营，听候调遣。并据惠亲王等奏，酌拨哲哩木盟马队一千名、热河兵五百名、古北口兵四百名，派令速赴涿州，以资防剿。僧格林沁接奉此旨，著即遵照办理，无稍迟延。将此由六百里加紧谕令知之。

咸丰三年九月谕：张集馨奏，遵旨回省，协同办理防剿一折。逆匪窜入深州，现经胜保等督兵围剿，僧格林沁驻扎涿州策应，本日复谕令添派精兵，迅赴深州协剿矣。张集馨带兵五百名、练勇一千五百名，由庙工驰回，正可并力夹击。著即驰抵深州迤南一带，扼要严密堵截，毋任逆党偷窜。昨据胜保奏，深州东路饶阳县团集乡勇万余人，堪资堵御，可见地方百姓，志切同仇，洵足补兵力所不逮。并著藩司于沿途经过各处，剀切晓谕，实力团练，俾皆奋勇杀贼，尽歼丑类，以靖畿疆。将此由六百里谕令知之。

咸丰三年九月谕：军机大臣等奏，派兵驰赴深州一折。本日据胜保奏，深州贼匪窜往东南，全股逃逸等语。著僧格林沁即饬多尔济、那木凯、达洪阿，将所带官兵内，先行分派马队，迅即直赴赵北口、任丘一带截击，以遏贼北窜之路。其天津以北务关路等处，亦著酌派弁兵一律严行堵截。据恒春奏，查明山西五台并无股匪窜往，所有培成带领兵一千二百五十名，即可饬令撤回，以备调拨。当此逆贼穷窜之时，果能四面兜围，前后夹击，当不难一鼓歼擒。该大臣务饬统兵各员，与胜保等合力剿办，万不可再任他窜。至讷尔经额，著仍遵前旨解京。另片所请留办粮台之处，著不准行。将此由六百里加紧谕令知之。

咸丰三年九月谕军机大臣等：僧格林沁奏拨兵移营情形一折。多尔济、那木凯、达洪阿所带官兵，暂扎新城，仍距胜保军营尚远，不能合力夹击。直省南路之兵，现在催调，既未齐来，若北路无兵协济，恐贼匪沿途裹胁日多，剿办更难得手。著该大臣仍遵前旨，迅饬多尔济、那木凯、达洪阿带领马步各队，探贼所向，赶紧驰往迎击，与胜保合力夹攻，断勿株守，致误事机。直隶贼匪一日不灭，天下大局一日不定。多尔济、那木凯等，万勿使绕道迎击，致落贼后为要。甚余派拨一切尚属周妥，仍著随时确探贼踪，相机调度。此股贼匪必须及早歼除，远堵不如近剿，谅该大臣亦当通盘筹及。另片奏察哈尔患病各兵，即著饬令回旗。近日京师因调兵需用车骡，致仓粮转运不及，涿州军营扣留驼只车骡，著该大臣酌量令其轮流转运，知照顺天府通融办理可也。将此由六百里谕令知之。

咸丰三年九月谕：本日据僧格林沁奏，逆匪现窜献县一折。昨派德勒克色楞帮办军务，统带东三盟官兵，驰赴胜保军营。此项官兵到营尚需时日，而攻剿刻不容缓。多尔济、那木凯、达洪阿所带之兵，应于何处迎头截击？著胜保就近调拨，务将窜匪克期殄灭，毋稍延误。至东三盟兵陆续赶到时，并著胜保随时知照，扼要兜剿，以净余孽。将此由六百里加紧谕令知之。

咸丰三年九月谕军机大臣等：僧格林沁奏，催兵前进并移营固安一折。均著照所议办理。仍与胜保随时知照，以便相机防剿。至需用马驼及多伦诺尔购备马匹，均已分别谕催。惟自口外解京，恐需时日。该大臣此次移营自涿州至固安，道路较近，不论民夫车辆，均可于粮台通融协济，切不可专候此项马驼，致有迟误。将此由六百里加紧谕令知之。

咸丰三年十月谕：昨因逆匪窜及天津，已谕僧格林沁迅速催多尔济、那木凯、达洪阿前往迎击。贼势如此剽疾，后有追兵，前无堵截，岂不落后？倘胜保赶到天津，而逆匪犹复纷窜，该护军统领等仅往来于近京一带，何时得与贼遇？前据僧格林沁奏，车辆骡马均已拨往应用，岂尚不能迅速行走？即使地方供用不齐，亦当设法前进。多尔济、那木凯虽未经出征带队，达洪阿则久历行阵，素称勇敢，果能迅速直前，与胜保合力截剿，必可一鼓荡平。天津距京甚近，关系万分紧要，若再失此机会，又致贼匪纷窜，该护军统领等何以当此重罪耶？懔之勉之！将此由六百里加紧谕令知之。

咸丰三年十月谕：传谕长芦盐政文谦等：逆匪奔回梁王庄一带地方，此时胜保是否已至天津，或沿途获有胜仗？朕心实深殷盼。该盐政等务即激励兵勇，相机攻剿。即日各路官兵赶到，合力兜围，定当殄此群丑。天津至京水路程途及偏僻捷径，著绘图填明里数，迅速具奏。并将贼情及大兵到津布置情形，随时奏闻，以慰朕念。将此由六百里加紧谕令知之。

咸丰三年十月谕军机大臣等：僧格林沁奏筹调官兵扼要堵截一折。西河一带情形甚重，该大臣令培成移扎王庆坨扼截。惟培成所带，多系察哈尔之兵，是否能独当一面？逆贼搬运木植，恐未必专为作筏，或欲建立寨栅，或欲平垫泥淖，务须探听确实，以便攻剿。奕纪所带兵一千名，又添派拨热河、古北口兵八百五十名，均应帮同天津官兵进剿，不可但令守城，置之无用之地。达洪阿由捷径赴天津，系从何处行走？必须赶到协剿，万勿迟延。军情旦夕不同，总以相机布置，迅将逆匪兜剿净尽，勿令分窜为要。另片奏该大臣亲往天津筹商进剿机宜，留德勒克色楞暂驻大营，览奏甚不放心，仍著僧格林沁折回杨村，以资镇守，并可扼要调度，随时与胜保知照，毋失事机。旋据文谦奏报，初一日胜保大获胜仗，初三日奕纪已至天津，现在贼在静海独流镇，运取木石，筑垒以守，又用马四出窥探。达洪阿必须赶紧到彼，方可无误，汝总应仍回杨村为是，恐德勒克色楞不能御贼北窜也。本日据顺天府奏，大兵聚在东路，涿州、良乡一带空虚，应如何兼顾之处，著该大臣酌量情形，妥筹办理。将此由六百里加紧谕令知之。

咸丰三年十月谕内阁：据胜保奏，九月二十七日至静海县地方，追及大股逆匪，沿途斩获甚多，贼即遁入城中。二十八日善禄、西凌阿带兵赶到，由东南进攻，胜保由西南进攻，逆贼分股抗拒，西凌阿、善禄督带马步各队迎击，胜保带兵由河西抄击贼匪大股，我兵乘势斩杀，统计毙贼四百余名，夺获贼船十一只、枪炮器械百余件。初一日逆贼由南门运河东岸蜂拥而出，势甚凶猛，西凌阿、善禄列队堵击，胜保由西岸策马渡河，亲往督阵，该逆复由南门、北门拥出，众贼约七八千人，我兵分途前进，奋力掩杀，歼毙甚多。逆匪复分数股扑来，胜保飞调德州西宁兵弁渡河接应，鏖战两时之久，马步各队四路抄杀，该逆纷纷倒地，长发红衣贼匪死相枕藉，统计杀贼一千余名，逆匪复逃入城中。现饬官兵分布两岸，亟筹进剿等语。逆匪自窜入直境，虽屡经官兵进剿，总未大受惩创，此次倾巢而出，经我兵合力夹攻，大获胜仗，洵足寒贼胆而振军威。胜保亲历行间，督兵鏖战，实属勇敢可嘉。西凌阿、善禄前因追贼落后，降旨摘去顶戴，拨去花翎。此次督兵进剿，尚属奋勇，西凌阿、善禄均著赏还顶戴花翎。副督统维禄、明庆均受枪伤，虽不甚重，可见临阵争先。著各赏给大荷包一对，小刀一柄，交该员等祗领。现在参赞大臣僧格林沁统带各路重兵，扼要调度，德勒克色楞、达洪阿、伊勒东阿、奕纪等各带精兵，驰赴天津一带，会同胜保、西凌阿、善禄等乘胜围攻，务将逆贼即日扫除净尽，毋令窜逸。

咸丰三年十月谕军机大臣等：昨日有旨，令僧格林沁折回杨村，以资镇守。兹据该大臣奏称，探闻逆匪夺有船只，恐其由上西河北窜，现在仍扎营杨村等语。与朕意符合。此时该逆盘踞静海，据称饬令达洪阿赴津与奕纪带兵，会同胜保，南北夹击，布置甚合机宜。本日复据胜保奏，初一日大获胜仗，贼匪窜回静海城中，惟胜保所带兵力尚觉稍单，必须前后夹攻，迅图剿灭，万不可任贼筑垒立栅，又成死拒之势。达洪阿此次进兵太觉迟缓，著即饬催带兵迅赴天津，与奕纪所带官兵迅速向前，与胜保、西凌阿、善禄等南北夹攻，毋再迟延。至德勒克色楞所带东三盟兵，并伊勒东阿、绷阔等所带之兵，及庆祺所带盛京官兵，应于何处分布之处，均著与胜保知照，察看贼情，妥筹调遣，均不可以有用之兵置之无用之地。胜保所奏折片，著钞给阅看。将此由六百里加紧谕令知之。

咸丰三年十月谕：本日据胜保奏追剿逆匪，大获胜仗，该逆全股皆在静海，扼剿殄灭，正在此时。虽天津以北兵力厚集，而胜保所带之兵尚虞单薄，讷尔经额由豫带回之兵，屡次拨赴胜保军营，现当需兵之际，著桂良迅即饬令驰抵静海，交胜保调拨，毋稍迟延。再据胜保奏称，军中粮面匮乏，我兵枵腹接仗，仍能奋勇争先，实深系念。何以粮员不随营前进？著该督先为筹备粮面，迅速运往胜保军营，以资接济，并查明迟误粮员，即行参办。将此由六百里加紧谕令知之。

咸丰三年十月谕军机大臣等：胜保奏连日催兵未到，西北未能合围一折。览奏曷胜焦急！据称连日布置堵截该逆回窜之路，并派总兵经文岱带兵由王家口绕赴天津，调取炮船围剿并飞调多尔济、那木凯驰赴杨芬港、张庄一带，听候调拨，达洪阿赴天津，随同合剿。并调庆祺驰赴王家口驻扎，以扼其西窜文安、大城之路。多尔济、那木凯、达洪阿迄今并无信息等语。现在贼踞静海县，亟须四面围攻，以为一鼓歼除之计。昨有旨谕令僧格林沁催多尔济、那木凯、达洪阿带兵前赴天津，听候胜保调遣。该员等带兵行走，何以如此迟缓？当此事机万分吃紧之时，岂无天良若是？著僧格林沁传旨飞催，毋得再有迟延，致干重咎，并将该员等何日抵津迅速奏报。又据顺天府奏，武清县详报盘获逆匪胡群等，供出逆伙王得等均往西南逃走等语。该大臣即严饬军营地方文武员弁一体严拿，毋稍疏纵。胜保折并顺天府折，均著钞给阅看。将此由六百里加紧谕令知之。

咸丰三年十月谕：胜保奏驰抵天津相机督剿一折。逆匪窜入静海，连次被创，仍盘居独流镇、杨柳青一带，并于独流镇雨岸扎立木城，意图抗拒。胜保现在调拨各路官兵，拟与善禄、西凌阿前后夹击。着即激励将士，克日进剿，务须逼入一处，合力围攻，尽数歼除，万不可再令他窜。达洪阿、多尔济、那木凯经该大臣调赴天津，现在行抵何处？当此攻剿吃紧之际，岂容任意延缓！已谕知僧格林沁严催前进，并著该大臣再行饬催，毋稍迟误。昨据庆祺奏，留吉林兵七百五十名防守河间，此项官兵均系劲旅，应否调至军营，著该大臣酌量派拨。至佟鉴所带炮位，并著催调，以资攻击。将此由六百里加紧谕令知之

咸丰三年十月谕内阁：僧格林沁奏移营布置情形一折。本日据胜保奏称，贼匪由独流逼近杨柳青，该大臣不及待兵到齐，先行进剿，胜保现在扎营杨柳青街外，飞调达洪阿等官兵前进等语。该逆复经痛剿，退回独流，与静海城内之贼互为援救，非大兵迅速会集兜击，恐其穷极思窜。达洪阿既已赶到，著即令其遵照迭降谕旨，趱赴胜保大营，听候调度，万不可远处屯扎，坐失机会。其天津西北一带，应如何分拨官兵扼要严防，并著该大臣妥速布置，毋任逆匪乘虚他窜。将此由六百里加紧谕令知之。

咸丰三年十月谕：给事中汪元方奏，贼情诡谲，恐窜省垣，请饬防范一折。据称天津至保定府有一僻路，每于水长时，由附近天津之淀湖开帆，不过二百余里，直达保定之南关。现在积水未消，恐贼由此路分窜省城等语。著桂良严饬地方官，于水路扼要处所，派拨兵勇，认真堵截，以防被剿余匪偷窜。本日据胜保奏，攻剿独流逆匪，续获胜仗，贼势愈穷，时思乘虚由西

面窜逸。著桂良严饬河间、保定所属各地方文武员弁，一体严防，毋稍疏忽。前因饶阳县团练认真，降旨令该督查明保奏。当此剿贼吃紧之际，此等督办练勇出力之员及捐办绅董人等，自应早加奖励，以昭激劝。著桂良即将督率出力之知县，并捐资董办之绅民人等，迅速查明保奏，候朕施恩。将此由六百里加紧谕令知之。

咸丰三年十月谕内阁：惠亲王、军机大臣会同刑部定拟讷尔经额罪名一折。已革大学士直隶总督讷尔经额，朕特授为钦差大臣，督兵驰赴河南，剿办逆匪。自怀庆解围，逆匪西窜后，所有直隶与邻省毗连各要隘，宜如何严密防守，乃于临洺关遇贼窜至，即退广平，毫无筹策，以致逆贼纷扰畿辅。该革督统辖全省，贻误事机，实属罪无可逭！讷尔经额著照惠亲王等所拟，按律定为斩监候，秋后处决。

咸丰三年十一月谕内阁：朕素闻天津地方民心强固，物力丰饶，所雇乡勇人等，类皆骁健整齐，足资御贼。是以迭降谕旨，令长芦盐政文谦等妥为激劝，使之保卫乡闾。九月二十八日，逆匪由青县突窜天津，彼时大兵尚未到齐，经文谦等分督防守，官兵迎头截剿，该处练勇复随同天津县知县谢子澄直前迎杀，擒斩甚多。即雁户排枪亦足佐官兵枪炮之不逮。该练勇等忠义勇敢，洵属可嘉。使各属地方尽能如此戮力同心，不特自保身家，并可上为朝廷出力，何虑逆氛不靖，守城不坚。文谦、特克慎、张起鹓、钱炘和、谢子澄平日抚驭得宜，亦可概见，著胜保传旨嘉奖。此时贼踞静海独流，尚在天津境内，谅该团练同仇志切，必不稍存畛域之心。现在大军四面合围，穷寇不难立殄，而侦探乡导，尤以本地乡勇为得宜。著胜保即传旨晓谕，明定赏格，如该练勇人等有能随营带队，力破贼巢者，即破格保奏，优加赏赉。上次天津出力各勇目姓名劳绩，朕已稔闻，倘能始终奋勉，克期灭贼，该大臣等自能仰体朕心，有劳必录，正无虑功绩不能上达也。

咸丰三年十一月谕军机大臣等：胜保奏近日攻剿情形，又另片自陈衷曲等语。朕因胜保勇敢忠诚，特命统领诸军，廓清畿辅，责任綦重，倚畀至专。

惟望其迅殄贼氛，拯民水火。自逆匪窜踞静海、独流，距京较近，又命僧格林沁驻兵北路，为京师之屏障，即为该大臣之声援，实系必不可少之举。试思逆匪被剿穷蹙，伺隙奔逃，倘北路稍虚，岂能杜贼纷窜？胜保与僧格林沁共办一事，自应不分畛域，两营声息时刻相通。乃以僧格林沁遣官兵等至营探听，遽谓为监察军情，是自疑因以疑人，其所见亦甚狭矣！并称请派亲信重臣督率办理，尤属非是。试思该大臣身为统帅，岂非亲信重臣乎？朕既畀以重任，岂复有所猜疑？果能奋勉图功，尽歼丑类，迅奏荡平，上可以慰朕心，下亦可以孚众望，悠悠之口，何足介意耶？胜保以天下安危自任，惟有上知有朕，其他勿恤，朕亦深知汝能体朕心，成此大功，但任事之人，自有难处，不待汝言，朕已早鉴。现在逆匪势穷思窜，若伏兵要路，诱贼离巢，为截击之计，是否确有把握？倘徒为收复独流、静海起见，纵令窜逸，剿办更难得手。至所称于上游筑坝泄水断流，以冀克期灭贼，自系要著，务即赶紧筹办，万勿再有迟延。该大臣忠勇素著，谅能计出万全，不负委任也。将此由六百里加紧谕令知之。

咸丰三年十一月谕：胜保奏官兵剿贼，先获胜仗，旋因轻退失利，以致大员阵亡一折。本月二十三日胜保督带小队，前赴下西河一带，相度地势，豫饬在营将弁列阵严守。乃逆贼分股扑出，经官兵奋勇迎击，先毙贼匪百余名，贼复倾巢而出，又被我兵分股掩杀，沿堤溃逃，副都统佟鉴用炮横击，候选知府朱镇、知府用天津知县谢子澄，带勇追杀。该逆黄旗纷倒，尸积满堤。佟鉴见贼大溃，乘胜进击，搭濠板片。逆情愈急，拼死冲突。该副都统足滑踣地，贼众蜂拥来刺。谢子澄见佟鉴被困危急，不及督勇，策马赶往救护，与佟鉴同时阵亡。其一同救护候选知府朱镇亦受枪伤。幸大队官兵继至，贼始奔窜回巢。达洪阿督北面官兵先行撤退，逆匪复从垒中悉数扑出，经德勒克色楞急督马队官兵极力抵御，胜保先于北岸击毙骑马贼目四五名、长发贼三四十名，贼众溃败奔回。因无船不能径渡，遂于隔河督放抬枪铜炮，南北夹攻，始败回木垒。此次南岸失利，虽因达洪阿锐进轻退，以致挫衄，胜保身为统帅，各营皆归节制，何以离营半日，即至将士不遵调度，轻率进兵，平日所称号令严明者何在？德勒克色楞系帮办大员，不能督率约束，咎亦难辞。胜保、德勒克色楞均著降四级留任，拔去花翎，以示薄惩。达洪阿与贼接仗已非一次，岂不能深悉贼情，乃始以贪功锐进，继以轻退失机，尤堪痛恨！著即行革职，仍交胜保责令带罪自效，如再不知奋勉，即于军前正法，该革员家产并著查封，候旨办理。

咸丰三年十一月谕军机大臣等：前因官兵失利，降旨将胜保拔去花翎，降四级留任，以示薄惩。朕思逆匪渡河北窜，胜保督兵追剿，屡著战功，怀庆解围之后，特授为钦差大臣，各路官兵均归节制。迨逆匪由山西窜扰直隶，该大臣跟踪追剿，倍历艰辛。朕以胜保调度合宜，必能殄兹丑类，是以迭沛恩施，专心委任。即该大臣陈奏事件，亦必开诚布公，曲加训谕。朕待胜保恩义不为不厚，倚畀不为不专。该大臣中夜扪心，亦当知感知惧，加倍小心。乃自逆匪踞占独流、静海后，屡阅奏报，词气矜张，渐有自满之意。前此我兵误陷冰坑，致多损折，此次接仗，竟至大员阵亡，遗失炮位。该大臣虽前赴庆祺军营相度地势，独不思身为统帅，离营之时，何竟毫无布置！达洪阿轻退失机，固属罪无可逭，而胜保不能先事豫筹，亦可概见。及至失事，转以离营他往诿过于人，又何以折服将士之心？为大将者必当虚心集益，谋出万全，使将士人人用命，感奋图功。若私心自用，不听人言，以致众心涣散，不肯出力；或偏听幕客传述之言，或滥开委员逢迎之路，致有贻误，其误何可胜言！胜保经此次训谕之后，若能返躬省过，与帮办军务德勒克色楞等及诸将士合力同心，克期剿除逆匪，不但尽赎前愆，仍可渥膺懋赏。倘迁延日久，糜帑无功，是胜保不能承受朕恩，国法岂能宽宥！德勒克色楞系帮办大员，与胜保共办一事，责无旁贷。汝二人尤当知无不言，和衷共济。达洪阿究系勇将，此次加以薄惩，正望其奋勉立功，再邀恩眷。朕赏功罚罪，一秉至公，惟视汝等自取何如耳。懔之慎之！现在进剿事宜如何布置？贼匪有无窜逸？著迅速奏闻，以慰朕念。将此由六百里加紧谕知胜保，并谕德勒克色楞知之。

咸丰三年十二月谕内阁：前因天津县知县谢子澄剿匪被害，业经降旨，优加赐恤，并赏给骑都尉世职。著胜保查明应袭之人，迅速具奏，俾得及早袭职。谢子澄子弟如有堪以带勇者，即令赴军营听候差委。再，朕闻谢子澄被害时，有勇目余姓，竭力救援，同时殉难。并著胜保查明，准将该勇目附祀谢子澄专祠，以彰义烈。

咸丰四年正月谕军机大臣等：胜保前奏，十八日进仗时，连放神威炮，因下药太多，以致震裂管炮，章京黄周宾即时阵亡各等情。朕即决其是日进仗，必系失炮无疑，批令据实明白回奏。本日据该大臣覆奏，裂炮三尊，炮兵因系废物，未及护回。是果有失炮情事，而该大臣仍未肯言明，支吾掩饰，显有不实不尽。著再据实覆奏，毋稍含糊。至各路防兵，屡次谕令严密堵截，何以任令贼匪占踞于家庄等村？究系向何路窜出？著即查明带兵之员，据实严参。此股零匪仅有数百人，官兵现已将贼匪围困。该大臣又派兵前往剿截，务即严饬各路将弁，赶紧将此股剿洗净尽，倘再有疏失，仍令窜逸，惟胜保是问！据奏进攻贼巢情形，屡云贼势穷蹙已极，粉饰铺张，敷衍塞责，而至今贼势仍属凶悍。胜保督兵已逾三月，尚未能扫穴擒渠，自问于心能无愧乎？总之朕惟以剿灭贼匪为凭，岂徒虚言所能了事耶？现在已届新岁，势难再宽时日。著即乘机进剿，迅殄贼氛，无得再事迁延，致干重罪。将此由六百里加紧谕令知之。

咸丰四年正月谕军机大臣等：前有旨令僧格林沁统带马步各队，移营前进，与胜保合为一军。昨据该大臣奏，静海逆匪意图西窜，拟仍由武清横至固安拦前截剿，已于折内批示矣。现在西路本有伊勒东阿所带官兵，尽敷防剿，本日复命布彦泰驰往王庆坨，后路之防，愈形周密。僧格林沁即当迅速移营，亲赴前敌，不得再有迟延推诿。该大臣带兵出京已经四月，初时原为胜保一军足敷剿办，是以准其驻扎，以障京师。以现在情形而论，非合力攻剿不能殄灭，若徒株守一隅，何时蒇事？著僧格林沁于接奉此旨后，刻即前进。其北面防堵事宜，即交布彦泰督办，并将如何会剿情形，迅速据实覆奏。逆贼负隅已久，万不能再任稽诛。该大臣若稍事迁延，贻误之罪，不独胜保一人当之也。将此由六百里加紧谕令知之。

咸丰四年正月谕军机大臣等：前据僧格林沁奏，静海贼匪窜扑王家口地方，占据村庄数处。本日复据胜保奏报，情形大略相同。是逆匪意图西窜，王家口、霸台一带最为吃重，虽经胜保抽拨官兵会同那敷德堵剿，仍恐兵力不敷。僧格林沁所带官兵，本系扼贼北窜，若此时再不向前迎剿，直待有北犯确信，始行向西横截，已落后者。现在逆匪所踞，多系零星村庄，大兵一到，即可殄除。倘稍有迟延，致逆匪分布联络，静海大股溃围突出，势更不可收拾。僧格林沁自接奉移营前进谕旨后，连日奏报，均不免借辞推诿。今军情既有变迁，自不必再往独流，即著克日带兵径赴王家口、霸台一带，尽力攻剿，务将贼踞村庄全数夺回，使西北两路均无可窜。此系紧要机宜，亦即可乘之机会。僧格林沁若再有推诿，则平日所筹皆系虚词，竟是临事畏葸，大负朕之委任，谅该大臣必不敢如是也。此时贼匪占据村庄，必当赶紧剿办，不容残喘苟延，免致又成负隅之势。现在伊勒东阿等严防后路，该大臣必当迅速前进，断不可俟布彦泰到营，再行前往，致误事机。一切军情，务须与胜保和衷商榷。东北与西南虽分两路，仍无异合为一军，不得稍存畛域，有误大局。将此由六百里谕令知之。

咸丰四年正月谕：据胜保奏，逆匪势欲西窜，现筹剿办各折片。本日已谕知僧格林沁统领官军，移营王家口，严密堵剿。该逆乘虚肆窜，是其惯技。既据奏称王家口、霸台一带为遏贼西窜之冲，自应扼要堵截。僧格林沁节经严旨催令迅赴前敌会攻，想日内必应赶到。胜保与该大臣共办一事，或应分堵，或须合击，应如何妥密布置，务须和衷商榷，互为应援，万不可稍存意见，致有贻误。至逆踪剽悍，若由西而北，固关紧要，即折而南奔，亦须筹备。所称青县以北程官屯等处，抽拨马步队分布之处，是否足资拦截？并著严饬带兵各员，加意严防。西凌阿、善禄防剿静海，是其专责，何以屡经贼众扑出，并不能实力抵御？如有迁延疏懈情事，即行据实严参惩办。所有现在占踞各村庄之贼，务即乘其壁垒未坚，迅速剿除，不得任令大股续至，又成负固之势。其独流逆党，仍著亟筹攻剿，务与僧格林沁随时会商妥办，倘再迟延玩误，惟僧格林沁与胜保是问。将此由六百里加紧谕知胜保，并谕德勒克色楞知之。

咸丰四年正月谕军机大臣等：据胜保奏攻剿窜出逆匪情形，逆匪盘踞独流、静海，三月有余，尚未扑灭净尽，现复由西南窜出，占踞各处村庄。虽经善禄等督兵于初二日夺回于家庄等四处，并德坤等带兵夺回梁头等村三处，而东河头一村尚未夺回，难保该逆不另谋巢穴，分我兵力。已谕令僧格林沁克日带兵赴王家口、霸台一带，尽力攻剿，遏贼西窜之冲，谅已移营前进。并谕胜保于南路程官屯等处加意严防，毋稍贻误。现在已将贼踞村庄夺回七处，正可乘此机会，将东河头一村立即夺回，以杜贼匪分窜之路。德勒克色楞计已到营，著僧格林沁即与胜保赶紧会商进剿机宜。既已合为一军，该大臣等自当统筹全局，合力同心，会筹进剿。倘仍各有意见，致令逆匪再有窜逸之处，朕惟该大臣等是问。将此由六百里加紧谕知僧格林沁、胜保，并谕德勒克色楞知之。

咸丰四年正月谕军机大臣等：胜保奏独流逆匪向西南奔窜，督兵追剿等情一折。览奏曷胜愤懑！逆匪占踞独流以来，屡次谕令该大臣严密堵截，无任窜逸，以期聚而歼旃。即该大臣屡次奏报，亦云贼势穷蹙已极，且布置周密，贼匪无路可窜。朕日望捷音，以为克期必能扫荡。乃本日据奏独流逆匪于初八日夜向西南奔窜，或奔静海，或奔河西，尚未可定等语。是独流之贼全股窜出，且并不知逃往何处，比及侦探明确，派兵剿击，而贼踪已远，又成尾追之势。该大臣统领大兵数万有余，布置数月之久，乃竟任令久困余匪奔突而出！倘复占踞要隘，贼势益张，近畿一带生民又遭荼毒，该大臣等自问当得何罪！另片奏子牙镇为粮米所聚，僧格林沁咨令瑞昌扎营王家口以南等语。本日已谕令僧格林沁，即折回王庆坨防堵，仍将所带之兵一千余名归胜保统带。如僧格林沁未赴王家口，即著胜保将此项官兵飞调前来，以资攻剿。所有瑞昌、那敷德、史荣椿等所带之兵，均归胜保调遣。如僧格林沁不肯将各官兵交付，即著胜保传旨飞调，仍一面据实参奏。如带兵各员不遵调度，并著严参治罪。胜保身为统帅，既经贻误于前，已属罪无可逭。德勒克色楞及西凌阿、善禄等俱系帮办之员，均难辞罪。趁此贼匪狂奔喘息未定，前截后追，正可殄灭无余，倘再失机会，致令余匪复肆鸱张，窜踞他处，负隅固守，朕必将胜保等一并从重治罪。现在僧格林沁所带官兵添拨胜保军营，已严谕僧格林沁不得掣肘。该大臣统领重兵，事权既已归一，防剿均难卸责，若不迅殄贼氛，更有何颜对朕耶？将此由六百里加紧谕知胜保，并谕德勒克色楞、西凌阿、善禄知之。

咸丰四年正月谕： 前因静海逆匪窜扑东河头等处地方，谕令僧格林沁带兵竟赴王家口、霸台一带攻剿。昨据胜保奏，该大臣于初六日至王家口，而僧格林沁并未奏报。本日据胜保等奏督兵攻克独流，逆匪向西南溃窜，又称贼踞东河头，直逼子牙镇，该处西通大城，南通青县，胜保于初六日已令瑞昌驰往堵剿，初九日接僧格林沁咨令瑞昌扎营王家口以南，不必往子牙镇各等语。官兵克复独流，逆匪纷窜西南一带，尚无定局。子牙镇为粮米所聚，若窜踞该处，又成负隅之势，剿办更难得手。胜保既令瑞昌带兵前往堵剿，何以僧格林沁竟行截留，迟至三日始行咨明胜保，实属不知缓急。该大臣与胜保共办一事，当此军情万分吃紧，自应合力同心，统筹全局，岂一可坚执意见，致令掣肘？就目下贼情而论，王庆坨仍系西北要隘，布彦泰病尚未痊，一时尚难前往，著僧格林沁即行折回王庆坨，探贼所向，实力堵剿。所有瑞昌、那敷德、史荣椿及僧格林沁带赴王家口各官兵，均著交胜保调遣，以备攻剿。如僧格林沁此时尚未赴王家口，亦即将前此奏明带往之兵一千余名，迅交胜保调拨，毋许擅留，再有贻误。至培成、伊勒东阿所带官兵，仍归僧格林沁统带。该逆溃窜，志在狂奔，务当侦探明确，相机堵剿。兵贵神速，最忌牵制，该大臣屡奉谕旨，迟回不决，已失事机，若再有延误，恐不能当此重罪也。将此由六百里加紧谕令知之。

咸丰四年正月谕军机大臣等： 据奉命大将军惠亲王并恭亲王奕䜣将胜保、德勒克色楞、瑞麟信函二件呈览，知静海、独流逆匪全股西窜，僧格林沁已驰抵大城，与贼接仗，胜保疾趋霸州，扼其北窜。该大臣等奉旨剿贼，日久无功，致令乘虚奔突，即将该大臣等以军法从事，亦不足惜。惟畿辅近地，事机紧急，该大臣等果有天良，必当趁该逆奔窜未定之时，尽力堵御，迅速剿除，以赎罪戾。现已谕知僧格林沁即由文安、大城一带督兵截击，不得令该逆更向西南纷扰，尤不可任令北窜。胜保意在由北而南，分途截剿，径赴霸州，但自大城而西北尚隔保定、任丘等县及东西淀、会同河，若令过河而西，将更不可收拾。本日已命大将军等将东路三营移扎东安、固安、涿州，为黄村前敌，著德勒克色楞于奉到谕旨即行拣带精锐官兵一千名，兼程驰往固安，驻扎防守，所有黄村、东安、固安、浑州、通州、芦沟桥等处官兵，统归德勒克色楞节制。其余该贝子所带各兵统交瑞麟管带，随同胜保前往迎剿。该大臣可以无须兼顾北路，即刻督兵向南，扼贼北窜，极力截杀，与僧格林沁随时知照，为夹击之计，万不许令该逆再有占踞地方，或竟敢窥伺保定省垣。该处为京师屏蔽，财物充阜，尤不可稍有疏虞。胜保当探明贼踪，迅督各路官军层层布置，迎击兜剿，不得更以积冰积水为词，稍事迁缓。仍与僧格林沁、德勒克色楞、西凌阿、善禄、桂良时相知照，密筹防御。该大臣等负罪已深，此时暂勿加谴。若再不将该逆悉数扫除，但有一处蔓延，必将该大臣等就地正法，勿谓宽典可冀幸邀也！仍将进兵机宜及贼情如何，星速由驿驰奏。军情紧急，一切奏报不必拘泥善写楷书，总以据实迅奏为要。将此由六百里加紧谕知胜保、德勒克色楞，并谕西凌阿、善禄、瑞麟知之。

咸丰四年正月谕：僧格林沁奏连日督兵追剿逆匪，大获胜仗一折。僧格林沁于初六日驰抵王家口，初九日静海等处逆匪全股扑至，因见我兵有备，遂向西南逃窜。僧格林沁即督带马队官兵，跟踪追击，自子牙镇至张家庄六十余里，贼势枕藉，约毙长发贼千余名，生擒一百七十余名。初十日仍督兵追击，逆匪沿途抛弃火药、铅丸、衣服、食物，欲诱我兵拣拾，希图脱逃。该大臣严申军律，飞饬追兵前进。适西凌阿等带领吉林、黑龙江马队赶到，合队追剿。探知该逆在束城村盘踞，我兵追至，该逆胆敢列队抗拒，复被我兵追杀三四百名，余匪窜入村内。独流、静海、五里村、东河头村等处逆匪，屡经我兵攻剿穷蹙，全数溃围逃窜。僧格林沁督带马队官兵沿途追击，毙贼二千余名，剿捕尚为迅速。著该大臣督饬各路大兵，赶紧兜围。并著胜保统带马步各队飞速前进，合力夹击，务期尽歼丑类，毋令窜逸。

咸丰四年正月谕：昨据僧格林沁奏，独流等处贼匪连股溃围逃窜，连日督兵追击，大获胜仗，该逆窜入束城村，现在进兵追击。本日据胜保奏，十二日驰抵任丘，探知该逆窜踞朱家庄、束城一带，即日带兵前进，与僧格林沁合力兜剿各等语。逆匪利在狂奔，且声东击西，是其惯技。现虽窜往西南，仍去天津不远。著文谦督饬分守各路兵勇，搜捕余匪，严密防守，毋得稍有松懈。静海、独流各村庄业已收复，该处百姓惨遭荼毒，荡产破家，深堪悯恻。著即督饬地方官妥为安抚，毋令一夫失所。并严催张起鹓迅速随营支应粮台，前由京解往饷银妥慎收发，毋稍疏忽。

咸丰四年正月谕军机大臣等：现在静海、独流贼匪全股窜出，屯聚河间所属之束城村，经僧格林沁迭次斩擒，大获胜仗。胜保等亦由任丘督兵前进，会同剿办。该逆情形穷蹙，难保不分头四窜。西南两路虽经派兵堵截，惟该逆声东击西，是其惯技，河间接壤山东德州，尤为吃重。其河南之武安、涉县，与山西之黎城、潞城等处，为该逆入直来路，尤当先筹防范。其山东临清上下毗连直隶处所，尤防零匪窜入。豫省之河北各县，与山西之东北，凡有邻近直隶各要隘，均宜一体设防。著张亮基、恒春、英桂督饬文武员弁，严密巡查，实力堵御，毋许匪踪阑入。张亮基驻扎德州，尤当激励将士，申明纪律，勤加侦探，与僧格林沁、胜保大营联络声势，随时知照一切。静海、独流虽已收复，东路武定一带仍须密饬防范，不可稍涉大意。将此由六百里各谕令知之。

咸丰四年正月谕：自逆匪由独流、静海窜出，占踞河间县属之束城村一带，经该大臣等统领马步各队先后赶到。并据奏称，瑞麟、庆祺、培成、伊勒东阿、达洪阿等督带各路官兵，均已次第赶到。德勒克色楞此时想亦由固安折回。现在大兵云集，逆匪窜踞乡村，喘息未定，正当乘机督兵围剿，聚而歼旃。连日亟盼捷音，肃清畿甸，乃数日来，未据续报，实深悬系。兵贵神速，似此观望迁延，日复一日，使逆匪得以从容防备，深沟高垒，又成负隅之势，攻剿更难得手。僧格林沁追贼至河间，尚属奋勉，乃迁延数日，未见有何振作，朕实不解。胜保办理军务以来，毫无成效，致围攻数月之贼，仍复滋蔓，若再不奋勉赎愆，国法岂能幸逃？汝二人现在一处，断不准互相推诿，致误全局，果能在正月内扫数歼除，同受厚恩，不独有益于国，亦全朕用人体面。汝二人熟思攻剿之策，勿致再有贻误，身家性命，岂能保耶？著僧格林沁、胜保严饬各路带兵大员，赶紧进攻，合力围剿，务将此股逆匪克日殄除，毋再延误，致干重罪。现在该大臣等如何布置？是否确有把握？著即详细奏闻，以慰朕念。将此由六百里加紧谕知僧格林沁、胜保，并谕德勒克色楞、西凌阿、善禄知之。

咸丰四年正月谕内阁：僧格林沁、胜保奏连日剿办逆匪情形，并请将前次追贼出力官兵酌量保奏一折。逆匪由独流、静海窜至東城村一带，经僧格林沁带兵追剿，颇有斩获，尚属奋勉。及至逆贼占踞村庄，仍复迁延数日，未见立功。胜保自到独流，经朕屡次严谕，务将此股逆匪扫除净尽，不准再有窜逸，乃以围攻数月之贼，又任乘间逃窜，至滋蔓延，攻剿未能得手，堵御又复不力。僧格林沁、胜保均属罪无可逭，朕屡次宽宥，不加严谴，正冀其奋勉图功，稍赎前愆。本日据奏剿贼各情，虽经迭有斩获，总未能痛加剿洗，亦不过敷衍塞责，耽延时日。现在德勒克色楞、瑞麟、庆祺、培成、伊勒东阿、达洪阿等，督带官兵，均已次第到营。大兵云集，岂可再失事机？著该大臣等即督饬各路官兵，赶紧进攻，合力兜围，务将此股逆匪全数扫除，肃清畿辅。若再迟延贻误，国法岂能幸逃！所有初九、初十等日追贼打仗官兵，择其尤为出力者，秉公酌保，候朕施恩，毋许冒滥。

咸丰四年正月谕军机大臣等：僧格林沁、胜保奏连日攻剿情形一折。该大臣等会督大兵追剿窜匪，将及两旬，屡次奏报，均不过小有斩获。似此穷蹙奔突喘息未定之贼，尚未能大加惩创，克日扫除，前经切责，该大臣等不知愧励奋勉，迅图殄贼，总以专待大炮为词，逐日迁延，何时始能竣事？若待该逆零星逃窜，始议处处兜拿，则兵力既分，办理更形棘手。且東城等村，与独流之可以负隅久踞者迥别，何以不能逼近贼垒？是否该逆又经筑有木城，该大臣等匿不以闻？即徘徊村贼营逆匪于墙孔施放枪炮，该处墙不过民间住户砖土矮墙，何至坚厚若此，难以攻破？东西两路分兵迭进，该逆均得由東城分股接应，该大臣等所谓智取者何在？披图详阅各营盘距贼巢较远，且朕闻僧格林沁、胜保大营亦与贼营不近，况据西南一带尚属空虚，恐布置未臻严密，兜剿必难周匝。现在大炮已到三尊，其余指日亦可运到。该大臣无所借口耽延，即著督饬各路将弁兵勇，赶紧设法，急图歼灭之方，断不准再令逆匪乘间窜逸。经文岱、蕴秀前带官兵不能遏贼西窜，厥罪甚重。该二员现在何处？著即查明下落，据实具奏。僧格林沁所保之头等护卫那木萨赉扎布系何人所带？有何劳绩？一并查明具奏。将此由六百里加紧谕令僧格林沁、胜保等知之。

咸丰四年正月谕：僧格林沁、胜保等奏进攻逆匪获胜一折。二十六日，僧格林沁督兵先攻東城村，逆匪坚匿不出，复折赴徘徊村，会同胜保督兵进攻。达洪阿带领健锐、火器等营及古北口官兵、天津壮勇，攻其西南。天津、固原官兵，及四川、山东、河南练勇，攻其东北。逼近村边，达洪阿亲冒锋镝，奋勇直前，将该逆鹿角寨拆毁。贼匪情急，于村口分股扑出，我兵两路合力夹击，毙贼百余名，贼众披靡。复有贼千余名由東城、陈官村扑出，经天津、固原官兵施放连环枪炮，瑞麟亦用铜炮向贼众轰击，培成督带马队从西面攻剿，毙贼百余名，步队官兵奋勇继进，又追杀数十名。其由東城以北攻扑桃园之贼，亦经西凌阿督饬副将史荣椿等，开放劈山炮，轰毙贼匪三十余名，贼马十余匹。又经黑龙江、察哈尔马队由两翼截杀贼匪十余名。另股贼匪攻扑王村，总兵孔广顺督兵奋击，杀贼多名。逆匪窜踞東城各村，屡欲乘间逃逸，经僧格林沁、胜保亲督官兵，奋力击退，毙贼甚多。现在大炮业已运到，著僧格林沁、胜保乘此声威，迅速进剿，断不准再有延误。

咸丰四年二月谕军机大臣等：僧格林沁、胜保等奏逆匪受创以后，仍坚匿不出，连日设法进击，以围为攻一折。逆匪窜踞東城村已逾一月，屡次谕令该大臣等督饬官兵逼近贼巢，痛加剿洗，数日未见奏报，焦急殊深。乃细阅本日奏到各情，竟称该逆死拒不出，调到大炮，仅轰塌屋宇，该逆仍乘夜扑扰各路营盘，我兵屡次进攻，皆有伤折。现在惟有挖濠树栅，待其自溃，并请暂宽时日等语。此股窜匪，该大臣等若早能于奔突未定之时，乘机协剿，何至迁延至此，尚不能扫穴擒渠？乃日久布置，仍似此敷衍入奏，并未立有尺寸之功，自问于心能无愧乎？刻下大炮已到，东北、西北挖濠已竣，西南、东南两路已设法堵截，著即督饬各路官兵赶紧进攻，断不准以冰雪皆融、泥淖难进为词，再延时日。该大臣等屡经严旨饬催，若不及早奏功，国法岂能再宥！所有打仗阵亡之镶红旗护军校景文，著交部议恤。将此由六百里加紧谕令僧格林沁、胜保等知之。

咸丰四年二月谕：逆匪窜踞束城等村业经匝月，前经迭降严旨，令该大臣迅速进攻，痛加剿洗，乃数日又无奏报，朕心实深焦灼。束城各村地方褊小，积谷无多，且闻贼匪所搭木垒半用树枝支架，必不能十分坚固，趁此进剿，自易歼除。若仅于贼匪扑营时竭力抵御，及至遁回贼巢，又复坐观不进，老师縻饷，日久无功，何时始克蒇事？现在大兵云集，围此穷蹙之寇，若不及早并力进兵，又将窜扰他处。此时以届二月中旬，春融冰泮，马队难行，剿办更难得手。著该大臣等务当严饬带兵大员，激励将士，协力同心，一鼓作气，直捣贼巢，迅除丑类。如将弁中有不遵号令，及一营出队，他营不为应援者，即著照军法惩办，以肃戎行。若僧格林沁等各存意见，不能会合进攻，耽延时旧，朕亦惟执法从事，决不宽贷。将此由六百里加紧谕令僧格林沁、胜保等知之。

咸丰四年二月谕军机大臣等：僧格林沁、胜保奏逆贼乘夜穷窜、督兵追剿一折。逆匪窜踞束城等村，我兵围攻已逾匝月，迭次谕令该大臣等迅速进攻，并严防窜路。乃本日据奏，该逆于初九日乘雾由小礼文向东南奔窜，虽经我兵追杀多名，而逆匪拼死狂奔，由献县南门窜出后究竟逃往何处，折内并未奏明。本日复据桂良奏称，该逆向东南、西南窜逸，是贼匪显系分股溃窜，我兵正当乘其喘息未定，四面兜击，庶可聚而歼旃。若徒事尾追，势必节节落后，剿办终难得手。我兵马队最利追剿，著僧格林沁、胜保迅即探明贼踪，派精兵绕赴贼前截击，务期前后夹击，尽歼丑类，其首逆各犯尤不可令其乘间免脱。并飞咨张亮基，于山东直隶交界地方严密堵截，以遏贼冲。此次贼匪系由小礼文地方窜出，防卡官兵何以任令奔突，不能堵截？著该大臣等查明参奏。倘有畏葸逃避情事，即著以军法从事，毋稍宽贷。贼众志在奔突，必须尽力穷追。据奏河桥为贼烧断，我兵绕至臧家桥地方，已属落后，以致贼得窜入献县。又因我兵连夜跟追，暂令少休，恐贼匪乘间远飏，现在僧格林沁业已先督马队追击，何以胜保仅尾督后队继进？前此贼由独流窜出，经僧格林沁痛加剿洗，胜保耽延数日，始行赶到，此次若复稍有迁延，罪将谁诿？刻下贼踪是否分股奔窜？该大臣是否分路追击？各路带兵大员如何兜截，前后策应？著即迅速具奏。正在寄谕间，复据僧格林沁、胜保等奏，逆匪由献县南门窜出，我兵追及，毙贼千余名，该逆随拒随走，至富庄驿村内设伏，我兵实难扑进等语。逆匪纷窜，追剿尚属迅速，惟据称富庄驿村地方墙垣坚厚，我兵俱系马队，并无枪炮。行军以火器为最利，现在军营便捷炮位为数不少，该大臣等既跟踪追剿，并不带枪炮，以徒手击贼，有是理乎？至逆匪奔窜之后占踞集镇，辄云炮火猛烈，不能扑进，而我兵转借口于无枪无炮，似此迁延时日，必致贻误事机。且前次逆匪初到束城，该大臣等即以专待炮位为词，此次又以无炮借口，其谁欺乎？若少事耽搁，该逆又将筑垒挖濠，负隅死守，或乘隙奔突，若不西窜，即南扑景州、德州一带，皆系水陆要隘，我兵又成尾追之势，剿办何日可了！兵贵神速，岂可一误再误！著僧格林沁、胜保等迅就现到之兵，设法进攻，以期扫穴擒渠，并飞催后队官兵星速前进，不准片刻迟延。若复借口枪炮未到，以致老师糜饷，又蹈束城故辙，朕惟将该大臣等从重治罪，决不宽贷。将此由六百里加紧谕令僧格林沁、胜保等知之。

咸丰四年二月谕军机大臣等：昨据僧格林沁等奏，逆匪由献县窜出，占踞富庄驿村内，并未详叙有无分股。而桂良所奏称接据胜保来咨有贼向东南、西南分窜之语，是其分股溃窜，已属显然。本日据载龄奏报，又称探闻贼匪潜逃被伏兵击回，复经河间乡勇截击，现在河间府迤西二十里铺盘踞等语。据三处奏报，互相印证，均属参差。富庄驿村既在河间府城以南，二十里铺又在河间府城以北，相距一百数十里，其间必有分扰之处，究竟该逆聚富庄驿村内，抑或另有零匪潜匿附近村庄？束城等村是否尚有余贼？著该大臣等迅速据实具奏。务须分股确探，四面搜剿，必能尽歼丑类。现在大兵尽力南趋，倘北面尚留余孽，致令再有裹胁冲突情事，岂非顾此失彼？著僧格林沁、胜保严饬各路带兵大员，激励将士，迅扫贼氛，肃清畿辅，断不准复以无炮无枪借口，耽延时日，自取重罪。将此由六百里加紧各谕令知之。

咸丰四年二月谕：桂良奏探闻大兵追剿贼匪情形，并拿获贼目一折。贼匪窜入直境，僧格林沁、胜保统兵堵剿，桂良及署提督张殿元镇守省城，借资捍卫。现在贼匪由富庄驿南窜阜城，僧格林沁等跟踪追捕，后路尤关紧要。逆匪声东击西，是其惯技，现虽逃窜东南，距省较远，亦难保不分股乘间又图他窜。该督务当察看情形，相机堵御，或自行出省防守，或令署提督张殿元带兵择要驻扎。必须悉心筹画，断不可株守省城，致有贻误。至署都司陈毅等拿获贼目，均指认为逆首林凤翔。著即派员解赴大营，毋得稍有疏虞。将此由六百里加紧谕令知之。

咸丰四年二月谕军机大臣等：僧格林沁等奏官兵克复三村，大获胜仗一折。该逆经此次痛剿，存城贼党无多，必当乘胜将县城攻克，生擒首逆，扫荡群丑，方为妥善。不得因其势已穷蹙，不至北窜，遂谓可以无虑。倘稍涉松懈，任该逆挖濠筑垒，为负隅之计，或又乘间奔突，不但西向武邑，南向景州，蔓延为患，即东滨运河，亦防其复行掠船偷渡，官兵分投追剿，又落后著。惟有乘其蚁聚城中，一鼓歼擒，毋留余孽。况皖境贼匪大股已由蒙城、亳州窜入河南永城。而徐州萧县黄家口地方又有土匪为贼向导，并有将扰徐州之谣。是皖贼北窜情形万分紧急。前谕该大臣等派大员带兵一千名，前往归德一带，谅已遵旨，赶紧派往。然该处兵力，即有此千名，亦恐不敷，该大臣等不速将阜城之贼悉数扫除，倘永、亳等处逆贼分路冲突，南北勾结，又将何以御之？惟盼北路得胜，劲兵前往截击，庶足以遏凶锋。该大臣等岂不知朕日夜焦急渴望捷音，犹以蒇事尚难克期为词，若不赶紧殄灭群丑，更将何颜对朕耶？德勒克色楞现在何处驻扎？何以两次奏报并未见其带兵攻剿？著遇便覆奏。将此由六百里加紧各谕令知之。

咸丰四年二月谕军机大臣等：昨据僧格林沁、胜保等奏，令张殿元带兵前赴大名。并据桂良奏，武邑吃重，未可撤防，另派副将达年驰往堵御。朕详加批阅，武邑逼近阜城，防堵固属紧要，但统筹全局，权衡轻重，兼顾南北，自以大名为扼要之地。现在皖贼由砀山偷渡黄河，扰及单县，虽有善禄等驰往迎剿，似可遏其北窜之路，倘该逆沿河西窜，从东明、开州等处乘虚窥伺，则大名系直门户，亟应添拨重兵驻守，以资堵御。张殿元原带官兵，并僧格林沁等调换之通、永、宣化步队各兵，著桂良飞饬该署提督讯往大名扼截。至阜城逆匪困守一隅，我军四面兜围，当可指日歼除，然亦难保不因被剿情急，突围逃窜。桂良职任封圻，责无可贷，务当统筹大局，督饬文武员弁兵勇，勤加侦探，实力防剿，不得稍有疏失。军情变幻靡常，难以臆定，该督仍当与僧格林沁、胜保、善禄等随时知照，酌量缓急，妥为布置，不得稍涉大意，致误事机。将此由六百里加紧谕令知之。

咸丰四年二月谕：昨据桂良奏，武邑未可撤防，另派副将达年赴大名防剿。已谕令僧格林沁等酌度办理。直隶东明、开州均与东境毗连，本日已谕令桂良饬署提督张殿元，驰往大名，扼要严防。其武邑一带，距阜城甚近，仍著该大臣等实力堵御，毋令逆匪乘间窜逸。以目前情形而论，阜城现为贼踞，武邑自未便撤防。若统筹全局，则南来贼众已至单县，是大名一带尤不可不早布置。总之，阜城逆匪急当克期剿灭，万不可缓，若再事迁延，致令垂毙之贼，牵掣我师，而南来贼匪，阑入直境，该大臣等贻误之罪，岂能稍宽耶？将此由六百里加紧谕令知之。

咸丰四年二月谕军机大臣等：前据僧格林沁等奏通筹剿办情形，当经降旨，准令胜保暂缓进驻德州，原因该大臣等奏称，先将此股逆匪殄除，再以大兵全力南注，该大臣等自必胸有成算，不致徒托空言。但该逆窜扰畿辅，已逾五月，屡陷城邑，久抗王师。该大臣等虽迭次斩擒多匪，每云贼势穷蹙，何以占踞阜城后复任令坚匿死拒，又将两旬？以厚集之兵，乘得胜之势，蕞尔小邑，岂难攻克？即谓必须计取，又岂数日来尚未筹及，坐俟城关及搭儿头等村贼粮食尽后，听其仍前纷窜耶？南路贼踪，渡河后攻陷丰县，逼近单县，复于二十一日窜入金乡，逆焰逾张，日趋而北。善禄、张亮基分带兵勇迎击，而贼情诡谲，设由歧途捷径，飘忽疾走，与阜城之贼一经勾结，彼时该大臣等再议前截后剿，办理更形掣肘；不趁此时殄兹穷寇，一味迁延玩误，实不解是何意见！朕信任僧格林沁、胜保，所请无不允行，不能借口于朝命之遥制。即僧格林沁、胜保二人平日办事，性情各有所偏，早在朕洞鉴之中，屡加策励，亟望其同心合力，迅奏肤功。若各挟己见，两不相下，以私废公，坐致贻误，绝不念朕心之焦切，民生之疾苦，稍有天良，不应如此！时事至今，万难再宽期限，著僧格林沁、胜保即将此股贼匪扫除，或可不加罪谴。讷库尼素光刀、神雀刀之赐，非为该大臣等饰宠示威，似此因循日久，糜饷老师，律以军法，夫复何辞？倘以历奉严旨，视为具文，不即奋迅图功，是该大臣等无福承受厚恩，朕亦不复再谕矣。懔之！将此由六百里加紧谕令知之。

咸丰四年三月谕：前以大名防堵紧要，谕令桂良飞调张殿元原带官兵，及僧格林沁等调换之通、永、宣化步队各兵，归该署提督统带，驰往扼守。原以贼势剽疾，一经乘虚西窜，该处为由东入直门户，不可不先事筹防。兹据张亮基奏称，逆匪自窜踞金乡以后，分股向西北窜逸，巨野、郓城二城，复于二十四五两日先后失守。现在善禄行近曹属，张亮基亦可抵济宁，分东西两路进兵攻击。惟逆党舍命狂奔，飘忽已极，若由范县、濮州一带乘间分窜，或南向东明，西趋开州，路径分歧，大名一带尤关紧要。著桂良即遵前旨，严饬署提督张殿元督兵前往扼截，并前派赴协防之副将达年，亦著飞饬带兵前进，随时探明贼情，相机迎剿，毋得株守一隅，致误事机。至直隶与山东毗连各要隘，无论南北两路，仍著桂良勤加侦探，饬令各该文武严密堵御，勿使匪踪阑入，并与僧格林沁、胜保互相知照，以期缓急可恃。军情紧急，桂良职任封圻，务将统筹全局，妥速布置，万勿稍有疏失。将此由六百里加紧谕令知之。

咸丰四年三月谕：僧格林沁、胜保奏请拨防兵进驻献县等语。据称贼陷郓城，于二十七日窜入张秋镇。现派总兵桂龄带官兵一千名，台禄带吉林马队二百五十名驻扎德州，以为善禄后路声援。如贼势猖獗，胜保即督马队前往迎剿。惟阜城之贼经大兵四面兜围，无隙可乘，势必拼死抗拒。兵力既分，难免顾此失彼，不能不先事豫防，添拨重兵，以资剿办。著载龄即派双禧、穆铬将原带防兵各一千名，迅速管带，驰往河间，献县一带，听候僧格林沁、胜保等调遣，毋稍迟误。现在阜城之贼尚未殄灭，徐州渡黄逆匪已扰及山东境内，直隶大名等处防堵均关紧要。双禧、穆铬，现令带兵先赴河间，近畿一带尤当加意严防，是否应须分拨布置之处，即著载龄酌量情形，妥速筹办，并饬各路带兵大员严密防范，勤加侦探，毋得稍有疏虞。将此由六百里谕令知之。

咸丰四年三月谕军机大臣等：前经迭降谕旨，以直隶大名一带空虚，饬令僧格林沁、胜保统筹布置，并令桂良严饬张殿元督兵前往扼截，兼令副将达年带兵迎剿。屡次寄谕，并谓不得专事防堵大名，致成株守。原以张殿元未经与贼接仗，恐不能深悉贼情，所带各兵尤恐不能得力。既经谕令桂良严密防堵，仍责成该大臣等酌拨马步精兵前往剿办。该大臣等自应遵照谕旨，通筹大局，断不准东境贼踪阑入直隶，致与阜城贼匪会合。乃本日据胜保驰奏，贼由阳谷窜过莘县，攻陷冠县，竟于初一日窜至清河县属之小滩地方屯聚，并有由馆陶清水庄窜至距临清二十五里之李官庄各禀报。览奏曷胜愤懑！善禄前奏，已抵东昌南关，南贼由西路绕出其后，张亮基尚在清平，尚隔运河，均恐为该逆避实击虚奸计所误。胜保带兵星速前进，所见尚是。崇恩防守临清，未悉兵力如何。著胜保于驰抵故城后，迅至清河，尽力截剿，万不可令北与阜城之匪联络。仍飞饬善禄赶紧设法，绕赴馆陶、冠县西北，各路面面兜围，俾不得混入大名界内与威县等处，并随时与僧格林沁知会。如须添调马队，即由该大臣咨商妥办，总期通筹统计，不可顾此失彼。此股匪贼自皖豫北来，众至数万，亡命赴援，其凶悍殊堪发指。若不迅将阜城贼匪扫除，万一突围而出，与南贼合并，势更不可收拾。僧格林沁督兵一万数千名，足资围剿，著即迅图攻克，不得再事迁延，坐俟南贼之至。其武邑、衡水、枣强各处，尚有胜保大军在南，如阜城附近各村贼匪南窜，尚可回兵夹击。其阜城东北各路如何设防？该大臣有无把握？双禧、穆铬所带官兵二千名曾否赶到，添拨何处防守？均著迅速驰奏。并著该大臣等随事随时得有探报，飞咨桂良、载龄，一体严防。将此由六百里加紧谕令知之。

咸丰四年三月谕： 前有旨令载龄饬双禧、穆辂各带防兵一千名赴河间献县，听候僧格林沁等调遣，本日已谕令驰赴保定迤南，迎贼所向，以剿为防，遏其纷窜。该逆既狂奔北犯，各路官兵即须层层分布，移缓就急，使贼匪无隙可乘，是为至要。载龄所统各路防兵，若固安、东安、通州等处，防堵似不甚吃紧，而涿州一带尚觉空虚。著载龄熟筹北路缓急，权其轻重，悉心体察形势，扼要布置，或应分拨，或应移营，总须实力堵御，以重北防，毋以有用之兵，置之无用之地。将此由六百里谕令知之。

咸丰四年三月谕： 昨据胜保奏称，贼由阳谷窜过莘县，攻陷冠县，初一日窜至清河县属之小滩地方屯聚。本日据张亮基奏报各情大略相同，惟贼窜清河并未提及，岂该逆已由东入直，该抚竟茫无闻见耶？此股窜贼，飘疾异常，渡黄后连陷金乡等处，豕突狼奔，意图北窜。自到山东，所过州县毫无阻滞，如入无人之境。张亮基统辖全省，已属罪有应得，乃该抚前由景州迎剿，并未与贼一遇，复由齐河绕至东阿。贼方北窜，而该抚转向南趋，据称由博平、清平一带绕越前进，岂非徒托空言，仍落贼后！刻下胜保已带兵由故城迎头截击，遏贼北窜，张亮基若不赶紧督带练勇，设法攻击，为两路夹攻之计，岂以贼匪窜出东境，遂可卸责诿罪耶？至各属土匪，即饬臬司厉恩官痛加剿洗，毋令与逆匪勾结，并饬同知高振洛于丰、单交界处所，严防河口，勿任南匪续窜。将此由六百里加紧谕令知之。

咸丰四年三月谕： 直隶万分吃紧，贼窜清河，复有由馆陶等处窜至临清州李官庄之信，显系分股窜扰。张亮基由博平一带绕越前进，善禄由东昌一路横击，均恐落后。胜保现已带兵驰赴故城，遏其窜路；桂明接奉前旨，谅亦渡河由北岸行走，著即督率官兵，迅速前赴直隶境内，沿途侦探贼踪，何路紧急，设法追击。若能出其不意，中途邀击，剿办更为得手，万不可稍有迟延，致误事机。前调之山西泽潞官兵一千名，并著飞催赶到，以资攻剿。将此由六百里加紧谕令知之。

咸丰四年三月谕： 载龄奏知县未能约束壮勇，并访获伙犯讯供等语。固安县知县吴焘所募壮勇，不给工食，以致散漫滋事，现经乌尔棍泰拿获伙犯金有等六名，讯有从贼情事，可恶已极。金有等并续获各犯，即著载龄严讯明确，就地正法。固安县知县吴焘，办理团练不善，已属咎无可辞，复以土匪勾串官兵，借词掩饰，尤属荒谬。吴焘著即撤任，俟该侍郎审明定案时，再行参办。至张海龙一案，仍著将续获各犯讯取确供，一并就地正法。

咸丰四年三月谕军机大臣等：载龄奏涿州地方紧要，拟移兵驻扎一折。前以贼窜临清，直隶情形万分吃紧，谕令载龄熟筹缓急，扼要布置。兹据载龄奏，拿获奸细供称，该逆欲图西窜，涿州为近畿要隘，拟即挑选精兵，亲往该处，并请饬文瑞前往固安等语。现在涿州虽有乌尔棍泰带兵在彼驻扎，深恐未能得力。该侍郎自应亲赴该处，以资防守。文瑞病尚未就痊愈，现复请假调理，本日已谕令假满后即往军营。该侍郎俟文瑞到营，迅即移营涿州，未启程以前，所有涿州等处防堵事宜，仍著载龄随时妥筹，严密布置。并饬乌尔棍泰，认真防范，毋得稍涉大意。至固安留兵仅二百余名，尚形单弱，可否将黄村驻扎之兵移赴固安，以资防守？著酌量办理。将此由六百里加紧谕令知之。

咸丰四年三月谕军机大臣等：据僧格林沁奏请驻兵易州，并胜保奏称驰赴临清迎剿各折片。现在南来逆匪，大股盘踞临清州城外，众已数万，复又扎垒筑城，意图抗拒。该州为南北水陆要冲，虽经善禄、崇恩竭力守御，深恐兵力单薄，不敷剿办，已谕令胜保星速统兵前进，合力兜剿，以期及早歼除，免致南北勾结。惟胜保所带马队仅止二千余名，且运河西岸道路纷歧，一经被剿穷窜，四路突出，在在堪虞。德勒克色楞本系帮办胜保军务，著僧格林沁迅由阜城大营内挑拨马队一千名，即日交该贝子统领前营，驰往胜保军营，以资剿办，毋稍迟延。至所请移兵易州紫荆关之处，原为择要驻守起见，但以现在军情而论，阜城余寇，未能歼灭，而东境逆势方张，自应扼守来路，可期以防为剿。所有双禧、穆辂原带官兵二千名，著仍遵前旨于保定迤南一带扼要布置，既可固守省垣根本，兼可为胜保后路声援。但能于前路堵截，则西北易州一路自可无虞。该大臣剿办此股逆贼，究竟何日可以蒇事？应如何设法智取，为扫穴擒渠之计？著即赶紧筹策，毋再迁延玩误。仍著随时与胜保、载龄、桂良互相知照，并勤加侦探，联络声势为要。将此由六百里加紧谕令知之。

咸丰四年三月谕：昨据善禄奏，临清州城危在呼吸；本日据胜保奏由油房镇督兵前进一折。该匪攻扰临清城，扎立木垒，三面围扑，虽经善禄、崇恩等先后击退，惟兵力甚单，贼势猖獗，该州南门月城已被地雷轰陷，暂用木栅拦护，情形甚属危急。据胜保奏称，桂良于初六日赶到，与善禄会攻贼巢，歼毙多名，该逆仍坚匿不出，州城尚未解围，殊深焦灼。计该大臣刻下亦必驰抵临清，即著善禄等设法分路剿办，并与张亮基、崇恩妥筹，内外夹击，务将此股逆匪赶早歼擒，万勿令其窥伺西岸空虚，或致奔突大名等处，滋蔓迁延。仍随时与僧格林沁、载龄、桂良互相知照，联络声势，断不准耽延时日，致干重罪。将此由六百里加紧谕令知之。

咸丰四年三月谕：载龄奏带兵移扎涿州，并拟派兵防守易州一折。昨据僧格林沁奏请移兵紫荆关一带，扼守山路，自系为慎重地方起见，惟现在阜城余匪未净，临清贼势方张，不得以有用之兵，置之无用之地，致我兵多所牵掣。该侍郎请令珠勒亨驻扎易州之处，著即无庸前往。良乡一路又添都尔通阿之兵，亦可与固安互相策应。严饬该员等加意防范，不准稍有疏懈。本日复谕令恒春将绥远城备调驻防官兵一千名，调赴紫荆关一带驻扎，如该处情形吃紧，亦可就近调遣。将此由六百里加紧谕令知之。

咸丰四年三月谕：现在阜城尚未克复，南来逆匪已窜至临清城外，盘踞村庄，树立木垒。崇恩、善禄等防剿兵单，胜保于初七日督兵赴剿，虽获胜仗，惟该州为南北冲途，三面滨临运河，一路可达大名。现获奸细讯供，有逆匪若未能直援阜城，即由他道窜扰畿疆之说。直、东接壤，处处可通，而大名尤为扼要。前据桂良奏存城兵勇已有二千余名，合以副将达年所带，及墨尔赓额管带之吉林马队，并张殿元原带步兵九百名，僧格林沁等调换之通、永、宣化各兵，为数不下数千。本日据胜保奏，临清四面无兵堵御，不知张殿元、达年等是否赶到？著该督迅即严饬该署提督等与地方文武，于要隘处所严密设防，加意堵截，毋误事机。其武邑防守事宜，该督已派正定镇总兵官双禄前往驻扎，亦须先期布置，以臻周密。桂良统辖直隶，办理防堵，已逾半年，当此逆匪奔窜，军情紧急之时，务当统筹大局，不得因阜城之贼现有僧格林沁等围剿，临清之贼胜保等亦已进兵攻击，遂于交界要隘防剿事宜推诿观望，致干罪戾。将此由六百里加紧谕令知之。

咸丰四年三月谕军机大臣等：僧格林沁等奏调大炮，并自请治罪各等语。所有武成永固大炮并炮子火药等件，已谕巡防王大臣如数解往矣。阜城逆贼穷蹙余生，即使坚匿死拒，亦何致兼旬累月无计可施？朕若欲加僧格林沁以罪，原不难立降严旨，即见施行，所以屡次训谕不即加罪者，尚冀该大臣知感知奋，迅速图功。乃此次忽以自请从重治罪等词搪塞入奏，岂谓有此一奏，便可卸责耶？抑将谓军营剿办迟延，例应有此一请耶？朕于该大臣倚任不为不专，相待不为不恕，遇有调枪调马急需应用之处，无不立予允准，从未尝稍形掣肘。而一切办理迟缓之处，朕总详细指示，不肯遽加严谴。该大臣乃称，“非敢有心迟延，实因无能所致”，试思有心迟延，应得何罪！该大臣岂能当之！即此“无能”二字已不应出之于口。如各路统兵大臣人人皆以无能请罪，国事孔艰，更有何人可任？该大臣素性质直，乃亦效此虚文，殊不可解。如果视朕迭次严旨视为具文，故意迁延，不能迅克阜城，朕自能按律治罪，不待僧格林沁之奏请也。昨所谕东面合围未密一节，固系防贼窜突，然合围之道，总须面面逼紧，若但远扎营盘，遥施枪炮，即使无隙可乘，贼亦岂能坐毙？现在南贼方张，此股一日不除，贼心终不肯死。其中消息，该大臣身在行间，断无不熟思计及也。另片奏将宝坻县监犯丁二成等留营差遣之处，著即照所请行。其各该州县应照此办理者，亦谕知桂良将应行处决及发遣之犯，即行分别办理，勿令留狱。如情罪较轻而堪备驱策之犯，即照该大臣所请解营效力，以杜奸萌。将此由六百里加紧谕令知之。

咸丰四年三月谕军机大臣等：昨因胜保奏参张亮基欺饰冒功，降旨将该员革职，发往军台。本日据张亮基奏，初九日派委员陈韬等整队出击，进至东南沙滩，设法诱敌，陈韬手刃贼目一名，我军乘势掩杀，斩擒无算，并生擒伪总制曹成等五名，共毙贼千余名等语。所奏是否饰词欺罔，希图掩过邀功？著胜保、善禄、崇恩迅即查明，据实具奏。行军之道，首贵赏罚严明，既据称杀贼千余名，且兵勇亦有阵亡受伤，如果是日打仗获胜，自必共见共闻，张亮基已身获重罪，其出力员弁，亦不可没其劳绩。该大臣亦毋得因有前奏，稍存回护。本日复据桂良奏，开州拿获逆匪，有逆匪催令后起由兰仪渡河之语。已谕令王履谦、长臻、杨以增、英桂等严防河岸，并著崇恩饬属一体严防，毋稍疏懈。临清逆匪又成负隅之势，该大臣务当激励将士，督率兵勇，迅速设法，内外夹攻，毋再延缓，致干重罪。张亮基折著钞给阅看。将此由六百里加紧谕令知之。

咸丰四年三月谕：桂良奏酌筹防剿事宜一折。昨据胜保奏，逆匪围逼临清，不下三四万，我兵不过万人，众寡未免悬殊，倘该逆绕窜正西，即入大名府境，东面又可达天津，皆当豫为防范。刻下阜城之贼尚未歼除，难保不乘我兵力稍分，意图奔突，与南来贼匪互相勾结。张殿元在大名防守，派令达年赴开州、东明一路防堵，著严饬该员等相机剿办，不得以有用之兵，置之无用之地，总期以剿为防，毋许一味株守，致失事机。至清河、威县一带，即系临清西面，甚关紧要。所有双禧、穆辂统带官兵二千名，即著饬令驻扎该处，择要设防，既可为胜保后路声援，即可杜贼匪北窜，不准观望迁延。军情变幻靡常，该督务当督饬文武员弁妥筹布置，勤加侦探，仍著随时与僧格林沁、胜保等互相知照，以期声势联络，毋得稍有疏忽。将此由六百里加紧谕令知之。

咸丰四年三月谕军机大臣等：文谦奏沧州为津南门户，请饬僧格林沁分兵前往防守等语。前以静海、独流贼匪虽窜往西南，而天津防守不容松懈，曾谕文谦督饬各路兵勇，妥为布置。现在临清之贼，亟欲救援阜城。除冲要隘口派拨精兵驻扎外，其余邻近各州、县，自应由各该文武各就地方情形，设法防守，并督饬绅民实力办理团练，以期保卫城池，联络声势。兹据文谦奏称，沧州等处居民惶惑，纷纷迁徙，请饬僧格林沁派兵前往。现在阜城围剿正当吃紧之际，断难分兵，沧州为津南门户，亦不可稍有疏忽，著文谦仍遵前旨，饬令该处文武严密设防，劝谕团练，以固众志而严守卫；并著多设侦探，如贼匪果有窜扰消息，文谦即可相机出境堵御，毋许观望不前，致有贻误。总之天津全郡防守事宜，朕已责成文谦督办，固不能以请兵一奏意存推诿。总兵特克慎、署天津道钱炘和，亦属责无旁贷。倘文谦须往沧州等处，郡城防守事宜即责成该镇道等妥筹布置，毋稍疏虞，致干重罪。将此由六百里加紧传谕知之。

咸丰四年三月谕：桂良奏参带兵官员不能约束兵丁一折。委散秩大臣穆辂、健锐营翼长双禧管带京营官兵赴清河、威县一带防剿逆匪，乃于经过地方，并不能严行约束，以致该兵丁等沿途骚扰，胆敢抢劫衣物，伤毙人命，并有殴伤官弁情事，实属大干法纪！著桂良迅即饬属，将滋事兵丁按名提省，讯明后即行正法，以肃军律。仍一面派员前往，安抚居民，妥为弹压。穆辂、双禧均著先行摘去顶戴，交部严加议处，仍暂留胜保军营，带罪自效。倘再不知奋勉，著即严参治罪。所有穆辂、双禧原带官兵，并著胜保即行另委得力武职大员管带，毋稍迟误。

咸丰四年三月谕军机大臣等：前因张亮基奏初九日出队获胜毙贼千余名，当经谕令胜保、善禄、崇恩据实查明是否欺饰，尚未据该大臣等覆奏。本日复据张亮基奏称，连日进攻，每次毙贼数十人，十四日又轰毙贼目并余贼数十人，复在杨家桥一带，亲督勇目李朝俊，手刃穿黄缎马褂贼目一名，系伪冬官副丞相许姓；勇目马进科手刃穿红衣贼目一名。系伪检点郭姓，夺获大旗及黄旗、抬炮、刀矛、杂械，不计其数，乘胜将九家村、蔡家村两处贼巢烧毁，约计毙贼二千余名等语。所奏是否铺张入告，攘功自居？仍著胜保、善禄、崇恩秉公确查，据实具奏，不得以参奏在先，稍存回护。张亮基原带练勇二千人，谅已遵旨派员管带，以资攻剿。张亮基现已发遣，该勇等必须统带得人，方可随时驱策。现在大兵云集，德勒克色楞所带马队计亦到营，著胜保即督饬各路员弁兵勇，乘胜进攻，出奇直捣贼巢，与崇恩设法内外夹攻，务期悉数殄灭，不准稍稽时日。倘再借词延宕，惟有执法从事，决不宽贷也。将此由六百里加紧谕令知之。

咸丰四年三月谕军机大臣等： 昨据胜保、崇恩先后驰奏，逆匪于十五日夜用地雷轰陷临清州城各情形。览奏焦灼之至！已将胜保、善禄、崇恩即行革职，仍令带罪自效，迅即督兵围剿，严扼北犯，并严谕僧格林沁将阜城穷寇及早设计歼除，免致逆匪勾结。惟贼势猖獗至此，北路情形万分紧要，京外东西各营统归载龄调遣，著该侍郎随时审度机宜，统筹守御，尤应多设确切侦探，随地密拿奸细，毋致稍涉空虚，方为安善。文谦前奏天津、沧州一带兵力单弱，并著载龄设法兼顾，仍与僧格林沁、胜保、桂良等联络声援，妥筹布置。文瑞业经驰赴固安，所有载龄现审未结案件，著俟文瑞抵营后即移交审办。其关涉军务事件，仍归载龄节制，以一事权。军情变幻靡常，该侍郎应否移营防堵，务须熟筹缓急，斟酌办理。将此由六百里加紧谕令知之。

咸丰四年三月谕： 载龄奏拿获习教人犯拒捕逃脱，请饬严拿惩办等语。据称盘获习教人犯傅降一名，供称给胡林村鲍四即鲍飞送信，业经官兵将鲍四拿获，不料胡林村匪徒竟胆敢聚集多人，将官兵打伤，夺回鲍四，实属不法已极。该傅降由安肃县前来，据供安肃、宝坻等处俱有习教之人，难保无贼匪暗相勾通窥探消息。此等邪教，固不可操之太蹙，亦岂可因循疏纵，养痈贻患？著桂良密派得力员弁，前赴胡林村，将鲍四及打伤官兵之匪徒缉拿，务获归案，严行惩办。其安肃、宝坻等处习教民人，并密饬地方官随时查访，妥为弹压，消患未萌。载龄原片著钞给阅看。至该督所请饬令吴廷栋回永定河道本任之处，现在阜城贼匪尚未歼除，河间地方甚关紧要，吴廷栋著仍留河间办理防堵、团练事宜，俟直隶军务告竣再行交卸。所有永定河道员缺，著该督派员暂署，即饬督办漫口工程，勿稍贻误。将此由五百里谕令知之。

咸丰四年三月谕： 载龄奏官兵拿获习教匪犯仍被夺回，请饬严拿等语。据称拿获习教人犯傅降一名，供称给胡林村鲍四即鲍飞送信，经载龄派兵前往宛平、固安接壤之胡林村，将鲍四拿获，被该村匪徒聚众夺回，并将官兵打伤，实属目无法纪。著贾桢、杨沛督饬所属，将鲍四即鲍飞并夺犯殴差各犯迅速严拿，务获归案审讯，按律惩办。至傅降供称安肃、宝坻二县均有习教匪徒，畿辅重地，岂容此等奸匪潜行混迹？著贾桢等密查，饬宝坻县严密查防，固不可操之太蹙，亦不可讳饰消弭，酿成后患。原片著钞给阅看。将此谕令知之。

咸丰四年三月谕：桂良奏查明驻防官兵妇女殉难请恤一折。上年贼陷沧州城，守尉德成力战阵亡，业已降旨优恤。其防御四员、骁骑校四员、副骁骑校八员，均同德成力战阵亡，德成之妻同时殉节。又披甲兵四百十名、养育兵十名、闲散兵三百九十名、殉难妇女一千八百三十七口、幼丁四百八十名，或临阵捐躯，或杀身全节，义烈之气，可泣鬼神。妇孺何辜，罹兹凶惨，满洲旗仆，深明大义，临难效忠，毅然不夺。嘉叹之余，尤深怜悯，均著加恩，交部从优议恤，以奖忠烈。其现存兵丁，仍著照旧支给钱粮，妥为安置。笔帖式双魁既查无捏饰规避情事，著毋庸议。

咸丰四年三月谕：载龄奏审明从贼打仗逆犯定拟罪名一折。前因拿获形迹可疑人犯金有，供出多人，当交载龄留营审讯。兹据讯明，该犯曾在固安充当练勇，胆敢投入贼营，从逆打仗，杀害官兵，实属罪无可逭。金有即照所拟斩决枭示。固安县知县吴焘于该犯自涿州解回，并不悉心研鞫，究出实情，任听杨升等保释，已属草率，复称该逆素有痰迷之症，显系借词掩饰。吴焘著交部严加议处。

咸丰四年三月谕军机大臣等：僧格林沁等奏连日进攻情形一折。逆匪窜踞阜城，尚有万余，分占关厢村庄四处，我兵屡次诱敌，仍不过小有斩获，总未能痛加剿洗。该逆负隅抗拒，又已月余。临清逆匪，近据胜保奏称，十七日进攻，仅毙贼多名，亦未能将贼垒即时攻克，且称该逆仍分踞城外关厢，恃为犄角。是该大臣等剿办两处贼匪，均未能克日奏功，尤恐顿兵日久，师老力疲，致南北之贼联为一气，防剿更为棘手。昨据台涌奏，湖北逆贼连陷德安、云梦、应山等处，该督绕赴武胜关，已谕令舒伦保、柏山等带兵驰往堵剿。该处与豫省毗连，能否杜其北窜，尚难预必。此时阜城之贼，倘能及早克复，或与胜保分路进攻，或大军合力并剿，声威既壮，自可渐就肃清。若再事迁延，致败窜余匪牵掣我军北路，全局尚可问耶？前调大炮，谅已运到，著该大臣等督饬官兵，迅速进攻，不可畏难自阻。贼众既愿投出，即当设法解散，以孤贼势。仍须严密防范，不可大意，致堕奸计。并饬庆祺赶紧设法开挖地道，以备轰击。前据琦善奏贼匪每假冒服色，希图混迹等语。著该大臣严饬各营，实力稽查，毋稍疏忽。原片著钞给阅看。将此由六百里加紧谕知僧格林沁，并谕西凌阿、托明阿知之。

咸丰四年三月谕：前谕载龄俟文瑞到固安后，应否移营，斟酌办理，并经载龄奏拟赴雄县驻扎。兹据文瑞奏称痼疾益甚，恳请开缺，已降旨准其开缺调理矣。固安地属扼要，载龄驻此居中调度，各路官兵声势可期联络。现文瑞既未能前往，该侍郎即毋庸移营他处。雄县防堵事宜，亦关紧要，即著该侍郎派往得力员弁，带兵前往驻扎。前所请添派精兵之处，已谕巡防王大臣照数调拨。此时阜城余匪尚未殄灭，临清现又失守，逆焰鸱张，时思窜逸。京外东西各营守御万分吃紧，载龄总统诸营，务宜熟筹缓急，严饬各路带兵大员，实力防范，不可稍有疏虞。所有现审未结案件，仍著载龄迅速审办，分别定拟具奏。将此由六百里加紧谕令知之。

咸丰四年三月谕军机大臣等：僧格林沁奏连日诱贼出巢，官兵屡获胜仗一折。逆匪窜踞阜城，坚匿不出，总未大受惩创。二十三日经该大臣设计诱贼出巢，该逆突出四五千名，直扑南面，显系夺路奔逃，欲与临清之贼互相勾结。现在大炮业已到营，著该大臣即督饬员弁，赶紧进攻，以期迅速蒇事。本日据胜保等奏，乘夜进攻，焚毁贼巢二处，惟城外贼巢尚有十余处，城内贼匪亦复不少，军营马队无多，不敷遏截追剿，请将穆辂所带之兵一千名拨赴阜城，于僧格林沁军营内明庆、乌凌额所带马队官兵酌拨一千名或八百名，速赴临清，听候调遣各等语。著僧格林沁即于明庆等所统马队官兵内酌量调拨。穆辂所带之兵，虽未经战阵，惟均系火器营劲旅，该大臣素所深悉，驱策必能得力，总期统筹全局，毋误事机。该大臣剿办阜城贼匪，责无旁贷，固不可与临清逆匪联为一气。若令突围而出，再致滋扰他处，朕惟该大臣是问。将此由六百里加紧谕知僧格林沁，并谕西凌阿、托明阿知之。

咸丰四年三月谕：本日据文谦奏请饬拨马步官兵驻扎津郡一折。当有旨令巡防王大臣酌量筹画具奏。据惠亲王等奏称，载龄所统防兵未能抽拨，京旗各营亦未便调拨等语。阜城、临清两股逆匪，迭经僧格林沁、胜保等连次攻剿，均获胜仗，贼胆已寒，当可扼其北窜。惟津郡为畿南门户，沧州又为天津南路藩篱，皆应加意防范。载龄统领之兵，并无马队，且又分布涿州、良乡、固安、黄村、杨村等处；京营劲派虽多，亦多系步卒。京师根本重地，巡防吃紧，均未便再行外拨。津郡所属，多与山东地面犬牙相错，其运河迤南，一水直达。若该逆势穷思窜，或由间道北犯，文谦总当督同镇道府县，激励将士，就现有兵勇择要防堵，勿令阑入沧州。乡勇既有数千人，著饬令地方官勤加操练，以济兵力之不足。青县、庆云、盐山、南皮等县，亦当一律办团，不得以兵勇单薄为词，稍滋疏懈。载龄现驻固安，距津不远，尽可就近策应。著文谦多发远探，遇有警急，即行飞报巡防王大臣，并知会载龄，以便拨兵应援，毋稍大意，致误事机。将此由六百里传谕文谦知之。

咸丰四年四月谕军机大臣等：僧格林沁奏初一、二日攻击贼匪获胜一折。此次逆匪由阜城南面扑出，被地雷轰击，歼毙甚多，复向北面冲突，又经官兵击退回巢，逆势穷蹙，急图窜逸。该大臣已四面安设地雷，正当乘比机会，诱令出巢，悉数歼除。惟该逆诡计百出，一经受创，地雷处所，设法揭破，不可不防。该大臣务即懔遵迭次谕旨，迅督各官兵，将此股贼匪尽行扫荡，收复阜城，毋令窜出，致与东境贼匪会合。本日胜保奏，二十七八等日将李官庄贼匪痛剿，沿途击杀五六千名，追至距冠县四十里之清水集，该逆占踞三村，立即夺回，复又焚毙多名。贼匪现在屯聚清水集，必须并力围攻，而德勒克色楞腿受枪伤甚重，不能督带马队，平海亦项受枪伤。计该逆所最畏惮者马队官兵，当此得力之时，无人管带，且不敷追剿。著僧格林沁于接奉此旨后，即日饬令明庆，将挑选精锐马队官兵八百名统带启程，前赴胜保军营，随同剿办，勿庸俟穆铭到营再行换拨，转致迟误。该大臣即将明庆启程日期驰奏。穆铭自桂良奏参后，不知行抵何处，殊堪诧异。著僧格林沁迅速檄提，仍一面查明，如有沿途逗留情节，据实严参，从重治罪。将此由六百里加紧谕令知之。

咸丰四年四月谕：僧格林沁、胜保等奏连日进攻贼巢获胜等情一折。逆匪窜踞束城等村，迭经大兵四面环攻，尚未能痛加剿洗。据现获奸细供称，贼因粮食将尽，有欲于数日内他窜之语。该大臣正当乘机合力追攻，为扫穴擒渠之计。至设伏诱贼出巢，分股截杀，固亦剿贼之一法，但恐贼众拼命奔突，一时堵截稍疏，仍不免溃围他窜，剿办又致费手。总不如移营逼近贼巢，并力攻击，使逆匪无路逃窜，即可聚而歼旃，殄除净尽，乃为上策。前奏称拟挖长濠，是否挑挖已就，足资堵截？兹复据奏，徘徊村距束城较远，以致我军扎营接连数十里，似此遥遥围截，分我兵力，声势何由联络？该大臣等务当迅速设法攻剿，万不可再缓时日，复滋蔓延。太仆寺卿齐承彦奏，长发贼不能耐寒，乘此严寒冰雪之际，亟宜进剿等语。自系实在情形。著激励将弁兵勇，即时进攻，勿失机会。至所称解散胁从一节，著一并体察情形，妥慎筹办，切勿堕贼奸计。齐承彦折著钞给阅看。将此由六百里加紧谕令僧格林沁、胜保等知之。

咸丰四年四月谕：天津绅勇于上年九月间保守城池出力，曾降旨将在事文武员弁绅民兵勇分别奖叙。复谕文谦等将其余各员弁及出力绅董商民，俟事竣再行请奖。迄今已逾数月，闻该郡各绅勇于逆匪窜踞独流之时，每帮同官兵打仗，其中奋勇杀贼赴义捐躯者，颇不乏人。并闻该处附城绅董，多出资募勇，昼夜严防，使逆众不能乘间阑入，实属同心敌忾，奋勉堪嘉。著文谦即遵照前旨，将未经保奏之出力官绅兵民等迅速查明，奏请施恩，以昭激劝。并将节次阵亡各勇按名详查，咨部议恤，以慰忠魂。现在阜城之贼尚未歼除净尽，天津为近畿重地，不日海运漕粮将到，更应防范加严，勿令匪徒混迹。仍著文谦等谆劝绅民，认真团练，保卫乡閭。并懔遵前旨，饬令所属各县一律办团。倘能始终奋勉，众志成城，朕必将该郡绅民优加奖励，正无虑劳绩不能上达也。

咸丰四年四月谕内阁：僧格林沁等奏逆匪突围思窜，现督官兵堵截一折。

阜城贼匪久经官兵围剿，穷蹙思窜，于初六日夜间乘风扑出重濠，向培成等营盘抛掷火弹喷筒，焚烧帐房。虽经僧格林沁催调各营马队合力截击，毙贼无数，该匪死拒濠边，尚未窜出，究属防范不力。培成著摘去顶戴。乌凌额因击贼受伤，免其置议。僧格林沁未能先事豫防，著传旨严行申饬，仍著该大臣督饬各路官军尽力围剿，务将此股贼匪悉数歼除，毋任窜逸。

咸丰四年四月谕军机大臣等：僧格林沁奏逆匪乘风扑过重濠，现在力筹堵剿一折。阜城军营濠墙树栅，层层布置，已有月余之久，何以逆匪扑出，竟无拦阻，致令焚烧营盘，直抵濠外，抗拒不回？是连日安设长围，全不得力，其防守官兵所司何事？实堪痛恨！令该逆死拒濠边，虽未全窜，已在长围之外，防堵愈难。且该逆屡出窜扑，皆向东南一带，显系欲从景州、德州等处溃逸，与南来之贼勾结。现在临清贼踪虽已渐远，仍在冠县境内，距直隶大名甚近，若任令向东南窜出，由景州故城循运河而南，便可合为一股。即使我军能向东南堵截，又恐大兵全聚一隅，该逆窥我他处空虚，阳扑东南，潜向东、西、北三面突围冲扑，处处皆可窜出，尤为可虑。僧格林沁不能迅速奏功，此次失利，转以人力难施为解。看此光景，直似束手无策。若不能将扑出之贼全数截回，极力歼戮，致令稍有疏虞，朕自能将僧格林沁从重治罪，不仅以议处了事。所称前截后袭，不任远飏等语，亦系毫无把握之事，总以就地歼灭为要。至此次扑出贼众，是否系阜城城内全股突出？抑城关两村仍有贼匪聚伏？我兵以全力扼其东南，设该逆窥我空虚处所，分股奔突，转致我兵疲于接应，又堕贼声东击西之计。该大臣务当通筹布置，毋稍大意。将此由六百里加紧谕令知之。

咸丰四年四月谕：本日据僧格林沁驰奏，贼匪乘风扑过重濠，意图窜出等语。此次阜城逆匪大股冲突重濠，势甚猖獗，虽经该大臣等督兵堵截，现在死拒濠边，尚未回巢，难保不分股四出纷窜。该处东通连镇，北达献县，东南与景州，西南与武邑、衡水均属壤地毗连，最关紧要。著桂良严饬各该地方文武员弁，严密防范，断不可令贼踪乘间阑入。至临清余匪，昨据胜保奏，现已窜至冠县，又经官兵歼戮甚多，亦须严防其窜入大名等处。著该督仍饬令张殿元懔遵前旨，尽力截扼，或酌量带兵出境迎剿，不得专恃防守。仍著桂良与僧格林沁、胜保、载龄等互相知照，并多设侦探，将界连阜城各地情形随时迅奏，毋稍疏虞。将此由六百里加紧谕令知之。

咸丰四年四月谕：僧格林沁奏逆匪被剿南窜，官兵进击情形一折。据称该逆于初九日夜全股南窜，一股抗拒官兵，分股窜至连镇，搭造浮桥，占踞东西两镇及附近村庄。我兵绕至东光县地方，始得渡河，十一日督兵进攻，该逆败退回巢，我兵纵火焚烧，该逆复向西奔窜。此次追剿贼匪，虽有斩获，而我兵伤亡亦复不少。该逆窜踞阜城，几已两月，朕迭降严旨，谕令扫穴擒渠，不准再有窜逸，于该大臣调兵调炮，无不立允所请，原冀僧格林沁及早将此股贼匪殄灭，以保全朕倚任之恩。兹阅该大臣奏报，卒令溃围扑出，复踞连镇，我兵追剿又落后著，该大臣迭次所谓布置者安在？僧格林沁前次追贼尚属迅速，何近日迟延贻误若斯之甚！且逆匪亡命狂奔，毫无阻滞，我则必须绕越渡河，使该匪得以从容设备。该大臣贻误之罪，夫复何辞？连镇地方分据运河两岸，西南可达景州，东南可达吴桥，由河而北又距泊头镇不远。若不就地殄除，又恐蹈独流故辙，剿办何时蒇事？昨据胜保奏，临清逸匪窜入丰县，该大臣督兵追杀多名，余匪不过二三千名，不日即可歼灭。惟追剿逆匪，不分昼夜，利于遄行，马队多有疲乏落后，不敷攻击。前次谕令僧格林沁迅饬明庆带兵助剿，原有刻不容缓之势。乃该大臣此次奏报，犹有十一日明庆督兵压贼之语，是并未遵旨令该副都统前往胜保军营，又不能迅速将此股逆匪歼灭无遗，专力南注，两失机宜，朕实不解该大臣之意！僧格林沁接奉此旨后，仍饬令明庆督兵南下，无再延误。此股窜匪务当乘其喘息未定，督饬马队官兵实力截击，悉数歼除。倘再令该逆又在连镇地方久踞，或又窜踞他处，朕必治僧格林沁贻误之罪，别亦无可再谕矣。将此由六百里加紧谕令知之。

咸丰四年四月谕：本日据文谦奏称，连镇距天津三百余里，一水可通，该逆亡命狂奔，津郡较为吃重，现在兵勇实属单薄，请添兵协防。当交惠亲王等速行酌拟具奏。兹据奏称，载堪带兵驻守杨村，距津较近，派令先行赴津，合力防守。著载龄迅即饬令载堪，将驻守杨村官兵五百名，即日管带驰赴天津，与文谦合力守御，毋得稍有迟延。如确探该逆东窜，仍著载龄派兵接应，以资攻剿。再前据桂良奏，嗣后如拿获天主教，审系实无别故，酌量释放。此等习教愚民，如果滋生事端，自不可稍形宽纵。若查无为匪实迹，亦不得过事株连。著载龄于获犯时分别办理，毋枉毋纵为要。将此由六百里加紧谕令知之。

咸丰四年四月谕：文谦奏贼窜连镇，津郡筹防，请就近移兵一折。阜城贼匪窜踞连镇，跨占运河，与天津一水可通，自应豫为防守。该郡存兵分拨各处，殊虞单薄。载堪带兵五百名驻守杨村，该处情形现在不甚吃紧，而与津郡相距较近，已谕载龄派令载堪将所带之兵，由杨村移赴天津，会同文谦合力守御。本日据僧格林沁奏，贼踞连镇，经我兵赶到围剿，迭有斩擒，惟所获贼供，逆匪是否在此盘踞，抑或他窜，尚在未定等语。贼踪剽疾异常，南北奔窜，均未可知，津郡尤为贼所凯觎，且去年曾经攻扑，尤不可不加倍严防。著文谦就现存兵勇，与载堪慎密妥筹，并激励绅民，同心戮力，帮同巡缉，以期先事豫防。其由静海移赴沧州之兵，为该郡前路屏蔽，尤宜督饬带兵将弁，与地方文武会同防剿，不可稍涉疏虞；并多设远探，将前路军情及地方布置情形随时具奏。

咸丰四年四月谕：胜保奏追剿逆匪殄灭净尽，并恳请陛见各折，复片奏安置步队，亲督马队各兵迎剿阜城窜匪等语。该大臣转战经年，力挫凶锋，兹复从临清追贼，直至丰县，将此股逆匪悉数扫除，自宜渥沛恩施，以酬劳勚，并令各省军营将士知所感奋，迅奏荡平。惟楚皖逆氛方炽，大江南北首恶稽诛，东南民生颠连困苦之状，朕每一思之，难安寝馈。即阜城穷寇，现复南窜连镇，思为困兽之斗，未能即时廓清，肘腋之患未除，宵旰之忧弥切！乃胜保遽以红旗驰报河北肃清，不知朕所期望于该大臣者至大至远，似此铺扬过甚，殊觉迹涉矜张。该大臣承受朕恩，益当加以敬畏。军士从征劳苦，致器械衣履不齐，即饬赶紧备办，仍一面加意拊循。至步队各官兵著照拟暂令驻扎曹州，派善禄统带，搜捕余孽，弹压土匪，就近与胜保等联络声势，严防南匪续行北窜，并可为豫楚一带援应。该大臣既令马队官兵缓赴大名，亲自统带，分两岸前进，迎剿阜城窜匪，即当与德勒克色楞兼程北行，会同攻剿，此时断难来京陛见。昨据僧格林沁奏，该匪于初九日夜全股南窜连镇，此股不即殄除，恐蹈独流故辙，著胜保于沿途确探贼踪所在，迎头兜击，与僧格林沁合力夹攻，不准该逆蔓延他处，并不得久踞连镇，重烦兵力，务期迅速剿除。朕方拭目以待该大臣等肃清河北，同膺懋赏也。朕于迭次谕饬胜保之旨，训勉之中，恩眷备至。该大臣果能随时懔遵，与面承方略无异，亦何必亟请入觐，始能禀受机宜？且朕既信任该大臣，畀以统帅重任，该大臣既知无不言，朕亦悉如所请，不为遥制，尚何虞有所隔阂？总以群丑悉就歼灭，寰宇均获乂安，为该大臣之不负朕望耳！将此由六百里加紧谕知胜保，并谕德勒克色楞、善禄知之。

咸丰四年四月谕军机大臣等：僧格林沁奏马队官兵攻贼退缩一折。逆匪窜扰连镇，跨河营巢，若待其布置已定，势必至如独流故事，攻剿难以得手。该大臣与西凌阿、托明阿分扎东西两岸，并密防该逆回窜西北之路，复将天津船只停泊下游，使贼众不得扰及津郡。逆匪自阜城窜出，并非穷蹙奔逃，一到连镇，即死守抗拒。该大臣于东南两面挑濠筑垒，诚恐兜围严密，益坚该逆负隅固守之心。此次马步军官兵虽极奋勇，而贼巢仍未攻破，且致伊勒东阿臂受枪伤，是其明证。不如诱令离巢，设伏以待，一俟该逆扑出，迅即合围兜击，俾该逆不得回奔入巢，再以奇兵将贼队冲断，剿洗更形得力。著该大臣等酌量办理，万不可专恃胜保兵到，致延时日。前据桂良奏，张殿元、达年驻守大名之兵，移营南乐，原以防东境冠县、朝城诸处窜匪。现在该处情形无关紧要，已谕令桂良将该署提督等所带官兵移向景州、交河一带。著该大臣察看何处紧急，派令协防，借资堵剿。前此因德勒克色楞接仗受伤，特派乾清门侍卫恩全前往看视。本日已谕令胜保迅饬恩全，驰赴连镇，察看军营情形，回京覆奏。该大臣务将现在贼情及一切布置告知恩全，即饬令回京，以慰朕念。将此由六百里加紧谕令知之。

咸丰四年四月谕：阜城逆匪窜踞连镇，僧格林沁督兵进剿，仅获小胜。

想胜保沿途已有探报。本日已谕知僧格林沁，如逆匪死拒，难于得手，即设法逼令出巢，以便南北夹击。胜保当亦豫计及此。该大臣所留曹州步队官兵三千余名，原为备办军装，听候南征之用。此时皖省军务，节经朕指示机宜，分派袁甲三、秦定三严防临淮、正阳两路，和春等进剿庐州，兵力亦不为单薄。惟楚、豫交界自应山、德安先后失守，贼又北扑随州，西扰安陆。台涌原带之兵，复迭次溃失，几不成军。河南武胜等关防兵甚少，著胜保即将留驻曹州之陕甘官兵，酌拨一千名或一千五百名，交桂明统带，星速驰往武胜关，或防或剿，随时酌度办理。该提督与舒伦保所带之兵，均系陕甘劲旅，自可联络得力。其余官兵仍留曹州，以备调遣。现在楚、豫交界较之皖、豫交界尤为吃重。胜保统筹大局，定能熟审机宜也。张殿元、达年所带官兵现驻南乐，原以防临清逆匪西窜大名。今东境肃清，而阜城逆匪剿办吃紧，即应饬令该署提督等移兵进逼，以为兜剿之计。著胜保飞催前进，不准耽延。前次返往看视德勒克色楞之侍卫恩全，当已早抵军营，著胜保即将该侍卫带赴连镇军营，或即令该侍卫先行驰往，速将该处形势军情详细查勘，于回京时据实覆奏，总以迅速为要。朕日盼畿疆绥靖，早奠民生，该大臣等务当合力同心，殄兹穷寇，无负朕之厚望也。将此由六百里加紧谕令知之。

咸丰四年四月谕：前据桂良奏，张殿元等带领官兵移营南乐，原为临清贼匪窜至冠县、朝城而设。现在东境肃清，大名一带毋须重兵驻守。阜城匪众窜踞连镇，又已数日，设令相持日久，恐该逆拒守益坚，耗我兵力。著该督即行飞饬张殿元、达年等，将此项官兵迅速统带北行，向景州、交河一带，探明贼踪，就近逼攻。仍飞咨僧格林沁酌量何处紧要，即将此项官兵派拨防剿，毋稍迟延。将此由六百里加紧谕令知之。

咸丰四年四月谕军机大臣等：前以阜城窜匪复踞连镇，谕令僧格林沁酌度情形，如能诱令出巢，设伏兜剿，庶易为力。数日以来未据奏报，不知该大臣作何布置？朕心焦切万分。以此股贼情而论，显系伏匿抗拒，意图耗我兵力。且墙垣坚厚，米粮充足，一经负隅久踞，复蹈独流故辙，又将何以著手？该大臣前奏挑濠筑垒，止于计及兜围，并未能迅速攻剿。朕以剿贼重任畀之，僧格林沁事权不为不专，大营兵力不为不厚，何以任令久困之贼，突围而出，复不能乘势掩杀，为前后要截之计？迨窜入连镇后，又不能即时剿洗，任其从容布置。该大臣贻误迁延，罪将谁诿？现胜保、善禄统兵于运河东西两岸，分路北趋，由东昌会齐前进。若该逆果向南窜，僧格林沁惟当竭力追杀，胜保等亦正可迎头截击。倘仍伏匿连镇，则胜保计日赶到，即可合力进攻，僧格林沁亦不得专待胜保到后始图剿办。总之，此股穷寇一日不灭，畿辅一日不安，朕急切苦衷，该大臣岂不知之！著即体察机宜，饬各路带兵各员，速筹进攻，无论合围攻击，或窜出截杀，总期悉数歼灭，迅速办理，朕不能再为该大臣宽予限期也。其张殿元、达年由南乐北行之兵，并桂良由省派往协剿之宣化兵五百名，均著飞催前进，调遣借资堵剿，并著随时知照胜保，迅速驰抵连镇，合力同心，将此股窜匪剿灭净尽，不准再有耽延，致干重罪。将此由六百里加紧谕令知之。

咸丰四年四月谕：胜保奏余匪净尽，督兵由东平一带相机迎剿一折。该大臣于十五日即抵济宁，十七日发折后始行启程，尚须相机再进，是直以班师自诩，按辔徐行，殊属非是！现在自阜城窜踞连镇之贼，即系该大臣去年由豫、晋追剿至直之贼，并非另有一股。此贼一日不灭，即该大臣一日不可辞其责，岂恃东境无全股之贼，而以应办未了之事诿之他人耶？据奏阜城贼踪窜向何方，尚无确耗，何侦探迟滞至此！连镇之贼跨河营巢，死拒不出，几与独流相等。僧格林沁挖濠筑垒，分扎官兵于东西两岸，并将天津船只停泊下游，布置虽周，而进攻总未得手，所杀逆匪不过数十名，且有伊勒东阿、乌凌额受伤之事。该处地势河东较河西尤固，胜保现在东岸进兵，即当迅速驰抵连镇，一面飞催善禄，由西岸迅速前进，同抵该处，合力进攻。若任意迟延，徒以休息兵力为词，自问何颜对朕？功自功，罪自罪，断不能希图相抵也。另片奏知州黄良楷、知县卢朝安、在籍侍卫田在田，各带练勇搜杀溃匿贼匪等语。自应亟行奖励。所有带勇各员及出力团长练勇人等，著准其归入丰县剿贼出力各员内，一体保奏，候朕施恩。该大臣此次追剿贼匪，如此迅速，若驰抵连镇，将阜城窜匪与僧格林沁合力同心，迅歼丑类，肃清畿辅，方不负朕委任之恩也。将此由六百里加紧谕令知之。

咸丰四年四月谕军机大臣等：朕闻阜城逆匪窜出时，察哈尔官兵并未知觉，迨将防濠之炮挪向营盘轰击，始知贼出，兵已大乱。林沨祥爬越濠沟，平毁濠墙，贼众跟出，以致焚毁营盘，抢去帐房百余架，马匹驼只数百匹，伤亡兵丁数十人。前据僧格林沁奏称，逆匪于初六日子时扑出重濠，然烧帐房，仅请将培成摘去顶戴，乌凌阿尚请因伤从宽免议。迨逆匪窜至连镇，始奏称培成营盘阵亡官兵八十余名，并未将培成失事实在情形，及被贼抢去帐房驼马火药各情详细入告，是该大臣前次奏参培成，显有不实不尽。逆匪窜阜城时，据僧格林沁等奏称挖筑濠墙，杜贼窜逸，乃初六日贼踞濠边，初九日全行南窜。此数日中不能设法堵剿，以致该逆窜踞连镇，余烬复燃，重烦兵力。可见该大臣平日布置，尽属空谈，毫无把握。至各营带兵大员节制有功则赏，有罪则惩，毫厘不容假借。倘有失事之员，即当据实严参，又岂可讳败为功！所有培成营盘如何被烧？逆匪如何扑出？培成及该营兵丁是否在营？何以毫无知觉？帐房等件被贼抢去若干？著该大臣迅速详查，据实具奏。倘有一字虚捏，是僧格林沁自蹈欺罔之罪，断难逃朕洞鉴也。该大臣于军营一切事宜，自当养公酌办，方足以折服人心，不可稍有瞻徇回护，致负委任。朕又闻该大臣延觅喇嘛，在营讽经设醮，虽系蒙古素所崇奉，但当剿贼吃紧之时，恐兵丁等专务此事，于防剿或有疏虞，岂此事所能补救也。该大臣惟当力尽人事，不可以不急之务，致懈军心。将此由六百里谕令知之。

咸丰四年四月谕内阁：端华、全庆奏遵查总兵畏葸各情一折。据称访查天津镇总兵特克慎，平日不能约束兵丁，声名平常。上年经胜保派赴得胜口扎营堵御，迨逆匪退后，天津地方各官均赶至胜保大营助剿，该总兵并不赴独流、静海等处随同剿贼，仍守得胜口地方，竟至三月之久，其畏葸无能，已可概见。特克慎即留于天津，亦属无用，著即行来京，交部带领引见。新任天津镇总兵双锐到任尚需时日，著桂良迅即另委妥员署理。

咸丰四年四月谕军机大臣等：僧格林沁、胜保等奏连日进攻连镇贼巢一折。所奏毫无把握。逆匪起立木城，分踞村庄，如此容易，我兵但知挑挖长濠，又不能克期蒇工，及连日进攻，杀贼百余名及数十名，而我兵伤亡亦复不少。似此旷日持久，何时始能歼灭！兹阅该大臣等奏报，殊出情理之外。贼于初九日夜间窜出，占踞连镇，我兵紧接跟追，何以迟至二十二日尚任该逆从容占踞西岸村庄？且称另行择地挖濠，是以十日之内所办之工全归无用。倘逆匪愈占愈广，我兵濠堑亦将愈挖愈远，自来困贼有此下策否？若濠堑果有可恃，原不妨计日以待，阜城覆辙已可概见，尚复沾沾必出此策。朕畀僧格林沁以如此重任，不料其束手无计，一至如此！朕实为之深愧！胜保已抵该处，步队亦即日到齐，自当力筹进攻，与僧格林沁和衷速办。此股逆匪本系胜保专办，不得一味诿过于人。前此寄谕业已详示。若胜保竟恃山东剿贼为莫大之功，于连镇剿办事宜则视为有人分任，徒事迁延，断不能逃朕洞鉴。前此所谕诱贼出巢，设伏出奇等事，能否遵办，即著相机妥筹。若任其负隅死扼，朕度该大臣等才力亦必不能克日奏功也。绷阔胸受枪伤，实属奋勇，著发去玉四喜搬指一个，玉靶小刀一把，大荷包一对，小荷包四个，交该侍卫祗领。所需火药，已谕巡防王大臣如数拨解矣。将此由六百里加紧各谕令知之。

咸丰四年五月谕军机大臣等：僧格林沁、胜保等奏合剿逆匪情形一折。贼匪窜踞连镇，已越两旬，仍未殄灭，朕心实深焦急。据奏四月二十九日僧格林沁督兵进攻贼巢东北、西北二面，胜保进攻西南贼营，虽各歼擒贼匪百余名及数十名，而我兵伤亡亦复不少，剿办仍未得手，不过敷衍入奏，毫无把握。胜保统带得胜之兵，于二十日驰抵连镇，已及十日，正当钦遵迭次谕旨，与僧格林沁同心协力，设法进攻，以期迅歼群丑。如能遏令奔窜，务当前截后击，设伏以待，断不准令该逆再踞他处，致滋蔓延。现据英隆奏称，副都统清安已于四月二十日带兵出境，该副都统年逾七旬，到营时著僧格林沁等察看该员精神若何，能否得力，据实具奏。胜保另片奏请将山东折漕银两一半解部，一半仍留军营等语，已据户部奏明，除将此项划拨银十万两解赴顺天粮台外，其余折漕银两为数尚多，仍即解部，以备分拨胜保军营及京饷要需，著即飞咨崇恩，遵照办理，毋许延误。

咸丰四年四（按：当作“五”字）月谕：胜保等奏逆匪被攻情急南窜一折。据称逆匪于五月初二日子刻，带骑马贼二千余名，从正东突出，由宁津大路分窜，胜保亲督马队跟踪截剿；该逆由吴桥拓园镇一带折回东南窜出，德勒克色楞亦带蒙古马队跟追。逆匪分股南窜，僧格林沁近在连镇，何以未据奏报？胜保所奏仅云在平原、恩县一带，贼踪究在何处，亦未能确实指明。逆匪诡谲异常，又系骑马逃窜，其势剽疾，必须探明追剿，迅速殄灭，勿令占踞村镇，以致牵掣我军。逆匪系由连镇东窜，该处有培成、那敷德在彼堵御，何以毫无知觉，任令该逆肆行奔突？培成营盘前在阜城被贼焚毁，此次又复失事，著僧格林沁确切查明，培成、那敷德如何贻误情形，据实严参，迅速具奏。连镇贼匪既已分窜，其势益孤。僧格林沁正当督率将弁，乘胜进攻，为一鼓歼除之计。如该逆全数南窜，务即督带马步各队，奋力追剿，断不可稍涉观望，致误事机。崇思现派协领久禄由德州东南一路进剿，候补参将定顺等在恩县一带择要设伏，该抚现在德州，仍当探贼所向，相机截剿，毋得专事株守。其兖、沂、曹、济等处，务当一严饬地方文武，迎头截剿，遏贼窜路，则大兵跟踪追击，更可得力。逆匪窜后，胜保已由德州驰奏，而僧格林沁既未拨兵进剿，又未将如何窜出情形迅速入告。此时若不赶紧将连镇余匪克期殄灭，自问当得何罪？将此由六百里加紧谕知僧格林沁、胜保，并谕德勒克色楞、崇恩知之。

咸丰四年五月谕军机大臣等：昨据胜保奏，贼匪由东面突出南窜，当经谕知僧格林沁将堵御东面之培成、那敷德查明贻误情形，严参速奏，并询该大臣何以并未拨兵追剿，且不将窜出情形入告。兹据僧格林沁驰奏，称系该逆由连镇南面逃窜，胜保同德勒克色楞、善禄带同培成、那敷德督带马队官兵跟踪追击，与胜保所奏不符。是否培成前因失事获咎，此次与那敷德防堵东面，恐负罪更重，遂以贼由南面窜出饰词具报，该大臣不察虚实，据以入奏？且胜保二十三日到连镇后，其善禄带领步队于何日到营，未据僧格林沁等奏及，此次胜保折中亦不言会同善禄跟追。培成、那敷德不能遏贼窜逸，任令该逆由宁津、吴桥直奔恩县、平原一带，胜保亦不言就近带同该二员南追之事。该大臣虽驻兵连镇，北塘相距非遥，何以所探情形毫无确信？可见该大臣与胜保共办一事，声势绝不联络，以致围攻不密，该逆得乘间脱逃，蔓延他处，实所不解。至该大臣分拨马队在东南、西南列队，防贼续窜，固属要著，惟不可徒事分防，毫无把握，甚至区分畛域，以尾追委之他人，冀图卸责。该大臣等均经朕特简办理军务，若不能和衷商榷，迅速剿捕，何日始能了事？该逆精锐既已南窜，贼目亦已逸出，所存连镇余匪，著该大臣督率各营克日筹攻，务期悉数殄灭，万不可再令分股奔突，冀直境肃清，便谓可以塞责。仍将谕询各情形详查，速行奏闻。该大臣秉性质直，勿为人所蒙蔽，率行入告，致负委任。将此由六百里加紧谕令知之。

咸丰四年五月谕军机大臣等：僧格林沁等奏逆匪连日攻扑长濠，经官兵击退一折。据称初三、初四日该逆乘夜攻扑东南长濠，经西凌阿、明庆督率官兵，奋力击退。逆匪亟思溃围南窜，此次虽经我兵击败回巢，而贼情诡谲，仍恐声东击西，再图乘虚窜逸。现在贼踞高唐州城，虽经胜保等跟踪追剿，已成尾追之势。设连镇逆匪再行窜出，不惟胜保一军腹背受敌，且恐沿途裹胁，凶焰复张，剿办仍形棘手。该大臣总当督饬将弁，迅将此股余匪就地殄除，即使诱令离巢，亦当设伏要截，断不可任其四路狂奔，或另踞村庄，以致蔓延为患。胜保所带官兵全系马队，此时逆匪窜踞城池，必须步队官兵协力进剿。著僧格林沁仍遵前旨，迅拨步队精兵一千名，酌带炮位，即交善禄统带，星速赶赴高唐州，与胜保、德勒克色楞合力攻余万勿迟延，致误事机。将此由六百里加紧谕令知之。

咸丰四年五月谕内阁：端华、全庆奏天津绅民具呈请缴银钱兑换官票钱钞一折。著照所请，于天津设立分局令该绅民等径赴该局，呈缴银钱，领取票钞，毋庸由县转呈，以归简易。所换票钞，准该绅民等遵照户部章程，于交纳地丁、盐课、关税及一切交官款项内搭交五成。所收银钱暂存运库，作为收买海运余米之用，其余银两仍报部候拨。此事即著文谦悉心经理，务期于仓储、钞法两有裨益。

咸丰四年五月谕内阁：端华、全庆奏天津捐输米石，请变通办理一折。前因天津绅民请缴银钱兑换票钞，已有旨著文谦将所收银钱作为收买海运余米之用。兹据端华等奏称，除劝谕捐米外，仍请以收买余米盈余银钱采买米石等语，著文谦一并悉心体察情形，妥为办理。

咸丰四年五月谕军机大臣等：僧格林沁等奏，连日进攻贼巢，该逆仍坚壁死守，即诱令出巢，亦不过小有斩获，总未能扫穴擒渠。览奏实深焦急！该大臣统领重兵，剿办此股逆匪，是其专责，乃军营布置，不过用炮轰击，及两岸挖濠而已。逆匪坚匿不出，我兵即束手无策。似此旷日持久，糜饷老师，剿办何日蒇事？所称东、南两面兵力单薄，若逆匪冲扑，恐难拦截等语。可见该大臣于西北一带布置尚属严密，而东、南两面竟毫无把握。设该逆乘虚窜逸，与高唐州贼匪联为一气，则胜保一军势必腹背受敌；且恐贼众另踞村镇，恃险负隅，攻剿更形棘手。著该大臣等，务即督饬各路将弁，迅将此股贼匪就地殄除，或先于附近设伏，诱令该逆出巢，四面兜击，一鼓歼灭，断不准任令该逆乘间兔脱，又致蔓延。总之，此股逆匪一日不灭，畿辅一日不安。数万之兵竟未能扫除数千穷寇，他省兵勇精锐未有过于此者，人众未有多于此者，该大臣渥承恩眷，统领全军，顿兵糜饷，日久无功，尚有何颜对朕？且恐我军为此股贼匪所牵掣，南下无期，倘皖楚之贼再行乘间偷渡黄河，勾结为患，又将何以御之？此时若不赶紧图功，肃清畿辅，宽典不能屡邀，该大臣其自量之！将此由六百里加紧谕令知之。

咸丰四年五月谕军机大臣等：前因僧格林沁奏，进攻贼巢情形，仍来能得手，当降旨谕令迅督各路将弁，四面兜击，以期一鼓歼灭。近闻该处军营所以不能得力之故，总由带兵各员不思齐心进剿，而僧格林沁空握总统之名，不肯破除情面，令在必行。甚至任令兵丁占居民房，营盘之中所余无几；且所挖之濠，尽在北面，而南面空虚，任贼行走。我兵扎营率皆在数里之外，虚张声势，徒费铅药。似此疏懈耽延，毋怪逆匪屡次窜出，而僧格林沁毫无知觉，总于数日之后始行据禀入奏。各路带兵官员究竟能否用命？若积习相沿，不遵号令，必当从严参办。僧格林沁身受重恩，非寻常统兵大臣可比，亦复何所瞻顾，而不肯破除情面？将士不能用命，即系该大臣无能之罪，虽与士卒同甘共苦，亦不过小节微长，岂朕所期于该大臣者！著僧格林沁严督各路将弁，逼近进攻，若再以恐伤官兵为词，不肯努力进仗，即以军法从事。僧格林沁于将弁可以姑容，朕于僧格林沁断不能以姑息示恩！僧格林沁抚衷自问，当亦知之。倘日内不能将逆匪殄灭，致令又向他处占踞，朕亦别无他谕，自有惩办之法。至蒙古官兵勤劳久著，值此天气渐炎，于水土节候甚不相宜，必须及早奏功，庶得凯旋休息。该大臣务当仰体朕心，传谕诸军，同心协力，迅速蒇事，共膺懋赏也。将此由六百里加紧谕知僧格林沁，并谕西凌阿、托明阿知之。

咸丰四年五月谕军机大臣：僧格林沁等覆奏军营近日情形一折。剿办直省逆匪日久无功，经朕查知疏懈耽延各情，降旨严催进兵，于督责之中，曲寓矜全之意。该大臣宜如何感激厚恩，速图奏效，以赎前愆！乃据奏称各营步队倍著艰辛，因伤亡较多，不免恇怯观望。该大臣不忍绳之以法，仅以善言开导，仍不能无顽梗之人。试思行军纪律，首贵严明，若以该官兵曾经身冒锋镝，偶尔临敌退缩，遂置不问，各营纷纷效尤，何以处之！且各路军营所调官兵，孰非久经行防之人，勇敢者赏，退怯者诛，断难稍涉游移。如不能用命，即当查明首先退缩之人，立以军法从事，庶足惩一警百。倘一味姑容，致各兵丁习以为常，所谓素称劲旅者安在？僧格林沁总统全军，不能破除情面，严督马步各队克日攻剿，但以焦灼空言，恳恩重惩。该大臣亦思似此委靡不振，糜饷老师，岂屡次请罪所能塞责？僧格林沁著先行传旨申饬。各营既经逼近贼垒，南面亦不空虚，该匪无路逃避，即著该大臣督饬大臣，实力进剿，攻破贼巢，一鼓扫荡。将弁官兵有抗不遵令者，无论满、蒙各旗及绿营汉兵，即在军前正法，不得再以可惜不忍等词渎奏。如该逆仍前窜出，致与高唐一股会合，惟僧格林沁等是问！将此由六百里加紧谕知僧格林沁，并谕西凌阿、托明阿知之。

咸丰四年五月谕：僧格林沁等奏连日进剿毙贼多名一折。逆匪窜踞连镇，经僧格林沁等移营逼近，亲督各营官兵乘机剿洗，毙贼三四十名。二十六日复饬派官兵，平垫该逆濠沟，逆匪大股出巢，势如蜂拥。僧格林沁豫派黑龙江总管格绷额带马队数十名设伏，该逆离巢已远，格绷额督兵呐喊，枪箭齐施，毙贼四五十名。该逆马队数百名，向我军攻扑，格绷额飞马当先，马队继进，将该逆击回。大队贼匪摇旗冲扑，我兵各路马队一拥直前，达洪阿带兵抄贼后路，复毙贼五六十名。该逆仍前抗拒，复用大炮向贼众轰击，毙贼无数。达洪阿马被贼伤，复换马前进，我兵勇气百倍，直逼贼队，极力殄剿，又毙贼百余名。计两日毙贼二三百名、伪总制一名、红衣贼四名、黄马褂贼三名。该大臣等务当激励将弁，迅速殄灭贼氛，毋再延缓。

咸丰四年五月谕：僧格林沁等奏军营近日情形，并设法布置一折。据称该逆防范甚严，现募熟习路径之人，于夜间进剿，意在攻其不备，为一鼓殄除之计。该大臣因东南兵力较单，将西岸长濠收近，随令庆祺带步队官兵移扎西岸，以期严密，是我兵业经逼近贼垒，若能四面合围，聚而歼旃，不使一名漏网，固为上策。但该逆负隅死守，是其惯技，我兵既不能直捣贼巢，而挖筑长濠，又未必能处处周密，徒延时日，迄无成功。且我兵亦被长濠所阻，进攻不能自由，前车可鉴。设该逆乘间窜逸，我兵又成尾追之势，似此旷日持久，剿办何能蒇事？此时逆匪被围，日久意在狂奔，不若择要设伏，督兵进剿，尽驱该逆出巢，奋力截击，较之合围坐守，更可得力。该大臣等务当悉心筹画，亟思剿除之策，断不可再事迁延。各屯扎河干低洼之处，贼挖运河，固属可虑，现在夏令雨水较多，泥淖之中，我兵攻剿岂能得力？该大臣仍当相度机宜，妥为布置，早灭妖氛，以副委任。所需军饷，业于河南解交顺天粮台银两内借拨二万两，著即飞饬天津道张起鹓，迅速拨还归款，毋任延宕。将此由六百里加紧谕知僧格林沁，并谕西凌阿、托明阿知之。

咸丰四年六月谕军机大臣等：前因逆匪被围日久，死拒不出，谕令僧格林沁等择要设伏，诱使出巢，痛加剿洗。乃本日据该大臣等奏称，二十九日列队进攻，达洪阿身受重伤，兵勇阵亡三十余名，显系我兵失利。所称各营马步官兵将该逆击退，语涉含混，并未将是日接仗情形详细声叙。该大臣统领全军，剿办此股逆匪，惟恃挖濠坐困，于攻剿事宜毫无把握，既未将贼巢克日扫除，而我兵出队复屡有挫折，似此日事迁延，老师縻饷，罪将谁诿？高唐窜匪尚未殄灭，设此股负隅久踞，牵掣我师，或分窜蔓延，肆行勾结，其患曷可胜言！况皖、楚贼匪难保不复北窜，畿辅一日不清，大兵即不能南下。朕宵旰焦劳，难安寝馈。该大臣身受重恩，亦当为朕分忧也。副都统松玉日久未见打仗，现在何处扎营？是否得力？著查明具奏。阵亡守备哈清魁、巡捕营把总常山，均著咨部议恤。将此由六百里加紧谕知僧格林沁，并谕西凌阿、托明阿知之。

咸丰四年六月谕军机大臣等：前据僧格林沁奏连日大雨，进剿未能得手。当经谕令该大臣赶紧进攻，数日以来，未见续报。逆匪既分窜高唐，则连镇之贼，其势已孤，该大臣于攻击机宜，何以尚无把握？实深焦灼。本日据琦善奏称，拿获伪总制刘玉山，供称逆首杨秀清闻北路贼匪被围，欲派大股党与从扬州清江北窜等语。现在琦善大兵驻扎扬州，自可随时堵御。惟北匪一日不除，设南匪又从间道北窜会合，其事更不可问。总之连镇逆匪若能及早殄除，不但逆匪不敢窥伺河北，大兵且可乘势南下，皖楚之匪亦可次第扫除。若以败窜余匪牵掣大兵，旷日持久，深恐别滋他变。该大臣身受重恩，亦当筹虑及此。著即督饬各路将弁，克日进功，毋再迁延，致干重罪。将此由六百里加紧谕令知之。

咸丰四年六月谕：珠勒亨著驰驿前往连镇军营，听候僧格林沁调遣。所有雄县一带防堵事宜，著载龄派员接管。

咸丰四年六月谕军机大臣等：现在连镇攻剿吃紧，亟须添派官兵，迅将此股残寇克日歼除。本日已派玉明带领圆明园八旗兵丁一千名前往连镇军营，并著载龄即饬所驻固安防兵一千名，一并前赴连镇军营，均归玉明统带。即由载龄先行知会僧格林沁，以备调拨。所有雄县防兵，著载龄迅速驰往统带，扼要驻扎，以为后路声援。一切防守情形，随时由驿驰奏。将此由六百里加紧谕令知之。

咸丰四年六月谕军机大臣等：前据僧格林沁奏挑挖重堤，为截水灌贼之计。朕知其徒劳无益，当经严批示谕，令赶紧进攻。嗣据僧格林沁奏报，并未陈明进攻之策，但称堤工已有就绪，是直以挖堤一节为可恃以成功，而置万余重兵于无用之地，何玩谬若此！今据奏，南面河堤被水冲决，虽贼踞村庄间有浸没，而我兵东面营盘竟至不能屯扎，可见筑堤截水，不但未能制贼，而冲决浸灌，我兵转受其害。更恐该逆乘机纷窜，泥淖之中，我兵马队不能得力。僧格林沁此等迂缓之谋，视为上策，朕实不解。逆匪窜踞连镇数月之久，未受惩创，反得养其精锐，蓄其奸谋。而我兵力疲气馁，何日始能蒇事？若以军律而论，即将僧格林沁重治其罪，亦不为过。第念连镇之贼势将垂毙，若骤易生手，转致启贼诡谋，是以僧格林沁奏请派兵，即将固安防守之兵悉数派往，又派玉明管带圆明园官兵前往协剿。著即懔遵前次批谕，以速战制贼之命，不得仍恃水围，徒延时日。若续派官兵均已到营，僧格林沁仍不能迅图进剿，国典具在，不能再从宽宥，勿谓迭次谕旨可视同具文也。将此由六百里加紧谕令知之。

咸丰四年六月谕军机大臣等：僧格林沁等奏逆匪奔扑濠墙，官兵截击获胜一折。该逆窜踞连镇业已八十余日，迭次谕令僧格林沁赶紧进剿，不得专恃水围，徒延时日。乃览本日所奏，逆众夜乘风雨，竟至奔扑东面濠墙，虽经我兵极力击退，而毙贼并不甚多，且弁兵亦有伤亡，攻剿仍不得手。似此辗转迁延，何日始能了事？该逆围困日久，必亟思逃逸，若果全数窜出，我兵截剿自可得力。惟现在河水涨溢，办理已形棘手，设逆众四处奔逃，我兵尽在西北一带，其东南两面本觉空虚，倘有疏虞，官兵为水所阻，更恐顾此失彼。著僧格林沁熟筹妥办，计出万全，或移营逼近贼巢，以便堵击，或设法诱出，痛加剿洗，务期迅灭妖氛，肃清畿辅，断不准以贼众坚匿不出，我兵进攻徒折精锐等语一奏塞责。如再不能速战灭此穷寇，但以愚蠢自居，尚欲恳恩宽予时日，朕必治该大臣有意耽延之罪，别无他谕矣。将此由六百里加紧谕僧格林沁，并谕西凌阿、托明阿知之。

咸丰四年闰七月谕军机大臣等：前因直隶贼氛未靖，桂良奏请将该州县案犯酌核犯罪情节，其谋故凶盗拒捕杀人重犯，法无可贷者，即行正法；至情有可原，及例应缓决各犯，拟即减等，并将向拟情实免勾之犯开单请减。

已经降旨允行。兹据刑部议覆御史毓禄奏现办军务省分请变通办理秋审一折。所有现在被贼扰之江苏、安徽、山东、湖北、湖南等省，虽据山东将本年秋审各犯题报到部外，其余各省均尚未具题到部，若再令展限，恐监禁之犯积而愈多，凶狡之徒转为贼用。自应变通酌办，以期消恶未萌。著各该督抚于接奉此旨后，无论已题未题，即将本年应入秋审后并上年停止各省分，一概查照直隶省现办章程，其例应情实者，立予正法；若情有可矜，及例应缓决各犯，即按应减罪名先行减等发配；至旧事情实免勾，并新事例应情实向俱免勾各犯，亦即由该督抚开单奏请减等，仍将查办原由，迅速奏明遵办，总期狱无留滞，毋得稍事拘泥，致有疏虞。本日据骆秉章奏石门等县绞犯难以解勘等语，即著遵照此旨办理，毋庸归入下届，以昭画一。将此由五百里各谕令知之。

咸丰四年闰七月谕军机大臣等：现在连镇贼匪，经僧格林沁等设法围剿，势已穷蹙，指日当可歼除。惟昨据僧格林沁等奏称，该营粮台关支兵饷，积欠甚多，前经桂良拨银五千两，亦属不敷支发。本日已谕户部拨银八万两，解赴该大臣军营。当此攻剿吃紧之际，若不宽为接济，何以激励军营！直省藩库情形，虽极支绌，然军需孔亟，总应设法筹措，毋误兵食。著桂良督饬接办粮台之口北道锡祉悉心筹画，无论银米，速行拨解连镇军营，俾支发得以裕如，进剿益可得力。将此由六百里谕令知之。

咸丰四年八月谕：僧格林沁逆匪被围扑扰，官兵续获胜仗一折。连镇逆匪被我兵围攻，迭次出巢扑扰。本月初二日夜间，分四面放枪冲突。因官兵严整以待，随即退回。至初三日夜间，复分四面来扑，并有大股贼匪乘坐大船、木筏，蜂拥驶奔水口。经散秩大臣穆辂、护军统领珠勒亨等督兵开放枪炮，连环轰击，并抛掷喷筒火弹，将该逆船只击沉烧毁，毙贼无数，并将伪总制廖姓轰毙，夺获挡牌、竹盔、刀矛、火药、炮子等无算。逆贼困守连镇，迭被惩创，穷蹙已极。著僧格林沁等督率官兵，迅速进攻，无任久稽显戮。穆辂此次击贼，尚属出力，著赏还顶戴，仍带革职留任处分。

咸丰四年九月谕军机大臣等：自前月十三日接据僧格林沁奏报后，半月有余，未见进兵消息。乃本日奏报情形，仍系贼匪冲扑，被官兵击败，未容窜出等语。朕日盼捷音速奏，而每览奏折，几成习见套语，毫无出奇制胜之处，实属不解。逆匪所掘大坑，我兵既能填垫；是逆匪所伏地方，我兵亦能前往，并非重濠之隔，遂成天堑。何以不令各路合力进攻，徒以加意防范为说？且阅折内所叙，贼扑庆祺营盘，则庆祺营中官兵自为抵御，贼扑僧格林沁营盘，则僧格林沁营中官兵自为抵御。直是分段巡防，各不相顾，并不为联络进攻之计。转瞬天气渐寒，倘堤水冻结，该逆另起诡谋，又将作何防范？僧格林沁既称该逆扑则不敢，守则无粮，即此岂非可乘之机，犹称有机可乘，即当进剿，究竟如何始为进剿机会？虚词搪塞，至于此极，朕实为之愧恨！著僧格林沁即行督饬各路官兵，设法进兵，克日攻破贼巢，不得再以徒折精锐为词，布置严密为解，任令该逆日久负隅。如有探闻情形，随时密奏，将此由六百里加紧密谕知之。

咸丰四年九月谕：僧格林沁等奏剿贼获胜情形一折。此次该大臣督派马步各队官兵分路进濠，虽已逼近贼垒，斩杀百余，该逆败回巢穴，拼死拒守，究未大受惩创，故敢于次日扑我营盘。逆匪占踞连镇，仅系村庄，并无城郭之固，僧格林沁等围攻五月有余，究竟如何捣穴擒渠，尚无成算。且贼粮缺乏，仅食黑豆等语，朕耳闻已熟。若贼巢中果无粮米，则伙党势必瓦解，岂有仍以黑豆苟延数月之理？僧格林沁性情诚朴，或不免受人欺蒙。现在贼匪制造吕公车，欲于初十日前后向北奔扑，即应加意防范。然与其防贼出扑，不如督兵进攻。先发制人，兵家胜著。该大臣等务当赶紧攻剿，勿但以小胜塞责，并以进剿过猛，恐伤精锐为词，迁延时日。至军士随征已及一年，更宜加以激励，迅将此股歼除，解甲释戈，共相休息。如久令负隅抗拒，僧格林沁亦何以对各营将士耶？将此由六百里加紧谕令僧格林沁，并谕西凌阿知之。

咸丰四年九月谕军机大臣等：僧格林沁等节次接仗，歼毙多匪一折。十三日我兵进攻，直至贼垒木城。该匪冲出，意在抄围，经我兵奋勇痛剿，伤毙贼匪多名。此次接仗，虽属得手，但仅僧格林沁一路进攻，其各路带兵大员何以不同时并进，殊不可解。况我兵受伤者亦复不少，究竟如何接仗情形，亦未详细声叙。该逆一经挫败，即负隅死守，已成惯技。惟在我兵设法诱敌，或潜师袭取，四面环攻，断不能因贼不出巢，遂至束手无策。该大臣屡次奏称贼粮缺乏，何以数月之久，尚能固守？况贼中枪炮尚多，可见该逆米粮火药并未断绝，恐附近愚民暗中接济。似此旷日持久，殄灭无期，该大臣统领全军，贻误之罪，又将谁诿？据称逆匪决挖河堤，引水东面，欲乘船扑出。是该逆已备乘间窜突，该大臣等务当克日进攻，一面杜其窜路，毋得再事迁延，致干重罪。将此由六百里加紧谕知僧格林沁，并谕西凌阿知之。

咸丰四年十月谕内阁：僧格林沁等奏逆匪出巢奔扑，官兵连获胜仗一折。逆匪于上月二十七日由水路奔扑，经我兵击退，二十九日夜间，河西连镇出贼多名，经瑞麟督兵轰击，并僧格林沁、伊勒东阿并力齐攻，该逆三面受敌，力不能支，纷纷奔窜，踏动地雷，毙贼无数。本月初五日，东西连镇复出贼千余名，分两岸向南窜扑。经桂龄督率官兵开放枪炮，贼匪纷纷倒地，余众诈作乞降，我军仍奋力攻击，贼始败退回巢。至夜间复分两路出巢，被僧格林沁开放大炮，登时击退。其向正南扑扰之贼，复被玉明、桂龄、萨炳阿枪炮环攻，未能窜出。间有贼匪凫水渡河，悉经击毙，并夺获刀矛多件。逆匪迭次窜扑，均被官兵击败，毙匪无算，贼势实已穷蹙。著僧格林沁等迅速进攻，悉数歼除，其防守不力之委参领武宽，著即革职，发往新疆，充当苦差，以示惩儆。

咸丰四年十月谕：僧格林沁奏连日获胜各等语。逆贼占踞连镇数月之久，迭经严旨催剿，总未悉力进攻。此次僧格林沁奏报，虽据称连获胜仗，仍系待贼奔扑出巢，始行轰击，我兵并未离营一步，实属不解。该逆米粮断绝，前据僧格林沁言之凿凿。兹阅所称扑扰情形，岂逆贼饥饿之余，尚能如此凶横，岂非该大臣等为人所愚，遽以入告耶？此时河冰冻合，所筑濠堤，断不足恃。且以困为剿，总须饷糈充足，方为可恃。现在我军既有冻馁之虞，若再不速筹剿灭，是贼未困而我兵先困，何时始能蒇事？事势至此，断难再缓，著僧格林沁等迅速设法，四面并力进攻，万不准再延时日。若复以折损官兵于事无济等语巧为搪塞，是该大臣等有意迁延，听贼他窜，贻误之罪，岂能屡宥？倘各路带兵大员不知奋勉，即著该大臣等严参治罪。至前谕饬令桂龄带兵赴胜保营候调，并令张殿元仍回连镇，当已遵办，仍著将该提镇启程及到营日期随时驰奏。将此由六百里加紧谕知僧格林沁，并谕西凌阿知之。

咸丰四年十月谕：据僧格林沁等奏攻剿连镇贼匪，迭获胜仗，亟须筹饷接济一折。现在连镇地方草豆价甚昂贵，各营驼马渐有羸瘦，需饷甚急。虽经僧格林沁设法劝捐，并河南陆续报解饷银，惟用项较繁，尚虞匮乏，必须赶紧宽筹，以资接济。桂良迅即妥筹，不论何款项下，宽为预备，咨明该参赞听候提用，毋误要需。将此由六百里加紧谕令知之。

咸丰四年十月谕：户部奏直隶各州县收纳钞票事宜，请旨饬查一折。直隶地丁钱粮，经户部议准，照桂良所奏，自四年为始，按银七票三搭收，扣至六年十二月为止，以后仍按五成搭收。各该州县自应遵照办理，乃据永康等奏，永济，筹备二库地租改收三成钱文，乃访查各州县，所收仍属实银，并无一分惠及百姓等语。该地方官征收钱粮，并未按照定章分成收纳，所交藩库之二成票钞，显系减价贱售，从中渔利，无怪官票宝钞日形壅滞也。著桂良明查暗访，如地方官有征收钱粮不遵奏定章程，仍向民间概收实银者，即行指名参奏，毋得稍有徇隐。本日有人奏广西左江道张祥晋贪黩营私，现在逗留天津，干预讼事等语。桂良按照所参各款，详细确查，据实具奏。原折与户部折，均著钞给阅看。将此谕令知之。

咸丰四年十月谕军机大臣等：僧格林沁等设法诱贼出巢，痛加剿洗一折。此次我军虚作高唐之匪回援连镇，诱贼出巢，擒斩多名，布置颇费经营。但南面木城之贼全行扑来，连镇之贼亦相机而至，正可乘其不备，四路进攻，为一鼓歼除之计，失此机会，殊觉可惜。该逆被围日久，思窜愈急，既有造梯选勇，由旱路奔扑之说，该大臣务严饬各营，一面实力进攻，一面防其窜奔之路，毋稍大意。逆贼负隅死守，总出其不意，力破贼巢。若止能诱出而毙贼，不能剿办，何能蒇事？况该逆狡诈百出，此计岂能再行！现在天寒冰结，我军仅恃长堤。万一逆贼乘间突出，贻害何可胜言？该大臣等迅图剿洗，断不可再事迁延，致滋他变。将此由六百里加紧谕知僧格林沁，并谕西凌阿知之。

咸丰四年十一月谕军机大臣等：僧格林沁等奏逆匪出巢，痛剿获胜一折。贼匪自上次诱出以后，该大臣等并未实力进攻。即初一等日三次扑我营盘，均经击退，亦不过小有斩获，岂得谓凶猛之气，大逊于前？该逆连日沿濠窥伺，意图出窜，乃称防守甚严，不敢狠扑，似此迁延时日，稍有松懈，必至窜突他处。现在天气严寒，各将冒冷执戈，朕每一动念，辄为心恻。该大臣仅以围困为得计，试问守而不攻，岂能歼兹丑类？况军营衣领等项，向恃捐输，若不赶紧攻剿，捐输断难为继。连镇并无城郭，何至抗拒数月，未能攻破其巢穴？该大臣既知士卒艰苦情形，即当激励军心，迅图攻取，若必待逆匪出巢，始行轰击，岂坚匿不出即束手无策耶？隆冬岁暮，风雪在所不免。此次即乘风奔扑，则其狡谲伎俩，必更伺我之隙，肆其诡谋。与其设计围困，不如迅速进攻。该大臣等务当及早蒇事，以慰朕怀，不得自谓调度无能，致令该逆久稽显戮也。将此由六百里加紧谕知僧格林沁，并谕西凌阿知之。

咸丰四年十一月谕军机大臣等：僧格林沁等奏击退贼匪情形一折。连镇逆匪屡次伺隙扑扰营盘，该大臣等仅能待其出扑后击退回巢，并不思实力进攻。此次所陈击败各情，亦属仍前敷衍，毙贼多寡，亦无确数。据云年内可望蒇事，即使实有此把握，又岂得谓之迅速耶？所奏贼多设伏以待，不容我兵前进。以数万官军，剿此穷寇，若竟任其死守，不图进取，日久相持，兵糈支绌，思之愤闷。所有投诚贼匪，恐不可恃，尤应留心驾驭，勿堕奸计。当此天气冱寒，士卒疲乏，该大臣等惟当激劝各营文武，赶紧筹攻，断不准再延时日，致生他变。节次批示至所降谕旨备极详明，别无可谕矣。将此由六百里加紧谕知僧格林沁，并谕西凌阿知之。

咸丰五年正月谕军机大臣等：前据僧格林沁等奏，焚毁西连镇贼巢，逆势益形穷蹙。朕即日盼捷音，乃旬余以来，未据该大臣等奏报，实深悬系。兹据巡防王大臣等所呈探报，本月初二日我兵攻破灶户、陈庄，贼匪仅踞连镇河东一处。初三日复将贼筑木城烧毁，逆党尚有二千余人，我军大炮已运进套堤，并陆续投出之贼亦复不少，办理实属得手。乃初九日攻剿连镇，兵勇阵亡二千余名，受伤者四十余人，是该逆灰烬之余，尚思抵死抗拒。探报情形是否属实？究竟此时如何筹画攻剿？大约何时始能蒇事？该大臣有无确实把握？著僧格林沁迅速详细具奏，以慰廑念。将此由五百里谕知僧格林沁，并谕西凌阿知之。

咸丰五年正月谕军机大臣等：僧格林沁等奏近日连镇军营情形一折。逆匪退出灶户、陈庄，西连镇贼巢已全行荡平，其势极为穷蹙。惟该逆尚有二千余名，在东连镇筑砌木城数重，为负隅死守之计。我军沿河筑垒，并将大炮运进套堤，高筑炮台轰击，正可并力进攻，将此股逆匪全数殄除。大营兵勇，数倍于贼，若因该逆炮火难近，不思捣穴擒渠，逆匪虽粮绝势穷，而狡悍异常，恐致他变。该大臣等务即督饬员弁兵勇奋力攻剿，断不可专恃坐困，待其自毙。仍一面严防分窜之路，毋令乘间逃逸。将此由六百里加紧谕僧格林沁，并谕西凌阿知之。

咸丰五年正月谕：本日据僧格林沁、西凌阿奏克复连镇，生擒贼首，全股贼匪扫数歼除一折。览奏欣慰。此股逆匪自上年窜踞东西连镇，并占踞附近村庄，节经僧格林沁等督率各营将弁，痛加剿洗，自攻克西连镇后，该逆全数蚁聚东连镇，死守巢穴。僧格林沁等令投诚义勇分扎西连镇及灶户、陈庄，并将大炮运进，隔河轰击。逆首林凤翔剃去长发，意欲乘隙溃围逃窜，贼势万分穷蹙。十九日寅刻，西凌阿、瑞麟、经文岱、伊勒东阿、珠勒亨、达崇阿督带马步队官兵在北面进攻，庆祺、绵洵、穆腾阿、巴扬阿在南面攻打，瑞昌、玉明、双成、萨炳阿带兵在河西扼截。将士兵勇，无不踊跃用命，先将贼巢木城焚毁，火光烛天，毙贼无数，林凤翔身受重伤，伙匪却退。我兵攻破木城，兵刃相接，贼巢内屋宇墙垣，被火烧塌，压毙及投河死者不计其数。奔逃余匪，歼殄罄尽。夺获大小炮十余尊、枪刀旗帜五百余件，林凤翔于地洞汗泥中潜藏，被我军搜获，并将伪总制、伪检点、伪将军等一并生擒，实足以快人心而伸天讨。科尔沁郡王僧格林沁，经朕授为参赞大臣，督兵剿贼，迭著勋劳。此次攻克连镇，生擒首逆，调度有方，深堪嘉尚，著加恩封为博多勒噶台亲王，伊子乾清门二等侍卫布彦讷谟祜著在御前行走。察哈尔都统西凌阿，襄赞军务，克奏厥功，著赏给伊经阿巴图鲁名号，并赏轻车都尉世职。现在畿辅地方，一律肃清，著僧格林沁等即移得胜之师，前往高唐督办军务，迅速克复州城，尽歼丑类，以副朕望。

咸丰五年正月谕：现在连镇军务告蒇，所有凯撤归伍官兵经过地方，著统兵大员饬令带兵员弁严加约束，毋得稍有滋扰。并著直隶总督、顺天府府尹派委妥员沿途查察，倘有办理不善，应付迟延，以致官兵过境，借口滋扰者，即将该地方官从严参办。

咸丰五年正月谕军机大臣等：贾桢、谭廷襄奏凯撤官兵应由何路行走，请旨遵办一折。连镇凯撤官兵，现皆由南运河行抵通州，除察哈尔官兵由通州取道昌平，必须路过京城外，其东三省、密云并哲里木、昭乌达、热河各官兵，若令一并来京，转多纡折。著照贾桢等所请，东三省官兵即由通州等处出山海关，密云官兵即由通州顺义至密云县，哲里木、昭乌达各盟官兵并热河官兵，即由通州顺义出古北口。即著咨会伊勒东阿等就近分路撤遣，毋庸到京。其路过京城之察哈尔官兵，著贾桢等照例办理，将此谕令知之。

咸丰六年五月谕内阁：前因各直省大钱钞票未能畅行，迭经谕令各该督抚，剀切示谕民间，按成搭解钱粮，以期通行无滞。惟钱钞之行，必自近及远。本日据给事中仙保奏，直隶保定府清苑县至今并未出示晓谕，以致商民无所取信，钞票大钱仍多窒碍。直隶一省尚形阻滞，他省自更难流通。著桂良查明，该省地方官如果未经出示晓谕，其为收银买钞，或买大钱搭交藩库，营私肥己，情弊显然，即著据实参奏。

咸丰六年七月谕内阁：桂良奏勘明永定河漫口情形，现筹堵筑一折。永定河南七等工，既因北岸掣动大溜，已成旱口，自属施工较易。著桂良督饬道厅各员，赶紧勘定引河工头，乘已经秋令，水势渐落，克期堵合，毋稍迁延。所需经费，著即照所请迅速筹办。其被水之固安、永清等县，前因贼锋逼近，或曾办团练，或供应兵差，民困未苏。朕心方深轸念，兹复被水漫淹，亟应加恩抚恤。著即选员分往确查，据实速奏。至北岸漫口工程，应如何亟筹堵筑之处，并著速筹速办。

咸丰六年七月谕：永康等奏请饬催遵化等州、县应交铜铁大钱，逾限未解一折。直隶遵化、丰润、玉田、蓟州四州县，承领宝蓟局各样大钱，发商行使，勒限一年归款，迄今均届期满，并未解缴，屡催罔应，实属延玩。著直隶总督严催各该州、县，迅即扫数缴齐，按款归还，毋得再有延宕，以重辎储而昭核实。

咸丰六年十二月谕：给事中伍辅祥奏，京外大钱壅塞，请定搭收章程等语。京外鼓铸大钱，必应有放有收，始可畅行无滞。上年因御史伦惠奏直隶交纳钱粮不收大钱，曾谕令桂良将该州、县严行参办。兹据该给事中奏称，顺天、直隶所收地丁钱粮，仍不搭收大钱，以致民间不肯行使，京师物价增昂，皆由大钱壅滞之故。著顺天府府尹、直隶总督严饬所属，各按章程搭收钱粮，如敢阳奉阴违，仍前抗阻，即著从严参办。

咸丰七年正月谕：前因御史保恒奏请疏通大钱，并联顺奏请定交纳章程暨转运粮石，先后谕令御前大臣、军机大臣会同户部妥速议奏。本日据载垣等会议具奏，京师行用铜铁大钱，总由直隶省未能设法疏通，以致情形壅滞，自应亟筹变通。著照所议，顺天、直隶各属钱粮，即自本年上忙为始，著以实银四成、宝钞三成、当十铜铁大钱三成，按成搭交。其零星小户，应交钱粮不足宝钞之数者，准以大钱抵交。所交宝钞大钱数目，按照现定章程办理，一切用项亦照成数搭放。该府尹、总督迅即刊刻誊黄，遍行晓谕，务使民间家喻户晓，按章输纳。朕闻直隶州县征收钱粮，或勒措索银，私换钞票，种种舞弊，该上司不能严加参劾，均堪痛恨！嗣后如敢仍前疲玩，不收宝钞大钱，勒令交银，或经民间呈控，或有人参奏，定将该州县照枉法例从重治罪。如该上司徇隐不参，著户部奏请，严加议处。至所请户部派员赴各府会同征收取结报部存案之处，恐有名无实，转滋繁扰。即著该府尹、总督责成该道、府等，于所属开征时严密访查，有弊必惩。倘有徇庇等情，该上司亦无从借词推卸。其私铸大钱罪名，前经从重定拟，而愚民无知，仍多藐玩，自应尽法惩治。著步军统领、顺天府五城暨直隶总督，严饬所属，实力拿缉。如查有私铸匪徒，即照所议，无分首从，均于讯明后就地正法，以做刁风。甲长邻居隐瞒不报，分别徒流治罪。该地方自行拿获者，讯办后由该上司奏请奖叙。如被邻境查拿，即将该地方官从严参处。至捐铜搭收大钱，前经户部议定章程，每银一两搭收大钱六百文。其崇文门左右翼税银应如何分成搭收当十大钱之处，著该监督等迅速酌核具奏。官民钱铺，如有囤积制钱，收买私铸者，著步军统领、顺天府五城一体查拿严办。似此详加整顿，大钱既可疏通，即粮价自然平减。所有乡间米石，仍著该府尹等饬令各属晓谕，务使照常贩运，公平粜粜，以济民食。

咸丰七年正月谕内阁：京师鼓铸大钱，铜铁并重，前经惠亲王等酌拟章程，严定阻扰罪名，嗣后谕令崇文门税局、户部捐局一体搭收。原期上下周转，永为宝贵，乃闻近日市间渐不行使铁钱，以致货物日昂，铺户间有歇业。此必有奸民造言煽惑，任意轩轾，暗中把持牟利，于军饷民食大有关系。著步军统领衙门、顺天府五城，剀切晓谕，倘军民人等敢于阻扰，一经查拿，即照前旨，初犯者枷号示众，再犯者发极边烟瘴充军，遇赦不赦，以儆刁风。至私铸罪名，定例綦严，近来地方官并不认真查拿，因有破碎私钱搀和，至民间借端挑剔，仍著严密查缉，照新定章程办理。其京外地方，凡官收民用，均宜恪遵公令，一律行使。现闻顺天、直隶各属尚未畅行，总由地方官怠忽因循，殊堪痛恨。著直隶总督责成藩司，认真经理，务使中外流通，不致阻滞。并著顺天府严饬各属，实力奉行，以重圆法而便民用，毋得视为具文。将此通谕知之。

咸丰七年四月谕军机大臣等：谭廷襄奏酌拟准行大钱及设局加铸铁钱一

折。直隶行使大钱，惟称二成搭放，民间竟有以制钱九百二十文作钱一千者，致大钱日形壅滞。该署督奏称，如果该各州县核实搭交二成，大钱自必流通。所见谅有把握，即著照所拟试办，各属如有阳奉阴违者，著即督同司道等官严行纠察，毋许稍有歧异参差之弊。至征收钱粮，民间如一时无从购买大钱，势不能不准其暂以制钱抵交，方免抑勒病民。该署督折内所称设局经理钞票、开炉鼓铸钱文，并片内所称搭收钱文按月用印禀报备查之处，均著照所拟妥为筹办，总期实力奉行，不致有名无实。将此谕令知之。

咸丰七年四月谕内阁：绵森奏请将官兵俸饷变通支领一折。著照所请。嗣后马兰镇属各营汛官兵应支俸饷银两，即由该总兵造册咨送通永道，核准换给文领，派员径赴直隶藩库支领，俾得按期散放，以免稽延。

咸丰七年五月谕内阁：谭廷襄奏县城被水筹款妥办一折。直隶东明县城，前因豫工漫口，于东南顶溜处筑坝拦水，旋经冲塌城砖，垫陷至九十余丈之多，自应亟筹堵筑。著照该督所议，劝谕居民暂行迁徙，准其由司库筹拨实银一万两，解交大名道库，以备迁徙抚恤之用。仍著遴委妥员，会同该道府体察情形，设法泄水，将城垣坍塌之处随时抢筑，以卫民居。

咸丰七年六月谕军机大臣等：前据西凌阿、庆昀奏，热河丰宁县大阁儿地方，聚有匪徒约有一二千人，焚毁衙署，抢掠铺户居民，业经热河道带兵前往剿办，并饬总管特克慎等堵拿。复据英隆奏大阁儿地方匪徒聚集抢掠，经巡检盛祖培等往捕，将首先纠抢滋扰之刘幅汰等格毙，余匪旋各四散。本日据谭廷襄奏，滦平县宝山寺地方又有矿匪与民人互斗，现令护理提督及口北道等分别督办等语。此股滦平县匪徒，是否即系丰宁县匪徒？抑系另股滋事？著谭廷襄确切查明，并因何起衅根由，据实具奏。即饬该护理提督等认真剿办，迅速扑灭，毋任蔓延。进口难民尤应认真稽查，勿令奸宄混迹。将此谕令知之。

咸丰七年七月谕军机大臣等：本日有人奏，天津所属之青县、静海等处，有枭匪从殿扬、从登峰及著名匪目王海牛等，纠匪肆抢；又文安县所属之岳村张姓被枭匪抢劫一空；献县西峰村、郭庄、西城、河城等处，河间九吉村，武强县之张法台、堤南村均有抢劫之案；更有肃宁地面盐枭勾结土匪八九百人，在元城村盘踞。此外，交河、阜城、东安、大城、东光、完县等处被害之居民铺户不可枚举等语。直隶天津、河间等府枭贩充斥，前据谭廷襄奏请从严惩办，当降旨令该督通饬各州县，董率团练，加派兵役，无分畛域，合力兜拿。如遇大伙拒捕，准其格杀勿论；地方官拿获审明后，先行就地正法。谅已通谕遵办。此次所奏各案，著谭廷襄迅派明干员弁，前赴各属，严密查拿，务将各匪悉数扑灭，毋令一名漏网。原折抄给阅看。将此谕令知之。

咸丰七年八月谕军机大臣等：谭廷襄奏，直隶顺德、广平各属与豫东交界地方，有游匪勾结土匪滋扰，经该督调兵捕拿，并委清河道董醇前往督办。因思该处本年被旱成灾，贫民因觅食维艰，以致借端滋事，其被难贫民，尤须妥为安抚。现虽帑项支绌，而地近畿疆，亟应力筹安辅。应如何设法筹款赈恤之处，著该督酌议章程，即责成该道董醇督同地方官妥为办理，以济穷黎而免生事。候补副将达年管带官兵五百名，前由景州移驻天津，现在该处地方安静，应否饬令该副将带前项官兵赴顺、广等处以资弹压，并著该督体察情形调拨。

咸丰七年九月谕内阁：谭廷襄奏请借团助赈一折。直隶大、顺、广等属被水被旱，前经谕令该署督妥为安抚。兹据奏称，业经筹动仓谷，酌拨银钱，先行散放；并称办赈之处，多系办团之处，如寓赈于团，就各处地方劝谕绅商捐输银米，即挑选壮丁巡防盗贼，由董事经理按期散放，可裕民食而靖地方等语。著照所请，所有捐办绅商，准其照直隶捐米章程给奖，并准将前次部颁空名执照发给，即责成清河道董醇总司其事。所有已捐银钱，一并提充赈款，以今年冬三月为度，俟年底再行察看情形办理，毋得假手吏胥，致滋扰累，用副朕轸念民艰至意。

咸丰八年二月谕：前据给事中张修育奏请饬拿偷窃仓粮各犯，当经降旨，令步军统领衙门、顺天府五城一体严拿张六等，务获交部讯办。兹据给事中张守岱奏，访闻伙窃要犯，未经全获，请旨饬办等语。仓储重地，岂容积惯偷窃之徒肆行无忌，亟应从严究办，以示惩儆。所有案内未获之首犯李十、常三元，仍著步军统领衙门、顺天府五城严拿，务获归案审办。此外在逃各犯，并著一体缉拿，毋任远飏。禄米仓监督等疏于防范，应得处分，著刑部定案时声明办理。

咸丰八年三月谕：英隆奏公用款项不敷，请将养赡银两仍归本款支领一折。热河、围场二处应领孤独养赡钱粮，历年均由公用项下提款垫放。兹据奏称公用应放款目繁多，不敷垫拨，所有此项垫发养赡银二千四百两，著准其仍归本款，均由藩库支领。该部知道。

咸丰八年四月谕：阿凌阿奏理事同知不候清查，托故出口，请饬查办等语。张家口理事同知富纶，于清查该厅仓库，不候查核，托故奉委查地，擅自出口。迨屡经饬催，始将仓库册档呈出，并未亲身赴口。以此不遵查核，难保无侵蚀情弊，著谭廷襄督饬口北道福厚，调取该员带同仓库册档，认真查核，如有亏短情弊，即著据实参办。

咸丰八年五月谕：谭廷襄奏商贩运津粮石恳请免税等语。天津地方粮少价昂，亟应招商贩运，俾资民食。著照所请，所有商贩由海运津米粮，著本年夏季起，至秋季止，一体免税，以广招徕。

咸丰八年五月谕：有人奏知州声名平常，请饬查办一折。据称直隶易州知州李同文，性耽安逸，不理公事，私设班房，牵连无辜，并饬令商民科断铁钱。上年飞蝗为患，该州反令社书约地，各具无灾甘结。且有科派铺户居民悬额颂扬，及令眷属入庙登城等事。州牧为亲民之官，似此匿灾苛派，扰累民间，必应严行惩办。李同文著即撤任，交谭廷襄提省讯究，如果属实，即著严行参办，以儆官邪。

咸丰八年六月谕：张祥河等奏审明革职知县讳盗滥刑各情，按律定拟一折。此案已革直隶固安县知县席伊炳，于境内铺户被劫，辄敢任听典史王彦彬、把总赵起商明改报窃案。经事主李世德具控，辗转邀人说合，已属藐法。迨李世德以宿娼犯案，复令因案在押之捕役前往捕拿，笞责毙命，借端泄忿，种种乖谬，业经审讯明确。席伊炳著从重发往新疆效力赎罪，王彦彬、赵起业已革职，著毋庸议。其听从说合之已革河营把总刘济堂，并非兼辖，准其开复把总，仍交兵部查议。余著照所拟办理。该部知道。

咸丰八年六月谕：胜保奏驿递迟延请旨饬查等语。据称该都统奏报折件，自本年四月后，因直隶涿州改道迂折行走，以致迟延。著直隶总督迅饬该地方各驿站，遇有该都统折报等件，仍由直隶、河南按站递送，毋再改道耽延。并著兵部将涿州知州查取职名，交部照例议处，以肃邮政。

咸丰八年七月谕：朕闻近京各州、县地方，均有蝗蝻蠕动，若不亟筹扑捕，必致为害农田。著顺天府府尹、直隶总督各饬所属，查有蝗蝻滋长之处，即行设法扑捕，勿令长翅飞腾，致伤禾稼。倘该地方官不能认真办理，或任意玩视，即著从严参办。各大吏若不严饬属员，置之不问，甚至故为徇隐，朕必将各大吏加等惩处不贷。

咸丰八年七月谕：僧格林沁奏请派员督办桩料等语。天津现办要工所需桩木甚殷，著派顺天府府尹梁同新前往通州一带沿河督饬地方采办，毋误要需。其西南两路厅同知采办不力，业经僧格林沁咨行顺天府，摘去顶戴，如再玩延，著即严参惩办。

咸丰八年八月谕：顺天府丞蒋达奏因病出闱，自请严议，并参府尹委官护庇抗违各情。览奏实堪诧异！府丞提调乡闱，是其专责，如果委员人等呼应不灵，自当与监临和衷商榷，实力整顿，即意见不合，亦何妨专折具奏，乃竟自称患病，负气出闱，实属谬妄糊涂！蒋达著交部严加议处。顺天府府丞，著毛昶熙暂行署理，接办乡试提调事务。内场监试御史，著改派李培祜去，其李培祜巡察砖门差使，著都察院堂官酌派一员接办。至蒋达奏参梁同新护庇属员，及治中蒋大镛办理草率，通判萧鼎禧并不照例入场，使其同党盘踞两所，营私肥己，大兴、宛平两县知县偷减供给，各委员等遇事疲玩各情，与监临景廉、副都统载鸾等、监试志文等所奏亦大致相同。著派瑞常会同载鸾、宝鋆逐款查明，据实参奏。梁同新于乡闱要务不知认真办理，任用非人，以致诸事废弛，有心徇庇，著先行交部议处。景廉于顺天所属各员并非统辖，惟既充监临，亦难辞咎，并著交部议处。折五件并发。

咸丰八年八月谕：瑞常等奏遵旨查明乡闱办理不善各情，请分别审讯议处一折。此案顺天府大兴、宛平二县，办理乡闱，供给任意草率，既据查明，有发价折扣情事，犹复供词歧异，显有需索抑勒情弊。所有该二县经手家丁吏役，著交刑部查传，严行审讯。大兴县知县贺廷銮、宛平县知县毛庆麟应得处分，俟刑部讯明后照例核办。粮马通判萧鼎禧，既有胞弟应试，例应回避，乃托病告假，不肯入场，实属取巧规避。著先行交部议处，其有无营私肥己等弊，著俟刑部讯明后照例办理。委员李光澜、李建中催办迟延，试用府经历潘醇临期不到，治中蒋大镛办理卷册错乱，均著交部议处。委员萧履中等，著吏部查取职名，一并议处。顺天府府尹梁同新，身任监临，总司场务，于派委各员既不能详慎于先，以至疲玩草率，种种延误，甚至于规避不到之员，均未指名参办，尤属有心徇庇。梁同新著照吏部原议降三级调用，以示惩儆。余依议。

咸丰八年九月谕：前因天律修筑炮台，经钦差大臣僧格林沁等饬令顺天、直隶各州县采办树株，以供桩栅各用。兹据御史孟传金奏，各属采办树株，骚扰过甚，并有逼勒科派，挖掘坟墓，倾圮房屋诸弊。炮台之设，本以卫民，若如该御史所奏，官吏借端生事，因公济私，转以病民，殊失绥靖闾阎之意。著僧格林沁、庆祺等严行查察，如有委员及文武员弁，借采办为名，刁难抑勒，扰累地方者，即著从严参办。其民间呈控有案者，即为理直，毋得徇隐属员，致妨民业。

咸丰八年十一月谕：前据瑞麟、庆祺奏遵拟添拨海口将弁事宜一折，当交僧格林沁察核具奏。兹据查明裁移分驻之处，均尚妥协，著照所请，所有天津海口应添设前右营游击一员，著即以葛沽营游击裁移改驻。大沽协左营都司著作为中右营都司，大沽协右营都司著作为中营都司，大沽协中营都司著作为后右营都司。应添设前左营都司一员，著即以巩华城都司裁移改驻。应添设中左营都司一员，著即以三河营都司裁移改驻。其海口营守备著作为后左营守备，以资防守。至应添千总、把总、外委等弁，著庆祺酌量改拨。余著照所议办理。该部知道。

咸丰九年正月谕：庆祺奏修筑炮台购买木料等银，请免造册报销一折。前经僧格林沁等奏，修筑炮台等工动用银两，业经免其报销。兹据庆祺奏，购买木植，除余剩外，动用木料价银及运送木植、运办沙土船价、土方、人夫等项，共银四万四千九十八两零，著一并免其造册报销，以归画一。余著照所议办理。该部知道。

咸丰九年正月谕：载茯等奏请饬催直隶各州县应解库款等语。直隶各州县欠交广恩库陈新各租银共九千七百余两，前经降旨饬催。兹据奏称，仅据易州、安州、任丘、河间、高阳、安肃、保定等县解到陈租银五百七十七两零，又据易州、安州、任丘、河间、高阳等县解到新租银二千一百十六两零。其安肃、保定等县上年新租毫未解交，实属延玩。著庆祺勒限严饬各该州县，将欠交陈新租银扫数完纳，并转饬该藩司，将上年应解银两赶紧筹拨，以重库款，不准稍涉迟延。该督曾任泰宁镇总兵，自应备悉彼处情形，毋许视为泛常，一催了事。

咸丰九年三月谕：刘崑、崇纶奏通惠河水势微弱，请饬筹放济运一折，通惠河为转运漕粮进京要道，现在海运漕船渐次抵通，必须水势充盈，方足以资浮送。著奉辰苑卿乌勒洪额，酌带司员前往，相度情形，妥为筹放，以利漕行。

咸丰九年四月谕：乌勒洪额奏遵查河势情形，并请动款挑挖一折。海运漕粮正当陆续抵通，亟需放水浮送。既据乌勒洪额查明，长河一带淤垫过高，河身干涸，自应迅速疏浚。所需工价钱文，著由广储司先行给发。此项工程事关紧要，著派瑞麟、周祖培遴带司员，亲加履勘，督率办理，事竣核实报销。并著管理清漪园事务文彩等，董率司员，一俟挑工完竣，即行提闸宣泄，以资济运。

咸丰九年八月谕：向来会试及顺天乡试正副考官、同考官，以及内外帘执事等员，一经派出，即应迅速入闱。乃昨日朕闻特派御前大臣景寿等前往贡院稽察，方悉本年乡试考官及执事各员，有迟至申刻及酉刻始行入闱者，殊非慎重关防之道，姑念相习成风，免其置议。嗣后乡、会试年分午门听宣之日，著即责成稽察御史，于听宣事毕后，即赴贡院门前，将正副考官、同考官及派出场内执事各员入闱时刻，一并详细查明，于次日覆奏。倘该考官等于是日并无别项差使，无故迟延者，即著指名参奏，以肃功令。

咸丰九年十一月谕：恒福奏，捻匪窜扰东明，请将被害之巡检议恤，并将千总等革审等语。直隶署东明县杜胜集巡检、候补未入流王又焯，于本年九月间堵剿捻匪，因贼众兵单，与其家人岳升同时被害，殊堪悯恻。王又焯著照阵亡例从优议恤，其家人岳升并长垣县阵亡乡勇朱山、朱二赫、李明三、王得廊，著一并照例议恤。护杜胜营都司千总杨三元，于贼匪窜扑时遽行移兵，防守河西，且印信札付公项银两遗失无存，借词掩饰；代理千总开州营把总杨凤仪，堵御不力，以致贼匪阑入。杨三元、杨凤仪，著一并革职拿问，交恒福督同臬司严行审讯，如有临敌退避情事，再行从严参办。

咸丰九年十二月谕：前据御史孙楫奏，各省奏留丁忧人员，请量为分别，以示限制。当交吏部议奏。兹据该部查照定章，核议具奏。近来各省纷纷奏留丁忧人员，难保无夤缘请托之弊，贪荣忘亲，于人心风俗殊有关系。嗣后军务省分除管带兵勇打仗出力，实于军营必不可少之人准其奏留差委，并就近起复，俟军务告竣，仍饬令回籍，分别补行守制穿孝外，其余办理粮台、文案，劝捐、团练、抽厘等项差使，均不得将丁忧人员请留差委。其业经奏留丁忧，并就近起复人员，著统兵大臣及各省督抚严行裁汰，饬令回籍守制穿孝，不得以经手事件未完为词，再行渎请。其前未在军营丁忧，后始行调往，及业经回籍奔丧，复借词游幕探亲，投效军营，奏留差委者，亦概不准行，以杜钻营。至军务告竣省分，曾经奏留丁忧人员，尚未服阕者，即饬令回籍补行守制；已经服阕，尚未回籍奔丧之候选、候补及曾经补缺者，即饬令回籍补行穿孝百日。已补缺者，毋庸开缺，以符旧制。以上应回籍各员，未经回籍之先，著停其升调选补，并责成统兵大臣、各省督抚认真详查，分咨部科及该员本省督抚，以备查核。如仍逗留在省在营，有营求差委，干预公事等情，别经发觉，将本员照例革职。不即查参之大臣督抚，亦照例议处。再军务省分奏留人员，多有就近起复后并未回籍穿孝，即行改捐，并指捐他省者，尤属有心取巧。著由服官省分之督抚查明，饬令回籍，补行穿孝。其尚未分发者，俟补行穿孝后方准分发。至实任人员遇有丁忧，例不准请留本任，嗣后非奉特旨作为署理人员，不得率请留任。其丁忧差委人员，即打仗出力，亦不准请署实缺。以前业经奏留者，事竣后仍饬令回籍，补行穿孝，以重伦纪而肃官方。另片奏驳直隶丁忧候补知县杜恩禄不准留营差遣之处，著依议行。将此通谕知之。

咸丰九年十二月谕：户部奏，征收课金迭报减少，请饬查办等语。热河热水塘金矿征收课金，自八年开采以来，各季征报之数有减无增，恐该商等有挖多报少情弊，或系厂员未能督饬商人实力开采，以致课额愈形短绌。著常清即拣派妥员，认真督办，以资整顿而裕经费。

咸丰十年三月谕：恒福奏请于山海关地方试办抽捐一折。山海关为东三省往来要道，商贾络绎，著照所请，即照奉天法库门现办章程酌量办理，所有货车标银应收捐项，按照税关日报造册汇解，其粮食车辆驮子等均照所议设立公所，并设局收捐，以免偷漏。该督即饬该管地方官，随时体察，认真稽查，总期商贾乐从，胥吏无从滋弊，方为妥善。该部知道。

咸丰十年三月谕：恒福奏张家口办理捐厘不善，另行派员前往查办等语。现在直隶各属试办厘捐，商民并皆踊跃，张家口甫经查办，即有他处口音之人沿街喊令铺户关闭，显系刁徒挟制把持，自应严查惩办。该督现委按察使吴廷栋前往确查，著察哈尔署都统庆昀，督同该臬司妥为办理，总须无拂舆情，于捐务民生两无窒碍。如前派道员赛音博勒格图、春保等办理不善，即著该督据实参奏，毋稍回护。

咸丰十年三月谕：恒福奏，请将聚众滋事未能弹压各员，及具禀含糊之道员，分别参处一折。前因张家口办理厘捐不善，当降旨派察哈尔都统庆昀，督同臬司吴廷栋妥为办理。兹据该督奏称，张家口铺户于初四日概行关闭，匪徒乘间聚集，拥赴口北道赛音博勒格图行寓喧闹，万全县知县姚忠亮弹压不服，该道头颅受伤，姚忠亮亦受砖伤。署张家口副将张毓贤近在咫尺，当聚众滋事之时，该道差人往邀弹压，张毓贤置之不理，及人散后，始带兵出署，实出情理之外。署张家口协副将候补参将张毓贤，著交部严加议处。万全县知县姚忠亮系专管地方之员，先事既未能解散，临时又不能弹压，实属软弱无能，著即撤任，交部议处。口北道赛音博勒格图办理厘捐未洽舆情，已有不合，迨聚众滋事以后，又不将受伤重情据实禀报，显系办理不善，有意隐饰。著先行交部议处，交该督查明情节，与候补道春保一并奏参，以昭平允。

咸丰十年五月谕：前谕河南、山东等省办理团练，并已令顺天府府丞毛昶熙、前任户部侍郎杜翻等回籍督办。因念顺天、直隶为畿辅重地，尤属紧要，自应一律办理。所有应办事宜，即著籍隶顺天、直隶在京大小官员，就地方情形各抒所见。该省官绅中有名望素著练达事务者，并著各举所知，候旨派往。该官绅等必知共体时艰，尽心筹办，用副朕绥靖畿疆之至意。

咸丰十年六月谕：前谕顺天、直隶办理团练，并令在京大小官员就地方情形各抒所见，并各举所知，候旨派往。兹据侍郎齐承彦等公同酌保督办帮办各员，开单呈览，自应一律办理，派候补内阁学士桑春荣作为顺天、直隶督办团练大臣，并著大、顺、广道联捷帮办团练事宜，即按照河南等省议定章程，体察情形，妥为办理。齐承彦等所保之前任鸿胪寺少卿王兆松、前任御史陈鹤年、候补知府梁逢吉、前贵州贵阳府知府刘书年、保定府知府徐志导、天津府知府石赞清、定州直隶州知州王榕吉、开州知州刘煦、前任通州知州王大猷、东路厅同知李朝仪，均著分办团练。刑部候补主事冯春瀛、赫慎修、候选盐知事赵东昀、工部学习员外郎张与龄、试用训导苏云端、举人王仲伦、赵文醇、候选知县陈昆兰、刑部学习员外郎陈士珍、候选知县李耀奎，天津县把总岳树标、前任刑部员外郎武汝清、工部候补员外郎杨藻文、候补知县张文浩、候补知县吴炳绶、许善昌，均著交桑春荣差委。此外如有堪办团练人员，著督办团练大臣会同帮办之员，再行保奏。所有河南等省议定章程，抄给阅看，酌量遵行。

咸丰十年九月谕：庆昀、吴廷栋奏审明巡丁诈赃未成，请将监督议处，并饬总督妥议税则一折。张家口监督所管，例有一定口岸，万全县并不在口岸之内。巡役范成等因诈赃未遂，辄将贩卖布匹之铺商吴通等妄拿，指为漏税。该监督治昌不察虚实，即行滥押，并苛罚银两至二千两之多，虽未入手，已属不知检束。迨吴通等控告，经庆昀等逐层咨查，覆文又复含糊支离，尤属有心回护。前任张家口监督降调兵部郎中治昌，著交部议处。至直隶物产，布匹居多，应如何就地征收税银，著恒福通查所属，各就产布之区与贩布路途，妥议税则具奏；并令专款报部，以垂久远，而便商情。余著照所议办理。

咸丰十年十二月谕：前因恭亲王奕䜣等奏，请将长芦盐政一缺裁撤，归直隶总督兼管等语，当交户部议奏。兹据奏称，长芦盐政改直隶总督统辖，可期全纲整饬等语。长芦盐政一缺，著即裁撤，所有督办运课事宜统归直隶总督管理，即著恒福会同崇厚，将正杂已收未收各款逐细盘查，交代清楚。其余未尽事宜，著该督详细妥议具奏。嗣后长芦盐务是其专责，著即督饬盐运使认真经理，于应支正杂课款及各衙门努利官租等项银两，实力催征完解，务期年清年款，不得稍有蒂欠。其原设盐政衙署及养廉银两，著改归新设办理三口通商大臣，以资办公。天津关税，并著该大臣兼管，分晰造报。

咸丰十一年正月谕：直隶、天津两府地方毗连山东，恐有捻匪窜越，亟宜整饬团练，以资捍御。著派天津道孙治专办天津、河间两府团练事宜，务须亲历各属，实力举行，毋得有名无实。

咸丰十一年四月谕：联捷奏收复曲周县城，并威县解围一折。山东丘县教匪于三月间窜陷直隶曲周县城，旋闻官军四路进攻，该逆弃城窜逸，当将县城收复。本月初一日，该逆窜至威县城下，四面围攻。知县沈溶率勇登碑，轰毙马贼二三百名，贼势稍却。次日复竖立云梯，蜂拥直上。该县督勇击毙多名，逆众败遁，追杀百数十名，生擒黄衣、白衣七名，夺获大炮一尊、铁炮三尊、旗帜刀械三十余件、云梯十七架。逆众纷纷回窜，城围立解。著联捷严饬署游击海瑞等，即将余匪迅速殄除，毋留余孽。曲周县知县范守恒、典史倪嘉璘殉难情形，著联捷会同文煜查明请恤。其教职营弁下落，并著查明，分别办理。

咸丰十一年八月谕：前因署直隶总督文煜奏绞犯王沄等，经钦差大臣胜保提禁缉捕，请饬部核示，当经奉旨交刑部议奏。兹据该部奏请，饬胜保将王沄、李溃二案速行解回，归案办理，并请嗣后各省监禁人犯，均不准擅行札调等语。所奏甚是。监禁罪囚，调赴军营，随征出力，事后奏明，分别减等，原属一时权宜之计，并未著为成例。王沄、李溃二犯均系拟绞监禁罪囚，军营乏人，不至若是之甚，何至札调罪犯？若此端一开，各营纷纷效尤，恐催法者希图借此免罪，国家宪典几成虚设，实属不成事体。王沄、李溃二犯著胜保即速解回监禁，仍归本案分别办理，毋令逗留延宕。嗣后各省监禁斩绞军流徒罪人犯，均不准军营带兵大员擅行札调，以杜巧脱而肃法纪。将此通谕知之。

咸丰十一年十一月谕：御史卞宝第、翰林院侍读学士王祖培奏，近畿一带盗风日炽，良乡、通州、武清、香河等州县，均有结伙抢劫之案，迭经寄谕张祥河、董恂、文煜督饬所属文武员弁，严密查拿究办，并将各属团练饬加训练，以资守望。兹据文煜覆奏，据称查明盗劫各案，或业经被获，或先已奏参，或现在查办，并将前经奏请严定章程及随时查参饬派文武员弁带同团练分路缉捕等语，任意铺张，毫无实济。内除良乡县境内抢劫委员银两一案，曾经该督将该县陈鸾奏参，现据被获正犯鸡王二等供认究办外，其余各案并未确有办理情形。所称批司记过委员确查等语，显系有心支饰。近畿地方盗贼横行，业经特旨寄谕查办，犹敢如此支吾延宕，其平日之捕务松弛，疏纵讳匿，已可概见，尚复成何事体？日久酿成巨案，该督能当此重咎耶？著张祥河、董询、文煜仍遵前旨，迅将各案严饬所属查拿究办，毋得再有迁延粉饰，致令养痈贻患。其有未经呈报各案，并即确切查明，据实严参，毋稍徇隐。该督所辖各营汛弁兵均有缉捕之责，各该地方纷纷劫抢，平时巡缉懈弛可知。并著饬令各营认真操练，盘诘奸宄，与各属团练及州县捕役一律整顿，以弭贼盗而安良善。

咸丰十一年十一月谕：前据御史卞宝第、翰林院侍读学士王祖培奏，近畿一带盗风日炽，请饬认真缉捕各等语。迭经谕令张祥河、董恂、文煜严拿究办。本日复据翰林院侍读学士杨秉璋奏请严缉盗贼，并整顿驿站一折。近来捕务废弛，地方官恐干处分，大半讳盗不报，其遇抢劫重案不能弥缝者，迟之又久，始行呈报。虽经该督抚奏参勒缉，而盗踪早已远飏。迨限满无获，该上司又复饰词，改调他任，预为开脱处分地步。地方既视缉捕为具文，遂至宵小朋比为奸，蠹役为之庇护，棍徒为之窝藏，玩法扰民，殊堪痛恨！现在直隶境内抢劫之案层见迭出，该省地近京师，岂可任令奸宄混迹？亟应严行惩办，以清畿辅而卫闾阎。著顺天府、直隶总督严饬各州县，将境内墩铺一律修葺，添派兵役，认真巡逻，并责令所辖文武员弁，会同邻境地方官，每月会哨数次，以资联络。嗣后遇有盗案，该州县不即行详报者，即照讳盗律治罪。该管上司不即行参奏，以及参限将满，复改调他任，巧为开脱处分者，一体著交部严加议处。至邮政尤关紧要，近来各省驿站马匹每多缺额；其倒毙者，买补之价多入私囊，至现存之马类皆疲瘦，不堪乘骑，一有差使过境，或扣留过站马匹应用，或派胥役勒取民间，百弊丛生，不可胜数。据该学士奏称，直隶之良乡、涿州、柏乡、内丘等县，河南之延津县，邮政尤为废弛。著各直省督抚于所属各驿站实力整顿，并彻底清查，严饬各该州县将缺额马匹，勒限一个月买补足额，如查有挪借搪塞，及逾期不交情弊，即著从严参办。

咸丰十一年十二月谕：大学士周祖培奏请饬整顿盐务等语。据称长芦盐课近年销数短绌，两淮缺额尤甚，皆委其故于粤匪滋扰。前经该督臣奏请，于就近地方办理，设场收税，每年所得，亦属无多，两广、福建、山东、四川、甘肃等省，皆销数日短，课项日绌，请饬大加整顿等语。盐务为国课大宗，各省额销应征课银，为数甚巨。近年短绌过多，总由该管官不能认真办理所致。当兹帑项支绌，宜如何激发天良，力求整顿畅销，以期裕国课而济时艰？长芦近来悬岸甚多，著直隶总督督饬运司严拿私贩，招商认办，勿再任令久悬，以致额征短绌。两淮就场征税，并著核实征收。前经湖广总督官文奏请办理淮盐行销楚岸，江苏巡抚薛焕奏请招商运销湖北、江西，俱由户部议准，均著认真办理，毋任领运行销官吏人等营私舞弊。其两湖、福建、山东、四川、甘肃等省，或仍属完善，或军务渐平，尤应早复旧额，并著各该省督抚、盐政痛蠲积习，讲求利病，务期经商裕课，按照例限奏销，不得稍有迟误。倘或不知振作，任令国家正课日形短绌，朕必加以重惩，不稍宽贷，懔之！

咸丰十一年十二月谕：前因御史朱潮、薛春黎先后奏参顺天府治中蒋大镛把持纳贿，擅作威福，署大兴县知县白维积案滥押，种种贪劣，前任永清县知县王锡琦加征苛派，贪酷虐民各款，当交周祖培、德全严密访查。兹据奏称，蒋大镛等被参各款，均属有因。顺天府各属为畿辅重地，岂容此辈贪劣之员串通害民，亟应切实根究，以肃吏治。蒋大镛、白维、王锡琦，均著即行撤任，交周祖培、德全会同刑部审讯；并提集蒋大镛之子蒋汝修、中和店黄三、白维之车夫董四、家人王二、永清县民人李四等，及案内应讯人证，逐一研究确情，按律惩办，勿任狡展。

卷　七

帝制纪七

诏谕七

同治元年正月谕：钦差大臣兵部左侍郎胜保，现在带兵前赴皖、豫督办剿匪事宜。著派正白旗汉军副都统遮克敦布，驰往直、东交界，会同直隶大、顺、广道王榕吉接办防务。遮克敦布随带员弁，均著一并驰驿前往。

同治元年二月谕：宝鋆等奏，试办昌平州黑地升科，著有成效，并请将查办出力之知州奖叙一折。昌平州无粮黑地及旗圈迷失地亩，经宝鋆等督饬司员，会同升任昌平州知州潘霨清查，并出示晓谕民间，准其自行首报。现经该民人先后首报，情愿升科，共交出地四百四十余顷，择其肥饶者共三百八十三顷七十一亩零，每亩比照邻地粮银赋则酌定，共征粮银七百六十五两。著即照所定科则，自同治元年为始，按亩征租，归入地粮奏销册后另款造报。所有该民人首报地亩，均著免追花利，以示体恤。并著户部按册颁发执照，由该地方官给领，准其永远为业。其余硗薄之区约计六十顷，著准作为试垦地亩，由顺天府饬令该州，随时稽查，俟成熟后即行详报升科，毋任隐瞒。所有助办呈报地亩迟延及失察开垦地亩未经呈报之历任地方官，均著免其议处。升任昌平州知州天津府知府潘霨，办理该州升科，著有成效，著赏加道衔，以示奖励。至顺天直隶所属各州县，历年开垦成熟，及旗圈迷失地亩，所在多有，著文煜、万青藜、石赞清通饬各州县，妥为晓谕，认真查办，一律升科，毋任再有隐匿，以重国课。余著照所议办理。

同治元年三月谕：户部奏，奉天运米船只请仍由直隶雇备等语。京仓需米孔殷，著盛京将军玉明于沿海各属仓存粟米，筹拨二十万石，迅速解京，务期一律干洁，不得稍有搀杂。所需船只 著直隶总督文煜任照历年成案，于接到部文之日起，限二十日，严饬天津、宁河两县将应备船只赶紧催齐，迅速派员押赴奉天装运，倘逾限雇备不齐即著该督将该员等严参撤任，仍交部严加议处。如船只到日迟延，停米待船，借端需索，抑或奉省装兑迟延，致令停船待米并著盛京将军、奉天府府尹、直隶总督随时查察，分别严行参办，以除积弊而重仓储。余依议。

同治元年四月谕：前因御史朱潮、薛春黎先后奏参蒋大镛等贪劣各款，当经派令周祖培、德全会同刑部，将蒋大镛、白维、王锡琦撤任审讯。兹据周祖培等奏称，督饬司员分别研讯，定拟罪名，请旨遵行等语。此案已革大兴县知县白维，虽讯无吸食洋药及积案滥押、克扣囚粮等情，惟身膺民社，不知自爱，辄与开店之黄三饮酒宿娼，实属卑鄙无耻。白维业经革职，仍照该部所拟，从重发往军台效力赎罪。该革员系本管官员，所犯之罪情节较重，并不准其援免。撤任永清县知县王锡琦，虽讯无与府尹门丁结拜兄弟情事，惟该员奉委缉匪，并不知会县营，致酿人命，已属冒昧，其经征该县地方钱粮，据供每两加增二钱六分，核与刘化邦原控每两加三钱之说大略相同，实属违例浮收。王锡琦著先行革职，由顺天府派员解交直隶总督，查明该县每年地丁钱粮若干，该革员任内浮收钱粮若干，按律治罪。该员派办车差，是否遵照旧章？修理城垣，有无勒捐等弊？其李四辈殴死张国竣一案，应讯人证，著一并提讯明确，照例办理。撤任顺天府治中蒋大镛，讯无把持纳贿实迹，惟于顺天等州县将子侄姻亲分荐各处，布置私人，已属不知检束，且于刘化邦等控告王锡琦加征案内，讯出文生刘殿邦顶冒伊弟刘化邦之名，将其戒责后，复行锁肘，并未将王锡琦加征一案讯出实情，殊属有心徇庇，任性妄为。蒋大镛著交部严加议处，以示惩儆。余著照所拟办理。其失察属员之历任直隶总督、顺天府府尹，著该部查取职名，照例议处。

同治元年五月谕：御史朱潮奏请开畿辅水利，以裕民食一折。据称直隶各河及浦港之水，皆可开沟蓄泄，引以灌田，兼可凿井，仿照恒升车式运水，以资挹注，请由绅富捐资，并严定地方官垦田殿最等语。因思国家建都燕京，岁漕东南粮米数百万石，劳费不资允宜妥筹北省水利，以裕民食而省转输。直隶通省地方西北倚山，东南滨海，凡山泉汇注及海潮涌灌之区，均可开河筑坝，引水溉田，俾成沃壤。康熙年间，天津镇总兵兰理曾于天津地方开渠筑坝，引溉稻田，著有成效，雍正年间，曾于直隶设立水利四局，经怡贤亲王及原任大学士朱轼办理，岁收稻米二十余万石。明效在前，彰彰可睹地方大吏果能如兰理等之留心经济，力求足国裕民之谋，即南省漕运偶有梗阻，亦何虑仓储之或形缺乏耶？该御史所奏实系方今要务，兼可为储备京仓久远之谋，著直隶总督、顺天府府尹速将所辖境内山泉、河渠、淀湖共若干所，并可开渠引水地方若干处，切实查明，绘图贴说，详细具奏。至办理一切事宜，及该御史所称凿井造车，并以田地之垦治与否，定府县考绩之殿最，及劝绅富捐助经费，给予奖励之处，并著文煜、万青藜、石赞清一并妥议章程覆奏，毋得以事涉难行，稍形推诿。

同治元年六月谕：宝鋆等奏，遵查黑地升科，请旨办理等语。前因太医院医生王庆连等，在内务府呈称直隶各州县、盛京等处无粮黑地，及八旗报效地十余万顷，请按亩升科等语，当派宝鋆会同直隶总督、顺天府府尹，督率各地方官详查办理，已将昌平一州先行试办升科；并涿州民人史长春呈报虚捏，按律惩办。兹据奏，王庆连带同民人张达呈报大兴县田家营等处民人吴自有等隐种黑地，经宝鋆派令委员，会同该县查明，皆系有主之地，并非无粮地亩。其余如所保佐领持屯圈地三万六千余项，马甲景春圈地三千余项，或未交租，或地册霉烂，年湮事远，无从查办质讯。王庆连等情词闪烁，任意支吾，亦复不能指实。所递查地章程内，有设立公所，须发戳记等项，无非欲假以事权，借作威福，种种谬妄，断难准行。王庆连等以不干己之事，辄敢擅收呈结，妄报黑地，实属不安本分，著革去太医院医生从九品职衔，缪时瑞随同王庆连联名呈报黑地，事多不实，著革去从九品职衔；均交该地方官严加管束，毋许外出，造谣生事，以示惩儆。至黑地一项，直隶、奉天所在多有，或圈地旗差日久迷失，或山隅河闪新种开荒，或愚民无知相率耕种，若令纷纷查办，转恐扰累闾阎。户部定例，清查旗地章程，向有办理升科明文，经此次奉旨之后，凡自种黑地业户旗人，赴该管都统衙门呈报，民人赴该管州县呈报，俱各查明段落四至，勘丈属实，照例升科，由户部颁给执照，准其永远为业。其从前盗种黑地之罪，及地方官失察处分，均予宽免，从前花利并免追缴。若有挟嫌讹诈，妄报他人有粮之田，照例加等治罪。如一年以内不行自首，经他人告发，到官审明，即治以盗种黑地之罪。各州县黑地交课若干，按亩征收，年清年款，不准丝毫拖欠。其勘办升科地亩最多之州县，准随时奏请奖励。著直隶总督、顺天府府尹、盛京将军、奉天府府尹遵照章程，通饬各属一律办理，并严饬各州县实力查办，依限勘丈，不得视为具文。如查有吏役人等从中需索，无赖游民妄行讦告，及隐匿迟延等情，即行从严参办。余依议。

同治元年七月谕：钦差大臣科尔沁博多勒噶台亲王僧格林沁，公忠夙著，威望聿隆，著统辖山东、河南全省军务，并调度直隶、山 西两省防兵；直隶、山东、河南、山西各省督抚提镇以下各官，及正白旗汉军副都统遮克敦布、礼部右侍郎毛昶熙、署漕运总督吴棠，均归节制；其蒙、亳、徐、宿等处防兵，并著一并调遣；所有剿匪事宜，即著会商钦差大臣李续宜妥为筹办，肃清北路。迅奏肤功。该大臣其承钦命，毋许固辞。

同治元年七月谕：遮克敦布奏剿办骑马贼匪，并掩捕各路谋逆要犯分别办理一折。直隶骑马贼匪，经遮克敦布派令营员等迅速剿办，旋经拿获马贼王元仔等三名，讯据供称，陵县冯家庄头目冯玉林，系该匪老巢。闰八月初五日，该营员等拣选精锐，密往掩捕。该匪胆敢率众抗拒，侍卫平安率勇攻击，兵勇齐上，立时格毙二名，并生擒伙匪萧万里等三名，冯玉林乘间逃逸。复于德州地方擒获匪首刘十巴，并恩县拿获马贼八名。其直、东交界各属，亦有匪徒乘机蠢动。复经遮克敦布派员分路严缉，于堂邑县马村格杀伪元帅马咸德一名，并先后拿获伪军师马令壁等十一名。又邯郸县郭儿庄妖人王守清，大名县大马村妖人李化龙，捏造伪号，勾结匪党多人，约期举事。亦经派拨兵勇，严密查拿。旋据元城县弋获匪犯田名魁等三名，肥乡县拿获逆首王守清及白永金等三名，馆陶县拿获匪首程二皮等四名，内黄县拿获匪首常道明等二名，逆首李化龙，亦经主事王仲甡等购线捕获。所有擒获各犯，均经讯明正法。缉捕尚属奋勉。仍著遮克敦布督饬兵勇民团，迅将匪首冯玉林、骆顺等按名擒获，并将各匪巢穴次第扫荡，以期绥靖地方。所有此次剿匪续有劳绩各员，著准其择尤酌保，毋许冒滥。

同治元年十一月谕：林寿图奏弭盗章程一折。编查保甲，最为州县弭盗良法各地方官本应实力奉行。所有编立十家门牌、联户支更、相为守望等法，历经刊布成书，颁行照办。谆谆诏令，不啻至再至三，无如地方官吏日久视为具文，虚应故事，每逢冬令，循例禀报编查完竣，该管大吏亦即循例据禀奏闻，其实无一能实心任事者，以致盗贼横行，缉捕废弛，实堪痛恨。近来如畿辅地面，骑马贼行劫重案层见迭出，尤属不成事体，亟应将向来保甲章程从新整饬，先事既可豫防，临时亦足资协捕，以为缉暴安良之计。如该府尹所奏专任绅耆以重首事，严饬胥役以杜需索，均出公费，备置器械，核实防守兵夫，添设梭巡兵役。及各该地方官亲身稽查。以昭惩劝各条，均能斟酌成规，扫除积弊，卫民而不扰民。果能行之以实，持之以久，何患盗风不为衰息？著林寿图即照所拟。与署兼管顺天府府尹万青藜，严饬该管道厅州县，实力奉行。自降旨之日起，勒限一个月，将各该管地方办理一律整齐，由该府尹派员分路抽查，务臻严密。其有能认真办理，著有成效者，准其将该地方官及出力出资之绅耆人等，分别保奏，用昭激劝。如敢仍前玩泄，视为故常，或仅以一禀报塞责，致地方仍有盗劫之案者，即由该府尹随时严参惩办。该府尹等务宜整躬率属，克践所言，以除奸宄而靖地方。

同治元年十一月谕：前因直隶防剿紧要，派令正白旗汉军副督统遮克敦布，赴大名一带督兵防剿，迄今时阅一载，该副都统未能实力办理，致贼势仍形蔓延，实属玩误。且办理降众未能妥协，致令乘机生变，毫无觉察，尤属昏愦无能。遮克敦布著先行交部议处，仍令督率兵勇，迅将直东贼匪实力殄除，以赎前愆。倘敢仍前玩泄，贻误军情，定即从严治罪，决不宽贷。

同治元年十二月谕：前因直隶之大名、顺德、广平，山东之东昌、曹州各府所属，上年被扰，本年复遭歉岁，降旨令直隶总督、山东巡抚查明，奏请蠲缓，量加抚恤。近日直隶交界之大名等府属，复被匪徒滋扰，小民流离失所，困苦难堪，亟应立沛恩施，优加周恤。著直隶总督、山东巡抚赶紧查明各该地方情形，其无力完缴钱粮者，即著奏请概行豁免。各该督抚务当迅派贤员，确切查勘，以期实惠及民，毋任不肖官吏暗中舞弊，用副朝廷勤恤民隐至意。

同治元年十二月谕：前因畿辅重地，骑马贼匪肆行，当经谕令文煜联络乡团，认真剿办，并实力举行团练，申明诰诫，至再至三。现在畿南贼氛虽经文煜等督兵驰剿，凶焰已衰，而逆踪靡常，此拿彼窜，非团练与官兵相辅而行，不能四面兜擒，克期蒇事。惟近来军营习气，往往冲锋陷阵团练直前，官兵坐视不为接应；甚有团练接仗获胜，官兵复攘夺其功；甚或借势欺凌，焚抢掳掠，大失民望，均所不免。无怪乡绅不乐为用，而团练因之解体，积习日深，殊堪痛恨。现当岁晚务闲之时，各处乡团正宜农隙讲武，努力一心，同仇敌忾。闻直隶南宫、枣强一带民团颇多可用，著文煜等严饬各该地方官，督同公正绅耆，实力董劝。并著直隶带兵大员，申明纪律，赏功罚罪，一秉大公，务使官兵、团练联为一气，齐力杀贼，迅奏肤功，毋得稍存歧视。至各该团民等齐心协力，自卫身家，平时仍宜安分守己，毋许有聚众抗粮等事，惟在该绅董之明白晓谕，妥定章程，以期有利无弊。其有团练剿贼立功，或捐资助饷，及临阵伤亡者，即著随时奏明，给予奖恤，以卫地方而作民气。

同治元年十二月谕：直隶地方降贼张锡珠等滋扰，由南宫、冀州以至新河、威县、枣强、束鹿等州县境，肆行焚掠，迭经谕令文煜、遮克敦布督率各带兵勇文武及地方官吏，迅速剿办，并令直隶按察使孙治出省带兵。乃该督等并不确探贼情，认真督剿，于各属地方被扰情形意存讳饰，惟据捏禀之词，率行入奏。曾经将文煜、遮克敦布交部议处，以示薄惩，并严加训斥，冀其激发天良，奋勉图功，以为自赎。月余以来，贼仍在广、顺所属等处游驶滋扰，且自道员秦聚奎阵亡后，逆焰更张。而该督等屡奏贼窜山东境地，直隶肃清，又于所属贼到之处捏报战功，任听地方蹂躏。迭经中外臣工李鸿藻、潘祖荫、张之万，御史孟传金等奏参督臣昏庸，臬司观望，遮克敦布始终玩误各情。本日复据御史裘德俊奏，请将误事各员严惩，并钞录所得乡人信函呈览。畿辅地方紧要，若再任令该督等坐误，以致匪党窥伺，出没靡常，其患伊于胡底？直隶总督文煜，于地方军务漫不经心，迁延贻误，阘茸不职，著革职发往军台效力赎罪。正白旗汉军副都统遮克敦布，以带兵大员不能剿贼，性耽安逸，任令贼匪纵横肆扰，已属疲懦无能，且此股降众，人数无多，皆因遮克敦布办理不善所致，厥咎较重，著革职发往新疆效力赎罪。孙治所至逗留，带兵出省一月有余，未闻与贼接仗，避贼而行，巧滑已极。著即革职，以为玩泄地方军务者戒。

同治二年四月谕：前因文煜奏参将王恩第通贼扰民各情，当经谕令该督等讯明正法：于刘长佑到任后，谕知该督严密办理。兹据奏称，遵旨将该革员提至军前正法等语，办理甚是。王恩第以参将大员，辄敢广集党与，私通贼匪，到处掳掠，实属罪不容诛。所有该部勇丁，业经罪坐主将，即著妥为遣散，免其查究。嗣后各路军营带勇员弁，务当恪守军律，奋勉立功。倘有通贼抢掠各情，即著统兵大臣及各督抚等随时查办，毋稍姑纵。

同治二年四月谕：僧格林沁奏，直隶开垦稻田已有成效，请归地方官经理，并前任盐政捐资倡办请奖等语。直隶自天津迤东至新城一带，海河两岸水田，日久荒芜，经僧格林沁捐资开垦。现届三年，办此项水田，嗣后即著归直隶总督派员经理，自行报部，以归简易而昭核实。其咸水沽等地亩酌减租米新章是否允协？及上年所收米石是否变价？应作何支放之处？均著刘长佑核明办理。前任长芦盐政宽惠，捐资倡办，尚属急公，应得奖叙，著内务府核议具奏。

同治二年六月谕：刘长佑奏，公府管事官员私发谕贴，诓提监犯请旨提讯一折。怀来县监犯李进珍，系聚众抗差滋事，罪应拟遣，尚未起解之囚，乃该犯李和等，辄敢商同镇国公桂池府中管事官员张应参即张小曾，许给银两，私发谕贴，捏称提取庄头李进珍赴京办事，差令护军校兆惠前往。因兆惠一时不克分身，复觅得申文达顶充，持谕至怀来县守提。经该县知县郭会昌查验谕帖，并无印信，且提讯李进珍亦无充当庄头之事，情节可疑，将申文达及跟随同往之王士衡、王茂吉、徐大、董大海、佟隆顺并李和、李继蓝等先后拿获讯办。此案李和等设法诓提监犯，实属胆大妄为，目无法纪。而张应参即张小曾及护军校兆惠一并交出，由顺天府派员押赴直隶，交刘长佑归案，严行审办，定拟具奏。

同治二年六月谕：内务府奏职官捏造文凭，撞骗黑地租项，并究出武弁收受银两各情，请旨革职严审一折，内务府候补笔贴式锡山，因镶黄旗护军校吉存等呈报黑地一案，辄赴宝坻等处，捏称堂派查派黑地租项，希图撞骗，并有伪造执照，发给民人李占鳌等收执情事。经内务府派役将该员及伙犯丁祥泰等访获。护军校吉存代报无粮黑地，已属事不干己，又辗转情托，收受托办地亩贿银二百余两，现在传案质讯，坚不吐实。案关职官受贿，招摇撞骗，亟应彻底根究，以期水落石出。锡山、吉存著一并先行革职，交总管内务府大臣，提同各犯严行审讯，按律定拟，以儆官邪。未获之李佩、张福山、苏学瀛、李堃、李延斋、侯永华，著饬令蓟州等州县一体严拿弋获，按律究办。黑地升科，早经户部奏明，统归地方官办理，以杜弊端。此次锡山等招摇射利，该地方官何以毫无闻见？现虽经将该犯等访获惩办，恐此外借端撞骗者，尚不止此数人。仍著责成州县等官随时访查，严拿惩办，毋稍疏纵。

同治二年六月谕：刘长佑奏擒诛逃匿匪首等语。山东匪目姚太来，迭次纠党窜扰直境，意图勾结。经遇缺题奏盐运使刘策先等密派员弁，设法在曲周县西马步村地方派队擒获，解送刘长佑军营。经该督于讯明后，将该犯凌迟处死，办理尚属妥协。所有出力员弁，即著汇入前次剿抚案内，奏请奖叙。

同治二年九月谕：宋景诗以屡降屡叛之贼，窜扰直、东一带地方，经僧格林沁、刘长佑等督军剿洗，迭有斩获。该逆以失巢穷寇，岂能久延残喘？惟念宋景诗自外生成，匪固在所不赦，其他胁从之众，或因迫于饥寒，被其驱使，或因家产破亡，被其逼胁，其罪可从末减，其情尚属可矜。自今以后，凡宋景诗之伙党内，有能不甘心从逆，自拔来归者，朝廷悉准赦其既往之罪，仍著带兵大员及地方大吏妥为安插。如有能将宋景诗捆缚及擒斩以献者，则非但无罪，而且有功，必当予以奖励。总之朝廷所必欲诛者，惟宋景诗一人，其余被胁之众，概可从宽，务须及早归顺，切勿甘心从贼，自取灭亡也。著僧格林沁、刘长佑、阎敬铭将此旨刊刻誊黄，广为晓谕，以示朝廷法外施仁之至意。

同治二年九月谕：前因刘长佑奏宋逆猝直境，新河县知县带勇迎敌，身受重伤；武邑县兵勇单薄，以致匪踪阑入县城，旋即收复。新河县知县邓铭善革职，仍暂留任；武邑县知县娄道南革职留营，曾经降旨允准。兹据御史丁寿昌奏，州县失守城池，罪名甚重，请饬刑部将知县等议罪等语，所奏亦是。州县为守土之官，自宜与城存亡，近来失守之员往往捏造出城遇敌，身受多伤等情，希图免罪，甚且以民情爱戴等词奏请留任办理，殊属轻纵。况武邑县兵弁教职及解饷委员俱被戕害，而该知县独安然无恙，尤难保无弃城逃走情事。著刑部将该知县邓铭善、娄道南照例分别议罪，以示惩儆。

同治二年十月谕：前因直隶等省交界处所，贼踪分窜靡定，特命刘长佑督办三省剿匪事宜。兹据刘长佑奏称，直、东、豫三省交界地方现已肃清，请撤去督办等语。直、东股匪经僧格林沁会同刘长佑、阎敬铭剿除殆尽，即照刘长佑所请，毋庸督办三省剿匪事宜。直隶、河南、山东交界地方，如有零匪出没，刘长佑仍当会合剿办，不得以现无督办之责，稍存委卸。阎敬铭、张之万亦不得因撤去督办，遂存畛域之见。直隶总督久在军营，地方一切事宜均关紧要，著刘长佑查看，如果省外布置业已周妥，即行回省任事，将察吏安民、诘奸缉盗一切应办事宜，实心实力，认真经理，以副委任。

同治二年十月谕：前据刘长佑奏，镇国公桂池府中管事官员张应参即张小曾等，私发谕帖，至怀来县诓提监犯。当经降旨令宗人府饬令桂池交出张应参等，交刘长佑归案严审。嗣据宗人府奏，据桂池呈称，张应参系已革刑部主事，并非该府管事官等情。复经谕令刘长佑严切根就，并经步军统领衙门将张应参之妾张刘氏等，解交直隶归案。兹据刘长佑奏称，审讯曲大、徐大等，供称张应参与桂池平素交好，充当府内管事官员，因李和欲救李进珍出狱，由王士衡转托张应参办理，许给银六百两，写立字据，张应参发出镇国公谕贴，差兆惠往提。又据张应参之妾张刘氏供，亦称张应参经管该府事件属实，并有桂池遣人至其家送信，前事有伊一人承管，嘱请放心之语。至张刘氏供张应参于本年正月间赴云南借贷，王二即王升供于二年六月初十日步行出门，先后不符。是张应参之闻拿逃避，桂池难保无串同舞弊情事。案关宗室世爵，碍难由外提讯，请饬交刑部会同宗人府审办等语。著刘长佑将全案人证卷宗解交刑部，会同宗人府严行审办，勒令桂池将张应参、兆惠等要犯交出，一面著步军统领衙门。顺天府五城严拿务获。

同治三年四月谕：刘长佑奏，豫省悬岸，现仅滑县一处，仍请停止捆盐，并查明运司委无私加各款一折。据称豫省各处悬岸，业由长芦一律招商认办，仅滑县一处整顿较易，若一经豫省捆运，本处未能尽销，势将浸灌他处，于全局大有关系。所有豫省悬岸，著统归长芦自行经理，豫省毋庸捆运，以清引岸而专责成。至长芦滞引，例准融销。既据查无私加私用各项情弊，又据各商呈出领票应交银数清单查对吻合，公同出具甘结，所有前次张之万奏芦商把持、运使受其朦蔽各款，均著毋庸置议。该督仍当随时细心查访，实力稽查，如有前项情弊，即行从严惩办，以整鹾纲。余著照所仪办理。

同治三年七月谕：户部奏蠲免钱粮已输在官，准流抵次年应完正赋，即所载防弊本极周详，无如各州县积习相沿，机诈百出，或停搁蠲免诏旨，先勘催追；或借无流抵明文，阑入私橐；即或业户中偶请示遵，而官吏胥差互相联络，游词饰说，巧为欺朦，依势作威，肆其侵蚀。故遇免征之年，追呼不已；已输之赋，扣抵无期。是以历届蠲免，难沾实惠。即如本年四月蠲免江属，谕旨有流抵字样，正月初二日蠲免苏属，谕旨无流抵字样，载与不载，厥例维均，恐小民无知，或启猜疑之窦，官吏借端影射，巧索强取，请申明定例，严防弊端等语。向来蠲免省分，其全年蠲免，先期输官、先期全输在官者，除应征分数外，余应蠲免分数亦准下年扣抵，立法至周。乃近来不肖官吏，因缘为奸，致小民踊跃输将，反饱贪残囊橐。上行其惠，下屯其膏，丧心昧良，莫此为甚！嗣后各省官吏，如再有隐匿誊黄，朦混流抵各项弊端，著各该督抚大吏查明严参，按照侵盗钱粮律治罪。并著刊刻誊黄，通行晓谕，以后遇有蠲免年分，著永远将此旨一并刊刻宣示。仍著户部即准其流抵次年应完正赋，其蠲免定有分数，查明从前例案，通行各直省，以期实惠及民，无资中饱。将此通谕知之。

同治三年十二月谕：户部奏，查办黑地，请严定章程，申明赏罚一折。黑地一项，直隶、奉天所在多有。前于咸丰十一年间，经宝鋆等会直隶总督同顺天府府尹，查出昌平州地四十余顷，试办升科，并奏请饬令直隶总督，盛京将军，顺天、奉天府尹一体办理。乃两载以来，各州、县具报寥寥，皆由地方官畏难苟安，于旗圈迷失地亩，及山隅河闪不能详稽档案，亲历查勘，以致愚民观望隐匿，奸吏从中讹索，扶同徇隐，弊窦滋多。甚至无赖棍徒，在京外各处假充委员，查办黑地，恐吓得赃。地方官不加详察，任其肆行无忌，扰累乡愚。而于应查之地，转多置之不办。亟应严定章程，以除积弊。嗣后直隶、盛京、顺天、奉天等处，遇有查办黑地之委员，著该将军、总督、府尹等饬令地方官详细盘查。如无户部先期咨会，及随身札付，即属棍徒假冒，立即按名严拿押解，奏明究理。至所请各该州、县查出隐地二十顷以上，照例给予优叙；其勘办升科地亩最多者，随时奏请恩施；如有因循不办，任令地户私垦，吏役诈赃，别经发觉者，即以溺职例参处。均著照议行。经此次明定章程之后，各该将军、总督、府尹等，务饬所属，实力遵行，以期兴利除弊，毋得视为具文。

同治三年十二月谕：御史佛尔国春奏，升科黑地流弊滋多，敬陈管见四条一折。直隶等省查办黑地，原以除弊利民，若如该御史所奏，书吏从中索费，奸民倚势霸认，甚至扶同徇隐，地方官畏难苟安，延不具报，殊非详慎办公之道。著直隶总督，顺天、奉天各府尹，按照所陈各条，查核办理，以祛积弊而重民依。

同治四年五月谕：御史陈廷经奏，请简放贤能，督办畿南团练，并胪举所知各折片。直隶为畿辅重地，迭经谕令刘长佑实力举办团练，以辅兵力所不逮。现在贼踪窜扰山东曹、单一带，密迩畿辅，尤当认真讲求，有备无患。团练本地方应办之事，岂容日久生懈，视为具文？著刘长佑督饬地方官吏，劝谕所属绅民，实力举办，务期官兵联为一气，兵团相辅而行，以靖畿疆而御外侮。该御史所保之前任河南布政使贾臻、降调巡抚山东候补知府郑元善、候选道裘德俊、候选知县张锷前任总兵鲍云翥、守备李全有等，均著交刘长佑差委，以资得力。

同治四年五月谕：御史汪朝棨奏请严禁外省人员混入五城团防，希图保举一折。五城设立团防局，向系各该城御史遴选籍隶顺天之公正绅富及寄籍铺户人等充当局董，会同司坊各官缉拿盗贼，借以保卫地面。若如该御史所奏，竟有籍隶外省之六部司员，纷纷冒充顺天籍贯，朦混入局，为将来保举地步，实为抛荒本务，居心卑鄙！著五城御史查明，实系籍隶顺天之绅富，及寄籍铺户人等，准其在局办公外，其籍隶外省之京外大、小各官，如有冒充顺天籍贯，朦混入局，钻谋保举者，即著指名奏参。倘该城御史及绅董等通同容隐，别经发觉，即将该城御史及绅董人等交部议处。并著各部堂官严饬该司员等嗣后务宜专心部务，如再混入团防局，即照官员冒籍律惩办，以肃官方而杜倖进。

同治四年闰五月谕：从来除暴安良，全在地方官实心经理，庶能防患未萌，登斯民于衽席。直隶之大、顺、广等郡，山东之兖、沂、曹、济、东昌、临清等府州地方，向多不逞之徒，盘踞勾结，隐为民患。近年以来，虽经该督抚派兵搜捕，将著名首恶次第殄除，而根株仍未净尽。闻本年捻匪窜扰曹州一带，该处匪徒颇有从而响应者。皆由地方官平时因循苟且，玩视民瘼，良善者不知体恤，桀骜者不知整治，以致良莠不分，无所观感，遇有缓急，遂不鼓励人心同仇御侮。此等情形，难逃朝廷洞鉴。著刘长佑、阎敬铭查明现任直隶之大、顺、广道，山东之济、东、泰、武、临道，兖、沂、曹、济道，于吏治军务办理能否胜任。如不得力，即著另拣贤能之员，酌量保奏，候旨简用。责令督同各该府、州、县，大加整顿，保卫地方。并令曹州、大名两镇，选派得力弁兵，协同搜捕伏莽，以靖乱萌，仍不得借端滋扰而害闾阎。至直隶、山东两省附近河套州、县，较为难治，必须得人而理。闻近来各该州、县率多畏难规避，该督抚率遂徇情迁就，辄以庸懦之员滥竽充数，安望其能抚辑民生、消除奸宄耶？著刘长佑、阎敬铭于通省牧令中遴选材能干济者，或调补，或委署沿河各缺，责令实心任事。如能一二年内，地方公事著有成效，准由该督抚奏请破格施恩，分别奖励，以昭激劝。总期吏治民风，日有起色，以靖地方而除隐患。

同治四年八月谕：长善奏贼匪闯关，请将疏防各员分别议处一折。山海关骁骑校穆琳、防守尉锡昌、防御吉忠阿，经长善饬令严守关隘，实力巡防，乃于七月十九日突被马贼一百七十余人持械闯关而进，该值班官弁事前既毫无见闻，临事又不设法堵御，实属捕务废弛。骁骑校穆琳，著交部严加议处。防守尉锡昌、防御吉忠阿，均著交部议处，以示惩儆。

同治四年八月谕：长善奏，马贼闯入关内，布置未周，自请议处等语。此次马贼扰害遵化、玉田各州县，山海关失于防范，长善固属咎无可辞。因思该匪在热河等处聚党成群，已非一日，该署都统何以漫无觉察？及扰至直隶所属之遵化、玉田，顺天所属之宝坻等处，该地方官与事前既疏于防范，事后又不迅速掩捕，实属不成事体。若不将该管上司量加惩处，势必相率因循，酿成巨案。兼管顺天府府尹万青藜、府尹卞宝第、直隶总督刘长佑、热河都统麒庆、山海关副都统长善、署直隶提督徐廷楷，均著交部议处，以示惩儆。

同治四年八月谕：御史朱镇奏，畿辅重地，小丑肆行，请严饬各该管文武，迅速擒拿一折。本年七月间，突有骑马贼匪由边关窜入，该地方文武等未能实力堵截，业经降旨，将万青藜等交部议处，并令饬属一体认真缉拿。此股贼匪胆敢于畿辅重地往来游弋，且行踪飘忽靡常，难保不复图滋扰。著万青藜、卞宝第、刘长佑、麒庆、长善、连成、徐廷楷，各饬所属地方文武员弁，实力缉拿，务将此股马贼次第弋获，悉数殄除，以靖畿疆。如日久不获，必将该管地方官从重惩处。并著严饬沿边各隘口员弁等，一体认真防范，倘再任令匪徒阑入，一经查明该匪系由何处进口及扰及何处地方，定将该管上司及地方员弁等，一并从严治罪，决不宽贷。

同治四年八月谕：前因署直隶提督徐廷楷疏防，马贼闯入关口，当经降旨将该署提督交部议处。兹据文祥奏称，该署提督经文祥咨令派兵兜剿贼匪，并查询所属边墙各口情形，迄今既未派拨官兵，又未将所属边墙绘图咨送，实属玩泄军情，不以缉捕为重。徐廷楷著再行交部议处，以示惩儆。如再玩泄从事，定行从重治罪。

同治四年八月谕：前因署直隶提督徐廷楷，于马贼窜入境内，意存玩视，不以缉捕为重，业经降旨将该署提督再行交部议处。兹据文祥奏称，马贼窜入内地，均在直隶所辖境内滋扰，为时十日之久，该署提督未派一兵堵剿。屡经文祥飞催调拨标兵，随同一体兜剿，迟之又久，始行咨复，而于随同京兵进剿之处，悉置不问，且有听候总督查核之语为搪塞延缓地步，情殊可恶。徐廷楷著摘去顶戴，交部严加议处。

同治四年八月谕：刘长佑奏马贼窜扰，请将防御不力文武各员议处一折。此次马贼一百数十人，由喜峰口闯关进门，经过迁安、遵化、宝坻等州县，并于蓟州玉田县境内有抢掠铺户，杀死村民情事。该地方文武员弁不能实力堵截，该管府厅各员亦未能督率严防，均难辞咎。永平府知府延福、署东路厅同知邓锡恩、迁安县知县周培锦、前署遵化州知州恭钧、调署玉田县知县何崧泰、蓟州知县吴梦曾、宝坻县知县章灿、遵化营游击恩隆、玉田营都司文口、署蓟州营都司李仲良、署宝坻营都司贵胜，均著先行交部议处。周培锦于马贼窜入喜峰口，复由铁门关出窜，毫无防御，又不飞速驰禀，知会各处，严行遏截，尤属玩泄，业经撤任，即著认真查办。现调遵化州知州瑞庆，虽系甫经到任，于贼匪窜回经过州境，未能防遏，著一并照例议处。喜峰峪都司松恩、把总孟德，于贼匪出窜时虽经追击受伤，究属不能堵扼，再行交部议处。余著照所议办理。

同治四年九月谕：麒庆奏，续获马贼多名，开单呈览，并请将出力之札萨克等量予奖叙各折片。此股骑马贼匪，由口内窜回关外，四散潜匿，经麒庆饬令热河道征良等，督同兵役旗民人等，四出搜捕，先后拿获首伙盗犯张玉即张延林等三十九名，并搜获抬枪炮械多件。其讯有确供者，业经麒庆遵饬就地正法，余犯分别核办，缉捕尚属认真。仍著该都统饬该道等，务将未获各匪犯严督兵役尽力搜拿。并著盛京将军，直隶总督，密云、山海关各副都统，一体派弁兵互相访缉，毋任此拿彼窜。至喀喇沁札萨克公衔塔布囊、乌凌阿旗札兰阿敏布和图等，会同捕获盗匪，已至十五名之多，且于解案时小心护送，并无疏虞，实属奋勉出力。所有该札萨克、乌凌阿应得奖叙，著理藩院查明奏请，候旨施恩。其余出力之札兰等，并由该旗呈报理藩院，分别给予议叙。并著理藩院传知蒙古各旗王公等，遇有马贼入境，及在境伏匿各贼，一体严密查拿，以靖盗源。该衙门知道。

同治四年十月谕：户部奏请饬直隶等省清理交代一折。直隶省州、县交代各案，前经谭廷襄酌定章程，分别新案旧案，立限清厘。乃时逾多年，并未一县结报，各该州、县视为具文，任意积压。该管上司又复置而不问，玩泄因循，实属不成事体。著照该部所请，所有直隶省各州、县交代，著仿照山东新章办理，将同治四年以前未结各案作为旧案，无论任数多寡，统限三个月，将未完银数按员造册，逐案报部。同治四年以后即属新案，应依例限结报二参，逾限即将该州县奏参，革职惩办。该管上司延不续报，由户部奏参，照例议处。其新旧各案分别已未完结，定限半年，汇奏一次。如有应行扣限者，随时奏请。倘届限不奏，即将该总督、藩司交部议处。至结报章程，无论正署各员，总须各任分报，不准累任统报，以杜牵混。不得以校改册籍，扣算时日，巧脱处分。一有亏款，立时追缴，亦不得以清出抵款批解为词巧饰亏挪。其军需垫款，总以核准报部者为凭，不准笼统列抵。蠲缓以奏销到部者为断，不准混作民欠。如此明定章程，严行考核，庶痼习可除，借资整顿。其顺天府属热河承德府交代，著一律照办，即由户部将交代未结各州、县开单，分别知照该总督、府尹、都统等遵照办理。直隶为畿辅近地，积弊尚复如是，外省难保无此等情弊。并著各该省督抚体察情形，参酌山东新章，一体认真查办，毋任不肖州县侵亏国帑，以肃吏治而裕饷源。

同治四年十月谕：万青藜、卞宝第奏，官荒地亩拟试垦水田，请饬议筹办一折。据称宁河县与天津县交界地方，有荒地六七十里，旷无居民，地方废弃可惜。查宁河县所属塌河淀、军粮城等处，滨临海隅，若引水灌溉，可开稻田一千余顷，岁可税稻米十数万石，北地仓储，近畿民食，均有裨益。请饬侍郎崇厚派员履勘，会议章程，请旨办理等语。咸丰年间，科尔沁亲王僧格林沁，在大沽海口一带兴办水田，倡捐办理，开稻田四千二百余亩。嗣经崇厚督员经理，使斥卤之区咸为沃壤，民利赖之。今宁河、天津交界地方，查有荒地数十里，经卞宝第函致崇厚询访情形，并据该侍郎覆称，军粮城一带临傍海河，但须开河二道，官为筹款，招佃垦种，可得稻田千余顷。该侍郎连年在盐水沽一带劝垦水田，收获颇丰，自必确有把握。即著崇厚派委妥员，会同地方官前赴军粮城一带履勘情形，酌议章程，会同顺天府府尹、直隶总督，奏明请旨办理，以兴地利而裕民食。

同治四年十月谕：麒庆奏，热河幅员辽阔，吏治不振，请将调补旧例，量为变通，并拣发州县各员一折。该都统所请将热河道以下正印各员，除承德府知府仍专用满员外，其余均照内地官员无论满、汉以及何项出身，一体补放之处，著该衙门妥议具奏。其拣发州县各员，著吏部照例办理。另片奏请饬热河道每年分巡各属，及都统带兵出巡等语。热河道一员本有分巡之责，该处所辖辽远，民风犷悍，自当随时周历弹压，以靖地方。嗣后著热河都统札饬该道，遵照定例，每届春秋二季分巡各属，以昭严密，不准性耽安逸，视为具文。其热河都统，亦著于每年不拘时令，酌带驻防官员兵丁出巡一二次，以期盗贼敛迹。应如何拟定章程之处，著该都统奏明办理。

同治五年正月谕：前据万青藜、卞宝第奏，官荒地亩，拟试垦水田，当经谕令崇厚，会同顺天府、直隶总督派员履勘。兹据万青藜等勘明，海河北岸自邢家沽起，至卧河村止，开浚环渠，中开泄水渠一道，渠旁两岸可开垦稻地五百余顷，计须渠工约银八千数百两。此项银两准由崇厚借款兴办，即著督饬委员，招户认垦，将酌定章程及应行事宜认真经理，一俟办有成效，仍当将附近一带荒地次第开垦，以兴地利而裕民生。余著照所议办理。该部知道。图并发。

同治五年三月谕：前闻直隶藩司唐训方，于公事未能整顿，惟候补道卞宝书之言是听，该道不知检束，有借势招摇情事，谕令刘长佑详查具奏。兹据奏称，唐训方履任以来，于公事尚能实力讲求，惟有精神未能周到之处。道员用候补知府卞宝书，久在直隶，因接办军需总局，并派查催直省积年交代，晋谒该藩司之时较勤，该藩司接见该员之时较密，人遂谓该藩司惟卞宝书之言是听；而卞宝书平日言动又有未能检束之时，讪谤之兴多由于此；此外查无实据等语。卞宝书平日言动既有未能检束之时，自必确有实迹昭著。刘长佑虽代为掩覆，而该员平日居官任事已可想见，岂得人言尽属子虚？若仅将交代局差使撤销，暂行给假，何以示惩儆而肃官方？卞宝书著交部严加议处。唐训方任用属员未能详慎，亦属咎有应得，著交部议处。刘长佑于特旨交查之件，宜如何切实覆陈，乃仅称唐训方每有精神未到之处，传问接见该员之时较密，又称卞宝书平日言动有未能检束之时，含糊隐约，语意颇涉瞻徇，该督平素尚属朴实，不料沾染习气如此之深，著传旨申饬。

同治五年四月谕：御史贾铎奏五城团防保举过滥，请严定限制一折。所奏不为无见。京城设立五城团防局，原以缉奸宄而安良善，惟在局官绅捕获盗贼，只应援照外省州县各官获盗之例，酌给奖励。乃近来各城团防保举，竟有获盗二三名，保举至十数员之多者，有以微职末员迭膺保荐，递予崇阶者，且有候补候选人员滥保升阶，并请赏给顶戴优衔者，幸进取巧，相习成风，亟应严定限制，以杜奔竞。嗣后各城团防出力之四五品实缺人员，无论获盗若干名，只准保加升衔。其候补候选人员，只准保加选补班次，如班次已优，亦只准保给升衔，或交部议叙，概不准擅保道府。至团防绅董，除实系举贡出身者，仍准酌保州县正印官外，其监生俊秀出身各员，无论获盗若干名，只准保举八、九品丞倅及五、七品佐贰等官，以示区别。实缺人员，准其保举升阶，其候补、候选各员，只准保加班次，如班次已无可加，只准保加升衔，概不准保举选缺、补缺后以某官升用。每案无论获盗多寡，所保首先获盗之人，俱不准过二员。公同获盗之人，不准过三员。除未经分部之候选司员，及政事较简之卿寺衙门属员，准其留局办事外，其各部实缺候补学习司员，均著饬令仍回本部当差，概不准留局差委，以致抛荒部务。嗣后五城御史遇有团防保案，各当核实保举，毋得意存见好，致涉冒滥。该部知道。

同治五年十月谕：前因总理各国事务衙门奏请，裁撤山海关监督，改设道员，专以旗员补放，地方如何管辖，请饬盛京将军、奉天府府尹、三口通商大臣妥议，当经降旨依议。嗣据该将军等体察情形覆奏，复降旨令该部速议。兹据吏部等衙门奏称，将沿海之金州厅岫岩城、复州、海州、盖平县地方官员，及所辖佐杂，悉归新设道员管辖，并于奉天省候补杂职内拣派二员，交该道差委，即于营口值班。其余各府、州、县遇有内外交涉税务事件，由该道檄饬遵办。金州厅等处钱谷刑名事件，统归督催稽查。其命盗等案解勘，仍照旧例办理。盖州城守尉、牛庄防守尉二员，毋庸归该道节制，如有需兵稽查剿捕之处，准其移行该城守尉调拨。该口所收常洋各税，应令该道每月详报三口通商大臣，由该大臣分咨查核奏报。其征收税项，仍遵旧定关期办理，毋庸按照经征代征月日核计，以杜牵混。山海关所辖水旱马头共三十余处，仍令照例则征收，无论直隶、奉天等处口岸，均由该道核实稽征。除金州厅等处地方归该道管辖外，并将监督原管之海口，一并归其管理。海城、盖平二县，仍照旧轮往营口住班，倘遇中外交涉关系紧要事件，准该道专折奏闻。其寻常地方税务等事，仍分详将军、府尹、三口通商大臣核办。其铸发关防、廉俸薪水、建盖衙署等事，所筹均属周妥，即著照所请行。所有新设之分巡奉天、锦州、山海关等处兵备道员缺，著江西广饶九南道俊达调补。俊达未到任以前，著前监督成林署理。惟改设之初，诸事创始，该将军、府尹、三口通商大臣，务当督同该道将一切事宜规画尽善。余著照所议办理。该部知道。

同治六年五月谕：前因顺天、直隶各地方久旱不雨，农业失时，曾经谕令万青藜、胡肇智、刘长佑等妥议救荒章程，奏明办理。现在节逾夏至，尚未渥沛甘霖，民间播种无期，灾歉之形已见。夙夜焦劳，寝食俱废，亟应迭沛恩膏，以救民困。著直隶总督、顺天府府尹即饬所属各地方官，清查户口，安插流民，简派公正绅耆，妥议赈恤章程，克期具奏。应需帑项，即由户部颁发，以供支放。此外或以工代赈，或设粥厂，或就邻村采买，或开义社、常平各仓以平米价，均著各就地方情形，迅速酌量办理。该总督、府尹等务当督饬各地方官，实力奉行，以副朝廷痌瘝在抱之意。倘有不肖州县，颟预从事，致吏胥侵渔中饱，实惠不得及民，即著照冒赈例严行惩办，毋许姑息。其各属应征各项钱粮，及节年缓征钱粮，并著该督查明奏请，分别蠲缓。

同治六年六月谕：本年畿辅亢旱，朝廷廑念民艰，迭经降旨，令顺天府府尹、直隶总督查明被灾地方，分别蠲免钱粮。并特发帑金米石，筹办赈济。该兼尹等谅亦迅速遵办，第恐不肖官吏玩视民瘼，或将应蠲应缓钱粮，延不查报，仍复一律征催，或纵令书吏舞弊，于查勘灾荒，上下其手，甚至侵蚀赈济银两，致恩膏不能遍及，种种弊窦，均不可不防。著该兼尹等严行查察，如有前项情弊，即行从严惩办。倘该兼尹等漫不加察，致生弊端，或经人参奏，或朝廷别有访闻，除官吏加等严办外，定将该兼尹等一并惩处，决不宽贷。其有地方绅富捐输银米助赈者，准其奏请奖励。至守护东西陵寝官兵等，值此粮价昂贵，谋食维艰，情亦可悯，著加恩各赏给银一万两，由户部发交守护陵寝大臣，马兰、泰宁两镇总兵，即行办理平粜，以资周转而示体恤。

同治六年七月谕：御史佛尔国春奏，请严禁断运以济兵食一折。据称热河所属板城地方，有商贩米石运至该处上船，经委员朱姓勒令留米平粜，其余米石仍复多方勒索，不准起运，并有米船被劫，该委员不为拿办之事，请饬查办等语。近畿一带米粮向不敷用，本年直隶各属亢旱日久，二麦全无，尤须产米之区源源接济。乃板城商贩米船，该委员一味留难，不准开运，实属不成事体，且难保无借端需索情事。著热河都统严饬委员，无论何时，凡遇户内贩米商船，即令装运开行，不准稍有刁难，并将肆抢匪徒严行惩办以通商贩而裕民食。

同治六年七月谕：直隶地方近有枭匪肆扰，迭据刘长佑奏报，派兵剿捕多名，并称余孽仅剩百余，向隆平东南窜逸，势渐瓦解。览奏各情，不难克期扑灭。乃本日该督奏称，匪党被剿，窜过滹沱河岸，人数加多，仍向东北狂窜等语，何以与前奏大相歧异？刘长佑调度乖方，任听属员粉饰，率行入告，实属大负委任！著交部严加议处。总兵刘云鹤，剿贼未能得力，任令豕突狼奔，势渐猖獗，著即革职，暂行留营，带罪图功，倘再不知愧奋，即行从重治罪。副将欧阳继盛，派令防滹沱河，既不能遏贼于未渡以前，复纵贼于既渡以后，畏葸无能，大干军纪，著革职发往军台效力赎罪。至该逆窜扰多处，来往自如，并有土匪排船接渡。该地方官所司何事，何以毫无防范？著刘长佑查明，有无纵贼捏报，及此外带兵各员有无畏葸粉饰情弊，著严行参办。该督现已添派兵勇分路兜击，著严饬在事员弁，认真剿办。各营将士如有追剿不力、虚报胜仗者，即著按军法从事。刘长佑务将此股贼匪及早殄除，以赎前愆，毋得玩愒如前，致干重咎也。

同治六年十月谕：本日据穆腾阿奏，贼匪北窜，现筹进剿等语。此股枭匪仅数百人，直隶总督刘长佑统兵剿办，日久无功；前任云南提督傅振邦，轻率收降，致令残匪复行肆扰，均属咎无可辞。刘长佑、傅振邦均著摘去顶戴，以示薄惩；仍著督饬兵勇，迅图剿洗，勿再迟延，致干重咎。

同治六年十一月谕：前因直隶枭匪滋事，直隶总督刘长佑未能迅速剿捕，致令日肆蔓延，迭经降旨将刘长佑革职留任，并摘去顶戴，以示薄惩。乃近据穆腾阿奏报，枭匪日渐北趋，由涿州窥伺永清、霸州等处，虽经官军及各州县团练小有斩擒，而以数百乌合之众，纵横奔突，且匪党渐增至千余，实属不成事体。刘长佑身膺疆寄，有负委任，著即行革职，交官文差遣委用，责令带队自效，以赎前愆。

同治六年十二月谕：官文等奏，枭匪殄除殆尽，直境肃清，请将出力人员奖励一折。枭匪前在晋州钓鱼台等处败走，后经余承恩等乘胜跟追，仍向东光一带奔窜。本月初八日，余承恩等追至山东夏津县地方，沿途斩获甚多，并经各处乡团截杀，余匪一二千人改装易马，由杜甫掖渡河遁去。此股贼匪于本年六月间啸聚千余，窜近畿辅，扰及直、东数十州县，凶悍已极。现经官文、穆腾阿督饬余承恩等军，合刀剿击，先后将匪首滕小秃子等殄毙，并将匪党殄除殆尽，肃清直境，所有在事文武人等，自应量予恩施。已革改用总兵余承恩，著仍开复道员，并赏还花翎及盐运使衔。总兵陈济清，著开复革职处分，并赏还花翎。副将常开运、候选同知余沛恩，均著准其开复摘顶处分。县丞郑锡祺，著免选本班，以知县分发补用，并赏加同知衔。从九品赵元祥，著免选本班，以县丞留于直隶补用，并赏加五品衔。千总张得信，著免补守备，以都司用，并赏换花翎。把总刘得胜等三员，均著免补千总，以守备用。外委任兴奎等三员，均著免补把总，以千总用。军功安兴，著以千总用。以上七员并均赏戴蓝翎。副将李炳业，著开复革职处分。千总张占魁，著免补守备，以都司用，并赏戴花翎。把总耿凤山，著免补千总，以守备用。把总任卿云，著以千总用，并赏加守备衔。以上二员并均赏戴蓝翎。其余员弁兵勇，及各州县乡团出力官绅，著官文等查明，择优保奖。崇厚另片奏，请饬顺天、直隶各属举行团练等语。团练一事实仿坚壁清野之法，联络民心，以补兵力之不逮。乃枭匪倡乱以来，如大城、南皮两县之能办团协剿者，甚属寥寥。可见各州县平日于团练要务漫不关心，以致贼骑纵横，生民荼毒，殊堪痛恨！所有办团著有成效之大城县知县彭瑞麒、南皮县知县武士选，均著交部议叙。其余各州县及该管营汛，经枭匪窜扰，不能率团御贼，绥靖闾阎者，即著官文严查惩办。嗣后各该地方文武绅民，如有能始终不懈、保卫地方者，准由直隶总督等随时分别奖励。如各州县营汛员弁仍前玩泄，致令安靖地方突有匪徒滋事，及窝藏逸犯者，即著各该管上司据实纠参，将该营汛各官从严惩办。该管上司亦不准扶同掩饰，以副朝廷除莠安良之意。余著照崇厚所议办理。

同治七年正月谕：本日据官文驰奏，捻股窜至清苑县境内，各路官军齐集，现筹剿办一折。捻逆由定州窜向清苑，行踪飘忽，经提督刘松山、总兵郭宝昌、协领喜昌各统所部兵勇，不分昼夜，绕越贼前，赶赴保定省城。侍卫陈国瑞亦催令张曜、宋庆各军陆续赶到。副都统春寿所部马队各军，屈计亦可绕越贼前。现在各路大兵云集，声势甚壮，不难将该捻克日殄除。著官文乘此声威，督饬各军，实力痛剿，速殄逆氛，毋任旁窜。追贼各将尚属出力，刘松山等军由陕、豫追至直隶，星夜兼程，绕越保定，尤属奋勉可嘉。刘松山、郭宝昌、喜昌均著先行交部从优议叙。该部知道。

同治七年正月谕：丁宝桢奏，捻逆窜陷饶阳，官军追剿迭胜，收复县城，并乘夜袭剿获胜一折。捻匪由直隶肃宁窜踞饶阳县城，经丁宝桢督饬王心安等军，分路并进，本月二十一日行至饶阳之魏家村，适遇大股贼匪，兵勇直前冲入，纵横截杀，毙贼百数十人。匪势不支，贼向西南狂窜，各军入村搜杀。王心安等追剿十二里，沿途毙匪不少，夺回贼馆十四处。二十二日，由尹村进攻县城，该匪列队迎拒。王心安等各率马步，左右环攻，毙匪二百余人。官军追至城下，奋勇登城，该匪越城窜逸，追杀甚众，当将县城收复，并夺回菜园地方。乘胜进剿，该匪结队抵御，下马格斗。兵勇以枪炮环战，毙匪甚多。其图扑王三元等营各匪，亦经官军击退。二十三日夜间，王心安等带队暗袭贼营，大呼杀贼，逆匪惊觉慌乱，我军刀矛并举，共毙贼数百人，夺获骡马旗帜无算，进压四十余里，贼向西南逃窜。仍著丁宝桢督饬各军奋力进剿，尽殄丑类。已革总兵王心安，前因迭次在远防等处疏防捻匪，降旨将该员革职查办。此次据丁宝桢奏称剿匪奋勉，著赏还原职顶戴，以示鼓励。临敌阵亡之参将金成德、守备刘家兴，均著交部从优议恤，以慰忠魂。其余出力伤亡文武员弁，著丁宝桢查明，分别奏请奖恤。

同治七年二月谕：前据前任户部侍郎李鸿藻奏，大兵云集，统兵督抚无以一事权而泯意见，请照咸丰三年故事，派亲王为大将军，坐镇京师，并令左宗棠、李鸿章为参赞大臣，分路进剿。当因逆踪距京渐远，特派大将军坐镇，恐各路统兵督抚事事禀承，必致有误事机。而该督抚等势均位埒，转不免互相推诿因派恭亲王会同神机营王大臣节制各军，以杜进止不齐之弊。旋经恭亲王等奏，请饬左宗棠由西北进剿，李鸿章由东北进剿，其官文、丁宝桢、英翰、李鹤年、崇厚并神机营：派出各军分投严扼，所有进止机宜，仍由该大臣等调度，一切不为遥制。迭经谕令左宗棠等遵照办理，该大臣等亦深知此意，于军务紧要之处，即随时相机筹办，并未事事拘执，必行咨商，致形纡缓。兹据候补五品京堂王家璧奏称，大帅之功在任群帅，中枢之功在任各路大帅，惟恐各路统兵大臣误会前旨，事由中制，请明谕宣示等语。王家璧于朝廷布置及恭亲王等陈奏各情未能深悉，鳃鳃过虑，恐外间无识之徒一唱百和，腾其口说，于行军大有关系。不得不明白宣示，左宗棠、李鸿章、官文、英翰、李鹤年、丁宝桢、崇厚，均著仍遵前旨，分路防剿，一切进兵机宜即由该大臣等妥筹调度，不为遥制。倘有观望迁延，或意见参差，致误军行者，即著恭亲王会同神机营王大臣指名参奏，以儆玩泄。王家璧折并发。

同治七年二月谕：前据官文奏，陕、豫各军剿捻获胜，逆踪向西南奔窜，丁宝桢奏，东军追贼深州、束鹿等处，迭有斩擒。本日又据官文、左宗棠奏，刘松山等军于深州等处剿贼迭胜；李鸿章奏，郭松林等军在安平境内连日剿贼获胜各一折。逆捻于献县商家林等处，经刘松山等击败后，即窜向深州所属窝铺头、五台子一带盘踞。本月初十日，刘松山、郭宝昌、喜昌马步各军，分路进剿。窝铺头居逆惊遽失措，即向西南逃窜；刘松山乘势截剿，将贾村等处贼巢十余处攻破，首逆张总愚率悍党数十名冒死拒捕，刘松山督队鏖战，适郭宝昌攻破五台子等处贼巢，驰至合队，声威更壮，奋力冲杀，毙贼数百名。贼势不支，悉向西南败走。喜昌所部将马隆庄等处攻拔，杀贼三百余名。各军追剿二十余里。十一日追至东阳头收队，计共擒斩悍贼一千余名，夺获骡马军械无算，解散胁从数千名。十二日五鼓，刘松山等军复分道西进，该逆遁向深州，刘松山等即回军追剿，遇贼奋击，马队径穿贼阵，将贼队冲为数断。步军乘势促之，立斩悍贼数百名，夺获骡马五千有奇，该逆纷纷败窜。越日，追至博野所属之南邓村，该逆胆敢排队抗拒，围扑郭宝昌营。适刘松山、喜昌分道并进，大股骑贼分作数十围，蜂拥而出，步贼继进。官军枪炮环轰，骑贼悉败，步贼望尘逃逸。各军乘胜掩杀，宋庆、张耀适由北面压剿而来，军威益振，追杀二十余里，贼向安平一带窜逸。李鸿章所派郭松林、杨鼎勋两军适至，十六日即出队冲进，该逆如墙排列，我军用枪击刺，鏖战三时，荡决纵横，毙贼甚众。贼拼死抗拒，杨鼎勋等分兵抄出贼后，张逆腹背受敌，夺路狂奔，我军沿途追杀，复毙悍贼千余名，生擒五百余名，夺获骡马器械不可胜计。次日，贼乘大雾，希图绕路窜逸。郭松林等于四鼓时急起追剿，至饶阳所属之杨家村，该逆回军反斗，力不能支，张志清等率众乞降，余贼败窜。十八日，贼又折窜饶阳以北，刘松山、郭宝昌、张耀、宋庆、程文炳亦俱赶到，各派队会剿。该逆瞥见官军，即绕道旁窜，势极穷促。此次左宗棠、李鸿章所派各军，均能奋勇剿贼，不辞劳瘁，和衷协力，迭获胜仗。具见该大臣等力顾大局，共矢公忠，故能将士用命，迭挫凶锋，洵堪嘉尚。即著乘此声威，饬令前敌各军会合兜剿，一鼓殄除，共奏肤功，同膺懋赏。

同治七年二月谕：官文、左宗棠奏追剿捻逆，迭获胜仗一折。前据官文、左宗棠奏报本月十三日以前剿贼获胜情形，业经降旨宣示。十六日，宋庆、张曜、刘松山、郭宝昌、喜昌追贼于深州境内，将西华集一带贼巢攻拔，其小教村之贼亦斩殄殆尽，乘胜追杀，沿途斩馘甚夥。贼败窜向安平，经郭松林等截击大胜。已据李鸿章驰报，贼自安平击败后，窜入饶阳，刘松山、郭宝昌、喜昌、程文炳、宋庆、张曜各军，于十八日分路进剿。程文炳催军进击，贼众狂奔，当将南旺村余贼搜杀，跟踪追蹑。刘松山等军亦将贼踞各村夺回，会合兜剿。逆众不支，纷纷败遁。二十一二等日，复追及于深州境内，均有斩擒。二十三日，贼败窜至肃宁，副将杨凤元率队迎击，短兵相接，贼又大败。乘胜追袭，余贼向西南狂窜，程文炳率所部跟追，直至博野县境，先后共毙贼目方竭儿等多名，擒斩悍贼不计其数，救出难民数千，夺获牲畜器械无算，贼势大蹙，剿办颇为得手。刘松山、郭宝昌、喜昌、程文炳、宋庆、张曜，追剿此股贼匪，昼夜奔驰，迭获胜仗，实属奋勇出力。刘松山著赏换达桑阿巴图鲁名号。郭宝昌著赏换法福凌阿巴图鲁名号。宋庆著赏换格洪厄巴图鲁名号。张曜著交部从优议叙。喜昌、程文炳，著交部议叙，以示鼓励。仍著左宗棠等激励各军，同心灭贼，迅竟全功。官文前奏张曜、宋庆北援迅速，安住亦督队奋勉，当令传旨嘉奖，俟立有战功，即行奖励。此次张曜、宋庆既因剿贼获胜，予以恩施；已革副都统安住，著开复革职留营处分。其余各营将士，俟立有功绩，再行分别加恩。

同治七年三月谕：官文、左宗棠奏，官军追剿捻逆，迭获大胜一折。捻逆前窜饶阳等境，屡经官军击败，二月二十三日，贼在饶阳东北王庄等处，宋庆、张曜激励将士，于三更时直逼贼馆，挥军猛扑，立将张、邱两逆所踞大村攻毁，斩杀无算。邱逆一股剿洗殆尽，逆首张总愚纠党回扑，官军分投接战，贼势不支，兵勇乘势掩杀，贼尸枕藉。该匪向北逃窜，复经官军击退。是役生擒贼众八百余人，内有贼目张立堂、苏传恩、陈小魁等三名，均即讯明正法。夺获骡马军械甚夥，救出难民四百余人。二十五日，左宗棠亲督各军回安平，蹑队进剿。贼在深、晋之交，闻风狂窜。程文炳统军追蹑，督饬王心忠等马、步各队两面齐进，枪炮环施，该匪惊悸败溃。官军追至深泽县西之梁村，阵斩贼匪三四百人，生擒数十名，夺获骡马五六百匹，救出难民三千余人。此次宋庆、张曜两军昼夜行一百六十余里，痛挫贼锋，将弁颇为得力。总兵程之伟，著赏给勉勇巴图鲁名号。参将刘廷，著以副将尽先补用，并赏加总兵衔。李永芳，著以副将尽先补用。杨春祥，著赏给勤勇巴图鲁名号。游击蒋尚钧，著赏给信勇巴图鲁名号。贾惠山，著赏给著勇巴图鲁名号。都司吴守义，著以游击尽先补用。守备马玉崑，著以都司补用，并赏给振勇巴图鲁名号。李嘉昌，著以都司补用，并赏加游击衔。冯桂增等二员，均著以都司尽先补用，内宋得胜并赏换花翎。千总程允和，著以都司补用，并赏戴花翎。唐庆兴，著以守备补用，并赏加都司衔，以示鼓励。该部知道。另片奏，二月十八日之捷，郭宝昌在孔家庄进剿，鏖战逾时，枪毙张逆之子张和尚及逆首张玉二名，贼目死者甚众；二十二日之捷，郭宝昌在封家村枪毙张逆之胞弟张三，及贼目唐玉，该处老贼无一漏网，剿办均为得手。仍著左宗棠等督饬各军实力兜剿，迅扫逆氛，毋任蔓延。

同治七年三月谕：前据官文、左宗棠奏报，宋庆、张曜两军，二月二十三日，在饶阳东北剿贼获胜，逆首张五孩身受枪伤。兹复据该署督等奏称，张五孩业被枪子打入咽喉伏诛，讯据投诚人众曹平义等供，亦相符。张五孩即张五黑，系张洛刑胞侄，在诸贼中最为凶悍，每遇接仗时，首先驰突，屡抗官军，现被豫军殄毙，洵足寒贼胆而快人心。所有此次接仗尤为出力之千总汝得林、李大川、徐效孟等三员，均著以守备补用并均赏戴花翎，以示鼓励。

同治七年四月谕：前因捻逆纷窜，谕令左宗棠严防直、晋交界，李鸿章严防直、东交界，以期分路迎剿。乃该逆由豫窜东，由东窜直，驶至天津附近地方。迭谕李鸿章督率所部前进，并将前敌各军悉归调度，以一事权。现淮军虽先后到津，而该大臣自三月三十日自开州发报后，迄今并无奏报，未知行抵何处。该大臣责任统帅进剿机宜，岂宜迟缓至此？著即统军驰赴北路，督率各军扼要驻扎，广筹方略，相机殄灭。其已到之皖、豫各军，均著归李鸿章调度，以专责成。左宗棠现由德州前进，即著扼扎运河以西，分兵进剿。丁宝桢亦已进驻交河，并著该大臣等会商，无分畛域，互相策应。该大臣督抚等均受朝廷重寄，断不可稍有推诿趋避，倘能一鼓殄除，自宜同膺上赏，若再迟延贻误，亦必重治其罪。懔之勉之！

同治七年七月谕：本日据李鸿章、英翰由六百里加紧驰奏，官军会剿捻逆，全股荡平大概情形各一折。览奏甚为欣慰。前据李鸿章等迭次奏报，追剿捻逆，贼势穷促，谕令各该大臣等迅速殄除。兹据奏称，六月二十日，提督刘松山督队追至盐山、沧州等处，截杀三四百名。布政使潘鼎新、提督郭松林、张得胜、侍卫陈国瑞，会同追贼至德平等处，斩其逆首罗六。郭松林复会同都统善庆、温德勒克西追至商河，该逆涉水向西南逃逸，潘鼎新等仍复冒雨力追，近至高唐，该逆图扑运河，经提督刘铭传、郭松林、候补京堂袁保恒等，联络豫、皖各军分段扼守。二十八日，贼由西向东回窜，刘铭传调军追杀，适郭松林追贼东来，拦截窜路，纵横合击，大股贼匪全数擒斩，并擒获张总愚之子葵儿正法，并生擒贼目多名，共计生擒老贼三四千人，余逆悉数殄除，全股荡平。从此直隶、河南、山东各地方生民得以安业，庆幸良深。惟据称张总愚投水淹毙，逆尸尚未寻获，著李鸿章等查明张总愚实在下落，无论生死，务须得有确据。并著督饬各军搜捕余逆，总期净绝根株，以免后患。李鸿章前因督军赴援迟延，并不能克期灭贼，曾迭予惩处。该大臣深知感畏，奋勉督剿，冒暑遄征，克奏肤功，自应先行开复，以彰劳勤。李鸿章著先行赏还花翎、黄马褂、骑都尉世职，其迭次因剿贼不力降革各处分并著查明开复。左宗棠纵贼出陕，追剿尚属迅速，抵直后督军截击，扼守运防，亦颇严密。著将该大臣迭次降革各处分一并先行开复。河南巡抚李鹤年，前以防剿贻误，量予惩处，惟该抚所派张曜、宋庆两军剿贼甚为得力，并该抚督队出境防堵，亦能顾全大局。李鹤年著先行开复革留处分，并赏还头品顶戴。李鸿章及英翰、丁宝桢等，均系一律具报肃清，听候恩旨。所有迭次剿贼最为出力之刘松山、郭宝昌、郭运昌、宋庆、张曜、善庆、温德勒克西、陈国瑞、郭松林、潘鼎新，跟踪追蹑，历时最久，不辞劳瘁，甚可嘉尚。刘铭传甫经抵营，虽于剿办此股捻逆战绩无多，惟该提督前剿任、赖各逆，勤劳卓著，此次会剿荡平丑类，亦属一体有功。该都统、提督等及所部马、步各队出力人员，著各该大臣督抚等迅速查明核实请奖，以昭懋赏。其余出力员弁，亦著一并请奖，毋许冒滥。

同治七年七月谕：本日据李鸿章驰奏，官军追剿捻逆，于六月二十八日在山东茌平南镇一带，将逆匪张总愚全股荡平，已明降谕旨宣示。因思捻逆自上年冬间渡河北犯，扰及河南彰、卫、怀三府，及直隶、山东所属各州县，凡贼蹂躏之地，焚烧掳掠，惨不可言。小民耕种失时，流离转徙，各该处绅民独能集团修寨，并随同官军筑墙防运，奋勇杀贼，保卫地方，朝廷于矜悯之中，尤深嘉尚。除山西被扰各州县应征钱粮，业经该抚奏请蠲缓外，其直隶、山东、河南被贼各州县，著各督抚迅速查明，分别扰害轻重情形，奏请蠲缓钱粮，候旨施恩。所有各处团练出力绅董，亦著各该督抚等一并详查，奏请奖励。其御贼被害者，并著查明请恤。

同治七年七月谕：前因捻逆荡平，直隶、山东、河南、被扰地方，饬令该督抚等查明轻重情形，分别蠲缓，并寄谕官文、丁宝桢等妥筹抚恤。兹据游百川奏陈善后事宜各条，除赈恤贫民，俟官文、丁宝桢等查明后再降谕旨外，其团练出力绅董，及殉难绅民妇女，著官文、丁宝桢转饬该地方官确切查明，分别奖恤，毋得冒滥遗漏。至保甲之法，迭经谕令该督抚等认真办理，现在捻股既平，尤当实力举行，以辑闾阎。倘地方官有贪庸不职，不以民事为心者，即著该督抚等据实严参，以副朝廷保卫民生、整顿吏治至意。

同治七年七月谕：本日据李鸿章由六百里加紧驰奏，剿办捻逆，全股荡平，地方一律肃清，并查明首逆张总愚投水淹毙一折。览奏之余，实深嘉悦。捻逆自倡乱东南，十有余年，窜扰数省，生民受其荼毒，神人共愤，罪恶贯盈。上年派李鸿章为钦差大臣，剿除任柱、赖汶洸等股匪。本年正月间，逆首张总愚复纠合匪众，肆扰山西、河南、直隶，窥伺近畿。经官文、英翰、丁宝桢、李鹤年督兵防剿，并经左宗棠统军追击，朝廷复调李鸿章赴直、东一带督剿，以收众志成城之效。现经李鸿章会同各军，督率各将领，荡平捻逆，并将余逆搜捕净尽，具见该大臣、督抚等协力同心，肤功克奏。前已赏还李鸿章双眼花翎、骑都尉世职、黄马褂，并开复处分，及左宗棠等降革处分均予开复，自应分别再沛恩施，以昭懋赏。李鸿章著赏加太子太保衔，并以湖广总督协办大学士。左宗棠著赏加太子太保衔，并交部照一等军功议叙。丁宝桢、英翰，均著赏加太子少保衔，并交部照一等军功议叙。李鹤年著赏戴花翎，并交部照一等军功议叙。崇厚，当捻逆攻扑天津时，督率兵勇绅团，力保郡城，并筹济各营粮石饷需，源源不绝，实属著有劳绩。崇厚著赏加太子少保衔，头品顶戴，并赏戴双眼花翎。两江总督曾国藩，筹办淮军后路军火，俾李鸿章等克竟全功，著交部从优议叙。署直隶总督大学士官文，前在湖广总督任内，及本年捻逆窜直时，均因会剿不力，迭经惩处，此次捻股悉平，著加恩开复太子太保衔，并赏还双眼花翎，以示锡爵酬庸，用彰庆赏至意。

同治八年五月谕：前据御史袁方城奏请整饬吏治，当经谕令军务肃清省分，遇有获案要犯，仍照旧章详由该上司覆核办理，以重人命。兹据曾国藩奏，直隶军务虽以肃清，而各匪余孽尚多，凶悍性成，最易煽动，必应迅速严办。若令地方官于拿获匪犯后，仍照例勘转，不特使犷悍之徒久稽显戮，且羁禁解审，万一疏虞，转致凶犯漏网，请仍照奏定章程办理等语。自系为除暴安良消患未萌起见。著照所请，嗣后直隶省拿获枭匪、土匪、扰害乡里、横行抢劫、勒索资财，以及骑马持械、倚强肆掠、凶暴众著者，降捻游勇、聚党伙劫者，仍照历次奏定章程，由地方官审讯明确，禀明督抚批饬该管府州亲往覆讯后，即行就地正法。其临时拒捕者；格杀勿论，以戢奸宄而儆凶顽。一俟盗贼衰息，即照旧章办理。至山东、河南两省，与直隶壤地相连，情形相近，著各该抚一体照办。

同治八年七月谕：给事中刘秉厚奏，风闻直隶地方征收钱粮，浮费渐增，永平、遵化、河间等属，有加二三分、三四分者；又或有津贴名目，更加二三分不等；至收钱作银折价，每银一两几费一二两之数；又钱粮交官，例给串票，乃敢另索使费，逐渐加增。京畿如此，他省可知，请旨查拿等语。直隶差务纷烦，屡遭兵燹，当时疮痍未起，正宜竭力抚绥，以冀渐复元气，何得以有限之脂膏，供无厌之朘削？著曾国藩按照该给事中所奏情形，查明严禁，并著各直省督抚，各率所属，裁减浮费，明定章程，刊示市镇通衢，俾小民得以周知，吏胥无从舞弊。如有额外需索者，一经发觉，即予从严参办，以副朝廷轸念黎元至意。

同治八年七月谕：前据李鹤年奏，遵查直隶、山西、河南交界处所，山径丛杂勾结，每易藏奸。当经谕令曾国藩等妥议会哨章程，认真办理。兹据曾国藩酌拟章程开单具奏，所称接壤州县会衔出示，不分邻省本省，一律会哨，令地方文武轮流出巡，按月禀报，及每次会哨，不拘地面，联络乡团以为向导各条，均属周妥。著照所议，由该督抚饬令该地方官，各按章程约期会哨，不分畛域，实力奉行，务令奸宄无从匿迹，以副朝廷除暴安良至意。其余未尽事宜，仍著曾国藩、李宗羲、李鹤年随时会哨，妥为办理。该部知道。单并发。

同治八年谕：曾国藩奏，遵查畿南所属灾歉较重，应行赈恤一折。直隶南路之大、顺、广三府地方，本年雨泽稀少，灾情较重。经曾国藩嘱令臬司钱鼎铭亲历周查，以肥乡、广平、成安、邯郸及永年毗连肥乡之数十村庄，及大名所属大名、元城为最苦。该督现拟寓赈于贷，就各属著名灾重处所，编定户口，酌借钱文，请饬部于天津存储现钱项下拨出制钱十万串，由天津运交钱鼎铭经理赈恤事宜等语。畿南灾歉较重，自应设法补救，以靖地方。兹览该督所陈，一切具臻妥协，即著崇厚在天津存储现钱项下拨制钱十万串，由天津派员运至大名，交钱鼎铭收领。并著曾国藩饬令该臬司妥为散放，以拯灾黎。如各州县仍有沾染前时积习，不能实力奉行者，即由钱鼎铭禀明该督，指名严参，毋致泽不下究。该处次贫户口，仍著该督察度情形，于来春分别赈恤。其给示晓谕，及设局平粜各事宜，均著照所议办理。

同治九年三月谕：鸿胪寺少卿张绪楷奏，天时亢旱，请饬各省大吏力除积弊，以迓和甘一折。本年近畿雨泽愆期，天气亢旱，深宫循省，焦虑时深。各省大吏，亦当仰体朝廷兢惕之心，勤修民事，以消沴戾而迓祥和。即如征收钱粮，本有例限，乃地方官每借口军饷紧急，先期催征。遇有水旱之灾，民力愈形拮据。著各直省督抚申明旧例，务令仍按上下两忙征收，不得违例豫征，以纾民困。近因军务未平，各省厘金分别裁减，酌留大宗以济军饷，原属不得已之举。若各州、县私设厘卡，借端渔利，实属大干法纪。著各该督抚将停止厘卡处所明白晓示，以杜朦混。其有地方劣绅，假公济私，把持公事，勒捐科派等弊，并著严行查禁，毋任扰害闾阎。至各省京控案件，有经年累月未经奏结者，牵累多人，羁禁无辜，情尤可悯。各该督抚务当破除情面，认真整顿，将未结各案不得意存消弭，日久拖延，将此通谕知之。

同治九年八月谕：库克吉泰奏，郡街两次被水，现筹办理情形一折。本年六七月间，热河郡街连次大雨，被冲民房六百余间，淹毙大小男妇四十六名口，其狮子沟等处兵民房屋，亦多被冲。该民人等迭被水灾，荡析离居，情殊可悯，即著直隶总督、热河都统，一面督饬地方官设法堵御，一面查明被灾各户口，加意抚恤，毋令一夫失所。其堤坝应修各工，并著直隶总督迅派妥员前往，会同库克吉泰派出各员，认真查勘妥协，不得草率从事。

同治九年八月谕：前据总理各国事务衙门奏，遵议尚书毛昶熙请撤三口通商大臣条陈，当谕令李鸿章妥筹应办各事宜。兹据该督酌议章程具奏，天津地方紧要，自宜因时变通，三口通商大臣一缺，即行裁撤。所有应办各事宜，均著归直隶总督督饬该管道员经理，即由礼部颁给钦差大臣关防，用昭信守。并著该督于每年海口春融开冻后移扎天津，冬令封河再回省城。倘遇有紧要事件，必须回省料理，亦准其酌度情形，暂行回省，事竣仍赴津郡，以资兼顾。其山东登、莱、青道所管东海关，奉天奉、锦道所管牛庄关，均归该督统辖。惟中外交涉事务较繁，自应添设道员管理，著照所请，准其另设津海关道一缺，专管中外交涉各事件，及新钞两关税务。并责成该道督饬府县，悉心妥办，仍随时察请该督酌核办理。嗣后津海关道缺，即由直隶总督拣员请补。其余未尽事宜，著李鸿章迅速妥议具奏。

同治九年闰十月谕：御史邓庆麟奏，直隶永平府属抚宁县等处，所用斗斛，以底作口，恶纪奸商，借此从中渔利，请饬查禁等语。著直隶总督严饬永平府属之抚宁、卢龙等县地方，所用斗斛，务当遵照部颁定式，俾归画一。至各直省如有不遵定制，擅用私斗情弊，并著各该督抚饬属查明，一体严禁，以符定制。

同治九年十一月谕：醇郡王奏沥陈下情，请振积习，以济大局一折。方今时势孔亟，军务未平，筹饷征兵，重烦民力，宵旰焦劳，恒以自强不息为念。内外文武臣工，均应力戒因循，勉图振作，乃近来各直省督抚及统兵大臣，实心任事者固不乏人，而苟且偷安者亦复不少，以致军务未有了期，吏治毫无起色。在廷诸臣亦复泄沓成风，未能力图补救，共挽时艰。醇郡王贤亲并著，休戚相关，谠论忠言，与朝廷兢惕之心适相吻合。嗣后内外文武臣工，其各振刷精神，破除积习，戎行何以整饬，官方何以澄叙，民生何以乂安，务当精白乃心，实事求是，俾庶政修明，日臻上理，用副诰诫谆谆至意。

同治九年十二月谕：前因户部奏，变通验收海运漕粮，及海运仿照河运章程办理，当经谕令李鸿章等分别会议具奏。兹据李鸿章会同仓场侍郎酌议具奏，据称直隶总督每年于春融后移扎天津，所有天津验米自有遵照部议就近经理，无庸另请派员验收。近年来海运米石较多，总督事务繁重，未能专顾一端，请仍照向章，酌派仓场侍郎一员，赴津会同查验。其通州收海运事宜，由留通仓场侍郎经理，毋庸另请派员等语。明春江、浙海运漕船抵津，著户部先期奏派仓场侍郎一员，赴津会同直隶总督妥筹办理；其通州验收转运事宜，即由留通仓场侍郎一手经理，毋庸另请派员，以专责成。余著照所议办理。

同治十年七月谕：给事中夏献馨奏，敬陈办赈事宜一折。本年直隶天津等处被水，业经降旨，准将江、浙等省米石截留赈济。该给事中所拟清查户口，防察奸宄，多分赈厂，选择绅耆，剔除弊端，筹给医药各条，不为无见，著李鸿章按照所陈各节，饬令办赈各州县体察情形，实心经理，务期实惠均沾，不得有名无实。

同治十年八月谕：夏同善奏，久雨为灾，请虔诚祈晴，并敦节俭，广赈济，开言路，清庶狱一折。本年入秋以来，雨泽过多，恐成灾歉，业经降旨，于本月初六日拈香祈祷，以迓晴旸。因思顺天、保定、天津、河间等属地势低洼，其被灾处所业准李鸿章所请，截留漕米妥办赈济。此外如续有被灾之处，并著直隶总督、顺天府府尹查勘情形，量加抚恤，毋令一夫失所。阴阳沴戾，灾祲荐臻，朕宵旰廑思，倍兹悚惕，惟当躬行节俭，以裕物力，而恤民艰。刑罚失当，不足感召祥和，中外问刑各衙门尤当恤刑慎狱，清理积案，不准拖累无辜，以消灾沴。著在廷臣工，于民生疾苦、政事阙失，直陈无隐，以副朕遇灾修省至意。

同治十年八月谕：李鸿章奏，直隶现办灾赈，招商购米，请饬蠲免厘税，严禁遏籴一折。本年直隶天津等府属被水成灾，居民困苦，前经截留漕粮，采办赈米，以资抚恤。兹据李鸿章奏称，灾区甚广，待哺日长，全赖商贾辐辏，源源接济，现饬委员分赴各处购办备放，并招劝绅商购米运赴被灾处所售卖，惟商米经过局卡，应完厘捐，而邻省州县又往往任意闭籴，深恐粮价日昂，民生日困等语。近畿灾黎待拯，应设法变通，著奉天、江南、山东、河南各将军、督抚、府尹等，将商人应完米粮厘捐暂予停免。其由李鸿章派员招商采运米石，著饬各关卡验明护照，免税放行，俟来年麦收成熟，再行照章抽收。并著出示严饬地方官绅囤户，毋得遏粜居奇，俾商贾流通，粮价平减，庶饥民得沾实惠。该部知道。

同治十一年正月谕：钦恤庶狱，仁政所先。查乾隆十一年、嘉庆十一年、道光十一年，均特颁省刑谕旨，大沛恩施。亦越咸丰十一年，皇考文宗显皇帝绍述前徽，复颁行旷典。朕临御以来，仰承两宫皇太后懿训，夙夜兢兢，以爱育黎元为念。兹当纪年开秩，允宜祗遵成宪，以示矜恤而迓祥和。所有刑部及各省已经结案监禁人犯，除情罪重大及常赦所不原者毋庸查办外，其余著大学士会同刑部酌量案情轻重，分别请旨减等发落。其军流徒杖人犯，一并分晰减等完结。俾沾宽大之恩，勉图自新之路，用副朕子惠兆民、法外施仁至意。

同治十二年闰六月谕：前据军机大臣、六部、九卿会议，乔松年、文彬、丁宝桢并御史游百川所奏筹办黄、运两河情形，当经谕令李鸿章妥筹办法，据实详细具奏。兹据奏称，铜瓦厢决口后，旧河身淤垫过高，岁久干涸，无从修治，势难挽复淮徐故道，且于漕运无甚裨益。至借黄济运、筑堤束水工程，均无把握，与导卫济运之法同一难行各等语。所奏颇为详尽。河流既难挽之使南而利运，又别无长策，李鸿章请仍由海道转运，令各督抚酌提本色若干运沪，由海船解津，其余仍照章折斛，以省运费，并随时指拨漕折银两采买接济。著户部通盘筹画，妥议具奏。河流趋重山东，自应增立限防，著丁宝桢酌度形势，将张秋、利津一带旧有民埝，加倍坚固，以资捍卫。其侯家林决口，现虽堵筑合龙，仍恐民埝不能久恃，并著该督抚于秋汛后详细勘估，酌筹款项。侯家林上下民埝，仿照官堤办法，一律加高培厚，设法保护。沿河州县民人田地久被淹没，情殊可悯，即著查明，分别奏请蠲缓钱粮。并将海口盐场商运各事宜，酌量变通办理，以示体恤。至铜瓦厢决口以下兰仪、东明一带，地势平衍，不可无遥堤以防泛滥。著乔松年就近察看，应如何量筑堤埝，以资保护，即行悉心筹办。淮徐故道涸出旧河身，民间多有占种，该督所请酌议升科之处，著江苏、河南、山东各督抚体察情形，妥筹具奏。

另片奏请停止河运采买粮石，推广海运等语，著户部议奏。

同治十二年七月谕：顺天府奏被水各州县，请截留漕粮备赈一折。本年顺天府所属之顺义等州县被水成灾，小民情形困苦，殊堪矜恤加恩，著照所请，由仓场侍郎将现在运通之筹备漕粮，截留八万石，存储通仓，以便将来分拨各属就近领运。著万青藜等即饬该地方官查明被灾户口，应如何分拨赈济，迅速妥筹具奏，用副轸念灾黎至意。

同治十二年七月谕：本年夏间雨水过多，永定河南岸决口，被水地方田庐多被水冲没，小民荡析离居，殊堪矜恤。前据顺天府奏请截留漕粮八万石备赈，当经降旨允准。因思畿辅被灾甚广，亟应妥筹抚恤，著加恩于东南各省厘金关税盐课项下各拨银三四十万两，以资服济。由李鸿章酌定各省应解数目，一面于直隶藩库运关各库内，无论何款，先行动支，俟各省解到时归款。其顺天所属应需赈济银两若干，即于此款内拨给。并著李鸿章会商万青藜、彭祖贤，奏明办理。该总督、府尹务当督饬地方官，查明被灾户口，核实散放，妥为赈恤，务期实惠及民，毋令一夫失所，用副朕轸念灾黎至意。

同治十二年七月谕：御史张澐卿奏畿疆赈务。请饬查户口一折。本年夏间雨水过多，直隶各州县被水成灾，已准顺天府所请，截留漕粮八万石备赈，并降旨于东南各省厘金关税盐课项下拨银三四十万两以资赈济，仍由直隶总督先行筹款垫办。原期实惠均沾，早苏民困。若如该御史所奏，直隶顺天所属州县，向办赈务，并不亲自履勘，亦不清查户口，何以昭核实而杜弊端?著直隶总督、顺天府府尹通饬各州县，力除积习，督率公正绅士，于被灾各村逐一编查户口，分别极贫、次贫，认真稽查，核实散放。并先期刊刻誊黄，遍行晓谕，倘该官绅等有侵冒情弊，即据实从严惩办，以杜侵渔。

同治十二年九月谕：李鸿章、延煦、毕道远奏，浙江漕粮海运抵津，拟请改令粮道自行运通一折。向来江、浙漕粮海运到津，用官剥船到通交纳，乃行之既久，滋生弊端。本年海运白粮及轮船所载漕粮，改由粮道自雇民船运通，较用官剥船运送，米色尚为干洁。李鸿章等请将嗣后南粮变通办理，系为剔除弊端起见，著照所议，所有来岁江、浙漕粮，即著改用粮道运通交纳，毋庸在津运收。著户部、两江总督、江苏、浙江各巡抚，一体遵照办理。其应行变通章程，著李鸿章、延煦、毕道远悉心妥议具奏。

同治十二年十一月谕：御史邓庆麟奏，京控发交案件承审不公，请提交刑部审办，或派大员前往审理一折。国家设立都察院、步军统领衙门，准各直省民人呈诉冤抑，原所以通达下情，一经各衙门具奏，无不立降谕旨，交各该督抚亲提严讯；其关涉命案者，并令督同臬司严行讯究，如该督抚承审不公，仍准其各该衙门呈诉。倘遇案情重大或地方官有贪婪不法情事，自当提交刑部，或特派大员前往审办。若如该御史所奏，直隶遵化州民人郝越、生员王晴川京控两案，讯系寻常案件，独不思督抚为国家大员，自有承审之责，如纷纷提交刑部，或钦派大员，尚复成何体制？该御史不达事理，率行陈奏，著毋庸议。所有遵化州民人郝越等京控各案，仍著李鸿章秉公严讯，按律惩办。嗣后各直省遇有京控案件，务当亲提人证卷宗，依限审结，毋枉毋纵，用副朕洞达民隐至意。

同治十二年十二月谕：给事中陈鸿翊奏，顺天各属因灾蠲免各项旗租银两，请仍遵旨蠲缓一折。据称顺天宝坻等县各项旗租，因本年秋禾被灾，奉旨蠲免分数，风闻内务府庄头等仍将各县民佃催索租银十分完纳，以致被赈灾民将所领银米折变交租，甚至迁徙灾民不敢归里领赈，请饬查办等语。蠲免租项，原为轸恤灾民起见，若如该给事中所奏，是庄头违例追呼，亟应严行禁止。著总管内务府大臣即查照从前历届被灾蠲缓之案，核实办理。如查有该庄头等任意逼索，舞弊营私等事，即著从严惩办，毋稍徇隐。

光绪元年二月钦奉慈安端裕康庆皇太后、慈禧端佑康颐皇太后懿旨：前经降旨，派恭亲王奕䜣等于东陵、西陵附近地方敬谨相度大行皇帝山陵，醇亲王奕譞等前往履勘后，会同恭亲王奕䜣奏明请旨。昨据该亲王等奏称，谨看得附近东陵之双山峪，地势宽平，系属上吉之地等语。双山峪著定为惠陵，即行择吉兴工，著派醇亲王奕譞、魁龄、荣禄、翁同龢敬谨办理。

光绪元年四月谕：御史刘瑞祺奏请饬筹修运河，复行河运一折。南粮运赴通州近年因河道阻塞，改由海运，原属权宜之计。该御史所陈现停河运，恐各工淤塞日甚，运道自此湮废，亟应迅速疏治，不为无见。著直隶、两江、山东、江苏各督抚、漕运总督、河东河道总督，体查全河情形，应如何设法疏浚，俾利漕行之处，妥筹具奏。

光绪二年正月谕：御史吴鸿恩奏请饬举行宣讲一折。宣讲圣谕广训，巨典昭垂，自应认真举办，乃近来各地方官往往视为具文，实属不成事体。著顺天府五城实力奉行，并著各直省督抚、学政督饬地方及教职各官，随时宣讲，毋得有名无实。另片奏请饬学政严密关防等语。科场舞弊，禁例綦严，若如该御史所奏，枪冒顶替等弊仍所不免，并有教职与承差勾通作弊情事，殊堪痛恨。著各直省学政随时稽查，如有前项情弊，即著严行究办，以端士习而肃官方。

光绪二年三月谕：御史余上华奏，畿辅内外粮价渐增，请豫筹采买一折。本年近畿一带雨泽稀少，粮价逐渐加增，自应先时采买以裕民食。著李鸿章体察情形，并能否筹款于南省采买米石，由海运津之处，酌度具奏。将此谕令知之。

光绪二年四月谕：李鸿章奏酌筹招商贩运奉省杂粮一折。据称直隶雨泽稀少，粮价渐增，亟宜豫筹接济，请招商贩，由官发给执照，出口贩运奉省杂粮，酌量减免厘捐，并请饬该省将军、府尹出示晓谕等语。即著照所筹办理。并著崇实、庆裕示谕奉省各口文武官员，勿任粮户遏籴居奇，俾资接济，以裕民食。将此各谕令知之。

光绪二年五月谕：近畿一带天时亢旱，直隶、山东两省及豫省河北等府，亦复雨泽愆期，被旱地方较广，粮价日增，民食艰难，闾阎不免苦累。著顺天府府尹、直隶总督、山东、河南巡抚，体察各该地方情形，加意抚恤，毋令流离失所。并讲求救荒之策，督饬所属实力举行，用副朝廷轸念民依至意。至本年天气过旱，尤恐蝻孽萌生，贻害农田，损伤秋稼，于民生大有关系。著该府尹、督抚严饬各属，先期查勘，认真刨挖搜捕，务须一律净尽，勿留余孽。

光绪二年五月谕：李鸿章奏，职官冒充钦派差使，私造文札印信，请旨革职审办一折。据称内务府赞礼郎续昌与伊兄桂昌私雕假印，续昌辄纠同庄丁刘宗顺等，捏充钦派四品京官驰驿查办地亩，至直隶延庆州一带骚扰地方，现经拿获解审等语。续昌身为职员，不知奉公守法，辄敢冒充钦派京堂驰驿查地，私雕印信，捏造文札，实属目无法纪。续昌著即革职，交刑部提同现经解到各犯严行审讯。并著内务府、步军统领衙门、顺天府五城将桂昌一体严拿，解交刑部归案，照例惩办。

光绪二年五月谕：御史李桂林奏请整顿热河兵米一折。据称热河兵米向系地方官筹拨，或由本地采买，现有蠹吏把持包揽，将各商民从前例应免交者滥行征收，并于厘卡勒索，实为地方之害等语。事关兵食，若如所奏情形，亟应认真整顿。著瑞联确切查明，从严惩办。该处厘卡应如何裁并之处，并著奏明办理。

光绪二年闰五月谕：前因御史张盛藻等奏，近畿省分被旱，请饬拨帑赈济。当谕令户部速议具奏。兹据该部奏称，近畿被旱地方应筹赈恤，请令该督抚体察情形，奏明办理，并拟在部库拨银十万两，交顺天府府尹、直隶总督分领给赈等语。直隶等省旱象已成，近畿一带关系尤重。朝廷轸念民艰，若俟该兼尹、总督等查明奏报，未免有需时日。加恩著照该部所拟，即由部库拨银十万两，交万青藜、张沄卿、李鸿章，将顺天府及直隶所属酌分成数，派员赴部请领，妥为接济。至应否截留东漕后帮粟米之处，仍著该督等查明具奏。其山东、河南地方，并著该督抚饬藩司，酌量仓库存项、被灾轻重，筹画妥办。此外或应碾动仓谷，或设厂煮赈，或分赴邻省采买，或劝捐米谷接济，万青藜、张沄卿、李鸿章、丁宝桢、李庆翱当督饬所属，详细讲求，核实办理，务令实惠均沾，毋任吏胥舞弊，用副廑念灾黎至意。

光绪二年闰五月谕：御史李嘉乐奏，近畿等处被旱甚广，谨陈管见，及恩旨誊黄，请饬遍行晓谕，并慎选循吏各折片。本年京师、直隶、山东并豫省河北等府，雨泽愆期，被旱甚广，民食维艰，亟应酌筹接济。各州县常平、义社各仓，原为备荒之用，若如所奏，地方官竟有侵蚀亏短等情，并于散放时捏报户名领数，实属不成事体。著该府尹、督抚认真清查，酌量动放。倘有前项情弊，分别参奏严惩，勒限赔补。所请官为平粜，饬该府尹、督抚于厘金及杂税项下提款，遴委妥员，赴成熟之区，采买米麦杂粮，分赴灾歉地方，按照买价平粜，归还原款，其所报之价有不实者，严予惩处等语。著李鸿章等迅速筹议，妥为办理。至歉缓钱粮谕旨，自应遍行晓谕，俾闾阎均沾实惠。著该府尹、督抚严加查察，嗣后遇有恩旨，倘该地方官竟有隐匿含混者，即行严参，照例惩办，毋稍徇隐。现办救荒各事，全在地方官经理得宜，著李鸿章等慎选贤能，妥为筹办，用副朝廷轸念灾黎至意。将此各谕令知之。

光绪二年闰五月谕：本年近畿一带天时亢旱，业经拨帑赈济，并谕令李鸿章等应否截留东漕，查明具奏。兹据李鸿章奏称，遵旨查明，恳准截留漕粮等语。加恩著照所请，所有山东后帮粟米尽数截留，并将奉天本届牛庄运通粟米二千九百余石，锦、宁、广、义四州县运通粟米一万一千七百余石，一并截留，以备赈济之用。其顺天、直隶应如何分拨米数之处，该督等酌度办理。务当督饬属员，体察缓急情形，核实散放，总期实惠均沾，毋令一夫失所，用副轸念民艰至意。

光绪二年闰五月谕：广寿奏天时亢旱，时事艰难，请饬中外臣工实力修省一折。方今时事多艰，新疆军务未平，国用未丰，民生未遂。本年京师及直隶、山东等省天时亢旱，闾阎困苦。深宫宵旰焦劳，倍深兢惕。尔中外大小臣工，务当振刷，尽心职守，毋得稍事因循。内而部院堂官，于该衙门应办事宜认真讲求，属员之贤否勤惰，详加考核：外而督抚大吏，于此方利弊，民生休戚，悉心查访，尤须正己率属，举劾严明。庶几共济时艰，日臻上理，用副朝廷谆谆诰诫至意。

光绪二年闰五月谕：御史李桂林奏，近畿现办赈济，请饬变通章程一折。本年近畿一带天时亢旱，民食维艰，前拨给部库银十万两，截留山东后帮粟米，奉天运通粟米，以资散赈，并照李鸿章所奏，准将捐输赈款核给奖叙。兹据该御史奏称，请饬顺天府、直隶总督，令各州、县遴派绅董之公正而殷富者，使之总司其事，如有殷实之家，劝其及时捐输等语。著李鸿章等酌量情形，督饬该地方官妥筹办理，毋任吏胥抑勒骚扰，并力杜侵渔中饱等弊，俾贫民均沾实惠。原折著钞给阅看。将此各谕令知之。

光绪二年六月谕：御史林拱枢奏，近畿一带现办赈济，请酌留赈款，修理河道，以工代赈，并宜筹措款项，借修农政而拯穷黎等语。该御史所筹办法是否可行，著李鸿章等体察情形，妥筹具奏。原片著钞给阅看。将此各谕令知之。

光绪三年二月谕：夏同善奏请筹恤流民一折。据称去年直隶、山东、山西、河南、安徽、江西、福建各省水旱为灾，饥民逃亡甚多。各邻省官绅筹款赈济，次第资送还籍。惟此项饥民虽获生还，苦无生计，请饬筹恤等语。著各该省督抚豫饬各州、县，遇有逃亡饥民归来者，务须加意抚恤，或量给口粮，或酌借耕本，体察各地方情形，悉心筹画，实力举行，用副朝廷轸念民瘼至意。将此谕知李鸿章、文煜、何璟、刘秉璋、裕禄、鲍源深、李庆翱、丁日昌，并传谕李元华知之。

光绪三年七月谕：瑞联、奎昌奏，张家口被水，兵房土坝被冲，筹款赈恤一折。前因张家口驻防旗营官房及护营土坝被水冲塌，当允该都统等所请，谕令直隶总督派员勘修。兹复据瑞联等奏称，该处兵房堤坝正在勘估筹修间，本年六月二十七日大雨如注，山水涨发，堤坝复行冲决，坍塌营房二百余间，间有淹毙人口；并称左翼营房地势低洼，若仅修补旧坝，仍难捍御，请饬直隶总督委员，会同地方官相度高敞地方，移建四旗营房，并修理堤坝等语。该兵丁荡析离居，殊堪悯恻。著瑞联等即将被灾兵丁分别妥为抚恤，毋任一夫失所。其应修兵房及护营堤坝，即著李鸿章迅饬委员会同地方官酌度情形，查勘估修。余著照所议办理。

光绪三年八月谕：李鸿章奏购粮备赈，请免抽厘等语。本年直隶歉收，民食维艰，全赖采运粮石，借资平粜，并备赈需。现在李鸿章已经委员赴奉采购，并招徕商贩，一体购运。所有直隶采买粮石，经过沿途关卡，著该省将军、府尹饬属概行免征厘税，以广招徕而裕民食。

光绪三年九月谕：御史刘恩溥奏畿辅被灾，宜筹荒政一折。本年直隶歉收，前据李鸿章奏采购米粮，平粜备赈，以裕民食。兹据该御史所陈借款平粜、分地劝贷、以工代赈各条，应如何办理之处，著李鸿章筹议具奏。原折著摘钞给与阅看。将此谕令知之。

光绪三年九月谕：翰林院编修何金寿奏，请早筹巨款，购粮平粜一折。本年山西各省被灾甚重，直隶属境亦大半灾荒，饥民来京者不少，粒食维艰，大为可虑。何金寿所陈储粮平粜之法，自为未雨绸缪。惟需款甚多，断非一时所能猝集。该编修请饬筹借银一百万两，分路购粮，并各处设立粜运平粜等局，是否能行，著李鸿章酌度情形，妥速筹画，奏明办理。另片奏直隶各属荒歉者多，州县捏报秋成分数，请饬详查等语。著李鸿章即速派妥员再行详细查勘，如有被灾过重者，即行设法拯救，以苏民困。原折片均著钞给阅看。将此谕令知之。

光绪三年十月谕：本年京师夏间亢旱，顺天各属收成歉薄，现在粮价昂贵，贫民糊口维艰。且河南、山西被灾甚重，饥民转徙流离，至近畿一带觅食者谅已不少。著顺天府体察情形，查照上年成案，应如何添设粥厂，以资赈济之处，即行妥议具奏，用副轸念穷黎至意。

光绪三年十月谕：御史张观凖奏，平粜米石，请严禁就近采购一折。前据李鸿章奏，饬道员朱其昂等赴南省购买米石，运至京师，设局平粜。兹据张观凖奏称，风闻直隶委员竟有在近畿一带采购，并有购及京中仓米者，以致市肆价值愈增等语。如果属实，于民食转有妨碍。著李鸿章确切查明，严饬委员不得在近京州县采买米石，一面遴派委员于天津海口认真稽查，必须米自南来，始准给以照票，送至通州。仍核其米数是否相符，并饬委员于设局后，按原购实数定价平粜，不得加增，与民间争利。并著步军统领衙门、顺天府五城，派员于该管地面平粜米局同往监视，如有京仓米粜者，即行查办，以昭核实。

光绪四年二月谕：前据给事中夏献馨奏，请饬修水利，以裕民食，当谕令各直省督抚、府尹认真筹办。兹据御史彭世昌奏，兴办水利，北方尤为急务，请饬遵前旨，赶紧办理等语。近年北方各省被旱，灾歉频仍，民食缺乏。宜将应办水利事宜，实力举行，期于农田有所裨益。著该督抚、府尹懔遵前旨，迅速筹画，遴派大员督同地方官绅，悉心讲求，因地制宜，妥为经理。一面严立限程，留心考察，如果办有成效，即将出力之员奏请从优议叙，并将绅士酌量奖励。倘漫不经心，视同具文，亦即分别惩处。所有各该省办理情形，并著随时具奏。

光绪四年二月谕：翰林院编修何金寿奏，遇灾修省，请训责枢臣一折。前因近畿等省，被灾甚广，雨泽愆期，业经降旨悔过省愆，以冀感格天心，速沛甘澍。兹据何金寿奏称，现在朕躬幼冲，两宫皇太后听政，权衡出自君上，翊赞则在枢臣，请责以忘私忘家，认真改过等语。此次饥馑洊臻，疮痍满目，天降异灾，皆由政令厥失所致。军机大臣赞画枢要，实有献替之责，若谓灾诿诸天，过诿诸王，谅必有所不敢。惟当此灾广且久，朝廷宵旰焦劳，无时或释，而该王大臣等目击时艰，毫无补救，咎实难辞。恭亲王著交宗人府严加议处，宝鋆、沈桂芬、景廉、王文韶均著交该衙门严加议处。

光绪四年二月谕：御史田翰墀奏各省饥民请饬资遣归耕一折。直隶各省被灾饥民四出就食，现在春耕伊迩，若令有业之民久羁在外，深恐荒芜田地，无以谋生。著各该省督抚，仿照上年江西救荒成案，饬属于赈务告竣后，将各该处饥民，妥为资遣回籍，庶不至有误耕期。其无力种田者，并著将各州、县所存仓谷，酌给籽种，俾资耕作。毋任吏胥需索克扣，致滋弊端，用副轸念灾黎至意。

光绪四年二月谕：国子监司业宝廷奏，敬陈救荒四条，请饬所司速核禁止一折。上年山西、河南等省荒旱频仍，迭经降旨，免抽收米粮厘税。若如该司业所奏，不肖委员尚有阳奉阴违，借词滥抽，私行勒索者，以致商贩畏其留难，贩运无多，殊属不成事体！著各省督抚严查各局卡委员，有蹈此等情弊者，即行严参，加等治罪。倘徇隐不参，别经发觉，亦必将该督抚从严惩处。所称豆饼一项足济穷黎，请饬淮安关监督暂弛豆饼北上之禁等语，著该监督查照办理。至所称开捐济赈，银捐不如粮捐，官运不如商运，请饬山西、河南大吏择地设局，广招捐生运米报捐，兼收杂粮，核给优奖各节，著该巡抚等酌度情形，设法筹办。又称北省运米过多，南省米价因之日昂，请饬采买洋米等语，著南、北洋通商大臣悉心斟酌，如果可行，即遴委妥员前往采买，源源运解，以济民食。其如何酌定章程，俾商贾踊跃贩运之处，并著妥筹办理。京城现已设局平粜，而米价仍未平减。该司业请于南漕到津，饬仓场侍郎速行验放，酌提若干米石，运至京师，暂缓入仓，发交户部，会同顺天府五城、直隶总督，于内外城增设数局，减价发粜；所收粜价发交招商局，如数采买，运归京仓等语，著各该衙门妥议施行。另片奏请广开言路，不论有无言责，皆许直言，无言责者，皆呈都察院代奏，毋庸呈本署堂官，免多牵阻等语。此次下诏求言，大小臣工原当遇事直陈，献可替否，斯于治理有裨，无所用其避忌。有言责者，封章入告；无言责者，仍照向章，或呈都察院，或呈该堂官，均听其便。但无违悖字句，各该衙门堂官即应代为呈递，何敢有意阻挠，壅于上闻？宝廷所请皆呈都察院代奏之处，著毋庸议。

光绪四年二月谕：上年被灾省分冬雪稀少，春雨愆期，迭经设坛虔祷，为民请命，而杲杲出日，继之以风，节逾春分，尚未一沾渥泽；千里赤地，东作难施，饥馑余生，何以堪此！朕抚临亿兆，一夫不获，时予之辜，况旱灾如此之广，饥民如此之众乎？意者逸豫旷怠，百事废弛欤？用人失当，泽不下逮欤？或政令毕具，有名无实欤？抑刑罚不中，百姓含冤莫诉欤？有一于此，皆足上干天怒。迩者屡奉慈安端裕康庆昭和庄敬皇太后、慈禧端佑康颐昭豫庄诚皇太后面谕：小民何辜，罹此灾馑，上天降罚，愿移于宫廷，以免民生之厄。日前左宗棠等红旗报捷，复奉懿旨：新疆军务虽已肃清，而近畿荒旱频仍，各省元气未复，仍应日加敬畏，不可稍形满假。本日又奉懿旨：晋、豫两省人民困苦流离，为人上者岂忍稍涉奢侈？著内务府大臣督饬司员，将宫闱一切应用之需，力加裁减，约可节省若干，迅速具奏。但能省一分浮费，即可多一分赈需。钦此。仰维慈训，俯念斯民，惟有悔过省愆，以实心实政，庶几感格昊苍，速降甘澍，起吾民于沟壑。内外大小臣工，亦当仰体朝廷宵旰焦劳之意，恐惧修省，共济时艰。方今饥民待哺，春赈方殷，著户部再拨库款二十万两，分解山西、河南。本年南漕运到天津者，并著截留十六万石，分拨该两省，俾资散放。著李鸿章与曾国荃、李鹤年妥委运解。京师城镇各粥厂，及曾经赏给米石各粥厂，著每厂每日加赏粟米一石，以赡穷黎。京外问刑各衙门，务当懔遵迭次所降谕旨，将现审各案迅速清理，毋令无辜之民久羁囹圄。近闻直隶河间府属亦形荒旱，应如何分别蠲缓钱粮，并妥筹抚恤之处，著李鸿章迅速查明具奏。当此灾广且巨，民困难苏，但期补救有方，亦复何所靳惜？即将此旨饬下所司，迅速筹行，以副省过诚祈之意。

光绪四年二月谕：侍郎夏同善奏，直隶被灾处所，请筹款开井一折。开井灌田，本可备旱时汲引之用。直隶地方业经李鸿章通饬各属，劝谕筹办。现据该侍郎所称，河间一带地皆宜井，用下砖上土，工程可用数年，需费止五六千文，将来加砖其上，即与砖井无异；请筹银四万两，易制钱六万千文，每井给制钱五千，可开一万二千井等语。著李鸿章无论何款，即行筹拨银四万两，分拨河间府属被灾各州、县，发给民间兴办，并饬地方官绅实心经理，毋使吏胥借端舞弊。

光绪四年二月谕：前据大学士直隶总督李鸿章、御史胡聘之先后奏请，饬禁烧锅，以裕民食，经户部议驳。兹据詹事府左庶子黄体芳奏，领帖每年有户部饭银二万两，是以该部决意议驳；时值灾荒，以救急为先，务请宸断施行等语。现在近畿各省米粮缺乏，民生困苦，烧锅耗谷最甚，应即严行禁止。除山西、河南业经由该省饬禁外，著顺天府府尹、直隶总督严饬地方官，即将烧锅一律禁止，俟年谷丰稔，再照旧章办理。倘有违禁私烧，立即严拿，照例惩治。如地方官阳奉阴违，并不认真查禁，胥役得规包庇，或借端扰索，即著从严参办。至该庶子所称户部因烧锅向有饭银，是以议驳，著该部堂官明白覆奏。

光绪四年二月谕：詹事府左庶子黄体芳奏，灾区太广，宜筹拯救之方，请招徕商贩，凡遇货赴晋、豫者，若带粮百石，除免米粮厘税外，并免他货税银数十两，千石者免数百两，以期踊跃运赴等语。前据司业宝廷奏，官运不如商运，业令各该省酌办。兹该庶子所请各节是否可行，著该抚等酌度情形妥筹办理。又称上年天津粥厂失火，烧毙二千余人，委员平日不知防火，火发后不知去向，以致门者禁不许出，同归于烬，仅予褫职，不足蔽辜。天津粥厂失火一案，兹据李鸿章奏伤毙多命，并不确计人数，著再详细察查，如所参属实，即将该委员等严参治罪，以为贻害民生者戒。又称仓储积弊已深，近年海运抵通，闻有带银回漕之事，虽无实据，要之盗卖蠹蚀，路人所知等语。著仓场侍郎认真整顿，有犯必惩，毋得颟预了事。又称天津、保定粥厂裁撤，以致京城流民日多，请于近京分设粥厂一节，所见甚是。现在京师七门外已添设粥厂五处，赡济外来穷民，即著李鸿章仍于天津、保定等处酌设粥厂，以拯灾黎。其应如何择地分设之处，并著查看地方情形，妥筹兴办。又称直隶旱灾甚重，大荒者约有二十州县，不止河间一府，眉睫之患宜为预防，著李鸿章速筹巨款，遴派贤员，分投赈抚。地方官有玩视民瘼者，即予撤参，毋稍姑容。

光绪四年　月谕：御史余上华奏，京师外城地面，经李鸿章派员设局平粜，日来民间购买较多，恐原办米石不敷，请饬采买奉天小米、杂粮运京等语。现在天时亢旱，京师粮价昂贵，贫民糊口维艰，自应宽为筹备。著李鸿章酌量拨银数万两，迅派妥员，前赴奉天采买小米杂粮，由海道运至天津，陆续转运京城平粜，以资接济。

光绪四年三月谕：李鸿章奏久旱民饥，由于疆吏不职，自请严谴一折。上年直隶、河间等府被旱，饥民转徙流离，情形困苦。李鸿章以身膺重寄，补救无方，深自咎责。本应予以处分，惟念该督迭次筹款购粮，分拨赈粜，兼筹山西、河南赈运事务，尚属认真。际此时事艰难，疮痍满目，我君臣惟有交相儆惕，修德省愆，以期上弭天灾，下安黎庶。李鸿章当体朝廷宵旰焦劳之意，于一切事宜竭诚筹画，实事求是，妥为办理，用副委任，所有该督自请严谴之处，著加恩宽免。

光绪四年三月谕：李鸿章奏，请将信任门丁、不恤百姓之知县等，革职惩办等语。直隶被灾地方，各该知县办理赈务，宜如何认真剔弊，以期实惠及民，乃署交河县知县徐城，任令门丁江彭龄，与村董江庆云、李树瀛等沟通，捏户冒赈，毫无觉察，形同聋聩；元城县知县孙堃，因衿民常鸣盛等呈控丁役索取规费，不为究办，又将衿民责押，其平日任性虐民，亦非一端。似此玩视民瘼，居心残酷，实堪痛恨。徐城、孙堃及劣董候选教职李树瀛，均著革职，仍将李树瀛归案，分饬提集犯证，确切讯究，严行惩办。其捏户侵赈之首犯，无论赃数多寡，著于审明后即行正法，以肃赈务而昭炯戒。余著照所议办理。

光绪四年三月谕：御史孔宪瑴奏，直隶烧锅各店，约有屯粮四五百万石，请由直隶总督饬属晓谕该商，令将屯粮粜卖，以平市价，并设法运晋，俾作赈粮等语。是否可行，著李鸿章酌度情形具奏。至该御史所称，山西购买南粮十余万石，现存河南陈州府之周家口等处，请将此项粮石留办河南赈务，即将奉拨南漕十六万石全数运至山西，互相抵拨一节。前因李鹤年等奏请变通改拨南漕，已准其将东漕余米拨赴河南，以抵南漕八万石之额。其豫省应分南漕，由李鸿章饬运通州，抵拨兵米，自未便再事更张，致多周折，著李鸿章仍遵前旨办理。原片著钞给阅看。将此谕令知之。

光绪四年三月谕：直隶灾黎甚众，虽经李鸿章筹款购粮，分拨赈抚，而灾区太广，深虑未能遍及。现据报本月初五、十五、十八等日，各属得雨四五寸不等，尚未深透，春麦谅难补种，收获无时。若非宽给赈济，仍恐饥民失所。加恩著拨给江苏漕米十二万石，江北漕米四万石，即由李鸿章就近截留，酌量分拨灾区，遴派公正员绅，查户散放，妥为赈济。此项截留漕粮，由津至通应支剥价银两、经剥耗食米石等项，即饬各该粮道核数扣出，解交直隶，津贴运费，用示溥惠畿疆，有加无已至意。

光绪四年三月谕：前据李鸿章奏参署交河县知县徐城，任令门丁勾通村董，捏户冒赈；元城县知县孙堃，于丁役索取规费不为究办，反将衿民责押等情，当降旨将该知县等革职，仍将劣董李树瀛归案讯办。兹据御史李璠奏，该知县等玩视民瘼，居心残酷，仅予革职，不足蔽辜，请饬归案严讯，倘有得赃等弊，审明后即行正法等语。著李鸿章即将革职徐城、孙堃归案，严行审讯，如有侵吞虐民，及需索规费等弊，即行据实奏明，请旨正法。此外直隶、顺天各属及山西，河南、陕西等省被灾各州县，倘有不据实报灾，并不认真办理者，即著各该督抚、府尹从严参办。至所奏山西平阳府百姓死者甚多，府城赈米堆积，延不散放；太平、曲沃二县上年竟报七分收成，迨查勘成灾，又不请赈，仅于本地捐银购米，官为督办，不准富户各保乡闾等情，著阎敬铭、曾国荃确切查明，据实参奏，毋稍徇隐。

光绪四年四月谕：现在近畿各省均经得有雨泽，京师外来饥民甚多，糊口维艰，未能及时归耕，殊堪悯念。业据顺天府遵奉前旨，量为资遣，尚未能一律办理，著步军统领衙门、顺天府五城御史会同确查各省来京灾民，分别给资，均即遣令回籍，毋任流离失所。应如何详议章程，筹画款项之处，即行会商具奏，妥为经理。至京师内外城地方，理宜严肃，著该衙门督饬所属员弁，随时弹压，肃清地面，懔遵前旨，严查门牌保甲，毋任宵小混迹。并著严申内外城门禁，饬令官兵认真稽查，不得稍有懈弛。

光绪四年六月谕：前于五月初一日寄谕李鸿章等，将晋、豫两省及直隶河间等处成灾州县，本年下忙钱粮应否普行蠲免，其余毗连灾区勘不成灾地方，有无应行蠲缓钱粮，查明具奏。又因河间、献县等处闻有蝻孽萌生，于五月十五日复寄谕李鸿章，速即查明，饬属搜捕；其余各处随时认真查勘。旋据曾国荃奏称，该省本年下忙钱粮，俟夏末秋初再行体察情形，核实办理。直隶、河南尚未据该督抚查奏，朝廷轸念灾黎，实深廑系。现在将届下忙开征之时，吾民困苦颠连，何堪追呼逼迫？所有直隶、河南被灾等处，本年下忙钱粮如何分别蠲缓，著该督抚懔遵前旨，速行查勘，奏明办理。河间等处蝻孽情形，著李鸿章迅即查奏。山西一省应如何核办之处，曾国荃当速查明确，据实奏闻。

光绪四年六月谕：御史田翰墀奏请将侵赈各员严定罪名一折。赈务动关民命，全在承办各员洁己奉公，妥为经理，如果草率从事，任意侵渔，亟应严行惩办。著各该部将各州县侵吞赈项罪名，从严定拟；其失于觉察者，并著加等处分，以示儆戒。别案不得援以为例。各省疆臣务当严饬所属，簠簋自饬，倍懔刑章，毋谓恩可幸邀，致蹈前项覆辙。另片奏请将保定、天津等处各粥厂展赈数月，或将次停止，另行续赈等语，著李鸿章酌量办理。

光绪四年十月谕：文格奏，开州民埝漫水下注，东境现已宣泄消退一折。黄河北岸因上游直隶民埝决口，被水漫溢，经文格饬属防护宣泄，水已消退。濮、范、寿、阳各州县猝遭水患，情殊可悯。著文格查明被灾地方，分别赈抚，毋令失所；并饬该州县将涸出之地酌发籽种，俾及时耕作。其运口外护堤，著该抚督饬该管营、县实力修筑，以资捍御。开州民埝决口处所，著李鸿章饬属赶紧堵塞，毋稍延缓。

光绪四年十一月谕：广寿贺寿慈奏，遵查北运河上游情形，请分别疏筑一折。据称详查潮白、温榆两河泛滥淤塞情形，拟将通州东北浮桥东西两岸决口坚筑塞，以免潮白两灌温榆之患；另将沙窝村、铃铛口两处决口修补，于白马河南岸起，至西浮桥西岸止，斜筑长堤一道，以为北关保障；至温榆改道二处，宜裁弯取直，挑挖旧河，俾循故道；新旧河相接之处筑挡水坝二道，其东岸通大道处另筑，使河流不致东灌，并将下游口起至小河口止及白马河下淤浅处所排挖疏通，仍由温榆而下，庶有裨益，请饬筹款兴修等语。览奏均悉，著照所请，即由直隶总督会同仓场侍郎自行筹款，赶紧兴修，以卫民生而济漕运。余著照所议办理。该部知道。单图并发。

光绪五年六月谕：前因京师及山西雨泽稀少，迎请邯郸县龙神庙铁牌，供奉大光明殿，虔申祈祷。嗣因京师甘霖沾足，山西各属未报得有透雨，谕令顺天府派员恭送铁牌至山西省城，并发去大藏香十枝，交曾国荃敬谨祈祷。兹据该抚奏称，五月初八、九日山西得雨者七十七州县，榆次等八州县业已深透，十四等日太原等三十七州县续沾膏泽，二十三等日省城大雨滂沱，可望远近普沾，毋庸再申祈祷等语。览奏深慰廑系。邯郸县龙神庙铁牌祈雨灵验，著再加封灵应昭佑宏济永泽圣井龙神，并著南书房翰林恭书匾额一方，交李鸿章祗领，敬谨悬挂；即著顺天府饬令委员，送至邯郸县龙神庙，毋庸送往山西省城。并著李鸿章派令道府大员迎护前往，恭赍前发藏香十枝，虔申谢祀，以答神庥。

光绪五年八月谕：荣颐等奏，永济库款项支绌，前经借拨银两，动用无余，现在欠发之款积至七万余两，势难再延，请将前次借拨银六万两作正开销，并请饬直隶由旗租项下再拨银八万两，以清欠项而资开放等语。国家经费有常，若如所奏，不但前借之项不能归还，且续拨又至八万两之多，率意渎陈，殊属冒昧。荣颐、载帛、景瑞，均著传旨申饬。至直隶各州县欠交永济库租银，著李鸿章严饬各该地方官赶紧筹交。所请将前借款项作正开销，并请再拨银八万两之处，著不准行。

光绪五年八月谕：前因时事多艰，需才孔亟，迭经谕令各直省督抚，随时保荐人才，以备录用，现在所举各员，量才授任者固不乏人，第恐闻见难周，尚未尽登荐剡。频年讲求吏治，经武整军，各该省文武历练既深，必多堪备任使者，著各省大吏加意访求，秉公保奏，候旨简用。抽取厘金，原因饷项支绌，万不得已之计。倘各省委员奉行不善，苛细搜求，殊非朝廷用意之所在。著各该省督抚认真查核，其零星货物概行宽免，设卡过密之处，亦宜量为裁撤，务期有济饷需，而民力不致竭蹷，方为尽善。总之全在委员得人，各督抚尤当慎重选择，毋稍迁就，致累民生。州县摊捐各款原难尽裁，但为数太多，其廉洁自持者，办公动多掣肘，其贪劣之员转得有所借口，弊窦滋多。各督抚亦当随时清查，酌量裁减匀济，以昭核实。巡检、典史，官职较卑，非无洁己奉公之人，而假公济私，侵渔百姓，实所不免。著各省大吏严行查察，如有贪婪不职者，立即参办，毋稍姑容。将此通谕知之。

光绪五年九月谕：御史邓庆麟奏，顺天府属因灾办赈，必须察其户口多寡，被灾重轻，酌量拨给赈粮，方不至于偏枯；闻该属附近州县，均各领米二千石，其户少灾轻者固可敷用，户多灾重者势必不敷，请饬详查酌办等语。著李鸿章、万青藜、梁肇煌委派妥员，会同地方官详查灾区情形，据实禀明，由该督等酌核办理。原片均著钞给阅看。将此各谕令知之。

光绪五年九月谕：给事中郭从矩奏，直隶被水州县，盗贼横行，地方官规避处分，往往改强为窃，不肯认真缉拿，甚至将已获之犯率行开脱，请饬查参等语。被灾地方以除盗安良为要务，若如所奏情形，亟应从严参办。著李鸿章察勘今岁被灾州、县，如有盗贼横行，地方官不能弋获，反行宽纵等情，即行立予严参，毋稍姑容。

光绪五年十月谕：御史方学伊奏，顺天东路厅所辖各州县，地势低洼，本年雨水过多，山水下注，运河以东各州县境内官堤民埝冲决甚多，以致三河、蓟州等处民田多被淹没。现在灾歉之余，民力自难兴筑，请饬履勘，筹款办理等语。著李鸿章、万青藜、地方官，梁肇煌责成各该地方官，将境内坝埝应行修筑处所，详加履勘，由该督等筹款兴修，以卫民生。

光绪五年十月谕：御史文鐍奏，上年直隶各州、县压搁蠲缓钱粮誊黄，照常征比，又将下忙缩入上忙，并称各省亦所不免等语。小民偶逢荒旱，朝廷加意抚绥，惟恐失所，如各该牧令似此舞弊，实堪痛恨。著各该督抚查明，严行参办，毋稍徇隐。所请专派妥员将誊黄亲赉各处，眼同张贴，毋庸由驿颁发之处，并著各直省体查情形，妥筹办理。

光绪五年十月谕：御史叶荫昉奏，直隶安平、饶阳一带滹沱河南北两岸，屡遭水患，兼之深泽以上水道淤垫，至获鹿一带山水全注滹沱，一遇涨溢，河间、任丘等处均被淹没，请饬将河道量为开拓，两岸堤身加高培厚等语。著李鸿章派员详加履勘，酌度情形，妥筹办理。

光绪五年十一月谕：御史田翰墀奏，蠹役需索，胪陈四害，请饬严禁等语。据称直隶清苑县蠹役遇民间词讼案件，嘱托门丁，贿买差票，下乡传票，勒索车钱；追两造传齐，先讲使费，方能过堂；和息之案，不能当堂呈递，又有和息钱名目；种种需索，实为闾阎之害。此等情弊，直隶如是，他省恐亦难免。著直隶总督及各省督抚通饬所属，实力严禁，如有蠹役扰累情事，立即按律惩办，以除民害。

光绪六年正月谕：前因时事多艰，需才孔亟，迭经谕令各直省督抚保荐人才以备任使，惟恐奇材异能之士伏处尚多，该督抚等见闻难周，尚未尽登荐剡，必须周咨博访，以广搜罗。著大学士、六部、九卿、各直省将军、督抚及曾任统兵大臣彭玉麟、杨岳斌加意访求，其有器识闳远，通达治体，为守兼优，长于吏事，以及才略过人，足任将帅，骁勇善战，足备偏裨，熟悉中外交涉事宜，通晓各国语言文字，善制船械，精通算学，足供器使，并谙练水师事宜者，无论文武两途，已仕未仕，均著各举所知，出具切实考语，秉公保荐。不得徒采虚名，滥竽充数，亦不得以无人可保一奏塞责。庶几人材辈出，缓急可资，以副朝廷延揽人才至意。将此通谕知之。

光绪六年正月谕：御史朱以增奏，顺天直隶所属王庄，请遇灾酌减分数，并佃租归官征解一折。据称顺天、直隶各属内有王、贝勒所受庄田，每遇荒歉，为蠲缓恩旨所不及，各府仍派人征收，不肖庄头等迫令贫佃交足送官监比，并有侵吞中饱等弊，以致贫佃受累，王、贝勒并不获益，请饬整顿等语。著顺天府府尹、直隶总督通饬成灾各属地方官，如有贫懦佃户送官监比者，务须持平办理。并著咨商户部妥议章程，嗣后如遇偏灾，所属王庄租额，查照灾分轻重，酌减成数，或将庄田佃租由地方官代为征解，一并奏明办理。

光绪六年八月谕：前因御史朱以增奏，顺天、直隶所属王庄，请遇灾酌减分数，并佃租归官征解等语。当谕令顺天府府尹、直隶总督奏明办理。兹据李鸿章奏称，顺天、直隶各属王、贝勒等庄田，座落五十余州县之多。若由地方官代为征租，则地亩必须逐一清量，徒滋纷扰，事属窒碍难行等语。所奏亦系实在情形。所有王公、贝勒等府座落附近京畿州县庄田，仍著循照旧章办理。遇有灾歉，应如何减收租数之处，由各该王府等自行酌办。

光绪六年九月谕：诚端奏，明代陵寝左右有开垦地亩各情一折。据称前往昌平州致祭明陵，查有开垦宫墙左右地亩十余顷之多，并有砍伐树木情形，询之地户，称系现在升科等语。此项地亩是否应行开垦，并树木砍伐情形，著顺天府督饬昌平州确切查明，据实具奏。

光绪七年四月谕：诚端奏明代陵寝有偷锯树株、开垦地亩情形，并陵内飨殿失去门框等件，现将陵户交州看押各折片。前代陵寝，理应严为守护，岂容偷窃私垦情事？著顺天府督饬昌平州，确切根究，严行禁止，仍将查办情形据实具奏。

光绪七年四月谕：户部奏，查核明陵开垦地亩，于陵寝有碍，请旨办理一折。昌平州明代陵寝，久经严禁侵占，地方官宜如何认真稽查，加意防护。乃近来宫墙左右开垦地亩至数顷之多，并已侵占明堂正路，实属不成事体。著直隶总督、顺天府府尹查照户部此次所章程，分别办理。其所垦地亩有在一百步以内者，一概腾出，永远封禁。并责成该地方官随时稽查，不准再有垦种情事，用副隆礼胜朝至意。余依议。

光绪七年四月钦奉慈禧端佑康颐昭豫庄诚皇太后懿旨：前据左宗棠奏，拟调各营先修水利，当谕醇亲王奕譞酌核具奏。兹据奏称，兴修水利一事，机不可失，事同创举，请饬恭亲王奕䜣总司其事等语。畿辅水利自雍正、乾隆年间兴修后，历年既久，地势河道今昔异形，旱潦无从蓄泄，关系民生甚为重大，自应及时筹办。著派恭亲王奕䜣、醇亲王奕譞，会同左宗棠及直隶总督李鸿章、兼管顺天府府尹童华等，妥议章程，奏明办理。

光绪七年四月谕：给事中楼誉普奏，直隶安州、雄县、新城地方，近有匪徒勾结蠹役，私立卡局，抽收船户钱文，名曰船头，勒索行旅，大为地方之害，请饬严禁等语。该处为往来通衢，岂容匪徒私立船头名目，扰害地方？著李鸿章饬属查明，一律严禁，以恤商旅。

光绪七年五月二十二日，钦奉慈禧端佑康颐昭豫庄诚皇太后懿旨：李鸿章奏覆陈直隶河道地势情形节次办法一折，据称近畿水利关系国计民生，频年逐渐经营，将各河择要修浚，因需费烦巨，未举大工；考诸往昔成案，揆之目下情形，通盘筹画，惟有次第酌办等语。著恭亲王奕䜣、醇亲王奕譞会同左宗棠、李鸿章、童华等酌度情形，随时妥商办理。

光绪七年六月谕：数日以来，彗星见于北方，仰维上天示警，祗惧实深。方今时事多艰，生民未遂，我君臣惟有交相儆惕，修德省愆，以冀感召祥和，乂安黎庶。尔在廷诸臣，其各勉勤职守，力除因循积习，竭诚匡弼，共济艰难。各省封疆大吏务当实事求是，认真整顿，访查闾阎疾苦，尽心抚绥，庶几日臻上理，用副朝廷恐惧修省，应天以实不以文至意。

光绪七年九月谕：御史萧韶奏，近闻直隶各府昭忠祠致祭者甚少，甚至向地方绅士先索差费，然后往祭，请饬一律致祭等语。各省建立昭忠祠，原以慰忠魂而作士气，若如所奏各情，实属不成事体。著各直省督抚严饬各该地方官，照例于春秋二祭亲诣行礼，不得仍前怠玩，以重祀典。倘查有索费情事，即行据实奏参。

光绪七年十一月，钦奉慈禧端佑康颐昭豫庄诚皇太后懿旨：恭亲王奕䜣、醇亲王奕譞奏，查有永定河工作情形一折。直隶永定河下游工程，业经左宗棠督饬所部，按照分派地段挑浚蒇事。其上游一带，现已将筑坝分渠等工逐段次第兴办，地方相安，河务可期就绪。此次已成工作，著直隶总督、顺天府府尹随时认真修治，裨益农田，毋任日久颓废。此外应行修济处所，著李鸿章等查勘奏明办理，以兴水利而裕民食。

光绪八年三月谕：大学士直隶总督李鸿章，现丁母忧，本应听其终制，以遂孝思。惟念李鸿章久任畿疆，筹办一切事宜甚为繁巨，该督悉心经画，诸臻妥协，深资倚任。且驻防直隶各营，皆其旧部，历年督率训练，用成劲旅。近复添练北洋水师，规模创始，未可遽易生手。各国通商事务，该督经理有年，情形尤为熟悉。朝廷再四思维，不得不权宜办理，李鸿章著以大学士署理直隶总督，俟穿孝百日后，即行回任。际此时势多艰，该督当以国事为重，勉抑哀思，力图报称，即以慰伊母教忠之志，有厚望焉。

光绪八年三月谕：李鸿章奏沥陈下情，仍请开缺终制一折。情词恳切，览奏良深恻然。朝廷以孝治天下，本不忍重违所请，强人子之所难。惟念李鸿章久任畿疆，值此时势艰难，一切措置机宜，动关全局，实非寻常疆事可比。雍正、乾隆年间，大臣如孙嘉淦、朱轼、稽曾筠、蒋炳、于敏中等，皆奉特旨在任守制。近今如曾国藩、林翼等，亦皆夺情起用。李鸿章惟当仰体朝廷不得已之苦衷，勉抑哀思，仍遵前旨，俟穿孝百日，即回署任，勿得再行固辞。

光绪八年三月谕：前因李鸿章久任畿疆，事繁责重，未可遽离，迭经谕令，俟穿孝百日后，即回署任。兹复据奏，渎陈愚悃，吁恳收回成命，准予开缺终制一折。披览之余，深为轸恻。在李鸿章陈情固请，原为人子之至情，而朝廷廑念疆事，倚任需人，实出于必不得已。若仍令照常供职，度李鸿章之心终必不安，亦非所以示体恤。李鸿章著大学士署直隶总督之缺，仍俟穿孝百日后驻扎天津，督率所部各营，认真训练，并署办理通商事务大臣。该大臣既经开缺留营，揆之金革无避之义，亦不背于礼经。此系曲鉴其恳切之忱，从权酌办，俾得忠孝两全，可无遗憾，当亦天下所共谅。该大臣其仰体宵旰之劳，自念责任之重，勉图报称，宏济艰难，以副厚望。并著派军机大臣署户部尚书王文韶，前往天津剀切宣谕慰勉，俾知朕意，毋许再行固请。

光绪八年八月谕：上年彗星见于西北，降旨谕令内外臣工各勤职守。本月中旬彗星复见于东南，此必用人行政实多阙失，于闾阎疾苦未尽上闻，以致昊苍示警。深宫循省，兢惕难安。方今时事艰难，民生未裕，各省穷黎，正待扶绥。我君臣亟应倍矢尤勤，励精图治，尔在廷诸臣，各宜共效公忠，力戒因循积习。各直省督抚，均有察吏安民之责，务当实事求是，力图振作。属员有不职者，随时参办，毋得稍事姑容。并各就地方情形，悉心访察，认真妥度，以期利无不兴，弊无不除。朝廷考察督抚，惟视该省吏治民生以为殿最。其各力挽颓风，毋稍玩忽，庶几关防整肃，百姓乂安，以迓天和而消沴厉，用副遇灾修省至意。

光绪八年　月谕：前据张树声等奏，查明昌平州明陵附近民地并非私垦，碍难一概封禁，并衿民呈控诚端需索各节，当令户部议奏。兹据奏称，此项地亩既据张树声等查明，各地户均领有契纸，议粮升科，并无私垦朦混影射情弊，自应准其变通办理。著直隶总督、顺天府府尹责成霸昌道，督饬昌平州知州，按照户部此次议定界限章程办理。界限以内垦种之地，一律腾出封禁，以资保护。如再有越垦情事，即将该知州严行参处。余著照所议办理。

光绪八年十一月谕：御史贺尔昌奏，地震成灾，请旨饬查抚恤，并请因灾儆戒，整顿吏治一折。本年十月间，直隶深州等处地震，官廨城垣间有损坏，民房坍塌甚多，并有压毙人口。昨据张树声具奏，当经谕令督饬属员，妥筹抚恤。该督务当确查被灾情形，认真办理，俾灾黎均沾实惠，毋任一夫失所。近来灾异迭见，上苍示警，深宫循省，兢惕实深。尔中外臣工，各宜懔遵迭次谕旨，殚心职业，实事求是，力戒因循积习，毋得稍有怠玩，视诰诫为具文。民生休戚，系乎吏治，各直省督抚当破除情面，实力整饬，分别贤否，示以劝惩，务期政事修明，闾阎安辑，用副遇灾修省、勤求治理至意。